Jean-Paul Sartre wurde am 21. Juni 1905 in Paris geboren. Absolvent der École Normale Supérieure, gelangte Sartre als Philosoph des Existenzialismus, aber auch als Schriftsteller, Dramatiker, politischer Publizist und Aktivist, schließlich als Person der französischen Zeitgeschichte zu internationalem Ruhm. Er war der Lebensgefährte der Schriftstellerin und Philosophin Simone de Beauvoir. Sartre starb am 15. April 1980.

Jean-Paul Sartre

Ein Lesebuch mit Bildern

Ausgewählt von Christa Hackenesch

Rowohlt Taschenbuch Verlag

Der Ekel, Die Transzendenz des Ego und *Die Wand* wurden von Uli Aumüller übersetzt. *Das Sein und das Nichts* von Traugott König. *Freud. Das Drehbuch* von Traugott König unter Mitarbeit von Judith Klein. *Fragen der Methode* und *Überlegungen zur Judenfrage* von Vincent von Wroblewsky. *Vorstellung von Les Temps Modernes* von Lothar Baier. *Baudelaire* von Beate Möhrig. *Die Wörter* von Hans Mayer.
Alle Texte erschienen im Rowohlt Verlag.

Originalausgabe
Veröffentlicht im Rowohlt Taschenbuch Verlag,
Reinbek bei Hamburg, Juni 2005
Copyright © 2005 by Rowohlt Verlag GmbH,
Reinbek bei Hamburg
Weitere Copyrightvermerke siehe Seite 253
Jean-Paul Sartre. Dargestellt von Christa Hackenesch
Originalausgabe, Copyright © 2001
by Rowohlt Verlag GmbH,
Reinbek bei Hamburg
Umschlaggestaltung any.way, Barbara Hanke/Cordula Schmidt
(Foto des Autors: ullstein bild, Hintergrund: Fred Dott)
Satz Proforma und Foundry Sans PostScript, QuarkXPress 4.11
Gesamtherstellung Clausen & Bosse, Leck
Printed in Germany
ISBN 3 499 23974 4

Inhalt

Vorwort der Herausgeberin:
Die Melancholie der Freiheit   7

Der Ekel:
Das Erlebnis der Absurdität   11

Gesichter:
Der Ausdruck des Menschseins   43

Die Wand:
Die Macht der Todeserfahrung   51

Der Blick:
Die Konfrontation mit der Freiheit des Anderen   77

Fragen der Methode:
Die Grenze einer Philosophie der Geschichte   97

Vorstellung von Les Temps Modernes:
Politisches Handeln als Konsequenz eines Bildes des Menschen   119

Überlegungen zur Judenfrage:
Die Figur des Antisemiten   141

Freud. Das Drehbuch:
Bewusstsein und Selbsterkenntnis   161

Baudelaire:
Der Schriftsteller als Paradigma der menschlichen
Situation   203

Die Wörter:
Die metaphysische Faszination einer eigentlichen Welt   221

Quellennachweis   253

Im Anschluss daran:

Rowohlts Monographie:
Jean-Paul Sartre

Vorwort der Herausgeberin:
Die Melancholie der Freiheit

Mit dem Namen Jean-Paul Sartres, mit seiner Philosophie und mit seinem literarischen Werk verbinden viele einen pathetischen Begriff der Freiheit: Frei entscheidet der Einzelne über die Gestalt seines Lebens und darüber, wer er sein will.

Am Anfang dieses Denkens steht jedoch die Einsicht in die abgründige Einsamkeit des Menschen angesichts der Grundlosigkeit und Zufälligkeit seines Daseins, allen Daseins, angesichts der vergeblichen Illusion, in den Augen der Anderen einen Sinn, eine Notwendigkeit, eine Rechtfertigung der eigenen Existenz gespiegelt zu sehen. In seinem Essay über Baudelaire spricht Sartre von «jener großen metaphysischen Einsamkeit, die das Schicksal aller ist»: «Das Gesetz der Einsamkeit könnte man so ausdrücken: Kein Mensch kann die Aufgabe, seine Existenz zu rechtfertigen, auf andere abwälzen.»

‹Melancholia› war der ursprüngliche Titel des Romans ‹Der Ekel›. Die Freiheit ist kein wunderbares Geschenk – sie ist zuerst der Ausdruck, die Konsequenz unserer Ortlosigkeit in einer Welt, deren Ordnung und Sinnhaftigkeit nur ein Firnis ist, der ihre Zufälligkeit und absolute Kontingenz zu verbergen sucht. Die Menschen ängstigen sich vor ihrer Freiheit, weichen ihr, dem Wissen um sie aus – und wenn Sartre dies in ‹Das Sein und das Nichts› «Unwahrhaftigkeit» nennt, so ist dies kein moralisches Verdikt. Er beschreibt vielmehr den Grund dieser Unwahrhaftigkeit, der «Selbsttäuschung», in der ich mir meine Freiheit verberge, mich an meine gesellschaftlichen Rollen klammere und dabei insgeheim weiß, dass ich allein über ihre Bedeutung für mich entscheide. Dieser Grund ist eben die Angst, der einzige Autor meines Lebens zu sein, dessen möglichen Sinn niemand als ich selbst zu begründen vermag.

Dieser Angst setzt Sartre die produktive Dimension der Freiheit entgegen. Freiheit ist die Fähigkeit zur *Imagination*, die Fähigkeit, die Ordnung einer bestehenden Welt zu transzendieren und eine andere, eigene Welt zu entwerfen. Dies meint keine metaphysische Bestimmung des Menschen. Es meint jedes einzelne Individuum, das in seiner Endlichkeit und Kontingenz nicht das einfache Opfer seiner geschichtlichen, gesellschaftlichen Bestimmtheit ist, das bloße Produkt dessen, «was man aus ihm gemacht hat»; es meint das Individuum, das vielmehr in der Gestalt seines Lebens eine eigene Antwort auf seine Bedingtheit zu finden vermag.

In dieser Fähigkeit zur Imagination liegt für Sartre zuletzt auch die Möglichkeit zum politischen Handeln beschlossen. Dieses Handeln verfügt über keinen festen Kanon von Werten und über kein metaphysisch verbürgtes Bild des Menschen. Gerade darum weiß es, dass alles von jedem Einzelnen abhängt: Jeder von uns, so Sartre, entscheidet über das Bild der Welt, das Bild des Menschen, darüber, «was er ist».

Dieser scheinbar idealistischen Vermessenheit liegt eine nüchterne Einsicht zu Grunde: Es existiert kein Sinn der Geschichte, kein Ziel, zu dem sie von einer ihr eigenen Logik her hinstrebte. Alles hängt vom Handeln der Individuen ab. Sartre hat immer schon Abschied genommen von den metaphysischen Versprechen der Geschichtsphilosophie, sein Bekenntnis zum Marxismus ist ein Selbstmissverständnis. Er entdeckt die Macht der Geschichte gegenüber dem Einzelnen – und behauptet zugleich, dass der Marxismus vergessen habe, was ein Mensch ist, was menschliches Handeln in seiner Offenheit und Unwägbarkeit bedeutet.

Was ihn die «Macht der Geschichte» gelehrt hat, ist in Wahrheit etwas anderes. Sie hat ihn gelehrt, das Leben der Menschen in neuer, umfassenderer Weise aus der Konkretion seiner geschichtlichen Bedingtheit zu begreifen – statt es nur allgemein als eine individuelle Antwort auf diese Bedingtheit zu bestimmen. Sie hat ihn dahin gebracht, eine ganz eigene philosophische Anthropologie zu entwickeln. Diese nimmt ihren Ausgang nicht metaphysisch von einer Wesensbestimmung des Menschen – natürlich nicht gemäß dem Credo Sartres, dass die Existenz der Essenz vorausgeht, dass jeder Mensch sein Wesen selbst wählt, schafft. Sie versucht, den Menschen, einen einzelnen Menschen zu beschreiben in der Totalität der Bedingtheiten, die sein Leben bestimmen – und zugleich als die besondere Antwort, die er als seinen Entwurf seines Lebens dieser Totalität entgegensetzt.

Sartres Werk, dessen Thematik in ihrer Dichte und der Konsequenz ihrer Gestaltung beschreibbar ist, entzieht sich doch in der Fülle seiner philosophischen, essayistischen und literarischen Darstellungen dem Anspruch einer umfassenden Präsentation. Die hier ausgewählten Texte können darum dieses Werk natürlich nicht in seiner Gesamtheit vorstellen. Es sind Fragmente, die ein Bild von der Gestalt des Denkens Sartres zu geben versuchen.

Dieses Bild ist der Ausdruck eines gegenwärtigen Blicks auf Sartres Werk. Die Wahrnehmung seines wie jedes philosophischen und literarischen Werkes ist bestimmt durch die Perspektiven und Interessen einer Zeit. Der Existenzialismus als das intellektuelle Credo einer ganzen Generation ist Geschichte geworden. Der politische Sartre, wie er, als Autor und Handelnder, für die Generation der Achtundsechziger bedeutsam war, ist an den Rand der Aufmerksamkeit gerückt. Zugleich ist die Faszination geschwunden, die der Strukturalismus in seinen verschiedenen Gestalten bedeutete, die darin übereinkamen, in Sartres Philosophie nur ein überlebtes Festhalten am Subjektbegriff sehen zu wollen. Wenn aber solche Dogmen ihre Macht verlieren, wird es möglich, ein Werk neu anzusehen – jenseits der schematischen Einordnungen einer ihrerseits schon wieder Geschichte gewordenen Postmoderne.

Sartres Werk ist heute zuerst gegenwärtig und bedeutsam als der einzigartige Entwurf einer philosophischen Anthropologie. Sie geht vom Faktum der Freiheit des Menschen aus und liegt zugleich jenseits aller metaphysischen Wesensbestimmungen. Dabei versucht sie den Menschen in seiner Fähigkeit zu beschreiben, aus der Bedingtheit seiner geschichtlichen, gesellschaftlichen Situation, ihren Strukturen heraus seine eigene Biographie zu gestalten. Von hier aus eröffnet sich die Möglichkeit einer Philosophie des moralischen Handelns: Kann meine Freiheit eine Verantwortlichkeit begründen, die über mein eigenes Leben hinausreicht und die den Anderen meint? Und es eröffnet sich die Möglichkeit einer Ästhetik: Wenn meine Freiheit Einbildungskraft bedeutet, die Fähigkeit der Imagination, Gegebenes zu transzendieren, ist das Ästhetische wesentlich für die menschliche Existenz.

Der Ekel:
Das Erlebnis der Absurdität

Der Ekel ist nicht der vor irgendetwas Bestimmtem. Sartres erster Roman, der 1938 erschien und ihn schlagartig berühmt machte, beschreibt den Ekel als ein elementares Erlebnis, als das unabweisbare, überwältigende Empfinden der absoluten Grundlosigkeit, Zufälligkeit allen Seins, auch des eigenen Daseins.

Die Verheißungen der Theologie, die Weltbilder der Metaphysik vermögen Roquentin, dem «Helden» des Romans, keinerlei Sinn mehr zu verbürgen. Und nur lächerlich, als Ausflucht und Ausdruck einer Illusion, erscheint es ihm, den Menschen zum humanistischen Ideal «der Menschheit» zu erhöhen. Die Wahrheit ist die absolute Einsamkeit des Individuums, das grundlos existiert inmitten einer Welt, die selbst ohne Grund, ohne einen tragenden Sinn ist.

Ekel erregt diese Welt in der Aufdringlichkeit ihrer sinnlosen Überfülle an Sein. Sartre ist weit davon entfernt, in der Natur, in allem Lebendigen ein Werk der göttlichen Schöpfung oder eine Manifestation des Geistes zu sehen. Er beschreibt die Massivität der Anwesenheit der Dinge als eine Provokation für das Sinnverlangen des Menschen. Und er beschreibt die Antwort der Menschen auf diese Provokation: die Etablierung einer Welt der Namen, die sie den Dingen geben, der Formen, der Konventionen, die Schutz vor der Zumutung der eigenen Kreatürlichkeit bieten sollen, vor dem geheimen Wissen um die eigene Kontingenz, vor der Angst.

Von dieser Angst gibt es keine Befreiung in der Illusion «großer Augenblicke», Augenblicke, die die Existenz des Menschen zu einem Abenteuer werden lassen, in dem er sich in der Fragilität seines Daseins zu genießen vermag. Sartre schreibt in seinem Tagebuch: «Ein Abenteuer haben heißt nicht sich vorstellen, dass man ein Abenteuer hat, sondern im Abenteuer in-sein – was, wie ich in ‹Der Ekel› gezeigt habe, unmöglich ist. Das Unrealisierbare lässt sich immer vorstellen, aber es lässt sich nicht *genießen.*» Befreiung geschieht einzig im Raum der Imagination.

Am Ende des Romans deutet Sartre eine Hoffnung an, eine fragile Hoffnung, die aber, wie er es Jahrzehnte später in seiner Autobiographie ‹Die Wörter› beschrieben hat, sein Leben bestimmte: die Hoffnung, durch Schreiben, durch das Schaffen eines Werks eine Klarheit zu gewinnen, die auf das Trübe, Ungreifbare der eigenen Existenz zurückfällt, die ihr ein Sein geben kann. Ein Werk, das diese Existenz zu rechtfertigen vermag, weil es eine Klarheit bedeutet, die ich den Anderen gebe, die sich darum an mich, den Autor des Werks, erinnern. Zuletzt aber nennt er diese Hoffnung in ‹Die Wörter› die letzte metaphysische Illusion, die er aus sich, seinem Bewusstsein vertreiben musste.

Der Ekel

[...]
Ich springe auf: Wenn ich bloß aufhören könnte zu denken, das wäre schon besser. Die Gedanken sind das Fadeste, was es gibt. Fader noch als Fleisch. Das zieht sich endlos in die Länge und hinterlässt einen komischen Geschmack. Und dann sind da die Wörter, innerhalb der Gedanken, die unfertigen Wörter, die angefangenen Sätze, die ständig wiederkehren: «Ich muss fertig ... ich ex ... Tot ... Monsieur de Roll ist tot ... Ich bin nicht ... Ich ex ...» Es reicht, es reicht ... und das hört nie auf. Das ist schlimmer als alles Übrige, weil ich mich verantwortlich und mitschuldig fühle. Zum Beispiel dieses schmerzhafte Wiederkäuen: *Ich existiere*, das halte ich selbst in Gang. Ich. Der Körper, das lebt von ganz allein, wenn es einmal angefangen hat. Aber den Gedanken, den führe *ich* fort, den wickle ich ab. Ich existiere. Ich denke, dass ich existiere. Oh, die lange Papierschlange, dieses Gefühl zu existieren – und ich wickle sie ab, ganz langsam ... Wenn ich mich daran hindern könnte zu denken! Ich versuche es, es gelingt: Mir kommt es vor, als füllte sich mein Kopf mit Rauch ... und schon fängt das wieder an: «Rauch ... nicht denken ... Ich will nicht denken ... Ich denke, dass ich nicht denken will. Ich darf nicht denken, dass ich nicht denken will. Weil das auch wieder ein Gedanke ist.» Wird das denn nie ein Ende nehmen?

Mein Denken, das bin *ich*: Deshalb kann ich nicht aufhören. Ich existiere, weil ich denke ... und ich kann mich nicht daran hindern zu denken. Sogar in diesem Moment – es ist grässlich, wenn ich existiere, *so, weil* es mich graut zu existieren. Ich bin es, *ich bin es*, der mich aus dem Nichts zieht, nach dem ich trachte: Der Hass, der Abscheu zu existieren, das sind wiederum nur Arten, mich existieren zu *machen*, in die Existenz einzutauchen. Die Gedanken entstehen hinter mir, wie ein Schwindelgefühl, ich fühle sie hinter meinem Kopf entstehen ... wenn ich nachgebe, kommen sie gleich hier nach vorne, zwischen meine Augen – und ich gebe immer nach, das Denken schwillt an, schwillt an, und da ist es, riesengroß, das mich vollständig ausfüllt und meine Existenz erneuert.

Mein Speichel ist süß, mein Körper ist lauwarm; ich fühle mich fade. Mein Taschenmesser liegt auf dem Tisch. Ich klappe es auf. Warum nicht? Das bringt jedenfalls ein wenig Abwechslung. Ich lege meine linke Hand auf den Notizblock und stoße mir das Messer fest in die Handfläche. Die Bewegung war zu nervös: Die Klinge ist abgerutscht, die Wunde ist oberflächlich. Das blutet. Und was nun? Was hat sich geändert? Immerhin, ich sehe voll Genugtuung auf dem weißen Blatt, quer über die Zeilen, die ich vorhin geschrieben habe, diese kleine Blutlache, die endlich aufgehört hat, ich zu sein. Fünf Zeilen auf einem weißen Blatt, ein Blutfleck, das gibt ein schönes Andenken. Ich müsste darunter schreiben: «An diesem Tag habe ich es aufgegeben, mein Buch über den Marquis de Rollebon zu schreiben.»

Soll ich meine Hand verbinden? Ich zögere. Ich blicke auf das kleine, monotone Blutrinnsal. Jetzt gerinnt es. Es ist vorbei. Meine Haut sieht um den Einschnitt herum verrostet aus. Unter der Haut bleibt nur eine leichte Empfindung, genau wie die anderen, vielleicht noch fader.

Es schlägt halb fünf. Ich stehe auf, mein kaltes Hemd klebt an meinem Fleisch. Ich gehe hinaus. Warum? Nun, weil ich auch keinen Grund habe, es nicht zu tun. Auch wenn ich bleibe, auch wenn ich mich still in eine Ecke kauere, werde ich mich nicht vergessen. Ich werde da sein, ich werde auf dem Fußboden lasten. Ich bin.

Ich kaufe im Vorbeigehen eine Zeitung. Sensationell. Die Leiche der kleinen Lucienne ist gefunden worden! Geruch von Druckerschwärze, das Papier knittert zwischen meinen Fingern. Das niederträchtige Individuum hat die Flucht ergriffen. Das Kind ist vergewaltigt worden. Als man seine Leiche gefunden hat, waren seine Finger in den Schlamm gekrallt. Ich knülle die Zeitung zu einer Kugel zusammen, meine Finger sind in die Zeitung gekrallt; Geruch von Druckerschwärze; mein Gott, wie stark die Dinge heute existieren. Die kleine Lucienne ist vergewaltigt worden. Erwürgt. Ihre Leiche existiert noch, ihr geschundenes Fleisch. *Sie* existiert nicht mehr. Ihre Hände. Sie existiert nicht mehr. Die Häuser. Ich gehe zwischen den Häusern, ich bin zwischen den Häusern, ganz aufrecht auf dem Pflaster; das Pflaster unter meinen Füßen existiert, die Häuser schlagen über mir zusammen, wie das Wasser über mir zusammenschlägt auf dem Schwanenbergpapier, ich bin. Ich bin, ich existiere, ich denke, also bin ich; ich bin, weil ich denke, warum denke ich? Ich will nicht mehr denken, ich bin, weil ich denke, dass ich nicht sein will, ich denke, dass ich … weil … puh! Ich fliehe, das niederträchtige Individuum hat die Flucht ergriffen, ihr Körper vergewaltigt. Sie hat dieses andere Fleisch gefühlt, das sich in sie hineinschob. Ich … es ist so weit, dass er … Vergewaltigt. Ein sanftes, blutrünstiges Begehren nach Vergewaltigung packt mich von hinten, ganz sanft, hinter den Ohren, die Ohren machen sich hinter mir davon, die roten Haare, sie sind rot auf meinem Kopf, feuchtes Gras, rotes Gras, bin das noch ich? Und diese Zeitung, bin das noch ich? Die Zeitung halten, Existenz gegen Existenz, die Dinge existieren gegeneinander, ich lasse die Zeitung los. Das Haus schießt hervor, es existiert vor mir, die Mauer entlang, gehe ich, die lange Mauer entlang existiere ich, vor der Mauer, ein Schritt, die Mauer existiert vor mir, eins, zwei, hinter mir, ein Finger, der kratzt, in meiner Unterhose, kratzt, kratzt und den mit Schlamm beschmutzten Finger der Kleinen herauszieht, der Schlamm an meinem Finger, der aus der schlammigen Gosse herauskam und sanft herabfällt, sanft, schlaffer wurde, weniger stark kratzte als die Finger der Kleinen, die man erwürgte, niederträchtiges Individuum, kratzen im Schlamm, in der Erde weniger stark, der Finger gleitet sanft, fällt mit dem Kopf voran und streichelt warm zusammengerollt an meinem Schenkel; die Existenz ist wabbelig und rollt und schwankt, ich schwanke zwischen den Häusern, ich bin, ich existiere, ich denke, also schwanke ich, ich bin, die Existenz ist ein gefallener Sturz, wird nicht fallen, wird fallen, der Finger kratzt an der Luke, die Existenz ist eine Unvollkommenheit. Der Herr. Der schöne Herr existiert. Der Herr fühlt, dass er existiert. Nein, der schöne Herr, der vorbeigeht, stolz und zart wie eine Winde, fühlt nicht, dass er existiert. Sich entfalten; ich habe Schmerzen an der geschnittenen Hand, existiert, existiert, existiert. Der schöne Herr existiert Ehrenlegion, existiert Schnurrbart, das ist alles; wie froh muss man sein, nur eine Ehrenlegion und nur ein Schnurrbart zu sein, und den Rest sieht niemand, er sieht die beiden Spitzen seines Schnurrbartes zu beiden Seiten der Nase; ich denke nicht, also bin ich ein Schnurrbart. Weder seinen mageren Körper noch seine großen Füße sieht er, wenn man unten an seiner Hose herumsuchen würde, fände man sicher ein Paar kleine graue Gummis. Er hat die Ehrenlegion, die Schweine haben das Recht zu existieren: «ich existiere, weil das mein Recht ist». Ich habe das Recht zu existieren, also habe ich das Recht, nicht zu denken: Der Finger hebt sich. Werde ich etwa …? In den ausgebreiteten weißen Laken das ausgebreitete weiße Fleisch streicheln das sanft zurücksinkt die blühende Feuchte der Achselhöhlen berühren die Elixiere die Flüssigkeiten und die Blütenstände des Fleisches in die Existenz des anderen eindringen in die roten Schleimhäute mit dem schweren süßen süßen Geruch der Existenz mich existieren fühlen zwischen den süßen feuchten Lippen den von bleichem Blut roten Lippen den zuckenden Lippen die ganz feucht von Existenz gähnen ganz feucht von einem hellen Eiter zwischen den feuchten süßen Lippen die wie Augen tränen? Mein Körper aus Fleisch das lebt das Fleisch das wimmelt und sanft zu Flüssigkeiten zerläuft das zu Creme zerläuft das Fleisch das zerläuft zerläuft zerläuft das milde und süße Wasser meines Fleisches das Blut meiner Hand ich habe Schmerzen sanft an meinem geschundenen Fleisch das zum Laufen zerläuft ich renne ich fliehe ich bin ein niederträchtiges Individuum mit geschundenem Fleisch geschunden von Existenz an diesen Mauern. Mir ist kalt ich gehe einen Schritt mir ist kalt einen Schritt ich biege nach links er biegt nach links er denkt dass er nach links biegt verrückt bin ich verrückt? Er sagt dass er Angst hat verrückt zu sein die Existenz siehst du Kleiner in der Existenz er bleibt stehen der Körper bleibt stehen er denkt dass er stehen bleibt woher kommt er? Was tut er? Er geht weiter er hat Angst große Angst niederträchtiges Individuum das Begehren wie ein Nebel das Begehren der Ekel er sagt dass er angeekelt ist zu existieren ist er angeekelt? Überdrüssig angeekelt zu sein zu existieren. Er rennt. Was hofft er? Er rennt zu fliehen sich ins Hafenbecken zu stürzen? Er rennt das Herz das Herz das schlägt das ist ein Fest das Herz existiert die Beine existieren der Atem existiert sie existieren rennend atmend schlagend ganz schwach ganz sanft ist außer Atem bin außer Atem, er sagt, dass er außer Atem ist; die Existenz packt meine Gedanken von hinten und breitet sie sanft *von hinten* aus; man packt mich von hinten, man zwingt mich von hinten zu denken, also etwas zu sein, hinter mir, der in leichten Existenzblasen atmet, er ist Nebelblase des Begehrens, er ist bleich im Spiegel wie ein Toter, Rollebon ist tot, Antoine Roquentin ist nicht tot, ohnmächtig werden: Er sagt, dass er ohnmächtig werden möchte, er rennt, er rennt der Spürhund (von hinten), von hinten, *von hinten*, die kleine Lucile von hinten angefallen, vergewaltigt von der Existenz von hinten, er bittet um Gnade, er schämt sich, um Gnade zu bitten, Mitleid, zu Hilfe, zu Hilfe, also existiere ich, er geht in die *Bar de la Marine*, die kleinen Spiegel des kleinen Bordells, er ist blass in den kleinen Spiegeln des kleinen Bordells, der große schlaffe Rothaarige, der sich auf die Bank fallen lässt, der Plattenspieler läuft, existiert, alles kreist, existiert der Plattenspieler, das Herz schlägt: Kreist, kreist Flüssigkeiten des Lebens, kreist Gelees, Säfte meines Fleisches, Süßigkeiten ... der Plattenspieler.

When the mellow moon begins to beam
Every night I dream a little dream

Die Stimme, tief und rau, ertönt plötzlich, und die Welt verflüchtigt sich, die Welt der Existenzen. Eine Frau aus Fleisch hat diese Stimme gehabt, sie hat vor einer Wachsplatte gesungen, in ihrer schönsten Garderobe, und man nahm ihre Stimme auf. Die Frau: pah, sie existierte wie ich, wie Rollebon, ich habe keine Lust, sie kennen zu lernen. Aber da ist das. Man kann nicht sagen, dass das existiert. Die Platte, die sich dreht, existiert, die von der Stimme gepeitschte Luft, die schwingt, existiert, die Stimme, die sich in die Wachsplatte ritzte, existierte. Ich, der ich zuhöre, exis-

tiere. Alles ist voll, überall die Existenz, dicht und schwer und süß. Aber, jenseits all dieser Süße, unerreichbar, ganz nah, ach, so fern, jung, unerbittlich und heiter, ist diese ... diese Strenge.
[...]
Ich sehe den Autodidakten mit leichten Gewissensbissen an: Er hat sich die ganze Woche daran erfreut, sich dieses Mittagessen vorzustellen, bei dem er einem anderen Menschen seine Liebe zu den Menschen würde mitteilen können. Er hat so selten Gelegenheit zu reden. Und jetzt: Ich habe ihm seine Freude verdorben. Im Grunde ist er genauso einsam wie ich; niemand kümmert sich um ihn. Nur ist er sich seiner Einsamkeit nicht bewusst. Nun ja: Aber es war nicht meine Sache, ihm die Augen zu öffnen. Ich fühle mich sehr unbehaglich: Ich tobe, das stimmt, aber nicht gegen ihn, gegen die Virgan und die Übrigen, all jene, die dieses arme Hirn vergiftet haben. Wenn ich sie hier haben könnte, vor mir, hätte ich ihnen einiges zu sagen. Dem Autodidakten werde ich nichts sagen, ich habe für ihn nur Sympathie: Das ist einer von der Sorte des Herrn Achille, einer meinesgleichen, der aus Unwissenheit, aus Gutwilligkeit Verrat begangen hat.

Ein Auflachen des Autodidakten reißt mich aus meinen mürrischen Grübeleien:

«Sie werden entschuldigen, aber wenn ich an die Tiefe meiner Liebe zu den Menschen denke, an die emportragende Macht, die mich zu ihnen hinzieht, und wir sitzen hier und sind dabei, zu philosophieren, zu argumentieren ... darüber muss ich lachen.»

Ich schweige, ich lächle gezwungen. Die Kellnerin stellt einen Teller mit einem Stück kreidigem Camembert vor mich hin. Ich lasse meinen Blick durch den Raum schweifen, und ein heftiger Abscheu erfasst mich. Was tue ich hier? Wieso habe ich mich darauf einlassen müssen, mich über den Humanismus zu verbreiten? Warum sind diese Leute hier? Warum essen sie? Es stimmt, dass sie nicht wissen, dass sie existieren. Ich habe Lust, wegzugehen, irgendwohin zu gehen, wo ich wirklich an *meinem Platz* wäre, wo ich mich einspinnen würde ... aber mein Platz ist nirgendwo; ich bin zu viel.

Der Autodidakt besänftigt sich. Er hatte mehr Widerstand von meiner Seite befürchtet. Er will gern mit dem Schwamm über alles gehen, was ich gesagt habe. Er beugt sich vertraulich zu mir:

«Eigentlich lieben Sie sie, Herr Roquentin, Sie lieben sie wie ich: Wir sind durch Worte getrennt.»

Ich kann nicht mehr sprechen, ich neige den Kopf. Das Gesicht des Autodidakten ist ganz dicht an meinem. Er lächelt selbstgefällig, ganz dicht an meinem Gesicht, wie in den Albträumen. Ich kaue angestrengt ein Stück Brot, das ich mich nicht entschließen kann herunterzuschlucken. Die Menschen. Man muss die Menschen lieben. Die Menschen sind bewundernswert. Ich möchte kotzen – und mit einem Schlag ist er da: der Ekel.

Eine richtige Krise: Das schüttelt mich von oben bis unten. Seit einer Stunde sah ich sie kommen, nur wollte ich es mir nicht eingestehen. Dieser Käsegeschmack in meinem Mund ... Der Autodidakt plappert, und seine Stimme summt leise an meinen Ohren. Aber ich weiß überhaupt nicht mehr, wovon er spricht. Ich nicke mechanisch mit dem Kopf. Meine Hand ist um den Griff des Dessertmessers gekrampft. Ich *fühle* diesen Griff aus schwarzem Holz. Es ist meine Hand, die ihn hält. Meine Hand. Ich persönlich würde dieses Messer lieber in Ruhe lassen: Wozu immer etwas anfassen? Die Gegenstände sind nicht dazu da, damit man sie anfasst. Es ist viel besser, zwischen ihnen hindurchzugleiten und ihnen möglichst auszuweichen. Manchmal nimmt man einen in die Hand und ist gezwungen, ihn so schnell wie möglich fallen zu lassen. Das Messer fällt auf den Teller. Bei dem Geräusch fährt der weißhaarige Herr auf und sieht mich an. Ich hebe das Messer wieder auf, drücke die Klinge auf den Tisch und biege sie.

Das also ist der Ekel: diese die Augen blendende Evidenz? Was habe ich mir den Kopf zerbrochen! Was habe ich darüber geschrieben! Jetzt weiß ich: Ich existiere – die Welt existiert –, und ich weiß, dass die Welt existiert. Das ist alles. Das ist alles. Aber das ist mir egal. Merkwürdig, dass mir alles so egal ist: Das erschreckt mich. Seit jenem berühmten Tag, als ich Steine übers Wasser hüpfen lassen wollte. Ich wollte gerade diesen Kiesel schleudern, ich habe ihn angesehen, und da hat alles angefangen: Ich habe gefühlt, dass er *existierte*. Und danach kamen dann weitere Ekelanfälle; von Zeit zu Zeit beginnen die Gegenstände einem in der Hand zu existieren. Da ist der Ekel im *Rendezvous des Cheminots* gewesen und dann ein anderer, vorher, eines Nachts, als ich aus dem Fenster sah; und dann einer im Park, an einem Sonntag, und dann weitere. Aber nie war das so stark gewesen wie heute.

«… des antiken Rom, Herr Roquentin?»

Der Autodidakt fragt mich, glaube ich. Ich wende mich ihm zu und lächle ihn an. Nun? Was hat er? Warum kauert er sich auf seinem Stuhl zusammen? Ich flöße jetzt also Angst ein? Das musste so enden. Übrigens ist mir das egal. Sie haben nicht ganz Unrecht, Angst zu haben: Ich spüre, dass ich alles Mögliche tun könnte. Zum Beispiel dieses Käsemesser dem Autodidakten ins Auge bohren. Danach würden alle diese Leute auf mir herumtrampeln, mir die Zähne mit Fußtritten ausschlagen. Aber das ist es nicht, was mich zurückhält: Blutgeschmack im Mund anstelle dieses Käsegeschmacks, das macht keinen Unterschied. Nur, es müsste eine Bewegung gemacht werden, es müsste ein überflüssiges Ereignis hervorgerufen werden: Er wäre zu viel, der Schrei, den der Autodidakt ausstoßen würde – und das Blut, das über seine Wange laufen würde, und das Aufschrecken all dieser Leute. Es gibt schon genug Dinge, die einfach so existieren.

Alle sehen mich an; die beiden Vertreter der Jugend haben ihr süßes Gespräch unterbrochen. Die Frau hat den Mund offen stehen wie ein Hühnerarsch. Sie müssten doch sehen, dass ich harmlos bin.

Ich stehe auf, alles dreht sich um mich. Der Autodidakt starrt mich mit seinen großen Augen an, die ich nicht ausstechen werde.

«Gehen Sie schon?», murmelt er.

«Ich bin ein wenig müde. Es war sehr nett, dass Sie mich eingeladen haben. Auf Wiedersehen.»

Im Weggehen bemerke ich, dass ich das Dessertmesser in der linken Hand halte. Ich werfe es auf meinen Teller, der anfängt zu klirren. Ich gehe inmitten von Schweigen durch den Raum.

Sie essen nicht mehr: Sie sehen mich an, ihnen ist der Appetit vergangen. Wenn ich auf die junge Frau zuginge und «Huh!» machte, würde sie anfangen zu heulen, das ist sicher. Es lohnt sich nicht.

Trotzdem, vor dem Hinausgehen drehe ich mich um und zeige ihnen mein Gesicht, damit sie es in ihr Gedächtnis eingraben können.

«Auf Wiedersehen.»

Sie antworten nicht. Ich gehe. Jetzt werden ihre Wangen wieder Farbe bekommen, sie werden anfangen zu schnattern.

Ich weiß nicht, wohin ich gehen soll, ich bleibe wie angewurzelt neben dem Pappkoch stehen. Ich brauche mich nicht umzudrehen, um zu wissen, dass sie mir durch die Scheiben nachsehen: Sie sehen überrascht und angewidert meinen Rücken an; sie glaubten, ich sei wie sie, ich sei ein Mensch, und ich habe sie getäuscht. Auf einmal habe ich meine Erscheinung als Mensch verloren, und sie haben einen Krebs gesehen, der sich rückwärts aus diesem so menschlichen Raum davonmachte. Jetzt ist der entlarvte Eindringling geflohen: Die Sitzung geht weiter. Das reizt mich, in meinem Rücken dieses ganze Wimmeln von Augen und aufgescheuchten Gedanken zu fühlen. Ich überquere die Fahrbahn. Der andere Bürgersteig führt am Strand und an den Badekabinen entlang.

Es sind viele Leute da, die am Meer spazieren gehen, die dem Meer frühlingshafte, poetische Gesichter zuwenden: Das liegt an der Sonne, sie sind in festlicher Stimmung. Da sind hell gekleidete Frauen, die ihre Garderobe vom vergangenen Frühjahr angezogen haben; sie gehen lang und weiß vorbei wie Glacéhandschuhe aus Ziegenleder; da sind auch große Jungen, die aufs Gymnasium oder auf die Handelsschule gehen, ordengeschmückte Greise. Sie kennen sich nicht, aber sie sehen sich mit heimlichem Einverständnis an, weil das Wetter so schön ist und weil sie Menschen sind. Die Menschen umarmen sich am Tag der Kriegserklärung, ohne sich zu kennen; in jedem Frühling lächeln sie sich an. Ein Priester, der sein Brevier liest, nähert sich mit langsamen Schritten. Gelegentlich hebt er den Kopf und schaut beifällig aufs Meer: Auch das Meer ist ein Brevier, es spricht von Gott. Leichte Farben, leichte Düfte, Frühlingsseelen. «Es ist schön, das Meer ist grün, ich mag diese trockene Kälte lieber als die Feuchtigkeit.» Poeten! Wenn ich einen bei seinem Mantelaufschlag fasste, wenn ich zu ihm sagte, «hilf mir», würde er denken, «was ist denn das für ein Krebs?», und würde davonlaufen, seinen Mantel in meinen Händen zurücklassend.

Ich drehe ihnen den Rücken zu, ich stütze mich mit beiden Händen auf die Balustrade. Das *wirkliche* Meer ist kalt und schwarz, voller Tiere; es rumort unter diesem dünnen grünen Film, der dazu da ist, die Leute zu täuschen. Die Sylphen, die mich umgeben, sind darauf hereingefallen: Sie sehen nur den dünnen Film, er beweist die Existenz Gottes. Ich sehe, was darunter ist! Die Lackschichten schmelzen, die glänzenden Samthäutchen, die Pfirsichhäutchen des lieben Gottes platzen überall unter meinem Blick, sie reißen auf und klaffen auseinander. Da kommt die Straßenbahn nach Saint-Élémir, ich drehe mich um mich selbst, und die Dinge drehen sich mit mir, blass und grün wie Austern.

Unnötig, es war unnötig aufzuspringen, denn ich will ja nirgendwohin.

Hinter den Scheiben ziehen bläuliche Gegenstände vorüber, ganz starr und spröde, stoßweise. Leute, Mauern; durch seine geöffneten Fenster zeigt mir ein Haus sein schwarzes Herz; und die Scheiben machen alles, was schwarz ist, blass, blau, sie machen dieses große Wohnhaus aus gelben Klinkern blau, das zögernd, schaudernd näher kommt und das plötzlich stehen bleibt und nach vorn fällt. Ein Herr steigt ein und setzt sich mir gegenüber hin. Das gelbe Gebäude fährt wieder ab, es schiebt sich mit einem Satz an die Scheiben, es ist so nahe, dass man nur noch einen Teil von ihm sieht, es ist dunkel geworden. Die Scheiben zittern. Es erhebt sich, erdrückend, viel höher, als man sehen kann, mit Hunderten von über schwarzen Herzen geöffneten Fenstern; es gleitet an dem Gehäuse entlang, es streift es; es ist Nacht geworden zwischen den Scheiben, die zittern. Es gleitet endlos vorbei, gelb wie Schlamm, und die Scheiben sind himmelblau. Und auf einmal ist es nicht mehr da, ist es zurückgeblieben, ein helles, graues Licht strömt in das Gehäuse und breitet sich überall mit unerbittlicher Gerechtigkeit aus: Das ist der Himmel; durch die Scheiben sieht man noch Schichten um Schichten Himmel, denn man fährt die Côte Éliphar hinauf, und man hat nach beiden Seiten klare Sicht, nach rechts bis zum Meer, nach links bis zum Flugfeld. Rauchen verboten, sogar eine Gitane.

Ich stütze meine Hand auf die Sitzbank, aber ich ziehe sie hastig zurück: Das existiert. Dieses Ding, auf dem ich sitze, auf das ich meine Hand stütze, heißt Sitzbank. Sie haben es extra dafür gemacht, dass man sich hinsetzen kann, sie haben Leder, Federn, Stoff genommen, sie haben sich an die Arbeit gemacht mit der Absicht, einen Sitz zu machen, und als sie fertig waren, war es *das*, was sie gemacht hatten. Sie haben das hierher gebracht, in dieses Gehäuse, und das Gehäuse rollt und rumpelt jetzt mit seinen zitternden Scheiben, und es trägt in seinem Schoß dieses rote Ding. Ich murmele: Das ist eine Sitzbank, etwa so wie bei einem Exorzismus. Aber das Wort bleibt auf meinen Lippen: Es weigert sich, sich auf dieses Ding zu legen. Das Ding bleibt, was es ist, mit seinem roten Plüsch, Tausenden von roten Pfötchen, in die Luft gestreckt, ganz steif, von toten Pfötchen. Dieser riesige, in die Luft gereckte Bauch, blutrot, aufgeblasen – aufgebläht, mit allen seinen toten Pfötchen, dieser Bauch, der in diesem Gehäuse schwebt, in diesem grauen Himmel, das ist keine Sitzbank. Das könnte genauso gut ein toter Esel sein zum Beispiel, vom Wasser aufgebläht, der dahintreibt, den Bauch nach oben, auf einem großen grauen Fluss, einem über die Ufer getretenen Fluss; und ich säße auf dem Bauch des Esels, und meine Füße hingen ins klare Wasser. Die Dinge haben sich von ihren Namen befreit. Sie sind da, grotesk, eigensinnig, riesenhaft, und es erscheint blöd, sie Sitzbänke zu nennen oder irgendetwas über sie zu sagen: Ich bin inmitten der Dinge, der unnennbaren. Allein, ohne Wörter, ohne Schutz, sie umringen mich, unter mir, hinter mir, über mir. Sie verlangen nichts, sie drängen sich nicht auf: Sie sind da. Unter dem Polster der Sitzbank, an der Holzwand ist eine kleine Schattenlinie, eine kleine schwarze Linie, die an der Sitzbank entlangläuft, geheimnisvoll und schalkhaft, beinah ein Lächeln. Ich weiß sehr wohl, dass das kein Lächeln ist, und dennoch existiert das, das läuft unter den weißlichen Scheiben entlang, unter dem Gerappel der Scheiben, das ist hartnäckig, unter den blauen Bildern, die hinter den Scheiben vorüberziehen und stehen bleiben und weiterziehen, das ist hartnäckig, wie die ungenaue Erinnerung an ein Lächeln, wie ein halb vergessenes Wort, von dem man sich nur an die erste Silbe erinnert, und das Beste, was man tun kann, ist, die Augen abzuwenden und an etwas anderes zu denken, an diesen halb auf der Sitzbank liegenden Mann mir gegenüber. Sein Terrakottakopf mit den blauen Augen. Die ganze rechte Hälfte seines Körpers ist zusammengesackt, der rechte Arm ist an den Körper gepresst, die rechte Seite lebt kaum, mühevoll, karg, als sei sie gelähmt. Aber auf der linken Seite ist eine parasitäre kleine Existenz, die wuchert, ein Krebsgeschwür: Der Arm hat angefangen zu zittern, und dann hat er sich gehoben, und die Hand an seinem Ende war steif. Und dann hat die Hand auch angefangen zu zittern, und als sie in der Höhe des Schädels angekommen ist, hat sich ein Finger ausgestreckt und hat angefangen, die Kopfhaut zu kratzen, mit dem Fingernagel. Eine Art wollüstige Grimasse hat sich in der rechten Mundhälfte breit gemacht, und die linke Hälfte blieb tot. Die Scheiben zittern, der Arm zittert, der Nagel kratzt, kratzt, der Mund lächelt unter den starren Augen, und der Mann erträgt, ohne es zu bemerken, diese kleine Existenz, die seine rechte Seite aufbläht, die seinen rechten Arm und seine rechte Wange in Anspruch genommen hat, um sich zu verwirklichen. Der Schaffner versperrt mir den Weg.

«Warten Sie bis zur Haltestelle.»

Aber ich stoße ihn zurück und springe aus der Straßenbahn. Ich konnte nicht mehr. Ich konnte es nicht mehr ertragen, dass die Dinge so nah waren. Ich stoße ein Gittertor auf, ich gehe hinein, leichte Existenzen springen mit einem Satz auf und lassen sich auf den Wipfeln nieder. Jetzt kenne ich mich wieder aus, ich weiß, wo ich bin: Ich bin im Park. Ich lasse mich auf eine Bank fallen, zwischen den großen, schwarzen Stämmen, zwischen den schwarzen und knotigen Händen, die sich in den Himmel strecken. Ein Baum kratzt die Erde unter meinen Füßen mit einem schwarzen Nagel. Ich würde mich so gern gehen lassen, mich vergessen, schlafen. Aber ich kann nicht, ich ersticke: Die Existenz dringt von überall her in mich ein, durch die Augen, durch die Nase, durch den Mund ...

Und mit einem Schlag, mit einem einzigen Schlag zerreißt der Schleier, ich habe verstanden, ich habe *gesehen*.

Sechs Uhr abends
Ich kann nicht sagen, dass ich mich erleichtert oder froh fühlte; im Gegenteil, das erdrückt mich. Mein Ziel ist einfach erreicht: Ich weiß, was ich wissen wollte; alles, was mir seit Januar zugestoßen ist, habe ich begriffen. Der Ekel hat mich nicht losgelassen, und ich glaube nicht, dass er mich so bald loslassen wird; aber ich erleide ihn nicht mehr, das ist keine Krankheit mehr, kein vorübergehender Anfall: Ich bin es selbst.

Also, ich war gerade im Park. Die Wurzel des Kastanienbaums bohrte sich in die Erde, genau unter meiner Bank. Ich erinnerte mich nicht mehr, dass das eine Wurzel war. Die Wörter waren verschwunden und mit ihnen die Bedeutung der Dinge, ihre Verwendungsweisen, die schwachen Markierungen, die die Menschen auf ihrer Oberfläche eingezeichnet haben. Ich saß da, etwas krumm, den Kopf gesenkt, allein dieser schwarzen und knotigen, ganz und gar rohen Masse gegenüber, die mir Angst machte. Und dann habe ich diese Erleuchtung gehabt.

Das hat mir den Atem geraubt. Nie, vor diesen letzten Tagen, hatte ich geahnt, was das heißt: «existieren». Ich war wie die anderen, wie jene, die am Meer entlangspazieren, in ihrer Frühjahrsgarderobe. Ich sagte wie sie: «Das Meer ist grün; dieser weiße Punkt da oben, das *ist* eine Möwe», aber ich fühlte nicht, dass das existierte, dass die Möwe eine «existierende Möwe» war; gewöhnlich verbirgt sich die Existenz. Sie ist da, um uns, in uns, sie ist *wir*, man kann keine zwei Worte sagen, ohne von ihr zu sprechen, und, letzten Endes, berührt man sie nicht. Wenn ich glaubte zu denken, dachte ich im Grunde gar nichts, mein Kopf war leer, oder ich hatte gerade nur ein Wort im Kopf, das Wort «sein». Oder aber ich dachte ... wie soll ich sagen? Ich dachte die *Zugehörigkeit*, ich sagte mir, dass das Meer zur Klasse der grünen Gegenstände gehörte oder Grün eine der Eigenschaften des Meeres war. Sogar wenn ich die Dinge ansah, war ich meilenweit davon entfernt, daran zu denken, dass sie existierten: Sie waren für mich nur Dekor. Ich nahm sie in meine Hände, sie dienten mir als Werkzeuge, ich sah ihre Widerstände voraus. Aber das alles spielte sich an der Oberfläche ab. Wenn man mich gefragt hätte, was die Existenz sei, hätte ich in gutem Glauben geantwortet, dass das nichts sei, nichts weiter als eine leere Form, die von außen zu den Dingen hinzuträte, ohne etwas an ihrer Natur zu ändern. Und dann, plötzlich: Auf einmal war es da, es war klar wie das Licht: Die Existenz hatte sich plötzlich enthüllt. Sie hatte ihre Harmlosigkeit einer abstrakten Kategorie verloren: Sie war der eigentliche Teig der Dinge, diese Wurzel war in Existenz eingeknetet. Oder vielmehr, die Wurzel, das Gitter des Parks, die Bank, das spärliche Gras des Rasens, das alles war entschwunden; die Vielfalt der Dinge, ihre Individualität waren nur Schein, Firnis. Dieser Firnis war geschmolzen, zurück blieben monströse und wabbelige Massen, ungeordnet – nackt, von einer erschreckenden und obszönen Nacktheit.

Ich hütete mich, die geringste Bewegung zu machen, aber ich brauchte mich nicht zu rühren, um hinter den Bäumen die blauen Säulen und den Laternenpfahl des Musikpavillons zu sehen und die Velleda, mitten in einer Gruppe von Lorbeerbäumen. Alle diese Gegenstände ... wie soll ich sagen? Sie belästigten mich; ich hätte gewünscht, sie würden weniger stark existieren, auf trockenere, abstraktere Weise, mit mehr Zurückhaltung. Der Kastanienbaum drängte sich gegen meine Augen. Grüner Brand bedeckte ihn bis in halbe Höhe; die Rinde, schwarz und aufgedunsen, schien aus gekochtem Leder zu sein. Das leise Plätschern des Masqueret-Brunnens sickerte in meine Ohren und nistete sich dort ein, erfüllte sie mit Seufzern; meine Nasenlöcher quollen über von einem grünen und fauligen Geruch. Alle Dinge gaben sich sanft, zärtlich der Existenz hin, wie jene ermatteten Frauen, die sich dem Lachen hingeben und mit feuchter Stimme sagen: «Lachen ist gesund», sie breiteten sich voreinander aus, sie machten sich das abscheuliche Geständnis ihrer Existenz. Ich begriff, dass es keine Mitte gab zwischen der Nichtexistenz und dieser überschäumenden Fülle. Wenn man existierte, musste man *bis dahin existieren*, bis zum Verschimmeln, zur Aufgedunsenheit, zur Obszönität. In einer anderen Welt bewahren die Kreise, die Melodien ihre reinen und strengen Linien. Aber die Existenz ist ein Nachgeben. Bäume, nächtliche Pfeiler, das glückliche Röcheln eines Springbrunnens, lebende Gerüche, kleine Wärmenebel, die in der kalten Luft schwebten, ein rothaariger Mann, der auf einer Bank verdaute: Dieses ganze Dösen, dieses ganze Verdauen zusammengenommen bot einen irgendwie komischen Anblick. Komisch ... nein: So weit ging das nicht, nichts, was existiert, kann komisch sein; es war wie eine verschwimmende, fast nicht greifbare Analogie zu gewissen Situationen im Vaudeville. Wir waren ein Häufchen Existierender, die sich selber im Weg standen, sich behinderten, wir hatten nicht den geringsten Grund, da zu sein, weder die einen noch die anderen, jeder Existierende, verwirrt, irgendwie unruhig, fühlte sich in Bezug auf die anderen zu viel. *Zu viel*: Das war der einzige Bezug, den ich zwischen diesen Bäumen, diesen Gittern, diesen Kieseln herstellen konnte. Vergebens versuchte ich, die Kastanienbäume zu *zählen*, sie in Bezug auf die Velleda zu *situieren*, ihre Höhe mit der der Platanen zu vergleichen: Jeder von ihnen entzog sich den Relationen, in die ich ihn einschließen wollte, isolierte sich, brach aus. Diese Relationen (die ich hartnäckig beibehielt, um den Zusammenbruch der menschlichen Welt, der Maße, der Quantitäten, der Richtungen hinauszuzögern): Ich empfand ihre Willkürlichkeit, sie verfingen nicht mehr bei den Dingen. *Zu viel*, der Kastanienbaum, dort, mir gegenüber, etwas nach links. *Zu viel*, die Velleda ...

Und *ich* – schlaff, schlapp, obszön, trübe Gedanken verdauend, wiederkäuend – *auch ich war zu viel*. Zum Glück empfand ich es nicht, ich begriff es vor allem, aber ich fühlte mich unwohl, weil ich Angst hatte, es zu empfinden (noch jetzt habe ich Angst davor – ich habe Angst, dass es mich am Hinterkopf packt und dass es mich hochhebt wie eine Grundsee). Ich träumte unbestimmt davon, mich zu beseitigen, um wenigstens eine dieser überflüssigen Existenzen zu vernichten. Aber selbst mein Tod wäre zu viel gewesen. Zu viel meine Leiche, mein Blut auf diesen Kieseln, zwischen diesen Pflanzen, mitten in diesem heiteren

Park. Und das zerfressene Fleisch wäre zu viel gewesen in der Erde, die es aufgenommen hätte, und meine Knochen schließlich, gereinigt, abgeschält, sauber und blank wie Zähne, wären ebenfalls zu viel gewesen: Ich war zu viel für die Ewigkeit.

Das Wort Absurdität entsteht jetzt unter meiner Feder; vorhin im Park habe ich es nicht gefunden, aber ich suchte es auch nicht, ich brauchte es nicht: Ich dachte ohne Worte *über* die Dinge, *mit* den Dingen. Die Absurdität, das war keine Idee in meinem Kopf, keine Einflüsterung, sondern diese lange tote Schlange zu meinen Füßen, diese Holzschlange. Schlange oder Kralle oder Wurzel oder Geierklaue, was auch immer. Ohne etwas deutlich zu formulieren, begriff ich, dass ich den Schlüssel der Existenz, den Schlüssel meines Ekels, meines eigenen Lebens gefunden hatte. Tatsächlich geht alles, was ich anschließend erfassen konnte, auf diese fundamentale Absurdität zurück. Absurdität: wieder ein Wort; ich schlage mich mit Wörtern herum; dort im Park berührte ich das Ding. Aber ich möchte hier die Absolutheit dieser Absurdität festhalten. Eine Geste, ein Ereignis in der kleinen bunten Welt der Menschen ist immer nur relativ absurd: in Bezug auf die Umstände, die es begleiten. Die Reden eines Verrückten, zum Beispiel, sind absurd in Bezug auf die Situation, in der er sich befindet, aber nicht in Bezug auf seinen Wahn. Aber ich habe vorhin die Erfahrung des Absoluten gemacht: des Absoluten oder des Absurden. Diese Wurzel, es gab nichts, in Bezug worauf sie nicht absurd war. Oh! Wie kann ich das nur mit Worten festhalten? Absurd: in Bezug auf die Kiesel, auf die gelben Grasbüschel, auf den trockenen Matsch, auf den Baum, auf den Himmel, auf die grünen Bänke. Absurd, unreduzierbar; nichts – nicht einmal ein tiefer und geheimer Wahn der Natur – konnte es erklären. Natürlich wusste ich nicht alles, ich hatte weder den Keim sich entwickeln noch den Baum wachsen sehen. Aber angesichts dieser dicken rauen Pranke hatten weder die Unwissenheit noch das Wissen eine Bedeutung: Die Welt der Erklärungen und Gründe ist nicht die der Existenz. Ein Kreis ist nicht absurd, er erklärt sich sehr gut aus der Umdrehung einer Geraden um einen ihrer Endpunkte. Aber ein Kreis existiert auch nicht. Diese

Wurzel dagegen existierte insofern, als ich sie nicht erklären konnte. Knorrig, inert, namenlos, faszinierte sie mich, erfüllte meine Augen, führte mich ständig auf ihre eigene Existenz zurück. Ich konnte mir noch so oft wiederholen: «Es ist eine Wurzel» – das verfing nicht mehr. Ich sah ein, dass man von ihrer Funktion als Wurzel, als Saugpumpe, nicht *auf das* kommen konnte, auf diese harte und kompakte Seehundshaut, auf dieses ölige, schwielige, eigensinnige Äußere. Die Funktion erklärte nichts: Sie ließ in groben Zügen verstehen, was eine Wurzel war, aber keineswegs *diese hier*. Diese Wurzel, mit ihrer Farbe, ihrer Form, ihrer erstarrten Bewegung, war … unterhalb jeder Erklärung. Jede ihrer Eigenschaften entwich ihr ein wenig, rann aus ihr heraus, verfestigte sich halb, wurde beinah ein Ding; jede war *zu viel in* der Wurzel, und der ganze Baumstamm machte jetzt den Eindruck auf mich, als rolle er ein wenig aus sich heraus, als verleugne, verlöre er sich in einem merkwürdigen Exzess. Ich kratzte mit meinem Absatz an dieser schwarzen Klaue: Ich hätte sie gern ein bisschen aufgescheuert. Nur so, als Herausforderung, um auf dem gegerbten Leder das absurde Rosa eines Kratzers auftauchen zu lassen: um mit der Absurdität der Welt zu *spielen*. Aber als ich meinen Fuß zurückzog, sah ich, dass die Rinde schwarz geblieben war.

Schwarz? Ich habe gespürt, wie das Wort zusammenschrumpfte, sich mit ungeheurer Geschwindigkeit seines Sinnes entleerte. Schwarz? Die Wurzel *war nicht* schwarz, das war kein Schwarz, was auf diesem Stück Holz war – das war … etwas anderes: Das Schwarz existierte ebenso wenig wie der Kreis. Ich sah die Wurzel an: War sie *mehr als schwarz* oder *annähernd* schwarz? Aber ich hörte bald auf, mich zu befragen, weil ich den Eindruck hatte, auf vertrautem Boden zu sein. Ja, ich hatte schon mit derselben Unruhe unnennbare Gegenstände untersucht, ich hatte schon – vergeblich – versucht, etwas *über sie* zu denken: Und ich hatte auch schon gespürt, wie ihre Eigenschaften, kalt und inert, sich entzogen, zwischen meinen Fingern hindurchglitten. Adolphes Hosenträger, neulich abends im *Rendezvous des Cheminots*. Sie *waren nicht* violett. Ich sah wieder die beiden undefinierbaren Flecken auf dem Hemd. Und der Kiesel, dieser berühmte

Kiesel, der Anfang dieser ganzen Geschichte: Er war nicht ... ich erinnerte mich nicht mehr genau, was er sich weigerte zu sein. Aber ich hatte seinen passiven Widerstand nicht vergessen. Und die Hand des Autodidakten; ich hatte sie eines Tages in der Bibliothek ergriffen und gedrückt, und dann hatte ich den Eindruck gehabt, dass das nicht ganz und gar eine Hand war. Ich hatte an einen dicken weißen Wurm gedacht, aber das war es auch nicht. Und die zwielichtige Durchsichtigkeit des Bierglases im *Café Mably*. Zwielicht: das waren sie, die Laute, die Düfte, die Geschmacksempfindungen. Wenn sie einem schnell unter der Nase vorbeizogen wie aufgescheuchte Hasen und man sie nicht besonders beachtete, konnte man sie für ganz einfach und beruhigend halten, man konnte glauben, es gäbe auf der Welt wirkliches Blau, wirkliches Rot, einen wirklichen Mandel- oder Veilchenduft. Aber sobald man sie einen Augenblick festhielt, machte dieses Gefühl der Behaglichkeit und Sicherheit einem tiefen Unbehagen Platz: Die Farben, die Geschmacksempfindungen, die Düfte waren nie wirklich, nie schlicht und einfach sie selbst und nichts als sie selbst. Die einfachste, unzerlegbarste Eigenschaft hatte etwas von Zuviel an sich, in Bezug auf sich selbst, in ihrem Kern. Dieses Schwarz da, an meinem Fuß, das sah nicht so aus, als wäre es Schwarz, sondern eher der wirre Versuch, sich Schwarz vorzustellen, von einem, der es nie gesehen hätte und der nicht damit hätte aufhören können, der sich ein zweideutiges Wesen, jenseits der Farben vorgestellt hätte. Das *ähnelte* einer Farbe, aber auch ... einer Quetschung oder auch einem Sekret, einer Schweißabsonderung – und etwas anderem, einem Geruch zum Beispiel, das löste sich auf in den Geruch feuchter Erde, klammen und feuchten Holzes, in den schwarzen Geruch, der wie ein Firnis dieses nervige Holz überzieht, in den Geschmack von zerkauter, süßer Faser. Ich *sah* es nicht nur, dieses Schwarz: Das Sehen ist eine abstrakte Erfindung, eine gereinigte, vereinfachte Idee, eine Menschenidee. Dieses Schwarz, diese amorphe und schlaffe Anwesenheit, ging weit über das Sehen, das Riechen und das Schmecken hinaus. Aber dieser Reichtum schlug um in Verwirrung, und schließlich war es nichts mehr, weil es zu viel war.

Dieser Moment war ungeheuerlich. Ich saß da, reglos und eisig, in eine entsetzliche Ekstase versunken. Aber aus dem Innern dieser Ekstase war etwas Neues aufgetaucht; ich verstand den Ekel, ich beherrschte ihn. Eigentlich formulierte ich mir meine Entdeckungen nicht. Aber ich glaube, dass es mir jetzt leicht fallen würde, sie in Worte zu fassen. Das Wesentliche ist die Kontingenz. Ich will sagen, dass die Existenz ihrer Definition nach nicht die Notwendigkeit ist. Existieren, das ist *da sein*, ganz einfach; die Existierenden erscheinen, lassen sich *antreffen*, aber man kann sie nicht *ableiten*. Es gibt Leute, glaube ich, die das begriffen haben. Nur haben sie versucht, diese Kontingenz zu überwinden, indem sie ein notwendiges und sich selbst begründendes Sein erfanden. Doch kein notwendiges Sein kann die Existenz erklären: Die Kontingenz ist kein Trug, kein Schein, den man vertreiben kann; sie ist das Absolute, folglich die vollkommene Grundlosigkeit. Alles ist grundlos, dieser Park, diese Stadt und ich selbst. Wenn es geschieht, dass man sich dessen bewusst wird, dreht es einem den Magen um, und alles beginnt zu schwimmen, wie neulich abends im *Rendezvous des Cheminots*: Das ist der Ekel, das ist das, was die Schweine – die vom Coteau Vert und die anderen – vor sich selbst mit ihrer Idee vom Recht zu vertuschen suchen. Aber was für eine armselige Lüge: Niemand hat das Recht; sie sind vollständig grundlos, wie die anderen Menschen, es gelingt ihnen nicht, sich nicht als zu viel zu fühlen. Und in sich selbst, insgeheim, sind sie *zu viel*, das heißt, amorph und unbestimmt, traurig.

Wie lange dauerte diese Faszination? *Ich war* die Wurzel des Kastanienbaumes. Oder vielmehr, ich war ganz und gar Bewusstsein ihrer Existenz. Noch losgelöst von ihr – da ich mir ihrer ja bewusst war – und dennoch in ihr verloren, nichts anderes als sie. Ein unbehagliches Bewusstsein, das sich dennoch mit seinem ganzen Gewicht, aus dem Gleichgewicht gebracht, auf dieses reglose Stück Holz sinken ließ. Die Zeit war stehen geblieben: eine kleine schwarze Lache zu meinen Füßen; es war unmöglich, dass etwas *nach* diesem Moment kommen würde. Ich hätte mich gern aus dieser grässlichen Lust herausgerissen, aber ich konnte mir nicht einmal vorstellen, dass das möglich wäre; ich war drin;

der schwarze Baumstamm *ging nicht hinunter*, er blieb da, in meinen Augen, wie ein zu dicker Brocken in einer Kehle stecken bleibt. Ich konnte ihn weder akzeptieren noch ablehnen. Mit Hilfe welcher Anstrengung habe ich die Augen gehoben? Und habe ich sie eigentlich gehoben? Habe ich mich nicht vielmehr für einen Augenblick in Nichts aufgelöst, und bin ich nicht im nächsten Augenblick mit zurückgeworfenem Kopf und nach oben gewandten Augen wieder geboren worden? Tatsächlich ist mir ein Übergang nicht zu Bewusstsein gekommen. Aber auf einmal ist es mir unmöglich geworden, die Existenz der Wurzel zu denken. Sie war verschwunden, ich konnte mir noch so oft wiederholen: Sie existiert, sie ist noch da, unter der Bank, an meinem rechten Fuß, das besagte nichts mehr. Die Existenz ist nichts, was sich von weitem denken lässt: Das muss einen plötzlich überkommen, muss sich auf einem niederlassen, muss sich einem schwer auf das Herz legen wie ein dickes, regloses Tier – oder aber es ist überhaupt nichts mehr da.

Es war überhaupt nichts mehr da, meine Augen waren leer, und ich freute mich über meine Erlösung. Und dann, auf einmal, hat das angefangen sich vor meinen Augen zu bewegen, leichte und unbestimmte Bewegungen: Der Wind schüttelte die Kronen des Baumes.

Es missfiel mir nicht zu sehen, wie sich etwas regte, das lenkte mich von all diesen bewegungslosen Existenzen ab, die mich wie starre Augen ansahen. Ich sagte mir, während ich das Wiegen der Äste verfolgte: Die Bewegungen existieren nie ganz, das sind Übergänge, Verbindungsstücke zwischen zwei Existenzen, schwache Phasen. Ich nahm mir vor, sie aus dem Nichts hervortreten, allmählich reifen, vergehen zu sehen: Ich würde endlich Existenzen bei ihrer Entstehung ertappen.

Es hat nicht länger als drei Sekunden gedauert, und alle meine Hoffnungen waren weggefegt. Auf diesen schwankenden Ästen, die blind um sich tasteten, gelang es mir nicht, einen «Übergang» zur Existenz wahrzunehmen. Diese Idee eines Übergangs war auch wieder eine Erfindung der Menschen. Eine zu klare Idee. Alle diese winzigen Schüttelbewegungen isolierten sich, setzten sich für sich selbst. An allen Seiten gingen sie über die Äste und Zweige hinaus. Sie wirbelten um diese trockenen Hände herum, hüllten sie in kleine Zyklonen. Sicher, eine Bewegung war etwas anderes als ein Baum. Aber sie war trotzdem ein Absolutes. Ein Ding. Meine Augen trafen immer nur auf Fülle. Das wimmelte von Existenzen, an den Astspitzen, von Existenzen, die sich ständig erneuerten und die nie entstanden. Der existierende Wind hatte sich auf dem Baum niedergelassen wie eine dicke Fliege, und der Baum erschauerte. Aber das Erschauern war keine entstehende Eigenschaft, kein Übergang vom Vermögen zum Handeln; das war ein Ding; ein dinghaftes Erschauern schlüpfte in den Baum, bemächtigte sich seiner, schüttelte ihn und ließ plötzlich von ihm ab, zog, sich um sich selbst drehend, weiter. Alles war voll, alles war tätig, es gab keine schwache Phase, alles, selbst das unmerklichste Zucken, bestand aus Existenz. Und all dieses Existierende, das sich eifrig um den Baum zu schaffen machte, kam nirgendwoher und ging nirgendwohin. Mit einem Schlag existierte es, und dann, mit einem Schlag, existierte es nicht mehr: Die Existenz ist ohne Gedächtnis; von den Verschwundenen bewahrt sie nichts – nicht einmal eine Erinnerung. Die Existenz überall, bis ins Unendliche, zu viel, immer und überall; die Existenz – die immer nur durch die Existenz begrenzt ist. Ich ließ mich auf die Bank sinken, benommen, betäubt von dieser verschwenderischen Fülle von Seiendem ohne Anfang: überall Aufbrechen, Aufblühen, meine Ohren dröhnten von Existenz, mein eigenes Fleisch zuckte und öffnete sich, gab sich dem allgemeinen Knospen hin, es war abstoßend. «Aber warum», dachte ich, «warum so viele Existenzen, wo sie doch alle gleich aussehen?» Wozu so viele, alle gleich aussehende Bäume? So viele verfehlte und hartnäckig neu begonnene und wiederum verfehlte Existenzen – wie die ungeschickten Anstrengungen eines auf den Rücken gefallenen Insekts? (Ich war eine dieser Anstrengungen.) Dieser Überfluss wirkte nicht wie Großzügigkeit, im Gegenteil. Er war trübselig, kränklich, von sich selbst behindert. Diese Bäume, diese großen, linkischen Körper ... Ich fing an zu lachen, weil ich auf einmal an die großartigen Frühjahre dachte, die man in den Büchern beschreibt, voller Aufplatzen, Aufspringen und riesigem Aufblühen. Es gab

Idioten, die einem etwas vom Willen zur Macht und vom Lebenskampf erzählten. Hatten sie denn nie ein Tier oder einen Baum angesehen? Diese Platane mit ihren kahlen Stellen, diese halb verfaulte Eiche, man hätte mir einreden wollen, sie seien junge, herbe Kräfte, die in den Himmel strebten. Und diese Wurzel? Ich hätte sie mir zweifellos als gierige Kralle vorstellen sollen, die die Erde aufwühlt und ihr ihre Nahrung entreißt?

Es ist unmöglich, die Dinge in dieser Weise zu sehen. Wabbelig, schwach, ja. Die Bäume wackelten. Ein Aufstreben zum Himmel? Eher ein Zusammenfallen; jeden Augenblick war ich darauf gefasst, die Stämme wie überdrüssige Ruten einknicken, sich krümmen und auf den Boden fallen zu sehen, zu einem schwarzen, weichen und faltigen Haufen. *Sie hatten keine Lust* zu existieren, bloß konnten sie nicht anders; das war es. Also kochten sie alle leise vor sich hin, ganz sachte, lustlos; der Saft stieg langsam in den Gefäßen auf, widerwillig, und die Wurzeln bohrten sich langsam in die Erde. Aber sie schienen jeden Augenblick im Begriff, alles im Stich zu lassen und sich in Nichts aufzulösen. Überdrüssig und alt, existierten sie weiter, unwillig, bloß weil sie zu schwach waren, um zu sterben, weil der Tod sie nur von außen her erreichen konnte: Es gibt nur die Melodien, die stolz ihren eigenen Tod in sich tragen wie eine innere Notwendigkeit; nur existieren sie nicht. Alles Existierende entsteht ohne Grund, setzt sich aus Schwäche fort und stirbt durch Zufall. Ich lehnte mich zurück und schloss die Augen. Aber die Bilder, sogleich alarmiert, sprangen auf und füllten meine geschlossenen Augen mit Existenzen: Die Existenz ist eine Fülle, die der Mensch nicht verlassen kann.

Merkwürdige Bilder. Sie stellten eine Menge Dinge dar. Keine wirklichen Dinge, andere, die ihnen ähnelten. Gegenstände aus Holz, die Stühlen, Holzschuhen ähnelten, andere Gegenstände, die Pflanzen ähnelten. Und dann zwei Gesichter: Das war das Paar, das in meiner Nähe zu Mittag aß, vorigen Sonntag, im Restaurant *Vézelise*. Fett, warm, sinnlich, absurd, mit roten Ohren. Ich sah die Schultern und die Brust der Frau. Nackte Existenz. Diese beiden da – das entsetzte mich plötzlich –, diese beiden existierten irgendwo in Bouville weiter; irgendwo – inmitten welcher Gerüche? – ließ sich dieser süße Busen weiter von sauberen Stoffen umschmeicheln, schmiegte sich weiter in Spitzen, und die Frau fühlte weiter ihre Brüste in ihrer Bluse existieren, dachte: «meine Titten, meine hübschen Äpfelchen», lächelte weiter geheimnisvoll, achtete auf das Aufblühen ihrer Brüste, die sie kitzelten, und dann habe ich geschrien und bin mit weit offenen Augen wieder zu mir gekommen.

Habe ich sie geträumt, diese ungeheure Gegenwart? Sie war da, lag auf diesem Park, war in diese Bäume gepurzelt, ganz wabbelig, alles verschmierend, ganz dickflüssig, eine Konfitüre. Und ich war darin, ich, mit dem ganzen Park? Ich hatte Angst, aber ich war vor allem wütend, ich fand das so dumm, so fehl am Platz, ich hasste diese widerliche Marmelade. Es gab noch und noch davon! Das stieg bis zum Himmel, das lief überallhin aus, das erfüllte alles mit seinem glitschigen Niederschlag, und ich sah seine endlosen Weiten, viel weiter als die Grenzen des Parks und als die Häuser und als Bouville, ich war nicht mehr in Bouville, ich war nirgendwo, ich trieb dahin. Ich war nicht überrascht, ich wusste wohl, dass das die Welt war, die nackte Welt, die sich auf einmal zeigte, und ich erstickte vor Wut auf dieses dicke, absurde Sein. Man konnte sich nicht einmal fragen, wo das herauskam, das alles, noch wie es kam, dass eine Welt existierte als vielmehr nichts. Das hatte keinen Sinn, die Welt war überall gegenwärtig, vorne, hinten. Es hatte nichts *vor* ihr gegeben. Nichts. Es hatte keinen Moment gegeben, in dem sie hätte nicht existieren können. Genau das ärgerte mich: Selbstverständlich gab es *keinen Grund*, dass sie existierte, diese quallige Larve. *Aber es war nicht möglich*, dass sie nicht existierte. Das war undenkbar: Um sich das Nichts vorzustellen, musste man schon da sein, mitten in der Welt, und die Augen weit offen haben und leben; das Nichts, das war nur eine Idee in meinem Kopf, eine existierende Idee, die in diese Unermesslichkeit schwebte: Dieses Nichts war nicht *vor* der Existenz gekommen, es war eine Existenz wie jede andere und war nach vielen anderen erschienen. Ich schrie, «was für eine Sauerei, was für eine Sauerei!», und ich schüttelte mich, um diese schmierige Sauerei loszuwerden, aber sie hielt, und es gab so viel davon, Tonnen um Tonnen von Existenz, unbegrenzt:

Ich erstickte mitten in diesem unermesslichen Überdruss. Und dann, mit einem Schlag, leerte sich der Park wie durch ein großes Loch, die Welt verschwand auf die gleiche Weise, wie sie gekommen war, oder aber ich wachte auf – jedenfalls sah ich sie nicht mehr; zurück blieb gelbe Erde um mich herum, aus der abgestorbene, in die Luft ragende Äste herauskamen.

Ich stand auf, ich ging. Am Tor angekommen, habe ich mich umgedreht. Da hat der Park mir zugelächelt. Ich habe mich an das Tor gelehnt und habe lange geschaut. Das Lächeln der Bäume, der Lorbeerbaumgruppe, das *wollte etwas sagen; das* war das wirkliche Geheimnis der Existenz. Ich erinnerte mich, dass ich eines Sonntags, vor nicht mehr als drei Wochen, schon auf den Dingen eine Art komplizenhaften Ausdruck wahrgenommen hatte. War ich es, an den er sich richtete? Ich spürte verdrossen, dass ich kein Mittel hatte zu verstehen. Kein Mittel. Trotzdem war es da, abwartend, das hatte Ähnlichkeit mit einem Blick. Es war da, auf dem Stamm des Kastanienbaumes ... es war *der* Kastanienbaum. Die Dinge: Man hätte meinen können, Gedanken, die unterwegs stehen blieben, die sich vergaßen, die vergaßen, was sie hatten denken wollen, und die einfach so blieben, hin und her schwankend, mit einem komischen kleinen Sinn, der über sie hinausging. Das reizte mich, dieser kleine Sinn: Ich konnte *ihn nicht verstehen*, selbst wenn ich hundertsieben Jahre an dieses Tor gelehnt stehen bleiben würde; ich hatte über die Existenz alles erfahren, was ich wissen konnte. Ich bin gegangen, ich bin ins Hotel zurückgekehrt und habe geschrieben.

[...]

Wenn man bedenkt, dass es Idioten gibt, die Trost aus den schönen Künsten schöpfen. Wie meine Tante Bigeois: «Die *Préludes* von Chopin waren mir eine solche Hilfe beim Tod deines armen Onkels.» Und die Konzertsäle quellen über von Gedemütigten, Beleidigten, die mit geschlossenen Augen versuchen, ihre bleichen Gesichter in Empfangsantennen zu verwandeln. Sie bilden sich ein, dass die aufgefangenen Töne in sie einfließen, sanft und nahrhaft, und dass ihre Leiden Musik werden, wie die Leiden des jungen Werthers; sie glauben, dass die Schönheit mit ihnen fühlt. Die Arschlöcher.

Ich wünschte, sie sagten mir, ob sie sie mitfühlend finden, diese Musik hier. Eben war ich bestimmt sehr weit davon entfernt, in Glückseligkeit zu schwimmen. An der Oberfläche rechnete ich meine Ausgaben durch, mechanisch. Darunter stauten sich alle diese unerfreulichen Gedanken, die die Form unausgesprochener Fragen, stummen Erstaunens angenommen haben und die mich Tag und Nacht nicht mehr loslassen. Gedanken über Anny, über mein verpfuschtes Leben. Und dann, noch weiter darunter, der Ekel, scheu wie eine Morgenröte. Aber in jenem Moment war keine Musik da, ich war mürrisch und ruhig. Alle Gegenstände, die mich umgaben, waren aus dem gleichen Stoff gemacht wie ich, aus einer Art miesem Leiden. Die Welt außerhalb von mir war so hässlich, so hässlich diese schmutzigen Gläser auf den Tischen und die braunen Flecken auf dem Spiegel und auf Madeleines Schürze und die liebenswürdige Miene des dicken Liebhabers der Wirtin, so hässlich die Existenz der Welt selbst, dass ich mich wohl fühlte, heimisch.

Jetzt sind da diese Saxophonklänge. Und ich schäme mich. Ein glorreiches kleines Leiden ist entstanden, ein musterhaftes Leiden. Vier Saxophonnoten. Sie kommen und gehen, sie scheinen zu sagen: «Man muss es machen wie wir, *im Takt* leiden.» Nun ja! Natürlich würde ich gern auf diese Weise leiden, im Takt, ohne Selbstgefälligkeit, ohne Selbstmitleid, mit unpathetischer Reinheit. Aber ist es meine Schuld, wenn das Bier in meinem Glas lauwarm ist, wenn braune Flecken auf dem Spiegel sind, wenn ich zu viel bin, wenn das aufrichtigste meiner Leiden, das sprödeste, sich hinzieht und träge wird, mit zu viel Fleisch und zugleich einer zu weiten Haut, wie der See-Elefant, mit großen feuchten Augen, rührend, aber so hässlich? Nein, man kann bestimmt nicht sagen, dass er mitfühlend ist, dieser kleine Schmerz aus Diamant, der sich über der Platte im Kreis dreht und mich blendet. Nicht einmal ironisch: Er dreht sich munter, ganz mit sich selbst beschäftigt; er hat wie eine Sense die schale Intimität der Welt durchschnitten, und jetzt dreht er sich, und uns alle, Madeleine, den dicken Mann, die Wirtin, mich selbst und die Tische, die Bänke, den fleckigen Spiegel, die Gläser, uns alle, die wir uns der Existenz überließen, weil wir unter uns waren, nur unter uns, uns hat er in nachlässigem Aufzug, in der Verschlampheit des Alltags überrascht: Ich schäme mich für mich selbst und für das, was da *vor* ihm existiert.

Er existiert nicht. Das ist daran sogar aufreizend: Wenn ich aufstünde, wenn ich diese Platte von dem Teller, auf dem sie liegt, herunterrisse und sie entzweibräche, würde ich ihn nicht erreichen, *ihn*. Er ist jenseits – immer jenseits von etwas, jenseits einer Stimme, eines Geigentons. Durch Schichten um Schichten von Existenz offenbart er sich, schlank und fest, und wenn man ihn ergreifen will, trifft man nur auf Existierendes, sinnlos Existierendes. Er ist hinter ihnen: Ich höre ihn nicht einmal, ich höre Töne, Luftschwingungen, die ihn enthüllen. Er existiert nicht, denn an ihm ist nichts zu viel: Alles Übrige ist zu viel im Verhältnis zu ihm. Er *ist*.

Und auch ich habe *sein* wollen. Ich habe sogar nur das gewollt; das ist das Schlüsselwort der Geschichte. Ich durchschaue die scheinbare Unordnung meines Lebens. Hinter all diesen Versuchen, die beziehungslos schienen, finde ich den gleichen Wunsch: die Existenz aus mir zu vertreiben, die Augenblicke von ihrem Fett zu entleeren, sie auszuwringen, auszutrocknen, mich zu reinigen, hart zu werden, um endlich den klaren und genauen Ton einer Saxophonnote wiederzugeben. Das könnte sogar ein Gleichnis abgeben: Es war einmal ein armer Kerl, der hatte sich in der Welt geirrt. Er existierte, wie die anderen Leute, in der Welt der Parks, der Kneipen, der Handelsstädte, und er wollte sich einreden, er lebe woanders, hinter der Leinwand der Gemälde, mit den Dogen Tintorettos, mit den ernsten Florentinern Gozzolis, hinter den Seiten der Bücher, mit Fabrice del Dongo und Julien Sorel, hinter den Grammophonplatten, mit den langen, spröden, klagenden Jazzmelodien. Und dann, nachdem er lange genug den Idioten gemacht hat, hat er verstanden, hat er die Augen geöffnet, hat er gemerkt, dass es da ein Versehen gab: Er saß in einer Kneipe, ausgerechnet, vor einem Glas lauwarmem Bier. Er ist niedergeschlagen auf der Bank sitzen geblieben; er hat gedacht: Ich bin ein Idiot. Und genau in diesem Moment, auf der anderen Seite der Existenz, in jener anderen Welt, die man von weitem sehen kann, aber ohne ihr je nahe zu kommen, hat eine kleine Melodie angefangen zu tanzen, zu singen: «Man muss wie ich sein; man muss im Takt leiden.»

Die Stimme singt:

Some of these days
You'll miss me, honey.

Die Platte muss an der Stelle einen Kratzer haben, denn es macht ein komisches Geräusch. Und da ist etwas, was das Herz zusammenschnürt: nämlich, dass die Melodie überhaupt nicht von dem leichten Krächzen der Nadel auf der Platte berührt wird. Sie ist so weit – so weit dahinter. Auch das verstehe ich: Die Platte wird verkratzt und nutzt sich ab, die Sängerin ist vielleicht tot; ich werde fortgehen, werde meinen Zug nehmen. Aber hinter dem Existierenden, das von einer Gegenwart in die nächste fällt, ohne Vergangenheit, ohne Zukunft, hinter diesen Klängen, die von Tag zu Tag zerfallen, zerkratzt werden und in den Tod gleiten, bleibt die Melodie dieselbe, jung und fest wie ein erbarmungsloser Zeuge.

Die Stimme ist verstummt. Die Platte kratzt ein bisschen, dann bleibt sie stehen. Befreit von einem lästigen Traum, käut und schmatzt das Café die Lust zu existieren wieder. Die Wirtin hat ein blutrotes Gesicht, sie ohrfeigt die dicken Wangen ihres neuen Freundes, aber ohne dass es ihr gelingt, ihnen Farbe zu geben. Wangen eines Toten. Ich kauere da, ich schlafe halb ein. In einer viertel Stunde werde ich im Zug sein, aber ich denke nicht daran. Ich denke an einen rasierten Amerikaner, mit dichten schwarzen Augenbrauen, der im zwanzigsten Stock eines Gebäudes in New York vor Hitze erstickt. Über New York brennt der Himmel, das Blau des Himmels steht in Flammen, riesige gelbe Flammen lecken an den Dächern; die Straßenjungen von Brooklyn stellen sich in Badehosen unter die Wasserspritzen. Das dunkle Zimmer im zwanzigsten Stock kocht vor Hitze. Der Amerikaner mit den schwarzen Augenbrauen stöhnt, schnauft, und der Schweiß läuft ihm über die Wangen. Er sitzt in Hemdsärmeln vor seinem Klavier; er hat einen rauchigen Geschmack im Mund und unbestimmt den Schemen eines Liedes im Kopf. *Some of these days*. In einer Stunde wird Tom kommen, seinen Flachmann hinten in der Hosentasche; dann werden sie sich beide in die Ledersessel fallen lassen und große Mengen Alkohol trinken, und das Feuer des Himmels wird in ihren Kehlen brennen, sie werden die Last einer ungeheuren, glühenden Müdigkeit verspüren. Aber zuerst muss dieses Lied aufgeschrieben werden. *Some of these days*. Die verschwitzte Hand greift nach einem Stift auf dem Klavier. *Some of these days, you'll miss me, honey.*

So ist das gewesen. So oder anders, aber das ist nicht wichtig. So ist sie entstanden. Den verbrauchten Körper dieses Juden mit den kohlschwarzen Augenbrauen hat sie gewählt, um zu entstehen. Er hielt schlaff seinen Bleistift, und Schweißtropfen fielen von seinen beringten Fingern auf das Papier. Und warum nicht ich? Warum musste es gerade dieser Dickwanst voll dreckigem Bier und Alkohol sein, damit dieses Wunder zustande kam?

«Madeleine, würden Sie die Platte noch einmal auflegen? Nur noch ein Mal, bevor ich abreise.»

Madeleine fängt an zu lachen. Sie dreht die Kurbel, und schon beginnt es wieder. Aber ich denke nicht mehr an mich. Ich denke an diesen Typ da drüben, der dieses Lied komponiert hat, an einem Tag im Juli, in der dunklen Hitze seines Zimmers. Ich versuche, *über* die Melodie an ihn zu denken, über die weißen und beißenden Klänge des Saxophons. Er hat das gemacht. Er hatte Sorgen, für ihn lief nicht alles so, wie es sollte: Rechnungen waren zu bezahlen – und dann gab es bestimmt irgendwo eine Frau, die nicht so an ihn dachte, wie er es gewünscht hätte –, und dann war da diese schreckliche Hitzewelle, die die Menschen in Lachen schmelzenden Fetts verwandelte. Das alles hat nichts besonders Hübsches oder besonders Glorreiches an sich. Aber wenn ich das Lied höre und denke, dass es dieser Typ da gemacht hat, finde ich sein Leiden und sein Schwitzen ... ergreifend. Er hat Schwein gehabt. Er hat es übrigens wohl gar nicht bemerkt. Er hat wohl gedacht: Mit ein bisschen Schwein wird mir dieses Ding da fünfzig Dollar einbringen! Jawohl, es ist das erste Mal seit Jahren, dass ein Mensch ergreifend für mich ist. Ich wüsste gern etwas über diesen Typ. Es würde mich interessieren, was für Sorgen er hatte, ob er eine Frau hatte oder ob er allein lebte. Keineswegs aus Humanismus: im Gegenteil. Sondern weil er das gemacht hat. Ich habe keine Lust, ihn kennen zu lernen – außerdem ist er vielleicht tot. Nur um ein paar Informationen über ihn zu bekommen und um an ihn denken zu können, dann und wann, wenn ich diese Platte höre. Deshalb. Ich vermute, das wäre ihm völlig gleichgültig, diesem Typ, wenn man ihm sagte, dass es in der siebtgrößten Stadt Frankreichs, in der Nähe des Bahnhofs, jemanden gibt, der an ihn denkt. Aber ich wäre glücklich, wenn ich an seiner Stelle wäre; ich beneide ihn. Ich muss gehen. Ich stehe auf, aber ich zögere einen Augenblick, ich möchte die Negerin singen hören. Zum letzten Mal.

Sie singt. Diese beiden sind gerettet: der Jude und die Negerin. Gerettet. Sie haben sich vielleicht bis zuletzt verloren geglaubt, untergegangen in der Existenz. Und dabei könnte niemand so an mich denken, wie ich an sie denke, mit dieser Zartheit. Niemand, nicht einmal Anny. Sie sind für mich ein bisschen wie Tote, ein bisschen wie Romanhelden; sie haben sich von der Sünde zu existieren reingewaschen. Nicht völlig, natürlich – aber soweit ein Mensch es kann. Dieser Gedanke bringt mich mit einem Schlag aus der Fassung, denn nicht einmal das hoffte ich mehr. Ich fühle, wie mich etwas schüchtern streift, und ich wage mich nicht zu rühren, weil ich Angst habe, dass es entschwindet. Etwas, was ich nicht mehr kannte: eine Art Freude.

Die Negerin singt. Man kann seine Existenz also rechtfertigen? Ein ganz klein wenig? Ich fühle mich außergewöhnlich eingeschüchtert. Nicht, dass ich viel Hoffnung hätte. Aber ich bin wie ein nach einer Reise durch den Schnee völlig durchgefrorener Mann, der auf einmal in ein warmes Zimmer tritt. Ich nehme an, er würde reglos neben der Tür stehen bleiben, noch kalt, und langsame Schauer würden über seinen ganzen Körper laufen.

Some of these days
You'll miss me, honey.

Könnte ich nicht versuchen ... Natürlich würde es sich nicht um ein Musikstück handeln ... aber könnte ich nicht, in einer anderen Gattung ...? Es müsste ein Buch sein: Ich verstehe mich auf nichts anderes. Aber kein Geschichtsbuch: Die Geschichte spricht von dem, was existiert hat – nie kann ein Existierender die Existenz eines anderen Existierenden rechtfertigen. Mein Irrtum war, dass ich Monsieur de Rollebon wiederauferstehen lassen wollte. Eine andere Art von Buch. Ich weiß nicht so recht, welche – aber man müsste hinter den gedruckten Wörtern, hinter den Seiten etwas ahnen, das nicht existierte, das über der Existenz wäre. Eine Geschichte zum Beispiel, wie es keine geben kann, ein Abenteuer. Sie müsste schön sein und hart wie Stahl und müsste die Leute sich ihrer Existenz schämen lassen.

Ich gehe, ich fühle mich unsicher. Ich wage keine Entscheidung zu treffen. Wenn ich sicher wäre, Talent zu haben ... Aber nie – nie habe ich etwas in dieser Art geschrieben. Historische Artikel, ja – und das selten. Ein Buch. Einen Roman. Und es gäbe Leute, die diesen Roman läsen und die sagen würden: «Antoine Roquentin hat ihn geschrieben, das war ein rothaariger Typ, der in den Cafés herumhing», und sie würden an mein Leben denken, wie ich an das dieser Negerin denke: wie an etwas Kostbares und halb Legendäres. Ein Buch. Natürlich wäre das zunächst nur eine langweilige und anstrengende Arbeit, es würde nicht verhindern, dass ich existiere, dass ich mich existieren fühle. Aber es würde ein Moment kommen, wo das Buch fertig wäre, hinter mir läge, und ich denke, dass etwas von seiner Klarheit auf meine Vergangenheit fallen würde. Vielleicht könnte ich dann, über das Buch, mich ohne Widerwillen an mein Leben erinnern. Vielleicht würde ich eines Tages, wenn ich genau an diese Stunde denke, an diese trübe Stunde, in der ich mit rundem Rücken darauf warte, dass es Zeit ist, in den Zug zu steigen, vielleicht würde ich mein Herz schneller schlagen fühlen und mir sagen: «An dem Tag, in der Stunde hat alles angefangen.» Und es gelänge mir – in der Vergangenheit, nur in der Vergangenheit –, mich zu akzeptieren.

Es wird dunkel. Im zweiten Stock des *Hôtel Printania* sind zwei Fenster hell geworden. Die Baustelle des neuen Bahnhofs riecht stark nach feuchtem Holz: Morgen wird es auf Bouville regnen.

Gesichter:
Der Ausdruck des Menschseins

Menschen sind Körper, wahrnehmbar wie Dinge im Raum. Aber sie haben ein *Gesicht*. Ein Gesicht, das anderes ist, anderes bedeutet als die bloße Materialität von Augen, Mund, Nase, Ohren. Das ein einzigartig individuelles Ausdrucksganzes ist, das man nur als dieses Ganze verstehen kann.

Sartre, der jede Wesensbestimmung des Menschen abweist und als den vergeblichen Anspruch einer vergangenen Metaphysik begreift, nähert sich der Frage nach dem Menschen als Phänomenologe: «Ich sage einfach, was ich sehe.» Was er sieht, ist, dass Menschen, anders als die Dinge in ihrer einfachen Gegenwärtigkeit, in ihrem Gesicht ihre nur ihnen eigene *Zeitlichkeit* offenbaren: dass ihr *Blick*, «der Adel des Gesichts», immer schon über das bloße Dasein der Dinge hinaus ist, sie immer schon transzendiert auf die Ordnung einer Welt hin, in der sie erst ihren Sinn erfahren. Einzig der Mensch vermag eine Welt zu entwerfen, über die bloße Gegenwart der Dinge hinaus ihnen ihren Ort in einer durch ihn begründeten Welt zu geben.

Der Blick schafft Distanz zu den Dingen, lässt den Menschen anderes als ein «Ding unter Dingen» sein. Wenn Sartre in «Der Ekel» dies als die Unerträglichkeit menschlicher Existenz beschreibt – der sinnlosen, aufdringlichen Anwesenheit der Dinge ausgesetzt zu sein, selbst, in der Kontingenz des eigenen Daseins, ein Teil dieser absurden Überfülle des Seins zu sein –, so setzt er diesem Ekel hier, in diesem ein Jahr später geschriebenen Essay, die Freiheit des Menschen entgegen. Es ist die Freiheit der Distanz, die Freiheit, in seinem Blick auf die Dinge diese um sich, als ihr imaginäres Zentrum, zu ordnen. Diese Freiheit bin, als sie existiere ich. Sie ist der «grundlose Grund» einer Ordnung der Dinge, einer Welt.

Gesichter

In einer Statuengesellschaft würde man sich zutiefst langweilen, aber man würde in ihr nach der Gerechtigkeit und der Vernunft leben: Statuen sind Körper ohne Gesichter; blinde und taube Körper, ohne Angst und ohne Wut; einzig darauf bedacht, den Gesetzen des Richtigen, das heißt des Gleichgewichts und der Bewegung, zu gehorchen. Sie haben das Königliche dorischer Säulen; der Kopf ist das Kapitel. In den Menschengesellschaften regieren die Gesichter. Der Körper ist Knecht, er wird eingewickelt, verkleidet, seine Rolle ist es, wie ein Maultier eine wächserne Reliquie zu tragen. Ein so gesattelter Körper, der mit seiner kostbaren Last einen geschlossenen Saal betritt, in dem Menschen versammelt sind, ist eine regelrechte Prozession. Er schreitet voran, auf seinen Schultern, über seinem Kragen das Tabu-Objekt tragend; er dreht es hin und her, er zeigt es; die anderen Menschen werfen einen flüchtigen Blick darauf und senken die Augen. Eine Frau folgt ihm, ihr Gesicht ist ein erotischer Altar, man hat ihn mit toten Opfern, mit Früchten, mit Blumen, mit gemetzelten Vögeln überladen; auf ihre Backen, auf ihre Lippen hat man rote Zeichen gemacht. Gesellschaft von Gesichtern, Gesellschaft von Zauberern. Um Krieg und Ungerechtigkeit und unsere dunklen Begierden und den Sadismus und die großen Schrecken zu verstehen, muss man auf diese runden Idole zurückkommen, die auf unterjochten Körpern oder manchmal, in Zeiten der Wut, auf der Spitze von Spießen durch die Straßen geführt werden.

Das leugnen die Psychologen: Sie fühlen sich nur inmitten des Trägen wohl, sie haben aus dem Menschen eine Mechanik gemacht und aus dem Gesicht eine verstellbare Kugelfangfigur. Übrigens beweisen sie, was sie behaupten, denn sie haben ja das elektrische Lächeln erfunden. Man braucht nur einen gutwilligen Arbeitslosen auszuwählen oder, besser noch, einen kostenlos in einer Anstalt untergebrachten Irren; mit einem schwachen Stromstoß erregt man zart seinen Fazialnerv; die Mundwinkel heben sich etwas; der Patient lächelt. All das ist unbestreitbar, es gibt Versuchsprotokolle, Berechnungen und Fotografien: Der Beweis ist also erbracht, dass das Mienenspiel eine Summe kleiner mechanischer Stöße ist. Bleibt zu erklären, warum das menschliche Gesicht einen bewegt; doch das versteht sich von selbst: Man hat, sagen die Psychologen, nach und nach gelernt, die Anzeichen aufzunehmen und sie zu deuten. Man kennt das Gesicht des anderen durch den Vergleich mit dem eigenen. Man hat oft beobachtet, dass man in der Wut, zum Beispiel, die Augenbrauenmuskeln zusammenzieht und dass einem das Blut in die Wangen stieg. Wenn man bei einem anderen diese zusammengezogenen Augenbrauen und diese hochroten Wangen wiederfindet, schließt man, dass er verärgert ist; das ist alles.

Das Unglück ist, dass ich mein Gesicht nicht sehe – oder wenigstens nicht zuerst. Ich trage es vor mir her wie eine Vertraulichkeit, die ich nicht kenne, und es sind im Gegenteil die anderen Gesichter, die mich über mein Gesicht belehren. Und dann ist das menschliche Gesicht unzerlegbar: Man sehe sich einen Wütenden an, der sich beruhigt; seine Lippen werden weich, ein Lächeln schwillt wie ein Wassertropfen am unteren Ende dieses düsteren Gesichts an. Würde man von örtlichen Störungen sprechen? Würde man daran denken, die Summe daraus zu bilden? Allein die Lippen haben sich bewegt, aber das ganze Gesicht hat gelächelt. Und außerdem sind Wut und Freude keine unsichtbaren seelischen Ereignisse, die ich nur aufgrund von Zeichen vermuten würde; sie bewohnen das Gesicht, wie jenes Rostgrün mitten im Laub wohnt. Um das Grün im Laub oder die Traurigkeit eines bitteren Mundes wahrnehmen zu können, braucht man keine Lehre. Gewiss, ein Gesicht ist *auch* ein Ding: Ich kann es zwischen meine Finger nehmen, das schwere und warme Gewicht eines Kopfes halten, den ich liebe, ich kann Backen wie einen Stoff zerknittern, Lippen wie Blütenblätter zerrupfen, einen Schädel wie eine Porzellanvase zertrümmern. Aber es ist nicht nur, ja nicht einmal *zuerst* ein Ding. Man nennt jene inerten Objekte, Knochen, Schädel, Statuette, Hasenpfote, *magisch*, die ganz in ihrer stillen Routine befangen sind und die dennoch die Eigenschaften eines Geistes haben. Ebenso sind die Gesichter: natürliche Fetische. Ich will versuchen, sie wie absolut neue Wesen zu beschreiben, indem ich so tue, als wüsste ich nichts über sie, nicht einmal, dass sie zu Seelen gehören. Ich bitte, dass die folgenden Überlegungen nicht als Metaphern aufgefasst werden. Ich sage einfach, was ich sehe.

Das Gesicht, die äußerste Grenze des menschlichen Körpers, muss vom Körper ausgehend verstanden werden. Mit dem Körper hat es gemeinsam, dass alle seine Bewegungen Gesten sind. Darunter ist zu verstehen, dass das Gesicht inmitten der universalen Zeit seine eigene Zeit fabriziert. Die universale Zeit besteht aus aneinander gereihten Augenblicken; es ist die des Metronoms, der Sanduhr, des Nagels, der Kugel. Von der Kugel wissen wir, dass sie in einer ständigen Gegenwart schwebt, ihre Zukunft ist außerhalb von ihr, aufgelöst in der ganzen Welt, ihre gegenwärtige Bewegung weitet sich zu tausend anderen möglichen Verlagerungen aus. Wirft der Teppich Falten, neigt sich das Brett, wird ihre Geschwindigkeit deswegen abnehmen oder zunehmen. Ich weiß nicht einmal, ob sie je stehen bleiben wird, ihr Ziel wird ihr von außen kommen, oder vielleicht wird es nicht kommen. Das alles sehe ich an der Kugel: Ich sehe nicht, dass *sie* rollt, ich sehe, dass sie *gerollt wird*. Gerollt wodurch? Durch nichts: Die Bewegungen der inerten Dinge sind merkwürdige Mischungen aus Nichts und Ewigkeit. Von diesem stagnierenden Grund hebt sich die Zeit der lebenden Körper ab, weil sie zielgerichtet ist. Diese Zielgerichtetheit wiederum vermute ich nicht, ich sehe sie; eine Ratte, die Reißaus nimmt, rennt zu ihrem Loch, das Loch ist der Zweck ihrer Geste: ihr Ziel und ihr Ende. Eine Ratte, die rennt, ein Arm, der sich hebt, ich weiß zuerst, wohin sie gehen, oder zumindest weiß ich, dass sie irgendwohin gehen. Irgendwo höhlen sich Leerräume, die sie erwarten; um sie herum bevölkert sich der Raum mit Erwartungen, mit natürlichen Orten, und jeder dieser Orte ist ein Haltepunkt, ein Ruhepunkt, ein Reiseziel. Ebenso ist es mit den Gesichtern. Ich bin allein in einem geschlossenen Raum, in der Gegenwart versunken. Meine Zukunft ist unsichtbar, ich stelle sie mir vage vor, jenseits der Sessel, des Tisches, der Wände, all dieser finsteren Indolenzen, die sie mir verstellen. Jemand tritt ein, bringt mir sein Gesicht: Alles verändert sich. Inmitten dieser Stalaktiten, die in die Gegenwart hängen, ist das Gesicht, lebhaft und herumstöbernd, meinem Blick immer voraus; es hastet tausend besonderen Vollendungen entgegen, dem verstohlenen Schweifen eines Blicks, dem Ende eines Lächelns. Wenn ich es dechiffrieren will, muss ich ihm zuvorkommen, muss ich es dort aufs Korn nehmen, wo es noch nicht ist, wie ein Jäger bei einem sehr flinken Wild, muss auch ich mich in der Zukunft einrichten, mitten in seinen Projekten, um es aus der Gegenwart heraus auf mich zukommen zu sehen. Ein wenig Zukunft ist in das Zimmer getreten, ein Nebel von Zukunft umgibt das Gesicht: *seine* Zukunft. Ein ganz kleiner Nebel, gerade um meine hohlen Hände zu füllen. Aber ich kann die Gesichter der Menschen nur durch ihre Zukunft sehen. Und das, die *sichtbare* Zukunft, ist schon Magie.

Doch das Gesicht ist nicht einfach der oberste Teil des Körpers. Ein Körper ist eine geschlossene Form, er saugt das Universum auf, wie ein Löschblatt die Tinte aufsaugt. Wärme, Feuchtigkeit, Licht dringen durch die Zwischenräume dieser rosa und porösen Materie, die ganze Welt geht durch den Körper und durchtränkt ihn. Man betrachte jetzt ein bestimmtes Gesicht mit geschlossenen Augen. Noch körperlich und doch schon anders als ein Bauch oder ein Schenkel; es hat etwas zusätzlich: die Gefräßigkeit; es ist von gierigen Löchern durchbrochen, die nach allem schnappen, was in Reichweite vorbeikommt. Die Geräusche plätschern gegen die Ohren, und die Ohren verschlingen sie; die Gerüche füllen die Nasenlöcher wie Wattebäusche. Ein Gesicht ohne die Augen ist ein Tier ganz für sich allein, eines jener Tiere, die sich im Rumpf von Schiffen eingenistet haben und die das Wasser mit ihren Füßchen aufwirbeln, um die schwimmenden Abfälle an sich zu ziehen. Aber jetzt öffnen sich die Augen, und der Blick erscheint: Die Dinge springen zurück; geschützt hinter dem Blick kauen Ohren, Nasenlöcher, alle widerlichen Schlünde des Kopfes hinterhältig die Gerüche und Töne weiter, doch niemand achtet darauf. Der Blick ist der Adel der Gesichter, weil er die Welt auf Distanz hält und die Dinge wahrnimmt, wo sie sind.

Hier ist eine Elfenbeinkugel auf dem Tisch und dann dahinten ein Sessel. Zwischen diesen beiden Trägheiten sind tausend Wege gleichermaßen möglich, was eigentlich heißt, dass es überhaupt keinen Weg gibt, sondern nur eine unendliche Zerstreuung anderer Trägheiten; wenn es mir beliebt, sie durch eine Bahn zu verbinden, die ich mit der Fingerspitze in die Luft zeichne, so zerfällt diese Bahn, je weiter ich sie zeichne, zu Staub: Ein Weg existiert nur in der Bewegung. Wenn ich jetzt diese beiden anderen Kugeln ansehe, die Augen meines Freundes, bemerke ich zuerst, dass es gleichermaßen zwischen ihnen und dem Sessel tausend mögliche Wege gibt: Das bedeutet, dass mein Freund nicht blickt; in Bezug auf den Sessel sind seine Augen noch Dinge. Aber jetzt drehen sich die beiden Kugeln in ihren Höhlen, jetzt werden die Augen Blick. Ein Weg bahnt sich plötzlich in dem Zimmer, ein Weg *ohne Bewegung*, der kürzeste, der geradeste. Der Sessel ist, über eine Anhäufung inerter Masse hinweg, ohne seinen Platz zu verlassen, unmittelbar in diesen Augen gegenwärtig. Diese instantane Gegenwart in den Blick-Augen, während er zwanzig Schritte von den Ding-Augen entfernt bleibt, nehme ich *an* dem Sessel wahr, als eine grundlegende Alterierung seiner Natur. Eben ordneten sich Sitzkissen, Kanapees, Sofas, Diwans rund um mich herum an. Jetzt hat sich der Salon dezentriert; nach dem Willen dieser fremden Augen beleben sich die Möbel und Nippsachen nacheinander mit einer zentrifugalen und unbeweglichen Geschwindigkeit, sie entleeren sich nach hinten und zur Seite, sie erleichtern sich von Qualitäten, die ich an ihnen nicht einmal vermutete, die ich nie sehen werde, von denen ich jetzt weiß, dass sie da waren, in ihnen, dicht und gedrängt, dass sie sie als Ballast führten, dass sie auf den Blick eines anderen warteten, um entstehen zu können. Ich fange an zu begreifen, dass der *Kopf* meines Freundes, warm und rosa auf der Rückenlehne der Bergère, nicht das Ganze seines *Gesichts* ist: Er ist nur dessen Kern. Sein Gesicht ist das erstarrte Dahingleiten des Mobiliars; sein Gesicht ist überall, es existiert ebenso weit, wie sein Blick reichen kann. Und seine Augen wiederum, wenn ich sie anschaue, sehe ich genau, dass sie nicht da in seinem Kopf stecken, mit der Ruhe von Achatkugeln: Sie werden jeden Augenblick von dem, was sie ansehen, geschaffen, sie haben ihren Sinn und ihre Vollendung außerhalb ihrer selbst, hinter mir, über meinem Kopf oder zu meinen Füßen. Daher kommt der magische Reiz alter Porträts: Jene Köpfe, die Nadar um 1860 fotografiert hat, sind seit langem tot. Aber ihr Blick und die Welt des Second Empire bleiben ewig gegenwärtig am Ende ihres Blicks.

Ich kann schließen, denn ich zielte nur auf das Wesentliche: Man entdeckt unter den Dingen gewisse Wesen, die Gesichter genannt werden. Doch sie haben nicht die Existenz der Dinge. Die Dinge haben keine Zukunft, und die Zukunft umgibt das Gesicht wie ein Muff. Die Dinge sind mitten in die Welt geworfen, die Welt umschließt und erdrückt sie, aber für die Dinge ist sie keineswegs Welt: Sie ist nur das absurde Drängen der nächstliegenden Massen. Der Blick dagegen lässt, weil er auf Distanz wahrnimmt, plötzlich das Universum erscheinen und entweicht gerade dadurch dem Universum. Die Dinge sind in der Gegenwart zusammengedrängt, sie zittern an ihrem Platz, ohne sich zu rühren; das Gesicht wirft sich vor sich selbst nach vorn in den Raum und in die Zeit. Wenn man diese Eigenschaft Transzendenz nennt, die der Geist hat, sich zu überschreiten und jedes Ding zu überschreiten; sich selbst zu entgehen, um sich dort zu verlieren, außerhalb seiner selbst, irgendwo, aber anderswo, dann ist es der Sinn eines Gesichts, die *sichtbare* Transzendenz zu sein. Der Rest ist sekundär: Die Fülle des Fleisches kann diese Transzendenz teigig machen; es kann auch geschehen, dass die Apparate der wiederkäuenden Sinne den Sieg über den Blick davontragen und dass wir zuerst von den beiden Knorpelscheiben oder von den feuchten und behaarten Öffnungen der Nasenlöcher angezogen werden; und dann können die Gesichtszüge eingreifen und den Kopf nach den Eigenschaften des Spitzen, des Runden, des Langgezogenen, des Aufgedunsenen formen. Aber es gibt keinen Gesichtszug, der nicht zuerst seine Bedeutung von dieser ursprünglichen Zauberei erhält, die wir Transzendenz genannt haben.

1939

Die Wand:
Die Macht der Todeserfahrung

Die Erzählung ‹Die Wand›, 1939 erschienen, hat eine besondere Bedeutung im Werk Sartres. In ihr geht es um die Erwartung des unmittelbar bevorstehenden Todes: Ein Anarchist wird im Spanien des siegreichen Franco zum Tode verurteilt. Am nächsten Morgen, teilt man ihm mit, wird er erschossen werden.

Was geschieht in einem Menschen, mit einem Menschen, wenn er weiß, dass sein Leben an sein Ende gekommen ist, dass seine Existenz ausgelöscht werden wird? Das verdrängte Wissen um die eigene Endlichkeit wird zur Gewissheit des absoluten Endes, eines absoluten Nichts. Eine Gewissheit, die die eigene Vorstellungskraft übersteigt, die alle Distanz des Denkens zerstört, die den ganzen Körper ergreift. Die alles gleichgültig und fremd werden lässt, was noch Tage, Stunden zuvor das eigene Leben ausmachte. Die den Menschen in Kälte und Einsamkeit zurücklässt, ihn unfähig macht zu jeder Empfindung der Nähe, der Liebe, der Hinwendung zu anderen Menschen.

Anders als Heidegger hat Sartre dem Tod keine bestimmende «metaphysische» Bedeutung zugestanden. Für Heidegger ist der Blick auf meinen Tod – die Angst, in der ich um seine unausweichliche absolute Wirklichkeit weiß – das, was mich aus meiner Verstricktheit in eine alltägliche Welt herrschender Meinungen, der Welt des «Man», herausreißt: erst der Blick auf meinen Tod macht mich zu einem Individuum, lässt mich meine unvertretbare Einzigkeit, meine Freiheit verstehen. Sartre – für den der Mensch der Freiheit, zu der er «verurteilt ist», niemals vollständig in der Flucht in die Beruhigungen der Welt des «Man» zu entgehen vermag – sieht im Tod das bloße Faktum meiner Endlichkeit, das für meine gegenwärtige Existenz bedeutungslos ist. Mein Tod bedeutet nur den endgültigen Sieg der Anderen über mich: Ich vermag ihrem Blick auf mich nicht mehr zu widerstreiten, sie sagen zuletzt, «wer ich war».

In ‹Die Wand› aber beschreibt Sartre, wie die Gewissheit meines Todes die Bedeutung der Welt versinken lässt, wie diese Gewissheit alles erschüttert, was ich war. Durch eine absurde Wendung der Geschichte entrinnt der Anarchist am Ende seiner Liquidierung. Aber er ist ein Anderer geworden, er hat den Tod erfahren.

Wie Heidegger zeigt Sartre den Schrecken des Todes, angesichts dessen die Welt in Bedeutungslosigkeit versinkt. Aber anders als Heidegger heroisiert Sartre den Tod nicht.

Die Wand

Wir wurden in einen großen weißen Raum gestoßen, und ich fing an zu blinzeln, weil mir das Licht in den Augen wehtat. Dann sah ich einen Tisch und vier Typen hinter dem Tisch, Zivilisten, die sich Papiere ansahen. Man hatte die anderen Gefangenen im Hintergrund zusammengedrängt, und wir mussten das ganze Zimmer durchqueren, um uns zu ihnen zu stellen. Es waren mehrere dabei, die ich kannte, und andere, die Ausländer sein mussten. Die beiden, die vor mir standen, waren blond mit runden Schädeln; sie sahen sich ähnlich: Franzosen, denke ich mir. Der Kleinere zog die ganze Zeit seine Hose hoch: das war ein nervöser Tick.

Es dauerte fast drei Stunden; ich war abgestumpft, und mein Kopf war leer, aber der Raum war gut geheizt, und ich fand das eher angenehm: Vierundzwanzig Stunden lang hatten wir nur geschlottert. Die Wachposten führten die Gefangenen nacheinander vor den Tisch. Die vier Typen fragten sie dann nach ihrem Namen und ihrem Beruf. Meistens wollten sie nicht viel mehr wissen – oder aber sie stellten hin und wieder eine Frage: «Warst du an dem Sabotageakt gegen die Munition beteiligt?» Oder: «Wo warst du am Morgen des 9., und was tatest du?» Sie hörten nicht auf die Antworten, oder zumindest taten sie so: Sie schwiegen einen Moment und sahen geradeaus vor sich hin, dann fingen sie an zu schreiben. Sie fragten Tom, ob es stimme, dass er in der Internationalen Brigade diente: Tom konnte nicht das Gegenteil behaupten wegen der Papiere, die man in seiner Jacke gefunden hatte. Juan fragten sie nichts, aber nachdem er seinen Namen genannt hatte, schrieben sie lange.

«Mein Bruder José, der ist Anarchist», sagte Juan. «Sie wissen ja, dass er nicht mehr hier ist. Ich gehöre zu keiner Partei, ich habe nie etwas mit Politik zu tun gehabt.»

Sie antworteten nicht. Juan sagte weiter:

«Ich habe nichts getan. Ich will nicht für die anderen büßen.»

Seine Lippen bebten. Ein Wachposten sagte, er solle den Mund halten, und führte ihn ab. Ich war dran:

«Heißen Sie Pablo Ibbieta?»

Ich sagte ja.

Der Typ sah in seine Papiere und sagte zu mir:

«Wo ist Ramón Gris?»

«Ich weiß nicht.»

«Sie haben ihn vom 6. bis zum 19. in Ihrem Haus versteckt.»

«Nein.»

Sie schrieben eine Weile, und die Wachposten führten mich hinaus. Auf dem Flur warteten Tom und Juan zwischen zwei Posten. Wir setzten uns in Marsch. Tom fragte einen der Wachposten:

«Ja und?»

«Was?», sagte der Posten.

«Ist das ein Verhör oder ein Urteil?»

«Das war ein Urteil», sagte der Wachposten.

«Und jetzt? Was werden sie mit uns machen?»

Der Wachposten antwortete unfreundlich:

«Der Urteilsspruch wird euch in euren Zellen bekannt gegeben.»

Was uns als Zelle diente, war einer der Keller des Krankenhauses. Es war schrecklich kalt dort, weil es aus allen Ecken zog. Die ganze Nacht hatten wir geschlottert, und tagsüber war es nicht viel besser gewesen. Die fünf vorangegangenen Tage hatte ich in einem Kerker des Erzbischofspalais verbracht, einer Art Verlies, das aus dem Mittelalter stammen musste: Da es viele Gefangene und wenig Platz gab, wurden sie ganz gleich wo untergebracht. Ich trauerte meinem Kerker nicht nach: Ich hatte dort nicht unter Kälte gelitten, aber ich war allein; auf die Dauer ist das zermürbend. Im Keller hatte ich Gesellschaft. Juan sprach kaum: Er hatte Angst, und außerdem war er zu jung, um mitreden zu können. Aber Tom hatte ein flottes Mundwerk und sprach sehr gut Spanisch.

Im Keller waren eine Bank und vier Strohsäcke. Als sie uns zurückgebracht hatten, setzten wir uns hin und warteten schweigend. Tom sagte nach einer Weile:

«Wir sind erledigt.»

«Das denke ich auch», sagte ich, «aber ich glaube, dem Kleinen werden sie nichts tun.»

«Sie haben ihm nichts vorzuwerfen», sagte Tom. «Er ist der Bruder eines Kämpfers, das ist alles.»

Ich sah Juan an: Er schien nicht hinzuhören. Tom fuhr fort:

«Weißt du, was sie in Saragossa machen? Sie legen die Jungs auf die Straße und fahren mit Lastwagen über sie weg. Ein marokkanischer Deserteur hat uns das gesagt. Sie sagen, das sei, um Munition zu sparen.»

«Damit spart man kein Benzin», sagte ich.

Ich ärgerte mich über Tom: Er hätte das nicht sagen sollen.

«Offiziere spazieren auf der Straße herum», fuhr er fort, «und überwachen das, die Hände in den Taschen, Zigaretten rauchend. Glaubst du, sie würden den Typen den Rest geben? Denkst du. Sie lassen sie brüllen. Manchmal eine Stunde lang. Der Marokkaner sagte, dass er beim ersten Mal fast gekotzt hätte.»

«Ich glaube nicht, dass sie das hier machen», sagte ich. «Es sei denn, sie haben wirklich keine Munition.»

Das Tageslicht kam durch vier Kellerfenster und durch eine runde Öffnung, die man links in die Decke gemacht hatte und durch die man in den Himmel sah. Durch dieses runde Loch, das gewöhnlich mit einer Falltür verschlossen war, wurde Kohle in den Keller geschüttet. Genau unter dem Loch lag ein großer Haufen Feinkohle; damit hätte das Krankenhaus geheizt werden sollen, aber gleich bei Kriegsanfang waren die Kranken evakuiert worden, und die Kohle blieb ungenutzt liegen; es regnete sogar gelegentlich darauf, denn man hatte vergessen, die Falltür zu schließen.

Tom fing an zu schlottern.

«Gott verflucht, ich schlottere», sagte er, «jetzt geht das wieder los.»

Er stand auf und fing an, Gymnastik zu machen. Bei jeder Bewegung öffnete sich sein Hemd über seiner weißen und dicht behaarten Brust. Er legte sich auf den Rücken, streckte die Beine in die Luft und machte die Schere: Ich sah sein dickes Kreuz zittern. Tom war stämmig, hatte aber zu viel Fett. Ich dachte daran, dass sich bald Gewehrkugeln oder Bajonettspitzen in diese zarte Fleischmasse bohren würden wie in einen Klumpen Butter. Das wirkte anders auf mich, als wenn er dünn gewesen wäre.

Ich fror nicht gerade, aber ich fühlte meine Schultern und meine Arme nicht mehr. Ab und zu hatte ich den Eindruck, dass mir etwas fehlte, und ich fing an, um mich herum nach meiner Jacke zu suchen, und dann erinnerte ich mich plötzlich, dass sie mir keine Jacke gegeben hatten. Das war eher unangenehm. Sie hatten unsere Kleider genommen, um sie ihren Soldaten zu geben, und hatten uns nur unsere Hemden gelassen – und diese Leinenhosen, die die Krankenhausinsassen im Hochsommer trugen. Nach einer Weile stand Tom wieder auf und setzte sich schnaufend neben mich.

«Ist dir wärmer?»

«Gott verflucht, nein. Aber ich bin außer Atem.»

Gegen acht Uhr abends kam ein Major mit zwei Falangisten herein. Er hatte einen Zettel in der Hand. Er fragte den Wachposten:

«Wie heißen diese drei?»

«Steinbock, Ibbieta und Mirbal», sagte der Wachposten.

Der Major setzte seinen Kneifer auf und schaute in seine Liste: «Steinbock ... Steinbock ... Hier. Sie sind zum Tode verurteilt. Sie werden morgen früh erschossen.»

Er schaute noch einmal nach:

«Die beiden anderen auch», sagte er.

«Das ist unmöglich», sagte Juan. «Ich nicht.»

Der Major sah ihn erstaunt an:

«Wie heißen Sie?»

«Juan Mirbal», sagte er.

«Tja, Ihr Name steht hier», sagte der Major, «Sie sind verurteilt.»

«Ich habe nichts getan», sagte Juan.

Der Major zuckte die Achseln und wandte sich Tom und mir zu. «Sind Sie Basken?»

«Keiner von uns ist Baske.»

Er wirkte gereizt.

«Man hat mir gesagt, hier wären drei Basken. Ich werde doch meine Zeit nicht damit vergeuden, denen nachzulaufen. Dann wollen Sie natürlich keinen Priester?»

Wir antworteten nicht einmal. Er sagte:

«Gleich wird ein belgischer Arzt kommen. Er hat die Erlaubnis, die Nacht mit Ihnen zu verbringen.»

Er grüßte militärisch und ging hinaus.

«Was hab ich dir gesagt», sagte Tom. «Wir sind dran.»

«Ja», sagte ich, «das mit dem Kleinen ist eine Schweinerei.»

Ich sagte das, um gerecht zu sein, aber ich mochte den Kleinen nicht. Er hatte ein zu feines Gesicht, und die Angst, das Leid hatten es entstellt, sie hatten seine Züge verzerrt. Vor drei Tagen war er ein weichliches Jüngelchen gewesen, das kann einem gefallen; aber jetzt sah er aus wie eine alte Tunte, und ich dachte, dass er nie wieder jung würde, selbst wenn man ihn freiließe. Es wäre nicht schlecht gewesen, ihm ein bisschen Mitleid schenken zu können, aber Mitleid ekelt mich an, er war mir eher widerlich. Er hatte nichts mehr gesagt, aber er war grau geworden: Sein Gesicht und seine Hände waren grau. Er setzte sich wieder hin und sah mit runden Augen zu Boden. Tom war eine gute Seele, er wollte ihn am Arm fassen, aber der Kleine verzog das Gesicht und machte sich heftig los.

«Lass ihn», sagte ich leise, «du siehst doch, dass er gleich anfängt zu heulen.»

Tom gehorchte widerstrebend; er hätte den Kleinen gerne getröstet; das hätte ihn beschäftigt, und er wäre nicht in Versuchung gekommen, an sich selbst zu denken. Aber das reizte mich; ich hatte nie an den Tod gedacht, weil die Gelegenheit dazu sich nicht geboten hatte, aber jetzt war die Gelegenheit da, und es gab nichts anderes zu tun, als daran zu denken.

Tom fing an zu reden:

«Hast du welche umgelegt?», fragte er mich.

Ich antwortete nicht. Er begann mir zu erklären, dass er seit Anfang August sechs umgelegt hatte; er machte sich die Situation nicht klar, und ich merkte genau, dass er sie sich nicht klar machen *wollte*. Ich selbst war mir ihrer noch nicht voll und ganz bewusst, ich fragte mich, ob man viel litte, ich dachte an die Kugeln, ich stellte mir ihren durch meinen Körper brennenden Hagel vor. All das lag außerhalb der eigentlichen Frage; aber ich war ruhig: Wir hatten die ganze Nacht, um zu begreifen. Nach einer Weile hörte Tom auf zu reden, und ich schaute ihn aus den Augenwinkeln an; ich sah, dass auch er grau geworden war und dass er elend aussah; ich sagte mir: «Es geht los.» Es war fast dunkel, ein matter Lichtschimmer drang durch die Kellerfenster, und der Kohlehaufen bildete einen dicken Fleck unterm Himmel; durch das Loch in der Decke sah ich schon einen Stern: Die Nacht würde klar und eiskalt werden.

Die Tür ging auf, und zwei Wachposten traten ein. Hinter ihnen kam ein blonder Mann herein, der eine hellbraune Uniform trug. Er grüßte uns:

«Ich bin Arzt», sagte er. «Ich habe die Erlaubnis, Ihnen in dieser schmerzlichen Lage beizustehen.»

Er hatte eine angenehme und vornehme Stimme. Ich sagte zu ihm:

«Was wollen Sie hier?»

«Ich stehe zu Ihrer Verfügung. Ich werde mein Möglichstes tun, um Ihnen diese paar Stunden zu erleichtern.»

«Warum sind Sie zu uns gekommen? Es gibt andere, das Krankenhaus ist voll davon.»

«Man hat mich hierher geschickt», antwortete er unbestimmt. «Oh, Sie würden gerne rauchen, was?», fügte er überstürzt hinzu. «Ich habe Zigaretten und sogar Zigarren.»

Er bot uns englische Zigaretten und *puros* an, aber wir lehnten ab. Ich sah ihm in die Augen, und er schien verlegen. Ich sagte:

«Sie kommen nicht aus Mitgefühl hierher. Übrigens kenne ich Sie. Ich habe Sie mit Faschisten auf dem Kasernenhof gesehen, an dem Tag, als ich verhaftet wurde.»

Ich wollte weiterreden, aber plötzlich passierte etwas mit mir, was mich überraschte: Die Anwesenheit dieses Arztes hörte mit einem Schlag auf, mich zu interessieren. Gewöhnlich, wenn ich mit einem Mann aneinander gerate, lasse ich nicht locker.

Und doch verging mir die Lust zu sprechen; ich zuckte die Achseln und wandte die Augen ab. Etwas später hob ich den Kopf: Er beobachtete mich neugierig. Die Wachposten hatten sich auf einen Strohsack gesetzt. Pedro, der große Dünne, drehte Däumchen, der andere schüttelte hin und wieder den Kopf, um nicht einzuschlafen.

«Möchten Sie Licht?», sagte Pedro plötzlich zu dem Arzt. Der andere nickte bejahend: Ich denke, er war ungefähr so intelligent wie ein Holzklotz, aber sicher war er nicht böse. Wenn ich seine großen kalten blauen Augen ansah, schien er mir vor allem aus Phantasielosigkeit zu sündigen. Pedro ging hinaus und kam mit einer Petroleumlampe zurück, die er auf die Ecke der Bank stellte. Sie gab wenig Licht, aber das war besser als nichts: Am Abend zuvor hatte man uns im Dunkeln gelassen. Ich blickte eine ganze Weile auf den Lichtkreis, den die Lampe an die Decke warf. Ich war fasziniert. Und dann, plötzlich, war ich wieder ganz wach, der Lichtkreis verlosch, und ich fühlte mich von einem ungeheuren Gewicht niedergedrückt. Das war weder der Gedanke an den Tod noch Angst: Es war anonym. Meine Backen glühten, und der Schädel tat mir weh.

Ich schüttelte mich und sah meine beiden Gefährten an. Tom hatte seinen Kopf in den Händen vergraben, ich sah nur seinen fetten weißen Nacken. Der kleine Juan war am allerschlechtesten dran, sein Mund stand offen, und seine Nasenflügel bebten. Der Arzt trat zu ihm und legte ihm die Hand auf die Schulter, als wollte er ihn trösten: Aber seine Augen blieben kalt. Dann sah ich die Hand des Belgiers verstohlen an Juans Arm hinunterwandern bis zum Handgelenk. Juan ließ ihn gleichgültig gewähren. Der Belgier nahm sein Handgelenk mit zerstreuter Miene zwischen drei Finger, gleichzeitig trat er ein bisschen zurück, sodass er mir den Rücken zudrehte. Aber ich beugte mich nach hinten und sah, wie er seine Taschenuhr zog und einen Augenblick darauf blickte, ohne das Handgelenk des Kleinen loszulassen. Nach einer Weile ließ er die leblose Hand wieder fallen und wollte sich an die Wand lehnen, dann, als fiele ihm plötzlich etwas sehr Wichtiges ein, das er auf der Stelle notieren müsste, holte er ein Heft aus seiner Tasche und schrieb ein paar Zeilen hinein.

«Das Schwein», dachte ich wütend, «der soll mir bloß nicht den Puls fühlen kommen, ich schlage ihm in seine dreckige Fresse.»

Er kam nicht, aber ich spürte, dass er mich ansah. Ich hob den Kopf und erwiderte seinen Blick. Er sagte mit unpersönlicher Stimme:

«Finden Sie nicht, dass es hier saukalt ist?»

Er sah verfroren aus; er war blaurot.

«Ich friere nicht», antwortete ich.

Er sah mich immer weiter mit hartem Blick an. Plötzlich begriff ich und fasste mit den Händen an mein Gesicht: Ich war schweißgebadet. In diesem Keller, im tiefsten Winter, mitten im Zug, schwitzte ich. Ich fuhr mir mit den Fingern durch die Haare, die von Schweiß verfilzt waren; gleichzeitig merkte ich, dass mein Hemd feucht war und an meiner Haut klebte: Ich triefte seit mindestens einer Stunde und hatte nichts gespürt. Aber dem Schwein von Belgier war das nicht entgangen; er hatte die Tropfen meine Backe hinunterrollen sehen und hatte gedacht: Das sind Symptome eines quasi pathologischen Angstzustands; und er hatte sich normal gefühlt und stolz, es zu sein, weil er fror. Ich wollte aufstehen, um ihm in die Schnauze zu hauen, aber kaum hatte ich zu einer Bewegung angesetzt, da schwanden meine Scham und meine Wut; ich fiel gleichgültig auf die Bank zurück.

Ich begnügte mich damit, mir den Hals mit meinem Taschentuch abzureiben, weil ich jetzt spürte, wie der Schweiß aus meinen Haaren auf meinen Nacken tropfte, und das war unangenehm. Ich gab es allerdings bald auf, mich abzureiben, es war zwecklos: Schon war mein Taschentuch klatschnass, und ich schwitzte immer noch. Ich schwitzte auch am Hintern, und meine feuchte Hose klebte an der Bank.

Der kleine Juan sprach plötzlich:

«Sind Sie Arzt?»

«Ja», sagte der Belgier.

«Leidet man ... lange?»

«Oh! Wann ...? Aber nein», sagte der Belgier mit väterlicher Stimme, «es geht schnell vorbei.»

Er sah aus, als würde er einen zahlenden Kranken beruhigen.

«Aber ich ... man hat mir gesagt ... dass oft zwei Salven nötig sind.»

«Manchmal», sagte der Belgier nickend. «Es kann vorkommen, dass die erste Salve keins der lebenswichtigen Organe trifft.»

«Dann müssen Sie also die Gewehre neu laden und noch einmal anlegen?»

Er dachte nach und fügte mit belegter Stimme hinzu:

«Das dauert!»

Er hatte grässliche Angst zu leiden, er dachte nur daran: Das lag an seinem Alter. Ich selbst dachte nicht mehr viel daran, und es war nicht die Angst zu leiden, weshalb ich schwitzte.

Ich stand auf und ging zu dem Haufen Feinkohle hinüber. Tom schreckte auf und warf mir einen hasserfüllten Blick zu: Ich ging ihm auf die Nerven, weil meine Schuhe knarrten. Ich fragte mich, ob mein Gesicht genauso fahl war wie seins: Ich sah, dass er ebenfalls schwitzte. Der Himmel war herrlich, kein Licht drang in diesen dunklen Winkel, und ich brauchte nur den Kopf zu heben, um den Großen Wagen zu sehen. Aber das war nicht mehr wie vorher: Vorgestern, von meinem Kerker im Erzbischofspalais aus, konnte ich ein großes Stück Himmel sehen, und jede Tageszeit rief eine andere Erinnerung in mir wach. Am Morgen, wenn der Himmel von einem harten und leichten Blau war, dachte ich an Strände am Atlantik; mittags sah ich die Sonne und erinnerte mich an eine Bar in Sevilla, wo ich Manzanilla trank und Anchovis und Oliven aß; nachmittags war ich im Schatten und dachte an den tiefen Schatten, der über der halben Arena liegt, während die andere Hälfte in der Sonne flimmert: Es war wirklich quälend, so die ganze Erde im Himmel gespiegelt zu sehen. Aber jetzt konnte ich, so lange ich wollte, hinaufsehen, der Himmel rief nichts mehr in mir wach. Das war mir lieber. Ich setzte mich wieder neben Tom. Eine lange Zeit verging.

Tom fing mit leiser Stimme an zu reden. Er musste immer reden, sonst fand er sich nicht in seinen Gedanken zurecht. Ich denke, dass er mich anredete, aber er sah mich nicht an. Wahrscheinlich hatte er Angst, mich so zu sehen, wie ich war, grau und schwitzend: Wir waren gleich und schlimmer als Spiegel füreinander. Er sah den Belgier an, den Lebenden.

«Begreifst du das?», sagte er. «Ich begreife das nicht.»

Ich fing auch leise an zu sprechen. Ich sah den Belgier an.

«Was denn, was ist los?»

«Es wird etwas mit uns geschehen, was ich nicht begreifen kann.»

Ein merkwürdiger Geruch war um Tom. Mir schien, dass ich geruchsempfindlicher war als sonst. Ich feixte:

«Du wirst bald begreifen.»

«Das ist nicht klar», sagte er eigensinnig. «Ich will gerne mutig sein, aber ich müsste zumindest wissen ... Hör zu, man führt uns in den Hof. Die Typen stellen sich in einer Reihe vor uns auf. Wie viele werden es sein?»

«Ich weiß nicht. Fünf oder acht. Mehr nicht.»

«Na schön. Also acht. Man wird ihnen zurufen: ‹Legt an!›, und ich werde die acht Gewehre auf mich gerichtet sehen. Ich denke, ich werde mich in die Wand verziehen wollen, ich werde mit dem Rücken mit aller Kraft gegen die Wand drücken, und die Wand wird nicht nachgeben, wie im Albtraum. Das alles kann ich mir vorstellen. Ach, wenn du wüsstest, wie gut ich mir das vorstellen kann.»

«Na schön», sagte ich, «ich stell's mir auch vor.»

«Das muss saumäßig wehtun. Du weißt, dass sie auf die Augen und den Mund zielen, um einen zu entstellen», fügte er bösartig hinzu. «Ich fühle schon die Wunden; seit einer Stunde habe ich Schmerzen im Kopf und im Hals. Keine wirklichen Schmerzen; es ist schlimmer: Das sind die Schmerzen, die ich morgen früh spüren werde. Aber danach?»

Ich verstand sehr wohl, was er meinte, aber ich wollte es mir nicht anmerken lassen. Was die Schmerzen anging, so trug auch ich sie an meinem Körper wie eine Vielzahl kleiner Schrammen. Ich konnte mich nicht daran gewöhnen, aber ich war wie er, ich nahm sie nicht wichtig.

«Danach», sagte ich grob, «wirst du ins Gras beißen.»

Er fing an, Selbstgespräche zu führen: Er ließ den Belgier nicht aus den Augen. Der sah nicht so aus, als hörte er zu. Ich wusste, weshalb er hierher gekommen war; was wir dachten, interessierte ihn nicht; er war hier, um unsere Körper anzuschauen, Körper, die bei lebendigem Leibe starben.

«Es ist wie ein Albtraum», sagte Tom. «Man will an etwas denken, man hat immerzu den Eindruck, dass es so weit ist, dass man gleich begreifen wird, und dann wird es glitschig, entwischt einem und ist wieder weg. Ich sage mir: Danach gibt es nichts mehr. Aber ich begreife nicht, was das heißt. In manchen Momenten bin ich fast so weit ... und dann ist es wieder weg, ich beginne wieder an die Schmerzen zu denken, an die Kugeln, an das Knallen. Ich bin Materialist, ich schwör's dir; ich werde nicht verrückt. Aber da ist etwas, was nicht hinhaut. Ich sehe meine Leiche: Das ist nicht schwer, aber ich sehe sie mit meinen Augen. Ich müsste es schaffen, zu denken ... zu denken, dass ich nichts mehr sehen werde, dass ich nichts mehr hören werde und dass die Welt für die anderen weitergeht. Wir sind nicht dafür geschaffen, das zu denken, Pablo. Du kannst mir glauben: Das ist schon vorgekommen, dass ich eine ganze Nacht gewacht und auf etwas gewartet habe. Aber das hier, das ist nicht dasselbe: Das wird uns von hinten packen, Pablo, ohne dass wir uns darauf vorbereiten konnten.»

«Halt's Maul», sagte ich zu ihm, «willst du, dass ich einen Beichtvater rufe?»

Er antwortete nicht. Ich hatte schon gemerkt, dass er dazu neigte, den Propheten zu spielen und mich mit tonloser Stimme Pablo zu nennen. Ich mochte das nicht; aber anscheinend sind alle Iren so. Ich hatte den unbestimmten Eindruck, dass er nach Urin roch. Im Grunde hatte ich nicht viel Sympathie für Tom, und ich sah nicht ein, warum ich, unter dem Vorwand, dass wir zusammen sterben würden, mehr für ihn hätte empfinden sollen. Es gibt Typen, mit denen das anders gewesen wäre. Mit Ramón Gris zum Beispiel. Aber zwischen Tom und Juan fühlte ich mich allein, übrigens war mir das lieber: Mit Ramón wäre ich womöglich weich geworden. Aber ich war schrecklich hart in diesem Moment, und ich wollte hart bleiben.

Er murmelte weiter zerstreut irgendwelche Wörter. Er redete bestimmt, um sich vom Denken abzuhalten. Er roch durchdringend nach Urin wie alte Prostatakranke. Natürlich war ich seiner Meinung, alles, was er sagte, hätte ich auch sagen können: Es ist nicht *natürlich* zu sterben. Und seitdem ich sterben sollte, erschien mir nichts mehr natürlich, weder dieser Haufen Feinkohle noch die Bank, noch Pedros miese Visage. Bloß, das gefiel mir nicht, dass ich dasselbe dachte wie Tom. Und ich wusste wohl, dass wir die ganze Nacht hindurch, fünf Minuten früher oder später, weiter dasselbe zur selben Zeit denken würden, zur selben Zeit schwitzen oder frösteln würden. Ich sah ihn von der Seite an, und zum ersten Mal kam er mir merkwürdig vor: Er trug seinen Tod auf dem Gesicht. Ich war in meinem Stolz gekränkt: Vierundzwanzig Stunden hindurch hatte ich neben Tom gelebt, hatte ihm zugehört, hatte mit ihm gesprochen, und ich wusste, dass wir nichts gemeinsam hatten. Und jetzt glichen wir uns wie Zwillinge, bloß weil wir zusammen krepieren würden. Tom nahm meine Hand, ohne mich anzusehen:

«Pablo, ich frage mich ... ich frage mich, ob es wirklich stimmt, dass man zu Nichts wird.»

Ich machte meine Hand los, ich sagte zu ihm:

«Schau zwischen deine Füße, du Schwein.»

Zwischen seinen Füßen war eine Pfütze, und aus seiner Hose tropfte es.

«Was ist denn das?», sagte er fassungslos.

«Du pisst in deine Unterhose», sagte ich.

«Das ist nicht wahr», sagte er wütend, «ich pisse nicht, ich fühle nichts.»

Der Belgier war näher gekommen. Er fragte mit unechter Besorgnis:

«Fühlen Sie sich nicht wohl?»

Tom antwortete nicht. Der Belgier sah die Pfütze an, ohne etwas zu sagen.

«Ich weiß nicht, was das ist», sagte Tom verstört, «aber ich habe keine Angst. Ich schwöre Ihnen, dass ich keine Angst habe.»

Der Belgier antwortete nicht. Tom stand auf und pisste in eine Ecke. Er kam seinen Hosenschlitz zuknöpfend zurück, setzte sich wieder hin und gab keinen Ton mehr von sich. Der Belgier machte sich Notizen.

Wir sahen ihn an; auch der kleine Juan sah ihn an: Wir sahen ihn alle drei an, weil er lebendig war. Er hatte die Bewegungen eines Lebenden, die Sorgen eines Lebenden; er schlotterte in diesem Keller, wie Lebende schlottern sollten; er hatte einen gehorsamen und wohlgenährten Körper. Wir anderen fühlten unsere Körper kaum noch – nicht mehr in derselben Weise jedenfalls. Ich hatte Lust, meine Hose zwischen den Beinen zu befühlen, aber ich wagte es nicht; ich sah den Belgier an, durchgebogen auf seinen Beinen stehend, Herr seiner Muskeln – und der an morgen denken konnte. Da waren wir, drei blutleere Schatten; wir sahen ihn an und saugten sein Leben aus wie Vampire.

Er ging schließlich zum kleinen Juan hinüber. Wollte er aus irgendeinem beruflichen Motiv dessen Nacken befühlen, oder folgte er etwa einem barmherzigen Impuls? Falls er aus Barmherzigkeit handelte, dann war es das einzige Mal in der ganzen Nacht. Er streichelte den Schädel und den Hals des kleinen Juan. Der Kleine ließ es geschehen, ohne ihn aus den Augen zu lassen, dann, plötzlich, ergriff er seine Hand und schaute sie komisch an. Er hielt die Hand des Belgiers zwischen seinen beiden, und sie hatten nichts Lustiges an sich, die beiden grauen Flossen, die diese feiste und gerötete Hand drückten. Ich ahnte schon, was glcich passieren würde, und Tom musste es auch ahnen: Aber der Belgier sah nichts, er lächelte väterlich. Nach einem Moment hob der Kleine die dicke rote Pfote an seinen Mund und wollte hineinbeißen. Der Belgier machte sich heftig los und wich stolpernd bis an die Wand zurück. Eine Sekunde lang sah er uns voller Entsetzen an, er begriff wohl plötzlich, dass wir keine Menschen wie er waren. Ich fing an zu lachen, und einer der Wachposten schreckte hoch. Der andere war eingeschlafen, seine weit offenen Augen waren weiß.

Ich fühlte mich zugleich erschöpft und überreizt. Ich wollte nicht mehr an das, was im Morgengrauen geschehen würde, an den Tod denken. Das ergab keinen Sinn, ich stieß nur auf Wörter oder auf Leere. Aber sobald ich versuchte, an etwas anderes zu denken, sah ich Gewehrläufe auf mich gerichtet. Ich habe vielleicht zwanzig Mal hintereinander meine Hinrichtung erlebt;

ein Mal habe ich sogar geglaubt, dass es wirklich so weit wäre: Ich war wohl eine Minute eingeschlafen. Sie zerrten mich vor die Wand, und ich sträubte mich; ich bat sie um Gnade. Ich schreckte aus dem Schlaf auf und sah den Belgier an: Ich hatte Angst, im Schlaf geschrien zu haben. Aber er strich seinen Schnurrbart glatt, er hatte nichts bemerkt. Wenn ich gewollt hätte, ich glaube, ich hätte eine Weile schlafen können: Ich war seit achtundvierzig Stunden wach, ich war am Ende. Aber ich hatte keine Lust, zwei Stunden Leben zu verlieren: Sie wären mich im Morgengrauen aufwecken gekommen, ich wäre ihnen schlaftrunken gefolgt und wäre abgekratzt, ohne «uff» zu sagen; das wollte ich nicht, ich wollte nicht wie ein Tier sterben, ich wollte verstehen. Und außerdem fürchtete ich, Albträume zu haben. Ich stand auf, ich wanderte auf und ab, und um auf andere Gedanken zu kommen, begann ich, an mein vergangenes Leben zu denken. Eine Menge von Erinnerungen kamen mir, wüst durcheinander. Gute und schlechte – oder zumindest nannte ich sie *vorher* so. Da waren Gesichter und Geschichten. Ich sah das Gesicht eines kleinen *novillero* wieder vor mir, der in Valencia während der Feria vom Stier auf die Hörner genommen worden war, das Gesicht eines meiner Onkel, das von Ramón Gris. Ich erinnerte mich an Geschichten: wie ich 1926 drei Monate lang arbeitslos gewesen war, wie ich fast vor Hunger krepiert wäre. Ich erinnerte mich an eine Nacht, die ich auf einer Bank in Granada verbracht hatte: Ich hatte seit drei Tagen nichts gegessen, ich war rasend, ich wollte nicht krepieren. Darüber musste ich lächeln. Mit welcher Gier ich dem Glück, den Frauen, der Freiheit nachlief. Wozu? Ich hatte Spanien befreien wollen, ich bewunderte Pi y Margall, ich hatte mich der anarchistischen Bewegung angeschlossen, ich hatte in öffentlichen Versammlungen gesprochen: Ich nahm alles ernst, so als wäre ich unsterblich gewesen.

In diesem Moment hatte ich den Eindruck, als läge mein ganzes Leben ausgebreitet vor mir, und ich dachte: «Das ist eine verdammte Lüge.» Es war nichts mehr wert, denn es war zu Ende. Ich fragte mich, wie ich mit Mädchen hatte spazieren gehen, lachen können: Ich hätte keinen Finger gekrümmt, wenn ich geahnt hätte, dass ich so sterben würde. Mein Leben war vor mir, abgeschlossen, zugebunden wie ein Sack, und dabei war alles, was darin war, unfertig. Einen Augenblick versuchte ich es zu beurteilen. Ich hätte mir gerne gesagt: Es ist ein schönes Leben. Aber man konnte kein Urteil darüber fällen, es war ein Rohentwurf; ich hatte meine Zeit damit verbracht, Wechsel auf die Ewigkeit auszustellen, ich hatte nichts begriffen. Es tat mir um nichts Leid: Es gab eine Menge Dinge, um die es mir hätte Leid tun können, der Geschmack von Manzanilla oder das sommerliche Baden in einer kleinen Bucht in der Nähe von Cádiz; aber der Tod hatte allem seinen Reiz genommen.

Der Belgier hatte plötzlich eine großartige Idee.

«Freunde», sagte er zu uns, «ich kann es übernehmen – vorausgesetzt, die Militärverwaltung ist einverstanden –, den Menschen, die Sie lieben, eine Nachricht von Ihnen, ein Andenken zu überbringen...»

Tom brummte:

«Ich habe niemand.»

Ich antwortete nichts. Tom wartete einen Augenblick, dann sah er mich neugierig an:

«Lässt du Concha nichts ausrichten?»

«Nein.»

Ich hasste diese Verständnisinnigkeit: Es war meine Schuld, ich hatte in der vorangegangenen Nacht von Concha gesprochen, ich hätte mich zurückhalten sollen. Ich war seit einem Jahr mit ihr zusammen. Noch am Vortag hätte ich mir einen Arm mit der Axt abgehackt, wenn ich sie fünf Minuten hätte wiedersehen können. Deshalb hatte ich von ihr gesprochen, es war stärker als ich. Jetzt hatte ich keine Lust mehr, sie wiederzusehen, ich hatte ihr nichts mehr zu sagen. Ich hätte sie nicht einmal in meinen Armen halten mögen: Mich ekelte vor meinem Körper, weil er grau geworden war und schwitzte – und ich war nicht sicher, ob es mich vor ihrem nicht auch ekeln würde. Concha würde weinen, wenn sie meinen Tod erführe; monatelang würde sie keine Lebensfreude mehr haben. Aber schließlich war ich es, der sterben würde. Ich dachte an ihre schönen sanften Augen. Wenn sie mich ansah, wanderte etwas von ihr zu mir. Aber ich dachte, dass das vorbei war: Wenn sie mich *jetzt* ansähe, würde ihr Blick in ihren Augen bleiben, er ginge nicht bis zu mir. Ich war allein.

Auch Tom war allein, aber nicht auf dieselbe Weise. Er hatte sich rittlings hingesetzt und hatte angefangen, die Bank mit einer Art Lächeln anzusehen, er sah verwundert aus. Er streckte die Hand aus und berührte behutsam das Holz, als hätte er Angst, etwas zu zerbrechen, dann zog er seine Hand schnell zurück und erschauerte. Ich hätte mich nicht damit vergnügt, die Bank zu berühren, wenn ich Tom gewesen wäre; das war wieder so eine Irenkomödie, aber ich fand auch, dass die Gegenstände komisch aussahen: Sie waren verwischter, weniger dicht als gewöhnlich. Ich brauchte nur die Bank, die Lampe, den Kohlenhaufen anzusehen und ich spürte, dass ich sterben würde. Natürlich konnte ich meinen Tod nicht klar denken, aber ich sah ihn überall, auf den Dingen, an der Art, wie die Dinge abgerückt waren und sich auf Distanz hielten, zurückhaltend, wie Leute, die am Bett eines Sterbenden leise sprechen. Es war *sein* Tod, den Tom gerade auf der Bank berührt hatte.

Wenn man mir in dem Zustand, in dem ich war, mitgeteilt hätte, dass ich getrost nach Hause gehen könnte, dass man mich am Leben ließe, hätte mich das kalt gelassen: Ein paar Stunden oder ein paar Jahre warten, das ist alles gleich, wenn man die Illusion, ewig zu sein, verloren hat. Mir lag an nichts mehr, in gewisser Weise war ich ruhig. Aber das war eine fürchterliche Ruhe – wegen meines Körpers: Mein Körper, ich sah mit seinen Augen, ich hörte mit seinen Ohren, aber das war nicht mehr ich; er schwitzte und zitterte ganz von selbst, und ich erkannte ihn nicht mehr wieder. Ich musste ihn berühren und ansehen, um zu wissen, was mit ihm war, als wäre es der Körper eines anderen. Manchmal fühlte ich ihn noch, ich fühlte ein Rutschen, so etwas wie ein Absacken, wie wenn man in einem Flugzeug ist, das einen Sturzflug macht, oder ich fühlte mein Herz schlagen. Aber das beruhigte mich nicht: Alles, was von meinem Körper kam, hatte etwas widerlich Unzuverlässiges an sich. Meistens war er zusammengesunken, verhielt er sich still, und ich fühlte nichts mehr als eine Art Schwere, eine ekelhafte Gegenwart an mir; ich hatte den Eindruck, an ein riesiges Ungeziefer gebunden zu sein. Einen Moment lang tastete ich meine Hose ab und fühlte, dass sie feucht war; ich wusste nicht, ob sie von Schweiß oder von Urin nass war, aber ich ging vorsichtshalber auf den Kohlehaufen pissen.

Der Belgier zog seine Uhr heraus und schaute nach. Er sagte: «Es ist halb vier.»

Das Schwein! Er hatte es bestimmt absichtlich getan: Tom sprang hoch: Wir hatten noch nicht gemerkt, dass die Zeit verrann; die Nacht umgab uns wie eine formlose und dunkle Masse, ich erinnerte mich nicht einmal, dass sie angefangen hatte.

Der kleine Juan fing an zu schreien. Er rang die Hände, er flehte:

«Ich will nicht sterben, ich will nicht sterben.»

Er lief mit erhobenen Armen durch den ganzen Keller, dann warf er sich auf einen der Strohsäcke und schluchzte. Tom sah ihn mit stumpfen Augen an und hatte nicht einmal mehr Lust, ihn zu trösten. Tatsächlich lohnte es sich nicht: Der Kleine machte mehr Krach als wir, aber es ging ihm weniger schlecht: Er war wie ein Kranker, der sich mit Fieber gegen seine Krankheit wehrt. Wenn einer nicht einmal mehr Fieber hat, ist es viel schlimmer.

Er weinte: Ich sah genau, dass er Mitleid mit sich selbst hatte; er dachte nicht an den Tod. Eine Sekunde, eine einzige Sekunde lang hatte ich Lust, auch zu weinen, vor Selbstmitleid. Aber das Gegenteil trat ein: Ich warf einen Blick auf den Kleinen, ich sah seine mageren, vom Schluchzen geschüttelten Schultern und fühlte mich unmenschlich: Ich konnte weder mit den anderen noch mit mir Mitleid haben. Ich sagte mir: «Ich will anständig sterben.»

Tom war aufgestanden, er stellte sich genau unter die runde Öffnung und fing an, auf den Tag zu lauern. Ich war stur, ich wollte anständig sterben und dachte nur daran. Aber darunter fühlte ich, seit der Arzt uns die Uhrzeit gesagt hatte, die Zeit, die zerrann, die Tropfen für Tropfen entwich.

Es war noch dunkel, als ich Toms Stimme hörte:

«Hörst du sie?»

«Ja.»

Es marschierten welche in den Hof.

«Was wollen die denn? Die können doch nicht im Dunkeln schießen.»

Nach einer Weile hörten wir nichts mehr. Ich sagte zu Tom: «Es ist Tag.»

Pedro stand gähnend auf und blies die Lampe aus. Er sagte zu seinem Kameraden:

«Eine Saukälte.»

Der Keller war ganz grau geworden. Wir hörten in der Ferne Schüsse.

«Es geht los», sagte ich zu Tom, «die machen das bestimmt im Hinterhof.»

Tom bat den Arzt, ihm eine Zigarette zu geben. Ich wollte keine; ich wollte weder Zigaretten noch Alkohol. Von diesem Augenblick an hörten sie nicht auf zu schießen.

«Ist dir klar, was das bedeutet?», sagte Tom.

Er wollte etwas hinzufügen, aber er verstummte, er schaute auf die Tür. Die Tür ging auf, und ein Leutnant kam mit vier Soldaten herein. Tom ließ seine Zigarette fallen.

«Steinbock?»

Tom antwortete nicht. Es war Pedro, der auf ihn zeigte.

«Juan Mirbal?»

«Das ist der auf dem Strohsack.»

«Stehen Sie auf», sagte der Leutnant.

Juan rührte sich nicht. Zwei Soldaten fassten ihn unter den Achseln und stellten ihn auf die Füße. Aber sobald sie ihn losgelassen hatten, fiel er wieder um.

Die Soldaten zögerten.

«Das ist nicht der Erste, dem schlecht wird», sagte der Leutnant, «ihr müsst ihn schon tragen, ihr zwei; wir werden da hinten irgendwie zurechtkommen.»

Er wandte sich Tom zu:

«Vorwärts, kommen Sie.»

Tom ging zwischen zwei Soldaten hinaus. Zwei weitere Soldaten folgten, sie trugen den Kleinen unter den Achseln und in den Kniekehlen. Er war nicht ohnmächtig; seine Augen waren weit geöffnet, und Tränen liefen seine Backen hinunter. Als ich hinausgehen wollte, hielt der Leutnant mich an:

«Sind Sie Ibbieta?»

«Ja.»

«Sie warten hier: Sie werden nachher geholt.»

Sie gingen hinaus. Der Belgier und die beiden Gefangenenwärter gingen auch hinaus; ich blieb allein. Ich verstand nicht, was mir geschah, aber es wäre mir lieber gewesen, sie hätten sofort ein Ende gemacht. Ich hörte die Salven in beinah regelmäßigen Abständen; bei jeder einzelnen erschauerte ich. Ich hatte Lust zu heulen und mir die Haare zu raufen. Aber ich biss die Zähne zusammen und bohrte die Hände in die Taschen, denn ich wollte anständig bleiben.

Nach einer Stunde wurde ich geholt und in den ersten Stock gebracht, in einen kleinen Raum, der nach Zigarren roch und dessen Hitze mir erstickend vorkam. Dort waren zwei Offiziere, die rauchend im Sessel saßen mit Papieren auf den Knien.

«Du heißt Ibbieta?»

«Ja.»

«Wo ist Ramón Gris?»

«Ich weiß nicht.»

Der mich verhörte, war klein und dick. Er hatte harte Augen hinter seinem Kneifer. Er sagte:

«Tritt näher.»

Ich trat näher. Er stand auf und fasste mich bei den Armen, mit einem Blick, der mich in der Erde versinken lassen sollte. Gleichzeitig kniff er mich mit aller Kraft in die Oberarmmuskeln. Das geschah nicht, um mir wehzutun, das war das große Spiel: Er wollte mich beherrschen. Er hielt es auch für notwendig, mir seinen fauligen Atem mitten ins Gesicht zu blasen. Wir blieben einen Moment so stehen, mich reizte das eher zum Lachen. Es gehört viel mehr dazu, einen Mann einzuschüchtern, der bald sterben wird: Das wirkte nicht. Er stieß mich heftig zurück und setzte sich wieder hin. Er sagte:

«Dein Leben gegen seines. Wir lassen dich am Leben, wenn du uns sagst, wo er ist.»

Diese beiden Typen in Kriegsbemalung mit ihren Peitschen

und ihren Stiefeln, das waren schließlich Menschen, die sterben würden. Etwas später als ich, aber nicht viel. Und sie befassten sich damit, Namen auf einem Papierwisch zu suchen, sie liefen hinter anderen Menschen her, um sie einzusperren oder zu beseitigen; sie hatten Ansichten über die Zukunft Spaniens und über andere Themen. Ihre belanglosen Tätigkeiten erschienen mir schockierend und burlesk: Es gelang mir nicht mehr, mich an ihre Stelle zu versetzen, sie kamen mir verrückt vor.

Der kleine Dicke sah mich immer noch an, mit seiner Peitsche gegen seine Stiefel klatschend. Alle seine Gesten waren darauf angelegt, ihm die Ausstrahlung eines wilden und scharfen Tieres zu geben.

«Nun? Kapiert?»

«Ich weiß nicht, wo Gris ist», antwortete ich. «Ich dachte, er wäre in Madrid.»

Der andere Offizier hob träge seine blasse Hand. Auch diese Trägheit war berechnet. Ich sah alle ihre kleinen Kniffe und war verblüfft, dass sich Menschen fanden, die sich mit so etwas vergnügten.

«Sie haben eine viertel Stunde, um nachzudenken», sagte er langsam. «Bringt ihn in die Wäschekammer, in einer viertel Stunde führt ihr ihn wieder vor. Wenn er sich weiterhin weigert, wird er auf der Stelle erschossen.»

Sie wussten, was sie taten: Ich hatte die Nacht mit Warten verbracht; danach hatten sie mich noch eine Stunde im Keller warten lassen, während Tom und Juan erschossen wurden, und jetzt sperrten sie mich in der Wäschekammer ein; sie hatten ihren Trick bestimmt seit gestern vorbereitet. Sie sagten sich, dass die Nerven auf die Dauer schlappmachen, und hofften, mich so zu bekommen.

Sie täuschten sich sehr. In der Wäschekammer setzte ich mich auf einen Schemel, denn ich fühlte mich sehr schwach, und fing an nachzudenken. Aber nicht über ihren Vorschlag. Natürlich wusste ich, wo Gris war: Er versteckte sich bei seinen Cousins, vier Kilometer von der Stadt entfernt. Ich wusste auch, dass ich sein Versteck nicht preisgeben würde, außer wenn sie mich folterten (aber sie sahen nicht so aus, als dächten sie daran). Das alles war ganz und gar erledigt, endgültig, und interessierte mich überhaupt nicht. Nur hätte ich die Gründe meines Verhaltens gern verstanden. Ich wollte lieber krepieren als Gris verraten. Warum? Ich liebte Ramón Gris nicht mehr. Meine Freundschaft für ihn war kurz vor dem Morgengrauen gestorben, zur gleichen Zeit wie meine Liebe zu Concha, zur gleichen Zeit wie mein Wunsch zu leben. Zweifellos schätzte ich ihn immer noch; er war ein ganzer Kerl. Aber das war nicht der Grund, weshalb ich bereit war, an seiner Stelle zu sterben; sein Leben war nicht mehr wert als meins; kein Leben war etwas wert. Man würde einen Mann an eine Wand stellen und auf ihn schießen, bis er krepierte: Ob ich das war oder Gris oder ein anderer, das war gleich. Ich wusste wohl, dass er für die Sache Spaniens nützlicher war als ich, aber ich scherte mich einen Dreck um Spanien und um die Anarchie: Nichts war mehr wichtig. Und doch war ich hier, ich konnte meine Haut retten, indem ich Gris verriet, und ich weigerte mich, es zu tun. Ich fand das eher komisch: Das war Sturheit. Ich dachte:

«Dickköpfig, was ...!» Und eine merkwürdige Heiterkeit überkam mich.

Sie holten mich und führten mich wieder den beiden Offizieren vor. Eine Ratte rannte unter unseren Füßen weg, und das amüsierte mich. Ich wandte mich einem der Falangisten zu und sagte zu ihm:

«Haben Sie die Ratte gesehen?»

Er antwortete nicht. Er war düster, er nahm sich ernst. Ich hatte Lust zu lachen, aber ich hielt an mich, weil ich Angst hatte, wenn ich anfinge, nicht mehr aufhören zu können. Der Falangist trug einen Schnurrbart. Ich sagte ihm noch:

«Du musst deinen Schnurrbart stutzen, Dummkopf.»

Ich fand es komisch, dass er die Haare zu seinen Lebzeiten sein Gesicht überwuchern ließ. Er gab mir ohne viel Überzeugung einen Fußtritt, und ich verstummte.

«Nun», sagte der dicke Offizier, «hast du nachgedacht?»

Ich sah sie neugierig an wie Insekten einer sehr seltenen Gattung. Ich sagte zu ihnen:

«Ich weiß, wo er ist. Er versteckt sich auf dem Friedhof. In einer Gruft oder in der Totengräberhütte.»

Ich sagte das, um ihnen einen Streich zu spielen. Ich wollte sehen, wie sie aufstanden, ihre Koppel umlegten und mit geschäftiger Miene Befehle gaben.

Sie sprangen auf die Füße.

«Los. Moles, bitten Sie Leutnant Lopez um fünfzehn Mann. Und du», sagte der kleine Dicke zu mir, «wenn du die Wahrheit gesagt hast, bleibe ich bei meinem Wort. Aber du wirst es mir büßen, wenn du uns an der Nase herumgeführt hast.»

Sie brachen mit Getöse auf, und ich wartete friedlich, von Falangisten bewacht. Von Zeit zu Zeit lächelte ich, denn ich dachte an das Gesicht, das sie machen würden. Ich fühlte mich abgestumpft und pfiffig. Ich stellte sie mir vor, wie sie die Grabsteine hochhoben, eine Grufttür nach der anderen öffneten. Ich stellte mir die Situation vor, als wäre ich ein anderer: Dieser Gefangene, der sich darauf versteift, den Helden zu spielen, diese ernsten Falangisten mit ihren Schnurrbärten und diese Männer in Uniform, die zwischen den Gräbern herumliefen; das war von unwiderstehlicher Komik.

Nach einer halben Stunde kam der kleine Dicke allein zurück. Ich dachte, er würde den Befehl geben, mich zu erschießen. Die anderen waren wohl auf dem Friedhof geblieben.

Der Offizier sah mich an. Er sah überhaupt nicht belämmert aus.

«Bringt ihn in den großen Hof zu den anderen», sagte er. «Nach Beendigung der militärischen Operationen soll ein ordentliches Gericht über sein Schicksal entscheiden.»

Ich glaubte, nicht richtig verstanden zu haben. Ich fragte ihn:

«Dann werde ich ... werde ich nicht erschossen? ...»

«Nicht jetzt jedenfalls. Später, damit habe ich nichts mehr zu tun.»

Ich verstand immer noch nicht. Ich sagte zu ihm:

«Aber warum?»

Er zuckte die Achseln, ohne zu antworten, und die Soldaten brachten mich weg. Im großen Hof waren etwa hundert Gefangene, Frauen, Kinder, ein paar Alte. Ich fing an, um den Rasen in der Mitte zu kreisen, ich war wie vor den Kopf geschlagen. Mittags gab man uns im Speisesaal zu essen. Zwei oder drei Typen sprachen mich an. Ich musste sie wohl kennen, aber ich antwortete ihnen nicht: Ich wusste nicht einmal mehr, wo ich war.

Gegen Abend wurden etwa zehn neue Gefangene in den Hof gestoßen. Ich erkannte Garcia, den Bäcker. Er sagte zu mir:

«Verdammter Glückspilz! Ich hätte nicht gedacht, dich lebend wiederzusehen.»

«Sie hatten mich zum Tode verurteilt», sagte ich, «und dann haben sie ihre Meinung geändert. Ich weiß nicht, warum.»

«Sie haben mich um zwei Uhr verhaftet», sagte Garcia.

«Weshalb?»

Garcia betätigte sich nicht politisch.

«Ich weiß nicht», sagte er. «Sie verhaften alle, die nicht so denken wie sie.»

Er senkte die Stimme.

«Sie haben Gris geschnappt.»

Ich fing an zu zittern.

«Wann?»

«Heute Morgen. Er hatte Mist gebaut. Er ist am Dienstag von seinem Cousin weggegangen, weil sie sich gestritten hatten. Es gab genug Typen, die ihn versteckt hätten, aber er wollte niemandem mehr verpflichtet sein. Er hat gesagt: ‹Ich hätte mich bei Ibbieta versteckt, aber da sie ihn ja erwischt haben, werde ich mich auf dem Friedhof verstecken.›»

«Auf dem Friedhof?»

«Ja. Das war Mist. Natürlich haben sie ihn heute Morgen durchgekämmt, das musste passieren. Sie haben ihn in der Totengräberhütte gefunden. Er hat auf sie geschossen, und sie haben ihn umgelegt.»

«Auf dem Friedhof!»

Alles fing an sich zu drehen, und ich fand mich auf der Erde sitzend wieder: Ich lachte so sehr, dass mir Tränen in die Augen traten.

Der Blick:
Die Konfrontation mit der Freiheit des Anderen

Die Freiheit, die die Souveränität *meines* Blicks auf die Welt bedeutet, beschreibt Sartre in ‹Das Sein und das Nichts› als eine, die sich mit dem ‹Blick der Anderen› konfrontiert sieht. Für mich bin ich das Zentrum meiner Welt, organisiert sich Welt um mich – aber die Anderen blicken mich an. Für sie, deren Blick auf mich ich spüre, erlebe und erleide, bin ich nur ein Objekt in *ihrer* Welt.

Sartres Verweigerung des metaphysischen Begriffs einer allgemeinen Menschennatur zeigt sich hier in seiner Konsequenz: Ich sehe und anerkenne im Anderen nicht ein Gegenüber, das mir in seinem Wesen gleich ist. Ich sehe in ihm die Grenze, den Feind meiner Freiheit. Sein Blick erniedrigt mich zu einem Ding – und dem vermag ich nur zu begegnen, indem ich meinerseits auf ihn blicke, ihn zu einem Ding in meiner Welt erniedrige.

Freiheit ist für Sartre die eines Individuums. Den Einzelnen aus seinem Zusammenhang mit der Gemeinschaft mit Anderen zu verstehen – dies ist eine philosophische Auffassung, die er in ‹Das Sein und das Nichts› entschieden verneint. Und so wie er das «Wir» als eine Entfremdung des individuellen Selbstseins begreift, so begreift er das Ideal der Liebe als eine unerfüllbare Sehnsucht des Menschen, als die Sehnsucht, dem Bewusstsein der Zufälligkeit des eigenen Daseins zu entgehen, indem mein Sein für einen Anderen als notwendig erscheint. In Wahrheit bleibt der Andere nicht nur ein Fremder, er bleibt der Feind meiner Freiheit, bleibt eine fremde Freiheit, der ich mich unterwerfen kann oder die ich mir unterwerfen muss.

Trotzdem hat der Andere eine «positive» Bedeutung für mich. Sartres Phänomenologie des Blicks bricht mit einer philosophischen Tradition, die, von Descartes bis Husserl, die Frage nach dem Anderen im Ausgang von einem souveränen, seines selbst gewissen Ich der Erkenntnis stellt. Der Andere erscheint dann als eine fragwürdige Wirklichkeit, bezweifelbar wie irgendein Ding in der Welt, über dessen Existenz ich mich täuschen kann. Sartre aber beschreibt die unabweisbare Evidenz der Anwesenheit des Anderen, die ich *erlebe*, nicht erkenne im von ihm Angeblicktwerden. Es ist eine Evidenz, die sich zuerst als Scham verwirklicht: die Scham, für ihn nur ein Objekt zu sein, meines Subjektseins, meiner Freiheit beraubt. Zugleich vermögen mich die Anderen zu sehen, wie ich selbst mich nicht zu sehen vermag. Sie vermögen mich zu erkennen, sie besitzen «das Geheimnis, wer ich bin». Darum bedarf ich der Anderen: Sie bieten mir die objektive Seite meines Selbst dar, eine Objektivität, die mich demütigt, die die Grenze meiner Freiheit bedeutet und die ich zugleich nicht zurückweisen kann, weil ich sie *bin*.

Der Mensch vermag nicht, sich selbst in der Haltung neutralen Erkennens gegenüberzutreten, sich selbst wie ein Ding zu betrachten. Denn er «ist nicht der, der er ist», er ist immer schon über sich hinaus, sein Selbstentwurf transzendiert die gegebene Gestalt seines Ich. Aber solche Transzendenz braucht, soll sie nicht Willkür bedeuten, einen Raum der Objektivität, den die Anderen repräsentieren, dem ich zugleich selbst notwendig angehöre, als der Andere der Anderen.

Sartres Analyse der sich treffenden Blicke von Ich und Anderem bricht nicht nur mit der cartesianischen Tradition, sie bricht zugleich radikal mit dem metaphysischen Ideal «gegenseitiger Anerkennung», wie es Hegel in seiner ‹Phänomenologie des Geistes› dargestellt hat. Es existiert kein mir und dem Anderen gemeinsames Wesen, das mich in unserem Kampf um gegenseitige Anerkennung zuletzt begreifen ließe, dass der Andere dieselbe Würde besitzt wie ich selbst – die seines Menschseins, einer ihm und mir gemeinsamen allgemeinen Vernunft. Der Humanismus ist nur eine Illusion, eine Ideologie – von diesem seinem Credo her wird

Sartre versuchen, eine Moral zu begründen, die sich auf nichts stützt als auf *meine* Verantwortung für das «Bild des Menschen». Was der Mensch ist – diese Frage vermag die Metaphysik nicht zu beantworten. Es *zeigt* sich – in der Gestalt, die jedes einzelne Individuum seinem Leben gibt. Jeder von uns, so Sartre, zeichnet am Bild des Menschen.

Im Kapitel ‹Das Sein und das Nichts› der Monographie wird die Bedeutung des Themas des Blicks für die Sartre'sche Philosophie der Freiheit des Individuums in einem größeren Zusammenhang dargestellt.

Der Blick

[...]
Das Für-Andere-sein ist ein ständiges Faktum meiner menschlichen-Realität, und ich erfasse es mit seiner faktischen Notwendigkeit im kleinsten Gedanken, den ich mir über mich mache. Wohin ich auch gehe, was ich auch tue, ich verändere damit nur meine Distanzen zum Objekt-Andern, benutze nur Wege zum Andern hin. Mich entfernen, mich nähern, einen bestimmten Objekt-Andern entdecken heißt nichts anderes als empirische Variationen über das fundamentale Thema meines Für-Andereseins realisieren. Der Andere ist für mich überall anwesend als das, wodurch ich Objekt werde. Danach kann ich mich zwar über die empirische Anwesenheit eines Objekt-Andern, dem ich gerade auf meinem Weg begegnet bin, täuschen. Ich kann zwar glauben, es sei Anny, die auf mich zukommt, und entdecken, dass es eine unbekannte Person ist; Annys fundamentale Anwesenheit bei mir wird dadurch nicht modifiziert. Ich kann zwar glauben, es sei ein Mensch, der im Halbdunkel auf mich lauert, und entdecken, dass es ein Baumstamm ist, den ich für einen Menschen hielt: Meine fundamentale Anwesenheit bei allen Menschen, die Anwesenheit aller Menschen bei mir selbst wird davon nicht beeinträchtigt. Denn das Erscheinen eines Menschen als Objekt im Feld meiner Erfahrung ist nicht das, was mich lehrt, dass es Menschen *gibt*. Meine Gewissheit von der Existenz der Andern ist von diesen Erfahrungen unabhängig, und sie ist es vielmehr, die diese erst möglich macht. Was mir dann erscheint und worüber ich mich täuschen kann, das ist weder der Andere noch die reale und konkrete Bindung des Andern an mich, sondern ein *Dieses*, das einen Objekt-Menschen ebenso gut darstellen wie nicht darstellen *kann.* Was lediglich wahrscheinlich ist, das ist die Distanz und die reale Nähe des Andern,

das heißt, dass sein Objekt-Charakter und seine Zugehörigkeit zur Welt, die ich sich enthüllen lasse, nicht zweifelhaft sind, einfach insofern ich gerade durch mein Auftauchen einen Andern erscheinen lasse. Doch diese Objektivität verschmilzt in der Welt als «Anderer irgendwo in der Welt»: Der Objekt-Andere ist gewiss als Erscheinung, korrelativ zur Übernahme meiner Subjektivität, aber es ist nie gewiss, dass der Andere *dieses* Objekt ist. Und ebenso ist die fundamentale Tatsache, mein Objekt-sein für ein Subjekt, von einer Evidenz gleichen Typus wie die reflexive Evidenz, nicht aber die Tatsache, dass ich mich genau in diesem Moment und für einen besonderen Andern als «*Dieses*» auf dem Welthintergrund abzeichne, anstatt in der Ununterschiedenheit eines Hintergrunds aufgelöst zu bleiben. Dass ich jetzt als Objekt für einen Deutschen existiere, wer er auch sein mag, ist nicht zu bezweifeln. Aber existiere ich als Europäer, Franzose, Pariser in der Undifferenziertheit dieser Kollektivitäten oder als *dieser* Pariser, um den herum die Pariser Bevölkerung und die französische Kollektivität sich plötzlich organisieren und ihm als Hintergrund dienen? Über diesen Punkt kann ich immer nur wahrscheinliche Erkenntnisse gewinnen, obwohl sie unendlich wahrscheinlich sein können.

Wir können jetzt die Natur des Blicks erfassen: Es gibt in jedem Blick das Erscheinen eines Objekt-Andern als konkrete und wahrscheinliche Anwesenheit in meinem Wahrnehmungsfeld, und anlässlich gewisser Haltungen dieses Andern bestimme ich mich selbst dazu, mein «Erblickt-werden» durch Scham, durch Angst usw. zu erfassen. Dieses «Erblickt-werden» bietet sich als die reine Wahrscheinlichkeit dar, dass ich gegenwärtig dieses konkrete *Dieses* bin – eine Wahrscheinlichkeit, die ihren Sinn und eben ihre Wahrscheinlichkeitsnatur nur aus einer fundamentalen Gewissheit gewinnen kann, dass der Andere für mich immer anwesend ist, insofern ich immer *für Andere* bin. Die Erfahrung meiner Lage eines Menschen, Objekt für *alle* anderen lebenden Menschen, unter Millionen von Blicken in die Arena geworfen und mir selbst Millionen Mal entgehend, diese Erfahrung realisiere ich konkret anlässlich des Auftauchens eines Objekts in *meinem* Universum, wenn dieses Objekt mir anzeigt, dass ich wahrscheinlich jetzt als *differenziertes Dieses* für ein Bewusstsein Objekt bin. Die Gesamtheit des Phänomens nennen wir *Blick*. Jeder Blick lässt uns konkret – und in der unbezweifelbaren Gewissheit des *Cogito* – erfahren, dass wir für alle lebenden Menschen existieren, das heißt, dass es (mehrere) Bewusstseine gibt, für die ich existiere. Wir setzen «mehrere» in Klammern, um zu betonen, dass der in diesem Blick bei mir anwesende Subjekt-Andere sich nicht in Pluralitätsgestalt darbietet, ebenso wenig übrigens wie als Einheit (außer in seinem konkreten Bezug zu *einem* besonderen Objekt-Andern). Die Pluralität gehört ja nur den Objekten an, sie kommt durch das Erscheinen eines weltschaffenden Für-sich zum Sein. Da das Erblickt-werden (mehrere) Subjekte für uns auftauchen lässt, versetzt es uns in die Anwesenheit einer ungezählten Realität. Sobald ich aber die *erblicke*, die mich erblicken, isolieren sich die *anderen* Bewusstseine in Vielheit. Wenn ich mich andererseits vom Blick als Anlass konkreter Erfahrung abwende und versuche, die unendliche Ununterschiedenheit der menschlichen Anwesenheit *leer* zu denken und sie unter dem Begriff des unendlichen Subjekts, das nie Objekt ist, zu vereinigen, erhalte ich einen rein formalen Begriff, der sich auf eine unendliche Reihe mystischer Erfahrungen der Anwesenheit Anderer bezieht, den Begriff von Gott als allgegenwärtigem und unendlichem Subjekt, *für das* ich existiere. Aber diese beiden Objektivierungen, die konkrete und zählende wie die vereinigende und abstrakte, verfehlen beide die erfahrene Realität, das heißt die pränumerische Anwesenheit der Anderen. Diese wenigen Überlegungen werden konkreter durch eine Beobachtung, die jeder machen kann: Wenn wir irgendwann» öffentlich» auftreten, um eine Rolle zu spielen oder einen Vortrag zu halten, verlieren wir nicht aus den Augen, dass wir erblickt werden, und wir führen die Gesamtheit der Handlungen, für die wir gekommen sind, *in Anwesenheit* des Blicks aus, mehr noch, wir versuchen, ein Sein und eine Gesamtheit von Objekten *für* diesen Blick zu konstituieren. Aber zahlenmäßig erfassen wir den Blick nicht. Solange wir reden und nur auf die Ideen achten, die wir entwickeln wollen, bleibt die Anwesenheit Anderer undifferenziert. Es wäre falsch, sie unter den Rubriken «*die Schulklasse*», «*das Auditorium*» usw. zu vereinigen: Wir haben ja kein Bewusstsein von einem konkreten und individualisierten Sein mit einem Kollektivbewusstsein; das sind Bilder, die nachträglich dazu dienen können, unsere Erfahrung wiederzugeben, und die sie mehr als zur Hälfte verfälschen. Aber wir erfassen auch nicht einen pluralen Blick. Vielmehr handelt es sich um eine ungreifbare, flüchtige und allgegenwärtige Realität, die uns gegenüber unser nicht-enthülltes Ich realisiert und die bei der Hervorbringung dieses Ich, das uns entgeht, mit uns zusammenarbeitet. Wenn ich dagegen überprüfen will, ob mein Denken richtig begriffen worden ist, und wenn ich meinerseits das Auditorium anblicke, werde ich plötzlich *mehrere* Köpfe und *mehrere* Augen erscheinen sehen. Die pränumerische Realität der Anderen hat sich durch Selbstobjektivierung aufgelöst und pluralisiert. Aber auch der Blick ist verschwunden. Für diese pränumerische und konkrete Realität ist die Bezeichnung «man» angebrachter als für einen Unauthentizitätszustand der menschlichen-Realität. Fortwährend, wo ich auch sein mag, erblickt *man* mich. *Man* wird nie als Objekt erfasst, es löst sich augenblicklich auf.

So hat uns der Blick auf die Spur unseres *Für-Andere-seins* gebracht und hat uns die unbezweifelbare Existenz dieser Anderen, für die wir sind, enthüllt. Aber er kann uns nicht weiterbringen: Wir müssen nun den fundamentalen Bezug des Ich zum andern untersuchen, so wie er sich uns entdeckt hat, oder, wenn man lieber will, wir müssen jetzt all das darlegen und thematisch fixieren, was in den Grenzen dieses ursprünglichen Bezugs enthalten ist, und uns fragen, was das *Sein* dieses Für-Andere-seins ist.

Eine Überlegung, die uns bei unserer Aufgabe helfen wird und die sich aus den vorhergehenden Bemerkungen ergibt, ist, dass das Für-Andere-sein keine ontologische Struktur des Für-sich ist: Wir können in der Tat nicht daran denken, das Für-Andere-sein wie die Konsequenz eines Prinzips vom Für-sich-sein abzuleiten oder umgekehrt das Für-sich-sein vom Für-Andere-sein. Zwar erfordert unsere menschliche-Realität, gleichzeitig für-sich und für-Andere zu sein, aber unsere gegenwärtigen Untersuchungen zielen nicht darauf ab, eine Anthropologie zu konstituieren. Es wäre vielleicht nicht unmöglich, uns ein von jedem Für-Andere total freies Für-sich zu denken, das existierte, ohne die Möglichkeit, ein Objekt zu sein, auch nur zu vermuten. Aber dieses Für-sich wäre eben nicht «Mensch». Was das Cogito uns hier enthüllt, ist einfach eine faktische Notwendigkeit: Es trifft sich – und das ist unbezweifelbar –, dass unser Sein in Verbindung mit seinem Für-sich-sein auch für Andere ist; das Sein, das sich dem reflexiven Bewusstsein enthüllt, ist Für-sich-für-Andere; das kartesianische Cogito behauptet nur die absolute Wahrheit eines *Faktums*: des Faktums meiner Existenz; ebenso enthüllt uns das etwas erweiterte Cogito, das wir hier benutzen, die Existenz des Andern und meine Existenz für Andere als ein Faktum. Das ist alles, was wir sagen können. Daher hat mein Für-Andere-sein, wie das Auftauchen meines Bewusstseins zum Sein, den Charakter eines absoluten Ereignisses. Da dieses Ereignis gleichzeitig Vergeschichtlichung ist – denn ich verzeitliche mich als Anwesenheit beim Andern – und Bedingung jeder Geschichte, nennen wir es vorgeschichtliche Vergeschichtlichung. Und als solche, als vorgeschichtliche Verzeitlichung der Gleichzeitigkeit werden wir es hier betrachten. Unter vorgeschichtlich verstehen wir durchaus nicht, dass es in einer der Geschichte vorangehenden Zeit wäre – was keinen Sinn hätte –, sondern dass es an jener ursprünglichen Verzeitlichung teilhat, die sich vergeschichtlicht, indem sie Geschichte möglich macht. Als Faktum – als erstes und fortwährendes Faktum –, nicht als Wesensnotwendigkeit werden wir das Für-Andere-sein untersuchen.

Wir haben oben gesehen, welcher Unterschied die interne Negation von der externen Negation trennt. Insbesondere haben wir festgestellt, dass die Grundlage jeder Erkenntnis eines bestimmten Seins der ursprüngliche Bezug ist, durch den das Fürsich schon in seinem Auftauchen zu sein hat als nicht *dieses* Sein seiend. Die Negation, die das Für-sich so realisiert, ist interne Negation; das Für-sich realisiert sie in seiner vollen Freiheit, mehr noch, es *ist* diese Negation, insofern es sich als Endlichkeit wählt. Aber sie verbindet es unauflöslich mit dem Sein, das es nicht ist, und wir konnten daher schreiben, dass das Für-sich in seinem Sein das Sein des Objekts einschließt, das es nicht ist, insofern es ihm in seinem Sein um dieses Sein selbst geht als *dieses* Sein nicht seiend. Diese Überlegungen sind ohne wesentliche Änderung auf die erste Beziehung des Für-sich zu Anderen anwendbar. Wenn es einen Andern überhaupt gibt, so muss ich vor allem derjenige sein, der nicht der Andere ist, und in ebendieser durch mich an mir vollzogenen Negation mache ich mich sein und taucht der Andere als Anderer auf. Diese Negation, die mein Sein konstituiert und die mich, wie Hegel sagt, als *das Selbst* angesichts des Andern erscheinen lässt, konstituiert mich im Bereich der nicht-thetischen Selbstheit zu «Ich-selbst». Darunter ist nicht zu verstehen, dass ein Ich unser Bewusstsein bewohnt, sondern dass sich die Selbstheit verstärkt, wenn sie als Negation einer anderen Selbstheit auftaucht, und dass diese Verstärkung positiv erfasst wird als die fortgesetzte Wahl der Selbstheit durch sie selbst als *dieselbe* Selbstheit und als *diese Selbstheit selbst*. Ein Für-sich, das sein Selbst [*soi*] zu sein hätte, ohne *es-selbst* [*soi-même*] zu sein, wäre denkbar. Nur hat das Für-sich, das ich bin, das zu sein, was es in Form der Zurückweisung des Andern, das heißt als es-selbst ist. Wenn wir also die auf die Erkenntnis des Nicht-Ich schlechthin angewendeten Formeln benutzen, können wir sagen, dass das Für-sich als es-selbst in seinem Sein das Sein des Andern einschließt, insofern es ihm in seinem Sein darum geht, der Andere nicht zu sein. Mit anderen Worten, damit das Bewusstsein Andere nicht sein kann und es also einen Andern «geben» kann, ohne dass dieses «nicht sein» als Bedingung des Es-selbst schlicht und einfach Gegenstand der Feststellung eines «Dritten Menschen» als Zeugen wäre, muss es selbst und spontan dieses *Nicht-sein* zu sein haben und sich vom Andern frei abheben und losreißen, indem es sich als ein Nichts wählt, das einfach ein anderer als der Andere ist und sich dadurch im «Es-selbst» wieder trifft. Und gerade dieses Sichlosreißen, das das Sein des Für-sich ist, macht, dass es einen Andern gibt. Das bedeutet durchaus nicht, dass es dem andern das Sein gibt, sondern nur, dass es ihm das *Anderer-sein* gibt oder die wesentliche Bedingung des «es gibt». Und es versteht sich von selbst, dass für das Für-sich der Modus des Das-sein-was-der-Andere-nicht-ist völlig vom Nichts durchdrungen ist; das Für-sich ist das, was der Andere nicht ist, im nichtenden Modus «Spiegelung-Spiegelnd»; das Der-Andere-nicht-sein ist nie *gegeben*, sondern fortwährend gewählt in einem fortwährenden Wiederaufleben, das Bewusstsein kann nur insofern der Andere *nicht sein*, wie es Bewusstsein (von) sich selbst als der Andere nicht seiend ist. So ist die interne Negation hier wie im Fall der Anwesenheit bei der Welt eine vereinigende Seinsbindung: Der Andere muss beim Bewusstsein durch und durch anwesend sein und es sogar ganz durchdringen, damit das Bewusstsein, eben *indem es nichts ist*, diesem Andern entgehen kann, der es zu verkleben droht. Wenn plötzlich das Bewusstsein etwas *wäre*, verschwände die Unterscheidung zwischen sich selbst und dem Andern innerhalb einer totalen Undifferenziertheit.

Allerdings muss diese Beschreibung eine wesentliche Ergänzung enthalten, die ihre Geltung radikal modifizieren wird. Denn als das Bewusstsein sich realisierte als dieses oder jenes «*Dieses*» in der Welt nicht seiend, war die negative Beziehung nicht wechselseitig: Das gemeinte *Dieses* machte sich nicht das Bewusstsein nicht sein; das Bewusstsein bestimmte sich an ihm und durch es dazu, es nicht zu sein, aber das Dieses blieb in Bezug auf das Bewusstsein in einer reinen Idifferenzexteriorität; es bewahrte ja seine *An-sich*-Natur, und als *An-sich* enthüllte es sich dem Bewusstsein gerade in der Negation, durch die sich das Für-sich sein machte, indem es von sich verneinte, dass es an-sich sei. Wenn es dagegen um den Andern geht, ist die negative interne Beziehung eine wechselseitige Beziehung. Das Sein, das nicht zu sein das Bewusstsein [die Aufgabe] hat, definiert sich als ein Sein, das [die Aufgabe] hat, dieses Bewusstsein nicht zu sein. Während der Wahrnehmung des *Dieses* in der Welt unterschied sich ja das Bewusstsein nicht nur durch seine eigene Individualität vom *Dieses*, sondern auch durch seinen Seinsmodus. Es war *Für-sich* gegenüber dem *An-sich*. Dagegen unterscheidet es sich im Auftauchen des Andern in keiner Weise vom andern, was seinen Seinsmodus betrifft: Der andere ist das, was es ist, er ist Für-sich und Bewusstsein, er verweist auf Möglichkeiten, die seine Möglichkeiten sind, er ist er-selbst durch Ausschluss des andern; es kann nicht darum gehen, sich dem andern durch eine bloße zahlenmäßige Bestimmung entgegenzustellen. Es gibt hier nicht *zwei* oder *mehrere* Bewusstseine: Die Zählung setzt ja einen externen Zeugen voraus, und sie ist bloße Exterioritätsfeststellung. Den andern kann es für das Für-sich nur in einer spontanen pränumerischen Negation geben. Der andere existiert für das Bewusstsein nur als das *zurückgewiesene Sich-selbst*. Aber gerade weil der andere ein Sich-selbst ist, kann er für mich und durch mich nur insofern zurückgewiesenes Sich-selbst sein, als er ein *Er-selbst ist, das mich zurückweist*. Ein Bewusstsein, das mich gar nicht erfasst, kann ich weder erfassen noch verstehen. Das einzige Bewusstsein, das mich weder erfasst noch zurückweist und das ich selbst verstehen kann, ist nicht ein irgendwo außerhalb der Welt isoliertes Bewusstsein, es ist mein eigenes. So ist der andere, den ich anerkenne, um mich zu weigern, er zu sein, vor allem *der, für den mein Für-sich ist*. Der, der nicht zu sein ich mich mache, ist nämlich nicht nur insofern nicht Ich, als ich ihn an mir negiere, sondern ich mache mich gerade ein Sein nicht sein, das sich Ich nicht sein macht. Freilich ist diese doppelte Negation in einer Hinsicht selbstzerstörerisch: Entweder mache ich mich ein bestimmtes Sein nicht sein, und dann ist es für mich Objekt, und ich verliere meine Objektheit für es; in diesem Fall hört der andere auf, der Ich-andere zu sein, das heißt, das Subjekt zu sein, das mich durch die Weigerung, Ich zu sein, zum Objekt macht; oder aber dieses Sein ist doch der andere und macht sich nicht Ich sein, aber in diesem Fall werde ich für ihn Objekt, und er verliert seine eigene Objektheit. So ist der andere ursprünglich das Nicht-Ich-nicht-Objekt. Welches auch die späteren Prozesse der Dialektik des andern sein mögen, wenn der andere zunächst der andere sein soll, ist er der, der sich grundsätzlich eben in dem Auftauchen nicht enthüllen kann, durch das ich negiere, er zu sein. In diesem Sinn kann meine fundamentale Negation nicht direkt sein, denn es gibt nichts, worauf sie sich erstrecken könnte. Was ich mich schließlich zu sein weigere, kann nur diese Weigerung, Ich zu sein, sein, wodurch der andere mich zum Objekt macht; oder, wenn man lieber will, ich weise mein zurückgewiesenes-Ich zurück; ich bestimme mich als Ich-selbst durch Zurückweisung des zurückgewiesenen-Ich; ich setze dieses zurückgewiesene Ich als entfremdetes-Ich eben in dem Auftauchen, durch das ich mich vom Andern losreiße. Aber gerade dadurch anerkenne und bestätige ich nicht nur den Andern, sondern die Existenz meines Ich-für-Andere; ich kann ja nicht der Andere *nicht sein*, wenn ich nicht mein Objekt-sein für den Andern übernehme. Das Verschwinden des entfremdeten Ich zöge das Verschwinden des Andern durch Zusammenbruch des Ich-selbst nach sich. Ich entgehe dem Andern, indem ich ihm mein entfremdetes Ich in den Händen lasse. Aber da ich mich als Losreißen vom Andern wähle, übernehme ich dieses entfremdete Ich als meines und erkenne es als meines an. Mein Michlosreißen vom Andern, das heißt mein Ich-selbst, ist seiner Wesensstruktur nach Übernahme dieses Ich, das der Andere zurückweist, als *meines*; es ist sogar *nur das*. So ist das entfremdete und zurückgewiesene Ich gleichzeitig meine Bindung an den Andern und das Symbol unserer absoluten Trennung. Denn in dem Maß, in dem ich der bin, der durch Behauptung meiner Selbstheit macht, dass es einen Andern *gibt*, ist das Objekt-Ich meines, und ich beanspruche es, denn die Trennung des Andern von mir selbst ist nie gegeben, und ich bin in meinem Sein fortwährend dafür verantwortlich. Doch insofern der Andere mitverantwortlich für unsere ursprüngliche Trennung ist, entgeht mir dieses Ich, denn es ist das, was nicht zu sein der Andere sich macht. So beanspruche ich ein Ich, das mir entgeht, als *meines* und für mich, und da ich mich der Andere nicht sein mache, insofern der Andere eine der meinen identische Spontaneität ist, beanspruche ich gerade dieses Objekt-Ich als mir-entgehendes Ich. Dieses Objekt-Ich ist Ich, *das ich bin* eben in dem Maß, wie es mir entgeht, und ich würde es im Gegenteil als meines zurückweisen, wenn es mit mir selbst in reiner Selbstheit übereinstimmen könnte. So ist mein Für-Andere-sein, das heißt mein Objekt-Ich, kein von mir abgetrenntes und in einem fremden Bewusstsein vegetierendes Bild: Es ist ein völlig reales Sein, *mein* Sein als Bedingung meiner Selbstheit gegenüber dem Andern und der Selbstheit des Andern mir gegenüber. Es ist mein *Draußen-sein*: nicht ein erlittenes Sein, das selbst von draußen gekommen wäre, sondern ein als *mein* Draußen übernommenes und anerkanntes Draußen. Es ist mir nämlich nur möglich, den Andern an mir zu negieren, insofern der Andere selbst *Subjekt* ist. Wenn ich den Andern unmittelbar als reines Objekt zurückwiese – das heißt als innerweltlich Existierendes –, würde ich nicht *den Andern* zurückweisen, sondern eben ein Objekt, das grundsätzlich nichts mit der Subjektivität gemeinsam hätte; ich bliebe wehrlos gegenüber einer totalen Assimilierung meiner selbst mit dem Andern, weil ich im wahren Bereich des Andern, der Subjektivität, die auch *mein* Bereich ist, nicht auf der Hut gewesen wäre. Ich kann den Andern nur auf Distanz halten, wenn ich eine Grenze für meine Subjektivität akzeptiere. Aber diese Grenze kann weder von mir kommen noch durch mich gedacht werden, denn ich kann mich nicht selbst begrenzen, sonst wäre ich eine begrenzte Totalität. Andererseits kann, nach Spinoza, das Denken nur durch das Denken begrenzt werden. Das Bewusstsein kann nur durch mein Bewusstsein begrenzt werden. Die Grenze zwischen zwei Bewusstseinen, insofern sie durch das begrenzende Bewusstsein hervorgebracht und durch das begrenzte Bewusstsein übernommen wird, das also ist mein Objekt-Ich. Und das müssen wir in dem zweifachen Sinn des Worts «Grenze» verstehen. Vonseiten des Begrenzenden wird die Grenze nämlich als das Behältnis aufgefasst, das mich enthält und umschließt, die Hülse aus Leere, die mich als Totalität herauslöst, indem sie mich aus dem Spiel bringt; vonseiten des Begrenzten ist sie für jedes Selbstheitsphänomen, was die mathematische Grenze für die Reihe ist, die nach ihr tendiert, ohne sie je zu erreichen: Das ganze Sein, das ich zu sein habe, verhält sich zu seiner Grenze wie eine asymptotische Kurve zu einer Geraden. So bin ich eine detotalisierte und unbegrenzte Totalität, enthalten in einer begrenzten Totalität, die sie auf Distanz umschließt und die ich außerhalb von mir bin, ohne sie je realisieren oder sogar erreichen zu können. Ein gutes Bild meiner Bemühungen, *mich* zu erfassen, und ihrer Vergeblichkeit ist mit jener Kugel gegeben, von der Poincaré spricht, deren Temperatur vom Mittelpunkt zur Oberfläche abnimmt: Lebewesen versuchen, von ihrem Mittelpunkt aus zur Oberfläche dieser Kugel zu gelangen, aber die Temperaturabnahme ruft bei ihnen eine ständig wachsende Zusammenziehung hervor; sie tendieren dazu, unendlich flach zu werden, je mehr sie sich dem Ziel nähern, und werden so durch eine unendliche Distanz von ihm getrennt. Dennoch ist diese unerreichbare Grenze, die mein Objekt-Ich ist, keine ideale: Sie ist ein reales Sein. Dieses Sein ist keineswegs *ansich*, denn es ist nicht in der reinen Indifferenzexteriorität entstanden; aber es ist auch nicht *für-sich*, denn es nicht das Sein, das ich zu sein habe, indem ich mich nichte. Es ist genau mein *Für-Andere-sein*, dieses zwischen zwei Negationen entgegengesetzten Ursprungs und umgekehrter Richtung hin und her gerissene Sein; denn der Andere *ist nicht* dieses Ich, von dem er die Intuition hat, und ich *habe nicht die Intuition* von diesem Ich, das ich bin. Dennoch gewinnt dieses vom einen hervorgebrachte und vom andern übernommene Ich seine absolute Realität daher, da es die einzige mögliche Trennung zwischen zwei ihrem Seinsmodus nach völlig identischen Wesen [*êtres*] ist, die beieinander unmittelbar anwesend sind, denn zwischen ihnen ist kein Mittelglied denkbar, da nur das Bewusstsein das Bewusstsein begrenzen kann.

Ausgehend von dieser Anwesenheit des Subjekt-Andern bei mir, in meiner übernommenen Objektheit und durch sie, können wir die Objektivierung des Andern als zweites Moment meines Bezugs zum andern verstehen. In der Tat kann die Anwesenheit des Andern jenseits meiner nicht enthüllten Grenze als Motivation dienen für mein Wiedererfassen meiner selbst als freie Selbstheit. In dem Maß, wie ich mich als Anderer negiere und der Andere sich zunächst manifestiert, kann er sich nur als Anderer manifestieren, das heißt als Subjekt jenseits meiner Grenze, das heißt als das, was mich begrenzt. Nichts kann mich ja begrenzen außer dem Andern. Er erscheint also als das, was in seiner vollen Freiheit und in seinem freien Entwurf auf seine Möglichkeiten hin mich aus dem Spiel bringt und mich meiner Transzendenz beraubt, indem es sich weigert, «mitzumachen» (im deutschen Sinn). So muss ich zunächst und einzig diejenige der beiden Negationen erfassen, für die ich nicht verantwortlich bin, die nicht durch mich zu mir kommt. Aber gerade im Erfassen dieser Negation taucht das Bewusstsein (von) mir als Ich-selbst auf, das heißt, ich kann ein explizites Bewusstsein (von) mir gewinnen, insofern ich auch für eine Negation des Andern, die meine eigene Möglichkeit ist, verantwortlich bin. Das ist die Explizierung der zweiten Negation, die von mir zum Andern geht. In Wahrheit war sie schon da, aber verdeckt durch den andern, da sie sich verlor, um den andern erscheinen zu lassen. Aber gerade der andere ist Motiv dafür, dass die neue Negation erscheint: denn wenn es einen Andern gibt, der mich nicht aus dem Spiel bringt, indem er meine Transzendenz als bloß betrachtete setzt, so deshalb, weil ich mich vom Andern losreiße, indem ich meine Grenze übernehme. Und das Bewusstsein (von) diesem Losreißen *oder* Bewusstsein, *Derselbe* (zu sein) in Bezug auf den andern, ist Bewusstsein (von) meiner freien Spontaneität. Eben durch dieses Losreißen, das den andern in den Besitz meiner Grenze bringt, werfe ich den andern schon aus dem Spiel. Insofern ich also Bewusstsein (von) mir selbst erlange als von einer meiner freien Möglichkeiten und mich auf mich selbst hin entwerfe, um diese Selbstheit zu realisieren, bin ich für die Existenz des Andern verantwortlich: Ich bin es, der eben durch die Behauptung meiner freien Spontaneität macht, dass es einen Andern *gibt* und nicht einfach eine unendliche Verweisung des Bewusstseins auf sich selbst. Der Andere findet sich also aus dem Spiel gebracht als das, bei dem es von mir abhängt, ob es nicht ist, und dadurch ist seine Transzendenz keine Transzendenz mehr, die mich auf ihn selbst hin *transzendiert*, sie ist bloß betrachtete Transzendenz, einfach *gegebener* Selbstheitszirkel. Und da ich die beiden Negationen nicht zugleich realisieren kann, verdeckt die neue Negation, obwohl sie die andere zur Motivation hat, diese ihrerseits: Der Andere erscheint mir als verminderte Anwesenheit. In Wirklichkeit sind ja der andere und ich für die Existenz des andern gemeinsam verantwortlich, aber durch zwei Negationen der Art, dass ich die eine nicht erfahren kann, ohne dass sie die andere sofort verdeckt. So wird der Andere nun das, was ich in meiner Projektion auf das Nicht-Anderer-sein hin begrenze. Natürlich muss man hier verstehen, dass die Motivation dieses Übergangs affektiver Art ist. Nichts würde zum Beispiel verhindern können, dass ich durch dieses Nicht-Enthüllte samt seinem Jenseits fasziniert bliebe, wenn ich dieses Nicht-Enthüllte nicht gerade in Furcht, Scham oder Stolz realisierte. Und eben der affektive Charakter dieser Motivation gibt über die empirische Kontingenz dieser Veränderungen des Gesichtspunkts Aufschluss. Aber diese Gefühle selbst sind nichts anderes als unsere Art, unser Für-Andere-sein affektiv zu erfahren. Die Furcht impliziert ja, dass ich mir als bedroht erscheine als innerweltliche Anwesenheit, nicht als Für-sich, das macht, dass es eine Welt gibt. Das Objekt, das *ich* bin, ist in der Welt in Gefahr und kann als solches wegen seiner unauflöslichen Seinseinheit mit dem Sein, das ich zu sein habe, den Untergang des Für-sich, das ich zu sein habe, samt seinem eigenen nach sich ziehen. Die Furcht ist also Entdeckung meines Objekt-seins anlässlich des Erscheinens eines andern Objekts in meinem Wahrnehmungsfeld. Sie verweist auf den Ursprung jeder Furcht, der die furchtsame Entdeckung meiner bloßen Objektheit ist, insofern sie durch Möglichkeiten überschritten und transzendiert wird, die nicht meine Möglichkeiten sind. Wenn ich mich auf meine eigenen Möglichkeiten hin werfe, entgehe ich der Furcht in dem Maß, in dem ich meine Objektheit als unwesentlich betrachte. Das kann nur sein, wenn ich mich erfasse, insofern ich für das Sein des Andern verantwortlich bin. Der Andere wird dann *das, was nicht zu sein ich mich mache*, und seine Möglichkeiten sind Möglichkeiten, die ich zurückweise und einfach betrachten kann, also tote-Möglichkeiten. Dadurch überschreite ich meine gegenwärtigen Möglichkeiten, insofern ich sie als durch die Möglichkeiten des Andern stets überschreitbar ansehe, aber ich überschreite auch die Möglichkeiten des Andern, indem ich sie unter dem Gesichtspunkt der einzigen Qualität betrachte, die er hat, ohne dass sie seine eigene Möglichkeit ist – eben seines Charakters als Anderer, insofern ich mache, dass es einen Andern gibt –, und indem ich sie als Möglichkeiten, mich zu überschreiten, betrachte, die ich immer auf neue Möglichkeiten hin überschreiten kann. So habe ich zugleich mein Für-sich-sein zurückerobert durch mein Bewusstsein (von) mir als fortwährendem Fokus unendlicher Möglichkeiten, und ich habe die Möglichkeiten des Andern in tote-Möglichkeiten verwandelt, indem ich sie alle mit dem Charakter des *Nicht-durch-mich-gelebten* affizierte, das heißt des *bloß Gegebenen*.

Ebenso ist die Scham nur das ursprüngliche Gefühl, mein Sein *draußen* zu haben, engagiert in ein anderes Sein und als solches ohne irgendeinen Schutz, beleuchtet durch das absolute Licht, das von einem reinen Subjekt ausgeht; es ist das Bewusstsein, unheilbar das zu sein, was ich immer war: «in Aufschub», das heißt im Modus von «noch nicht» oder «schon nicht mehr». Die reine Scham ist nicht das Gefühl, dieses oder jenes tadelnswerte Objekt zu sein, sondern überhaupt *ein* Objekt zu sein, das heißt, mich in diesem verminderten, abhängigen und erstarrten Objekt, das ich für den Andern bin, *wiederzuerkennen*. Die Scham ist Gefühl *eines Sündenfalls*, nicht weil ich diesen oder jenen Fehler begangen hätte, sondern einfach deshalb, weil ich in die Welt «gefallen» bin, mitten in die Dinge, und weil ich die Vermittlung des Andern brauche, um das zu sein, was ich bin. Die Scham und zumal die Furcht, im Zustand der Nacktheit überrascht zu werden, sind nur eine symbolische Spezifizierung der ursprünglichen Scham: Der Körper symbolisiert hier unsere wehrlose Objektheit. Sich bekleiden heißt seine Objektheit verbergen, heißt das Recht beanspruchen, zu sehen, ohne gesehen zu werden, heißt reines Subjekt sein. Deshalb ist das biblische Symbol des Sündenfalls die Tatsache, dass Adam und Eva «gewahr wurden, dass sie nackt waren». Die Reaktion auf die Scham besteht genau darin, denjenigen als Objekt zu erfassen, der *meine* eigne Objektheit erfasste. Von da an erscheint mir ja der Andere als Objekt, seine Subjektivität wird eine bloße *Eigenschaft* des betrachteten Objekts. Sie vermindert sich und definiert sich als «Gesamtheit *objektiver* Eigenschaften, die sich mir grundsätzlich entziehen». Der Objekt-Andere «hat» eine Subjektivität, wie diese leere Schachtel «ein Inneres» hat. Und dadurch *gewinne ich mich wieder*: denn ich kann nicht *Objekt für ein Objekt* sein. Ich leugne keineswegs, dass der Andere durch sein «Inneres» mit mir in Verbindung bleibt, aber da das Bewusstsein, das er von mir hat, Bewusstsein-als-Objekt ist, erscheint es mir als reine Interiorität ohne Wirkung; es ist eine Eigenschaft dieses «Innern» neben anderen, vergleichbar einem lichtempfindlichen Film im dunklen Innenraum eines Fotoapparats. Insofern ich mache, dass es einen Andern gibt, erfasse ich mich als freie Quelle der Erkenntnis, die der Andere von mir hat, und der Andere scheint mir in seinem Sein durch diese Erkenntnis, die er von meinem Sein hat, *affiziert*, insofern ich ihn mit der Eigenschaft «Anderer» *affiziert* habe. Diese Erkenntnis nimmt dann einen *subjektiven* Charakter im neuen Sinn von «relativ» an, das heißt, sie bleibt im Objekt-Subjekt als eine zum Anderer-sein *relative* Qualität, mit der ich es affiziert habe. Sie *berührt* mich nicht mehr; sie ist ein Bild *von mir in ihm.* So sind die Subjektivität in Interiorität vermindert, das freie Bewusstsein in bloße Abwesenheit von Grundsätzen, die Möglichkeiten in Eigenschaften und die Erkenntnis, durch die der Andere mich in meinem Sein erreicht, in ein bloßes *Bild* von mir im «Bewusstsein» des Andern. Die Scham motiviert die Reaktion, von der sie überschritten und überwunden wird, insofern sie ein implizites und nicht-thematisiertes Verständnis des Objekt-sein-könnens des Subjekts, für das ich Objekt bin, in sich einschließt. Und dieses implizite Verständnis ist nichts anderes als das Bewusstsein (von) meinem «Ich-selbst-sein», das heißt von meiner gestärkten Selbstheit. In der Struktur, die durch das «Ich schäme mich über mich» ausgedrückt wird, setzt ja die Scham ein Objekt-Ich für den andern voraus, aber auch eine Selbstheit, die sich schämt und die von dem «Ich» der Formel unvollkommen ausgedrückt wird. So ist die Scham ein vereinigendes Erfassen dreier Dimensionen: «*Ich* schäme mich über *mich* vor *Anderen.*»

Wenn eine dieser Dimensionen verschwindet, verschwindet auch die Scham. Wenn ich jedoch das «man» als Subjekt, vor dem ich mich schäme, verstehe, insofern es nicht Objekt werden kann, ohne sich in eine Pluralität Anderer zu zerstreuen, wenn ich es als absolute Einheit des Subjekts setze, das in keiner Weise Objekt werden kann, setze ich dadurch die Ewigkeit meines Objekt-seins und perpetuiere meine Scham. Es ist die Scham vor Gott, das heißt die Anerkennung meiner Objektheit vor einem Subjekt, das nie Objekt werden kann; zugleich *realisiere* ich meine Objektheit im Absoluten und hypostasiere sie: Die Setzung Gottes ist von einer Verdinglichung meiner Objektheit begleitet; mehr noch, ich setze mein Für-Gott-Objekt-sein als realer als mein Für-sich. Ich existiere entfremdet, und ich lasse mich durch mein Draußen lehren, was ich sein soll. Das ist der Ursprung der Furcht vor Gott. Schwarze Messen, Hostienschändungen, Teufelsbünde usw. sind lauter Bemühungen, dem absoluten Subjekt Objektcharakter zu verleihen. Indem ich das Böse um des Bösen willen will, versuche ich, die göttliche Transzendenz – deren eigene Möglichkeit das Gute ist – als eine bloß gegebene Transzendenz zu betrachten, die ich auf das Böse hin transzendiere. So «mache ich Gott leiden», «erzürne ihn» usw. Diese Versuche, die die absolute *Anerkennung* Gottes als eines Subjekts implizieren, das nicht Objekt sein kann, tragen ihren Widerspruch in sich und scheitern ständig.

Auch der Stolz schließt die ursprüngliche Scham nicht aus. Gerade im Bereich der fundamentalen Scham oder Scham, Objekt zu sein, baut er sich auf. Er ist ein zweideutiges Gefühl: Im Stolz erkenne ich den Andern als Subjekt an, durch das die Objektheit zu meinem Sein kommt, aber außerdem erkenne ich mich als für meine Objektheit verantwortlich an; ich betone meine Verantwortlichkeit und übernehme sie. In einer Hinsicht ist der Stolz also zunächst Resignation: Um stolz sein zu können, *dieses zu sein*, muss ich mich zunächst damit begnügt haben, *nur dieses zu sein*. Es handelt sich also um eine erste Reaktion auf die Scham, und es ist schon eine Reaktion von Flucht und Unaufrichtigkeit, denn obwohl ich den Andern weiterhin für ein Subjekt halte, versuche ich mich als den Andern durch meine Objektheit *affizierend* zu erfassen.

[...]

Fragen der Methode:
Die Grenze einer Philosophie der Geschichte

Sartres Hinwendung zum Marxismus nach der Erfahrung des Krieges und der Résistance ist von vielen als Bruch mit seiner Philosophie der Freiheit des Individuums, wie sie ‹Das Sein und das Nichts› darstellt, verstanden worden. Wie verträgt sich der Gedanke dieser Freiheit – der Freiheit, selbst als ein Einzelner den Sinn meiner Welt zu entwerfen – mit dem geschichtsphilosophischen Dogma des Marxismus, dass dem Handeln der Einzelnen eine Logik des geschichtlichen Geschehens zugrunde liegt, die der Individuen nur als Mittel zu *ihrem* Zweck bedarf?

Aber Sartre hat nicht einfach eine Konversion vollzogen. Er anerkennt den Marxismus als eine Theorie der konkreten geschichtlichen Entwicklung der gesellschaftlichen Formen menschlicher Existenz – aber er sieht zugleich die Erstarrung dieser Theorie, die ihre Begrifflichkeit verabsolutiert, wenn es sein muss, auf Kosten der realen Phänomene. Sartre aber ist und bleibt Phänomenologe: Die begriffliche Konstruktion hat der Wahrnehmung der Phänomene zu folgen, statt dass ihr Gerüst der Wirklichkeit ihr Gesetz vorschreiben könnte. Darum will Sartre gegenüber dem Marxismus die Bedeutung individuellen Handelns rehabilitieren – das mehr und anderes ist als das Verfolgen allgemeiner Zwecke. Der Marxismus, so Sartre, hat völlig den Sinn dafür verloren, was ein Mensch ist. In ihm gibt es eine Leerstelle: die einer konkreten Anthropologie.

In der Auseinandersetzung mit dem Marxismus, dem er seine Philosophie der Existenz «wie eine Laus in ihren Pelz setzt», gewinnt Sartre seine Idee einer «progressiv-regressiven Methode»: Ich kann einen Menschen, die Gestalt seines Lebens nur verstehen, wenn ich ihn aus seiner Zeit, seiner gesellschaftlichen Bedingtheit heraus begreife. Und zugleich verstehe ich *diesen* Menschen in seiner unaufhebbaren Einzigkeit nur, wenn ich seine individuelle Antwort auf seine Bedingtheit zu begreifen versuche.

Sartre formuliert hier die methodische Grundlage für seine Fragment gebliebene monumentale Studie über Gustave Flaubert, seinen programmatischen Versuch, das Leben *eines* Menschen aus seiner Bedingtheit heraus und zugleich als eine individuelle Freiheit zu verstehen. Und er offenbart konsequent, was sein Interesse ist: keine abstrakte Philosophie der Geschichte, sondern eine konkrete Anthropologie, die der Geschichte bedarf, weil sie weiß, dass sie, jenseits der Metaphysik, von keiner «allgemeinen Natur des Menschen», von keinem «Wesen des Menschen» mehr ausgehen kann. Es handelt sich um eine philosophische Anthropologie, die den einzelnen Menschen in der einmaligen Gestalt seines Lebens als ihren Gegenstand wählt und in der Darstellung dieses Lebens ein Paradigma des Menschseins zeichnen will.

Fragen der Methode

[...]
Die offenen Begriffe des Marxismus sind zu geschlossenen geworden; sie sind nicht länger *Schlüssel*, Interpretationsschemata: Sie geben sich selbst den Anschein eines bereits totalisierten Wissens. Der Marxismus erhebt, um mit Kant zu sprechen, diese singularisierten und fetischisierten Begriffe zu konstitutiven Begriffen der Erfahrung. Der reale Inhalt dieser Typenbegriffe ist stets *vergangenes Wissen*; doch der heutige Marxist macht daraus ein ewiges Wissen. Seine einzige Sorge bei der Analyse ist es, diese Wesenheiten «anzubringen». Je mehr er davon überzeugt ist, dass sie *a priori* die Wahrheit darstellen, umso anspruchsloser wird er, was den Beweis anbelangt: Die Kerstein-Novelle, die Aufrufe von «Radio Freies Europa» und Gerüchte genügten den französischen Kommunisten, die Wesenheit «Weltimperialismus» als Ursprung der ungarischen Ereignisse «anzubringen». Die totalisierende Untersuchung ist einer Scholastik der Totalität gewichen. Das heuristische Prinzip, «das Ganze vermittels der Teile zu suchen», wurde zur terroristischen Praxis[*], «die Besonderheit zu liquidieren». Es ist kein Zufall, dass gerade Lukács – Lukács, der so oft der Geschichte Gewalt angetan hat – 1956 die beste Kennzeichnung für diesen erstarrten Marxismus gefunden hat. Zwanzig Jahre Praxis geben ihm die notwendige Autorität, diese Pseudophilosophie *einen voluntaristischen Idealismus* zu nennen.

Heute fällt die gesellschaftliche und historische Erfahrung aus dem Wissen heraus. Die bürgerlichen Begriffe erneuern sich kaum und verbrauchen sich schnell; jenen, die bleiben, fehlt die Grundlage: Die wirklichen Errungenschaften der amerikani-

---

[*] Diesem intellektuellen Terror entsprach zeitweise die «physische Liquidierung» der besonderen Individuen.

schen Soziologe können ihre theoretische Unsicherheit nicht verdecken; die Psychoanalyse, mit einem Paukenschlag gestartet, ist nun erstarrt. Die Detailkenntnisse sind zahlreich, die Grundlage aber fehlt. Der Marxismus besitzt theoretische Grundlagen, er umfasst alle menschliche Aktivität, aber er ist kein *Wissen* mehr: Seine Begriffe sind *Diktate*; sein Ziel ist nicht mehr, Erkenntnis zu erlangen, sondern sich *a priori* als absolutes Wissen zu konstituieren. Angesichts dieser doppelten Unwissenheit hat der Existenzialismus wiedererstehen und sich behaupten können, weil er die Wirklichkeit des Menschen wieder zur Geltung brachte, wie Kierkegaard gegen Hegel seine eigene Wirklichkeit zur Geltung brachte. Nur wies der Däne die Hegel'sche Auffassung vom Menschen und von der Wirklichkeit zurück. Dagegen zielen Existenzialismus und Marxismus auf ein und dasselbe Objekt; der Marxismus jedoch hat den Menschen in der Idee aufgehen lassen, der Existenzialismus hingegen sucht ihn überall, *wo er geht und steht*, bei seiner Arbeit, zu Hause und auf der Straße. Wir behaupten allerdings nicht – wie Kierkegaard –, dieser wirkliche Mensch sei unerkennbar. Wir sagen nur, er ist nicht bekannt. Wenn er sich vorläufig dem Wissen entzieht, dann deshalb, weil die einzigen Begriffe, über die wir verfügten, um ihn zu verstehen, dem Idealismus der Rechten oder der Linken entliehen sind.

[...]

Mit anderen Worten: Wir werfen dem zeitgenössischen Marxismus vor, alle konkreten Bestimmungen des menschlichen Lebens dem Zufall zuzuschreiben und von der historischen Totalisierung nichts als das bloße Gerippe abstrakter Allgemeinheit übrig zu behalten. Das hat schließlich dazu geführt, dass er völlig den Sinn dafür verloren hat, was ein Mensch ist: Um seine Lücken zu füllen, verfügt er lediglich über die absurde Pawlow'sche Psychologie. Gegen die Idealisierung der Philosophie und die Enthumanisierung des Menschen behaupten wir, dass der Anteil des Zufalls auf ein Minimum reduziert werden kann und muss. Wenn man uns sagt: «Napoleon war als Individuum nur ein Zufall; notwendig war allein die Militärdiktatur als Liquidationsregime der Revolution», so fesselt uns das kaum, denn wir haben es schon immer gewusst. Wir wollen vielmehr zeigen, dass gerade *dieser* Napoleon notwendig war, dass die Entwicklung der Revolution gleichermaßen die Notwendigkeit der Diktatur als auch die gesamte Persönlichkeit dessen, der sie ausüben sollte, geschmiedet hat; desgleichen, dass der Geschichtsprozess dem *General* Bonaparte *persönlich* im Voraus Vollmachten und Gelegenheiten zugespielt hat, die es ihm – und nur ihm – ermöglichten, diese Liquidation beschleunigt durchzuführen; es handelt sich, kurz gesagt, nicht um ein abstraktes Allgemeines, um eine derart unbestimmte Situation, dass mehrere Bonapartes *möglich* gewesen wären, sondern um eine konkrete Totalisierung, in der *diese* aus wirklichen, lebendigen Menschen bestehende wirkliche Bourgeoisie *diese* Revolution liquidieren sollte und in der *diese* Revolution sich ihren eigenen Liquidator in der Person Bonapartes erschuf an sich und für sich – d. h. für *diese* bestimmten Bürger und in seinen eigenen Augen. Für uns geht es nicht darum, wie zu oft behauptet wurde, das «Irrationale in sein Recht zu setzen», sondern im Gegenteil darum, den Anteil des Unbestimmten und des Nicht-Wissens zu reduzieren; es geht auch nicht darum, den Marxismus im Namen eines dritten Weges oder eines idealistischen Humanismus zu verwerfen, sondern vielmehr darum, innerhalb des Marxismus den Menschen zurückzuerobern. Wir haben soeben bemerkt, dass der dialektische Marxismus auf sein eigenes Skelett schrumpft, wenn er bestimmte westliche Disziplinen nicht integriert; aber das war nur eine negative Beweisführung: Unsere Beispiele offenbarten im Herzen dieser Philosophie die Leerstelle einer konkreten Anthropologie. Ohne Bewegung, ohne das wirkliche Bemühen um Totalisierung werden die Gegebenheiten der Soziologie und der Psychoanalyse friedlich nebeneinander schlummern, ohne sich dem «Wissen» zu integrieren. Das Versagen des Marxismus hat uns dazu bewogen, versuchsweise diese Integration selbst zu unternehmen, mit den uns gerade zur Verfügung stehenden Mitteln, d. h. in bestimmten Operationen und gemäß Prinzipien, die unserer Ideologie, die wir nun darstellen werden, ihre spezifische Eigenart verleihen.

[...]

Bis heute verharren ausnahmslos alle Menschen und Ereignisse innerhalb des Rahmens der *Knappheit*, d. h. in einer Gesellschaft, die noch unfähig ist, sich von ihren Bedürfnissen, also von der Natur zu lösen, und die sich deshalb ihren Techniken und Werkzeugen gemäß definiert; die Zerrissenheit einer von ihren Bedürfnissen niedergedrückten und von einer Produktionsweise beherrschten Kollektivität erzeugt Antagonismen unter den Individuen, aus denen sie sich zusammensetzt; die abstrakten Beziehungen zwischen den Dingen, zwischen Ware und Geld usw. verbergen und bedingen die unmittelbaren Beziehungen der Menschen untereinander; so bestimmen die technische Ausstattung, die Warenzirkulation usw. das ökonomische und soziale Werden. Ohne diese Prinzipien – keine historische Rationalität. Aber ohne lebende Menschen keine Geschichte. Der Gegenstand des Existenzialismus, das ist – aufgrund des Versagens der Marxisten – der einzelne Mensch im sozialen Feld, in seiner Klasse, inmitten von Kollektivgegenständen und den anderen einzelnen Menschen, ist das entfremdete, verdinglichte, mystifizierte Individuum, so wie Arbeitsteilung und Ausbeutung es gemacht haben, jedoch ankämpfend gegen die Entfremdung mit verfälschten Instrumenten und trotz allem beharrlich an Boden gewinnend. Denn die dialektische Totalisierung muss die Handlungen, die Leidenschaften, die Arbeit und die Bedürfnisse ebenso wie die ökonomischen Kategorien umfassen, sie muss gleichzeitig den Handelnden wie das Ereignis in den historischen Komplex einordnen, ihn im Verhältnis zur Richtung des Werdens definieren und genauestens den Sinn der Gegenwart als solcher bestimmen. Die marxistische Methode ist progressiv, weil sie, bei Marx, das Ergebnis langer Analysen ist; heute ist die synthetische Progression gefährlich: Die faulen Marxisten bedienen sich ihrer, um das Reale *a priori* zu konstituieren, die Politiker, um zu beweisen, dass das, was geschehen ist, so geschehen musste, sie können mit dieser reinen *Darstellungs*methode nichts entdecken. Der Beweis: Sie wissen immer schon vorher, was sie finden müssen. Unsere Methode ist heuristisch, sie lehrt uns Neues, weil sie gleichzeitig regressiv und progressiv ist. Ihr erstes Anliegen ist es – ebenso wie für den Marxisten –, den Menschen wieder in seinen Rahmen einzuordnen. Wir erwarten von der allgemeinen Geschichtswissenschaft, uns die Strukturen der gegenwärtigen Gesellschaft, ihre Konflikte, ihre tiefen Widersprüche und die durch diese Momente bedingte Gesamtbewegung zurückzugeben. So haben wir zu Beginn eine totalisierende Kenntnis des betrachteten Moments, aber diese Kenntnis bleibt im Verhältnis zu unserem Untersuchungsgegenstand abstrakt. Sie geht aus von der materiellen Produktion des unmittelbaren Lebens und schließt mit der zivilen Gesellschaft, dem Staat und der Ideologie. Innerhalb dieser Bewegung ist jedoch unser Gegenstand *schon vorhanden* und bedingt durch diese Faktoren in demselben Maße, wie er sie bedingt. Seine Aktion ist also schon in die betrachtete Totalität eingeschrieben, für uns aber bleibt sie implizit und abstrakt. Andererseits haben wir von unserem Gegenstand eine bestimmte fragmentarische Kenntnis: Wir kennen z. B. schon die Biographie Robespierres, insofern sie eine Bestimmung der Zeitlichkeit ist, d. h. eine Folge wohl bekannter Tatsachen. Diese Tatsachen scheinen konkret zu sein, weil sie im Detail bekannt sind, es fehlt ihnen jedoch die *Realität*, weil wir sie noch nicht mit der totalisierenden Bewegung verbinden können.* Diese nicht signifikante Objektivität enthält – ohne dass man sie erfassen kann – die gesamte Epoche, in der sie aufgetre-

---

* Saint-Just und Lebas ließen gleich bei ihrer Ankunft in Straßburg den öffentlichen Ankläger Schneider «wegen seiner Exzesse» festnehmen. Diese Tatsache ist wohl bekannt. An sich besagt sie überhaupt nichts: Muss man darin eine Manifestation der revolutionären Härte sehen (entsprechend dem Wechselverhältnis, das nach Robespierre zwischen Schrecken und Tugend besteht)? Das wäre die Ansicht von Ollivier [vgl. Albert Ollivier, *Saint-Just ou La Force des choses* (1955), Anm. d. Hrsg.]. Muss man dieses Beispiel als eines von vielen für den autoritären Zentralismus des herrschenden Kleinbürgertums betrachten und als einen Versuch des Wohlfahrtsausschusses, die Kommunalbehörden, soweit sie *dem Volk entstammen* und zu klar den Standpunkt der Sansculotten vertraten, zu liquidieren? Das ist die Interpretation von Daniel Guérin. Je nachdem, ob man sich für die eine oder die andere Schlussfolgerung entscheidet (d. h. für den einen oder anderen Standpunkt gegenüber der *Gesamt*-Revolution), ändert sich die Tatsache radikal, wird Schneider Tyrann oder Märtyrer, seine «Exzesse» erscheinen dann als Verbrechen oder als Vorwand. Die gelobte Realität des Gegenstandes impliziert also seine ganze «Tiefe», das heißt, er muss zugleich in seiner Irreduzierbarkeit bewahrt und durchdrungen sein von einem Blick, der in ihm alle ihn tragenden Strukturen und schließlich die Revolution selbst als Totalisierungsprozess sucht.

ten ist, ebenso wie die vom Historiker rekonstruierte Epoche diese Objektivität enthält. Und doch fallen unsere beiden abstrakten Erkenntnisse auseinander. Bekanntlich bleibt der zeitgenössische Marxist hier stehen: Er behauptet, den Gegenstand im historischen Prozess und den historischen Prozess im Gegenstand zu entdecken. Tatsächlich ersetzt er das eine und das andere durch einen Komplex abstrakter Betrachtungen, die sich unmittelbar auf Prinzipien beziehen. Die existenzialistische Methode will dagegen *heuristisch* bleiben. Sie hat nur ein Mittel, das «Hin-und-Her»: Sie bestimmt (beispielsweise) die Biographie progressiv durch das vertiefende Studium der Epoche und die Epoche durch das vertiefende Studium der Biographie. Weit davon entfernt, auf der Stelle zu versuchen, die eine in die andere zu integrieren, hält sie beide getrennt, bis sich der wechselseitige Einschluss von selbst ergibt und der Untersuchung ein vorläufiges Innehalten erlaubt.

[...]

SCHLUSSFOLGERUNG

Seit Kierkegaard gelang es einer Reihe von Ideologen bei ihrem Bemühen, Sein und Wissen zu unterscheiden, immer besser, zu beschreiben, was wir die «ontologische Region» der Existenzen nennen könnten. Ohne den Daten der Tierpsychologie und Psychobiologie vorzugreifen – es versteht sich von selbst, dass die von diesen Ideologen beschriebene «Anwesenheit-in-der-Welt» einen Ausschnitt – oder vielleicht sogar den Gesamtkomplex – der animalischen Welt charakterisiert. Innerhalb dieses

---

*   Man sollte den Menschen nicht durch Geschichtlichkeit definieren – weil es ja auch geschichtslose Gesellschaften gibt –, sondern durch die ständige Möglichkeit, die Umbrüche, die bisweilen selbst die auf Wiederholung beruhenden Gesellschaften erschüttern, *geschichtlich* zu erleben. Diese Definition ist notwendig *aposteriorisch*, d. h., sie hat ihren Ursprung innerhalb einer historischen Gesellschaft und ist selbst das Ergebnis gesellschaftlicher Umwandlungen. Aber sie wird auch auf geschichtslose Gesellschaften ausgedehnt, ebenso wie die Geschichte selbst sich auf diese erstreckt, um sie – zunächst von außen und dann in und durch die Interiorisierung der Exteriorität zu transformieren.

belebten Universums kommt aber *unserer Auffassung nach* dem Menschen ein besonderer Platz zu. Zunächst deshalb, weil er geschichtlich sein kann,* d. h. sich unaufhörlich definieren durch seine eigene *Praxis*, durch die erlittenen oder provozierten Veränderungen und ihre Interiorisierung hindurch und dann durch die Aufhebung der interiorisierten Beziehungen selbst. Dann, weil er als das *Seiende, das wir sind*, bestimmt ist. In diesem Falle ist der Fragende eben der Befragte, oder, wenn man will, die menschliche Realität ist das Seiende, dessen Sein in seinem Sein in Frage steht.** Selbstverständlich muss dieses «In-Frage-Stehen» als Bestimmung der *Praxis* verstanden werden, und das theoretische In-Frage-Stellen tritt nur als abstraktes Moment des Gesamtprozesses hinzu. Übrigens ist die Erkenntnis selbst unvermeidlich praktisch: Sie modifiziert das Erkannte. Nicht im Sinne des klassischen Rationalismus, sondern so wie in der Mikrophysik das Experiment notwendig seinen Gegenstand verändert.

Indem der Existenzialismus sich vorbehält, diesen herausgehobenen (*für uns herausgehoben*) Existierenden – den Menschen – im ontologischen Bereich zu untersuchen, versteht es sich, dass er selbst die Frage nach seinen grundlegenden Beziehungen zur Gesamtheit der Disziplinen stellt, die man unter der Bezeichnung *Anthropologie* zusammenfasst. Und obgleich sein Anwendungsfeld theoretisch viel weiter ist, ist der Existenzialismus die Anthropologie selbst, insofern sie sich bemüht, sich eine Grundlage zu geben. Es handelt sich offensichtlich um genau dasselbe Problem, das Husserl mit Bezug auf die Wissenschaften überhaupt aufgeworfen hat: So *benutzt* beispielsweise die klassische Mechanik Raum und Zeit als homogene und kontinuierliche Medien, doch *stellt sie sich keine Fragen*, weder über den Raum noch über die Zeit noch über die Bewegung. Ebenso wenig *stellen sich* die Geisteswissenschaften *Fragen* über den

---

** Sartres Formulierung entspricht hier wörtlich der Übersetzung (von Henry Corbin) der bekannten Heidegger'schen Definition in «Sein und Zeit» des menschlichen Daseins als eines Seins, dem es in seinem Sein um sein Sein selbst geht. Um den Zusammenhang zum vorangehenden Satz nicht zu zerstören, übersetzen wir das «être-en-question» nicht als «gehen ... um». [Anm. d. Übers.]

Menschen: Sie untersuchen die Entwicklung und die Beziehungen zwischen den menschlichen Fakten, und der Mensch erscheint ihnen dabei als ein bezeichnendes (durch Bedeutungen bestimmbares) Medium, in dem sich besondere Fakten (Strukturen einer Gesellschaft, einer Gruppe, Entwicklung der Institutionen usw.) bilden. Nehmen wir an, die Erfahrung hätte uns die vollständige Sammlung aller Fakten einer beliebigen Gruppe geliefert und die anthropologischen Disziplinen hätten diese Fakten durch objektive und streng definierte Beziehungen verbunden, so wäre uns die «menschliche Realität» als solche nicht zugänglicher als der Raum der Geometrie oder der Mechanik, und zwar aus dem entscheidenden Grunde, weil die Forschung nicht darauf abzielt, sie zu enthüllen, sondern nur darauf, Gesetze aufzustellen und Funktionsbeziehungen bzw. Prozesse herauszuarbeiten.

In dem Maße aber, in dem die Anthropologie an einem bestimmten Punkt ihrer Entwicklung bemerkt, dass sie den Menschen (aus systematischer Ablehnung des Anthropomorphismus) leugnet oder ihn (wie es der Ethnologe ständig tut) voraussetzt, will sie implizit wissen, was *das Sein* der menschlichen Realität ist. Der wesentliche Unterschied und der Gegensatz zwischen einem Ethnologen oder Soziologen – für die die Geschichte allzu oft nur eine die Linien störende Bewegung darstellt – und einem Historiker – für den die Permanenz selbst der Strukturen steter Wechsel ist – rührt viel weniger von der Verschiedenartigkeit ihrer Methoden* als von einem viel tiefer liegenden Widerspruch her, der den Sinn der menschlichen Realität selbst betrifft. Wenn die Anthropologie ein organisiertes Ganzes sein soll, muss sie diesen Widerspruch – dessen Ursprung nicht im *Wissen*, sondern in der Realität selbst liegt – überwinden und sich aus sich selbst als strukturelle und historische Anthropologie begründen.

Diese Integrationsaufgabe wäre leicht, wenn sich so etwas wie ein *Wesen des Menschen* auffinden ließe, d. h. ein feststehen-

---

* In einer rationalen Anthropologie könnten sie koordiniert und integriert werden.

Fragen der Methode

der Komplex von Bestimmungen, von denen aus man den untersuchten Gegenständen einen bestimmten Platz zuweisen könnte. Aber in diesem Punkt stimmen die meisten Forscher darin überein, dass die Verschiedenheit der – synchronisch betrachteten – Gruppen und die diachronische Entwicklung der Gesellschaften es nicht erlauben, die Anthropologie auf ein begriffliches Wissen zu gründen. Es dürfte unmöglich sein, eine – beispielsweise – den Muria* und dem geschichtlichen Menschen unserer heutigen Gesellschaften gemeinsame «menschliche Natur» zu finden. Umgekehrt jedoch entsteht eine echte Kommunikation und in gewissen Situationen ein wechselseitiges Verstehen zwischen so verschiedenen Existierenden (zum Beispiel zwischen dem Ethnologen und den jungen, über ihr *Gothul* sprechenden Muria). Um diese beiden einander entgegengesetzten Merkmale (keine gemeinsame *Natur*, stets mögliche Verständigung) zur Kenntnis zu nehmen, ruft die Bewegung der Anthropologie erneut und in neuer Form die «Ideologie» der Existenz auf den Plan.

Letztere ist in der Tat der Ansicht, dass sich die menschliche Realität in dem Maße, in dem sie sich *macht*, dem direkten Wissen *entzieht*. Die Bestimmungen der Person treten nur in einer Gesellschaft in Erscheinung, die sich unablässig gestaltet, indem sie jedem ihrer Mitglieder eine Arbeit, ein Verhältnis zu seinem Arbeitsprodukt und Produktionsbeziehungen zu den anderen Mitgliedern zuordnet – und das alles in einer unaufhörlichen Totalisierungsbewegung. Diese Bestimmungen selbst jedoch werden gestützt, interiorisiert und gelebt (als angenommene oder abgelehnte) durch einen *persönlichen Entwurf*, der zwei Grundmerkmale besitzt: Er lässt sich in keinem Fall durch Begriffe bestimmen; als *menschlicher* Entwurf ist er stets (jedenfalls prinzipiell, wenn auch nicht faktisch) *verstehbar*. Dieses Verstehen zu explizieren heißt nicht, abstrakte Begriffe zu finden, durch deren Kombination es wieder dem begrifflichen Wissen eingegliedert würde, sondern selbst die dialektische Bewegung

---

* Zum drawidischen Volk der Gond (Zentralindien) gehörender Stamm. [Anm. d. Übers.]

zu reproduzieren, die von den erlittenen Gegebenheiten ausgeht und sich zur bezeichnenden Aktivität erhebt. Dieses Verstehen, das sich nicht von der *Praxis* unterscheidet, ist zugleich unmittelbare Existenz (da es sich als die Bewegung der Handlung herausbildet) und Grundlage einer indirekten Erkenntnis der Existenz (da sie die Existenz des anderen versteht).

Unter *indirekter Erkenntnis* ist das Resultat der Reflexion auf die Existenz zu verstehen. Diese Erkenntnis ist indirekt in dem Sinne, dass sie von allen anthropologischen Begriffen, welcher Art auch immer, vorausgesetzt wird, ohne selbst Gegenstand von Begriffen zu sein. Welche Disziplin man auch heranzieht, ihre einfachsten Begriffe wären *unverständlich* ohne das *unmittelbare Verstehen* des ihnen zugrunde liegenden *Entwurfs*, der Negativität als Grundlage des Entwurfs, der Transzendenz als Existenz außer-sich in Beziehung zu dem Anderen-als-es-selbst und dem Anderen-als-der-Mensch, der Überschreitung als Vermittlung zwischen dem erlittenen Gegebenen und der praktischen Bedeutung und schließlich des *Bedürfnisses* als Außer-sich-in-der-Welt-Sein eines praktischen Organismus.* Vergeblich sucht man es durch einen mechanistischen Positivismus und durch eine verdinglichende Gewalttheorie zu überdecken: Das Verstehen beharrt und trägt den Diskurs. Die Dialektik selbst – die nicht Gegenstand von Begriffen sein kann, weil ihre Bewegung sie alle hervorbringt und auflöst – erscheint als Geschichte und als historische Vernunft nur auf dem Grund der Existenz, denn sie ist aus sich selbst die Entwicklung der *Praxis*, und die *Praxis* ist in sich selbst ohne das *Bedürfnis*, die *Transzendenz* und den *Entwurf* unbegreiflich. Gerade der Gebrauch dieser Worte zur Bezeichnung der Existenz in den Strukturen ihres Sich-Enthüllens zeigt uns, dass sie *benannt, denotiert* werden kann. Die Beziehung des Zeichens zum Bezeichneten lässt sich hier jedoch nicht als empi-

---

* Es geht hier nicht darum, die grundlegende Priorität des Bedürfnisses zu leugnen; wir führen es im Gegenteil an letzter Stelle an, um hervorzuheben, dass sich in ihm alle existenziellen Strukturen zusammenschließen. Voll entfaltet, ist das Bedürfnis Transzendenz und Negativität (Negation der Negation, insofern es als sich selbst zu verneinen suchender Mangel auftritt), also *Überschreitung-hin-auf* (rudimentärer Ent-wurf).

rische Bedeutung begreifen: Die bezeichnende Bewegung ist – insofern die Sprache zugleich ein unmittelbares Verhalten von jedem allen gegenüber und ein menschliches Produkt darstellt – selbst *Entwurf*. Das bedeutet, dass der existenzielle Entwurf sich im Wort finden wird, das ihn denotiert, nicht als das Bezeichnete – das prinzipiell *außerhalb* liegt –, sondern als dessen Urgrund und dessen Struktur. Ohne Zweifel kommt dem Wort *Sprache* selbst eine begriffliche Bedeutung zu: Ein Teil der Sprache kann begrifflich das Ganze der Sprache bezeichnen. Jedoch ist die Sprache nicht im Wort als jede Benennung begründende Realität; eher ist das Gegenteil der Fall: Jedes Wort ist die ganze Sprache. Das Wort «Entwurf», bezeichnet ursprünglich eine bestimmte menschliche Haltung (man «macht» Entwürfe), die den Ent-wurf, eine existenzielle Struktur, als ihre Grundlage voraussetzt. Und dieses Wort ist selbst als Wort nur möglich als besondere Hervorbringung der menschlichen Realität, insofern sie Ent-wurf ist. In diesem Sinn manifestiert es von sich selbst aus den Entwurf, dem es entspringt, nur in der Weise, in der die Ware die zu ihrer Erzeugung erforderliche Arbeit in sich zurückhält und uns auf sie verweist.*

Es handelt sich hierbei jedoch um einen völlig rationalen Prozess: Das Wort verweist tatsächlich, obgleich es regressiv seinen Akt bezeichnet, auf das grundlegende Verstehen der menschlichen Realität in jedem und in allen; und dieses stets aktuelle Verstehen ist, wenngleich unsystematisch, in jeder (individuellen wie kollektiven) *Praxis* gegeben. So enthalten die Wörter – selbst jene, die nicht bestrebt sind, auf den grundlegenden dialektischen Akt regressiv zurückzuverweisen – einen regressiven Hinweis auf das Verstehen dieses Aktes. Und jene, die die existenziellen Strukturen explizit zu enthüllen suchen, beschränken sich darauf, den reflexiven Akt regressiv zu benennen als Struktur der Existenz und als praktische Operation, die die Existenz an sich selbst vollzieht. Der ursprüngliche Irrationalismus des Kierkegaard'schen Versuchs verschwindet ganz und

---

* Das geschieht vorrangig – in unserer Gesellschaft – in Gestalt der Fetischisierung des Wortes.

gar und macht dem Antiintellektualismus Platz. Der Begriff zielt tatsächlich auf den Gegenstand (gleichgültig, ob dieser Gegenstand außerhalb des Menschen oder in ihm ist) und ist eben deshalb intellektuelles Wissen.* Mit anderen Worten, vermittels der Sprache bezeichnet sich der Mensch, insoweit er Gegenstand des Menschen ist. Im Bemühen, den Ursprung jedes Zeichens und folglich aller Objektivität aufzudecken, wendet sich die Sprache jedoch auf sich selbst zurück, um die Momente eines unausgesetzt im Vollzug stehenden, weil mit der Existenz identischen Verstehens anzuzeigen. Durch Bezeichnung werden diese Momente nicht *in Wissen* überführt – da das Wissen das Inerte betrifft und das, was wir in der «Kritik der dialektischen Vernunft» das Praktisch-Inerte nennen werden –, sondern man markiert die verstehende Aktualisierung durch gleichzeitig auf die reflexive Praxis und den Inhalt der verstehenden Reflexion verweisende Hinweise. Bedürfnis, Negativität, Überschreitung, Entwurf und Transzendenz bilden in der Tat eine synthetische Totalität, in der jedes der genannten Momente alle anderen enthält. Demzufolge ist die reflexive Operation – als singulärer und datierter Akt – unendlich wiederholbar. Eben dadurch erzeugt sich in unendlicher Weise die vollständige Dialektik in jedem (individuellen wie kollektiven) dialektischen Prozess.

Diese reflexive Operation brauchte aber nicht wiederholt zu werden und würde sich in ein formales Wissen verwandeln, wenn ihr Inhalt durch sich selbst existieren und sich von den konkreten historischen und durch die Situation streng bestimmten Aktionen ablösen könnte. Die wahre Rolle der «Existenzideologien» besteht nicht im Beschreiben einer abstrakten «menschlichen Realität», die es niemals gegeben hat, sondern darin, die Anthropologie unaufhörlich an die existenzielle Dimension der untersuchten Prozesse zu erinnern. Die Anthropo-

---

* Es wäre hier ein Irrtum, zu glauben, das Verstehen verweise auf das *Subjektive*. Denn *subjektiv* und *objektiv* sind zwei entgegengesetzte und komplementäre Merkmale der Menschen, insofern er *Wissensgegenstand* ist. Tatsächlich handelt es sich um die Aktion selbst, *insofern sie Aktion ist*, d. h. insofern sie prinzipiell verschieden ist von den (objektiven und subjektiven) Resultaten, die sie hervorbringt.

logie untersucht nur Objekte. Der Mensch ist aber jenes Sein, durch das dem Menschen das Objekt-Werden widerfährt. Die Anthropologie wird ihren Namen nur dann verdienen, wenn sie an die Stelle ihrer Untersuchungen menschlicher Objekte die Untersuchung der verschiedenen Prozesse des Objekt-Werdens setzt. Ihre Rolle besteht darin, ihr *Wissen* auf das rationale und verstehende *Nicht-Wissen* zu gründen, d. h., die historische Totalisierung wird erst dann möglich sein, wenn die Anthropologie sich versteht, statt sich zu ignorieren. Sich verstehen, den anderen verstehen, existieren, handeln: das ist ein und dieselbe Bewegung, die die direkte und begriffliche Erkenntnis auf die indirekte und verstehende Erkenntnis gründet, jedoch ohne jemals das Konkrete, will sagen die Geschichte, zu verlassen, oder, genauer, es ist die Bewegung, die *versteht, was sie weiß.* Diese unaufhörliche Auflösung des Wissens im Verstehen und umgekehrt, das unaufhörliche Heruntersteigen, das das Verstehen als die Dimension des *rationalen Nicht-Wissens* in die intellektuelle Erkenntnis einführt, macht die Vieldeutigkeit dieser Disziplin aus, in der der Fragesteller, die Frage und das Befragte eins sind.

Diese Betrachtungen machen verständlich, warum wir uns zugleich in tiefer Übereinstimmung mit der marxistischen Philosophie sehen und doch die vorläufige Autonomie der existenzialistischen Ideologie aufrechterhalten können. Es unterliegt in der Tat keinem Zweifel, dass der Marxismus heute als die einzig mögliche Anthropologie erscheint, die zugleich historisch und strukturell ist. Sie ist ebenfalls die einzige, die den Menschen in seiner Totalität, d. h. von der Materialität seiner Bedingungen ausgehend, erfasst. Niemand kann ihr einen anderen Ausgangspunkt vorschlagen, denn das hieße, *einen anderen Menschen* zum Gegenstand der Untersuchung zu machen. Innerhalb der marxistischen Denkentwicklung entdecken wir einen Riss, insofern der Marxismus gegen sich selbst dazu neigt, den Fragesteller aus der Untersuchung auszuklammern und aus dem Befragten den Gegenstand eines absoluten Wissens zu machen. Die Begriffe, die die marxistische Untersuchung zur Beschreibung unserer geschichtlichen Gesellschaft gebraucht – Ausbeutung, Entfremdung, Fetischisierung, Verdinglichung usw. –, sind genau jene, die am unmittelbarsten auf existenzielle Strukturen verweisen. Der Begriff der *Praxis* selbst und der der Dialektik – beide untrennbar miteinander verbunden – stehen im Widerspruch zur intellektualistischen Idee vom Wissen. Um zum Wichtigsten zu kommen: Die *Arbeit* als Reproduktion des menschlichen Lebens durch den Menschen verliert jeden Sinn, wenn ihre grundlegende Struktur nicht im Ent-werfen besteht. Ausgehend von diesem Mangel – der mit zeitweiligen Umständen, nicht jedoch mit den Prinzipien der Lehre zusammenhängt – muss der Existenzialismus seinerseits, innerhalb des Marxismus und ausgehend von denselben Daten, vom selben Wissen, die dialektische Entzifferung der Geschichte wagen, und sei es auch nur versuchsweise. Er stellt dadurch nichts in Frage, ausgenommen den mechanistischen Determinismus, der gerade nicht marxistisch ist und den man von außen in diese totale Philosophie eingeführt hat. Auch der Existenzialismus will den Menschen in seiner Klasse und in den Konflikten, die ihn zu anderen Klassen aufgrund der Produktionsweise und den Produktionsbeziehungen in Gegensatz treten lassen, situieren. Aber er will diese «Situierung» von der Existenz, d. h. vom Verstehen aus wagen; als Fragender macht er sich sowohl zum Befragten als auch zur Frage; er setzt nicht, wie Kierkegaard gegenüber Hegel, die irrationale Singularität des Individuums in einen Gegensatz zum allgemeinen Wissen. Er will jedoch ins Wissen selbst und in die begriffliche Allgemeinheit die unaufhebbare Singularität des menschlichen Wagnisses wieder einführen.

So erweist sich das Verstehen der Existenz als die menschliche Grundlage der marxistischen Anthropologie. Gleichwohl muss man sich auf diesem Gebiet vor einer folgenschweren Verwechslung hüten. In der Reihenfolge des Wissens werden nämlich die Erkenntnisse, die die Prinzipien oder die Grundlagen eines Wissensgebäudes betreffen, zuerst dargestellt, selbst wenn sie – wie es gewöhnlich der Fall ist – erst nach den empirischen Bestimmungen auftauchen; und man deduziert aus ihnen die Bestimmungen des Wissens auf dieselbe Weise, wie man ein Gebäude errichtet, nachdem man zuvor seine Fundamente gesichert hat. Aber das Fundament ist selbst Erkenntnis, und wenn sich aus ihm gewisse schon durch Erfahrung gesicherte Sätze deduzieren lassen, dann deshalb, weil man aus ihnen das Fundament als allgemeinste Hypothese induziert hat. Grundlage des Marxismus als historische und strukturelle Anthropologie ist dagegen der Mensch selbst, insofern die menschliche Existenz und das Verstehen des Menschlichen untrennbar miteinander verbunden sind. Historisch gesehen erzeugt das marxistische Wissen seine Grundlage in einem bestimmten Moment seiner Entwicklung, und diese Grundlage zeigt sich verhüllt: Sie tritt nicht auf als die praktischen Fundamente der Theorie, sondern als etwas, das alle theoretische Erkenntnis prinzipiell abweist. So stellt sich die Singularität der Existenz bei Kierkegaard als das dar, was prinzipiell außerhalb des Hegel'schen Systems bleibt (d. h. des Systems des totalen Wissens), als das, was sich auf gar keine Weise *denken* lässt, sondern nur im Glaubensakt gelebt werden kann. Der dialektische Schritt der Reintegration der nicht *gewussten* Existenz ins Wissen als Grundlage konnte deshalb nicht gewagt werden, weil die einander gegenüberstehenden Auffassungen – idealistisches Wissen und spiritualistische Existenz – beide keinen Anspruch auf konkrete Aktualisierung erheben konnten. Beide Begriffe skizzierten abstrakt den künftigen Widerspruch. Und die Entwicklung der anthropologischen Erkenntnis konnte damals nicht zur Synthese dieser formalen Positionen führen: Die Ideenbewegung – wie die gesellschaftliche Bewegung – musste zunächst den Marxismus als die einzig mögliche Form eines wirklich konkreten Wissens hervorbringen. Und der Marxismus von Marx enthielt – wie wir schon zu Anfang betont haben – mit der Hervorhebung des dialektischen Gegensatzes von Erkenntnis und Sein die implizite Forderung nach einer existenziellen Grundlegung der Theorie. Darüber hinaus hätten, damit Begriffe wie Verdinglichung und Entfremdung ihren vollen Sinn annehmen, Fragender und Befragter eins sein müssen. Welcher Art können die menschlichen Beziehungen sein, damit sie in bestimmten Gesellschaften als Beziehungen zwischen Sachen auftreten können? Die Verdinglichung dieser Beziehungen ist nur möglich, weil diese Beziehungen – selbst als verdinglichte – sich noch immer prinzipiell von Beziehungen zwischen Sachen unterscheiden. Was muss der sein Leben durch Arbeit reproduzierende praktische Organismus sein, damit seine Arbeit und letzten Endes auch seine Realität selbst entfremdet sind, d. h. sich auf ihn zurückbeziehen, um ihn *als andere* zu bestimmen? Der Marxismus aber musste, da er aus dem sozialen Kampf hervorgegangen ist, zunächst seine Funktion einer praktischen Philosophie, d. h. einer Theorie, die die gesellschaftliche und politische *Praxis* erhellt, umfassend erfüllen, bevor er auf diese Fragen zurückkommen konnte. Daraus ergibt sich innerhalb des zeitgenössischen Marxismus ein tiefer *Mangel*, d. h., der Gebrauch der oben angeführten Begriffe – und vieler anderer – verweist auf ein nicht vorhandenes Verständnis der menschlichen Realität. Und dieser Mangel ist nicht – wie manche Marxisten heute behaupten – eine begrenzte Lücke, ein Loch im Aufbau des Wissens: Er ist ungreifbar und überall zugegen, er ist eine allgemeine Blutarmut.

Es steht außer Zweifel, dass diese *praktische* Anämie zu einer Blutarmut des marxistischen Menschen – d. h. zu einer Krankheit von *uns*, Menschen des 20. Jahrhunderts, wird, insofern der Marxismus den unaufhebbaren Rahmen des Wissens bildet und insofern dieser Marxismus unsere individuelle und kollektive *Praxis* erhellt und damit auch unsere Existenz bestimmt. Um 1949 herum bedeckten zahlreiche Plakate die Mauern Warschaus: «Die Tuberkulose hemmt die Produktion.» Sie gingen auf einen Regierungsbeschluss zurück, der seinerseits besten Absichten entsprang. Ihr Inhalt aber zeigt klarer als alles andere, wie sehr der Mensch in einer Anthropologie, die sich für reines Wissen nimmt, ausgeschaltet ist. Die Tuberkulose ist Gegenstand eines praktischen Wissens: Der Arzt kennt sie, um sie zu heilen. Die Partei bestimmte statistisch ihre Verbreitung in Polen. Nun braucht man diese Statistiken nur mit den statistischen Werten der Produktion (quantitative Produktionsschwankungen in jedem Industriezweig im Verhältnis zur Zahl der Tuberkulosefälle) rechnerisch zu verbinden, und man erhält ein Gesetz vom Typ $y = f(x)$, in dem die Tuberkulose als unabhängige Variable auftritt. Dieses Gesetz, eben jenes, das man auf den erwähnten Propagandaplakaten lesen konnte, offenbart – indem es den Tuberkulosekranken völlig ausschließt, indem es ihm sogar die elementare Rolle des *Vermittlers* zwischen der Krankheit und der Anzahl hergestellter Produkte verweigert – eine neue und doppelte Entfremdung: In einer sozialistischen Gesellschaft ist an einem bestimmten Punkt ihres Wachstums der Arbeiter der Produktion entfremdet; in der theoretisch-praktischen Ordnung wird die menschliche Grundlage der Anthropologie vom Wissen verschlungen.

Genau diese Austreibung des Menschen, sein Ausschluss aus dem marxistischen Wissen, musste eine Wiedergeburt des existenzialistischen Denkens außerhalb der historischen Totalisierung des Wissens hervorrufen. Die Wissenschaft vom Menschen erstarrt in Unmenschlichkeit, und die menschliche Realität sucht sich außerhalb der Wissenschaft zu verstehen. Diesmal handelt es sich jedoch um einen Gegensatz, der seine direkte synthetische Aufhebung fordert. Der Marxismus wird zu einer unmenschlichen Anthropologie degenerieren, wenn er nicht den Menschen als seine Grundlage reintegriert. Dieses Verstehen aber, das nichts anderes ist als die Existenz selbst, enthüllt sich durch die geschichtliche Entwicklung des Marxismus, durch die Begriffe, die ihn indirekt erhellen (Entfremdung usw.), und zugleich auch in den neuen Entfremdungsverhältnissen, die aus den Widersprüchen der sozialistischen Gesellschaft hervorgehen und die [dem Menschen] seine Verlassenheit, d. h. die Inkommensurabilität von Existenz und praktischem Wissen offenbaren. Er kann sich nur in marxistischen Begriffen *denken* und sich nur als entfremdete Existenz, als verdinglichte menschliche-Realität *verstehen*. Das Moment, das diesen Widerspruch aufheben wird, muss das Verstehen in das Wissen als dessen nicht theoretisches Fundament reintegrieren. Mit anderen Worten: Der Mensch selbst ist die Grundlage der Anthropologie, nicht als Gegenstand des praktischen Wissens, sondern als praktischer, das Wissen als Moment seiner *Praxis* produzierender Organismus. Und die Wiedereingliederung des Menschen als konkrete Existenz ins Zentrum einer Anthropologie, als deren ständige Stütze, erscheint notwendig als eine Etappe des «Welt-Werdens» der Philosophie. In diesem Sinn kann die Grundlage der Anthropologie ihr nicht (weder historisch noch logisch) vorangehen: Wenn die *Existenz* im freien Verstehen ihrer selbst der Erkenntnis der Entfremdung oder der Ausbeutung voraninge, so müsste man voraussetzen, dass die freie Entwicklung des praktischen Organismus historisch seiner gegenwärtigen Erniedrigung und Gefangenschaft vorangegangen sei (doch selbst wenn dieses feststünde, so würde dieses historische Vorangegangensein uns in unserem Verstehen kaum weiterbringen, da die rückschauende Untersuchung untergegangener Gesellschaften sich heute im Lichte von Restitutionstechniken und von Entfremdungen vollzieht, die uns binden). Folgte man jedoch einer logischen Priorität, dann müsste man voraussetzen, dass man die Freiheit des Entwurfs in ihrer vollen Realität *unter* den Entfremdungen unserer Gesellschaft wiederfinden und dass man von der konkreten und ihre Freiheit verstehenden Existenz dialektisch zu den verschiedenen, sie in der heutigen Gesellschaft entstellenden Veränderungen fortgehen könne. Diese Annahme ist absurd: Gewiss, man kann den Menschen nur versklaven, wenn er frei ist. Beim historischen Menschen jedoch, der um sich *weiß* und sich *versteht*, kann diese praktische Freiheit nur als ständige und konkrete Bedingung der Knechtschaft, d. h. nur durch und vermittels der Knechtschaft als das sie Ermöglichende, als ihre Grundlage begriffen werden. Folglich richtet sich das marxistische Wissen auf den entfremdeten Menschen, wenn es jedoch die Fetischisierung der Erkenntnis und die Auflösung des Menschen in der Erkenntnis seiner Entfremdung vermeiden will, so genügt es nicht, den Prozess des Kapitals oder das System der Kolonialisierung zu beschreiben: Der Fragende muss verstehen, wie der Befragte – d. h. er selbst – *seine Entfremdung lebt*, wie er sie überschreitet und sich in eben diesem Überschreiten entfremdet; sein Denken muss in jedem Augenblick über den inneren Widerspruch hinausgehen, der das Verstehen des handelnden Menschen mit der Erkenntnis des Objekt-Menschen eint, und neue Begriffe schmieden, Bestimmungen des Wissens, die aus dem existenziellen Verstehen auftauchen und die Bewegung ihrer Inhalte entsprechend seinem dialektischen Vorgehen regeln. Umgekehrt kann das Verstehen – als lebendige Bewegung des praktischen Organismus – nur in einer konkreten Situation stattfinden, sofern das theoretische Wissen diese Situation erhellt und entziffert.

Die Autonomie der existenziellen Untersuchungen ergibt sich also mit Notwendigkeit aus der Negativität der Marxisten (und nicht des Marxismus). Solange die Doktrin sich ihrer Anämie nicht bewusst wird, solange sie ihr Wissen auf eine dogmatische Metaphysik (Dialektik der Natur) gründen wird, statt es auf das Verstehen des lebendigen Menschen zu stützen, solange sie unter der Bezeichnung Irrationalismus alle Ideologien abtut, die – wie Marx es getan hat – das Sein vom Wissen trennen und im Rahmen der Anthropologie die Erkenntnis des Menschen auf die menschliche Existenz gründen wollen, so lange wird der Existenzialismus seine Untersuchungen fortführen. Er wird also versuchen, die Tatsachen des marxistischen Wissens durch indirekte Erkenntnisse (d. h., wie wir gesehen haben, durch Wörter, die die existenziellen Strukturen regressiv benennen) zu erhellen und im Rahmen des Marxismus eine wirklich *verstehende Erkenntnis* hervorzubringen, die den Menschen in der sozialen Welt wiederfinden und ihn bis in seine *Praxis* bzw. bis zum Entwurf verfolgen wird, der ihn von einer bestimmten Situation ausgehend auf die sozialen Möglichkeiten hin wirft. Der Existenzialismus erscheint also als ein aus dem Wissen herausgefallenes Systemfragment. Von dem Tage an, da der Marxismus die menschliche Dimension (d. h. den existenziellen Entwurf) zur Grundlage des anthropologischen Wissens nehmen wird, hat der Existenzialismus keine Existenzberechtigung mehr: Aufgesogen, überschritten und aufbewahrt durch die totalisierende Bewegung der Philosophie, wird er aufhören, eine besondere Untersuchung zu sein, um die Grundlage aller Untersuchungen zu werden. Die Bemerkungen, die wir im Laufe des vorliegenden Essays getroffen haben, zielen – im bescheidenen Rahmen unserer Möglichkeiten – darauf ab, den Zeitpunkt dieser Auflösung näher zu rücken.

Vorstellung von Les Temps Modernes:
Politisches Handeln als Konsequenz eines Bildes des Menschen

Schon Jahre vor den 1957 geschriebenen ‹Fragen der Methode› hat Sartre, im Oktober 1945, programmatisch formuliert, was er dann philosophisch zu begründen versucht: «Wir werden darauf aufmerksam machen, dass, wenn die Gesellschaft die Person macht, die Person auch die Gesellschaft macht.»

Es ist eine anthropologische These als Programm der politischen Zeitschrift ‹Les Temps Modernes›, die ihren Namen Chaplins Film ‹Moderne Zeiten› entlehnt hat. Sartre begreift seine philosophische Einsicht darin, dass keine allgemeine Menschennatur existiert, dass Menschen geschichtlich bedingte, sich immer wieder neu und anders Gestalt gebende Wesen sind, als eine politische. Das Kriterium der Studien, die die Zeitschrift veröffentlichen wird, soll sein, «ob sie die wechselseitige Verklammerung von Kollektiv und Person deutlich werden lassen».

Seine Polemik richtet sich hier gegen die als «bürgerlich» charakterisierte «analytische» Vorstellung des Menschen, die ihn gerade nicht als «Totalität» – als das Ineinander von Individuellem und Allgemeinem – begreift, sondern unter der bestimmenden Vielfalt seiner geschichtlichen, gesellschaftlichen Situiertheit sezierend ein abstraktes Allgemeines «des Menschen» glaubt bestimmen zu können. Dies, so Sartre, ist nicht nur eine irreführende metaphysische Behauptung. Es ist Ideologie, die hinwegzutäuschen sucht über die reale gesellschaftliche Bedingtheit wirklichen Menschseins. Der politische Sinn der Zeitschrift ist darum die Entzauberung dieser Ideologie. Nicht abstrakt begrifflich, sondern konkret: als Reportage ihres illusionären Charakters, in der Beschreibung geschichtlicher Situationen, die die Wirklichkeit des Menschen nicht nur bestimmen, sondern begründen – und auf die er doch *als ein Individuum* zu antworten vermag.

Im Monographiekapitel ‹Das Gewicht der Welt› wird die Gründung von ‹Les Temps Modernes› ausführlich dargestellt.

Vorstellung von Les Temps Modernes

Alle Schriftsteller bürgerlicher Herkunft haben die Versuchung der Unverantwortlichkeit gekannt: Seit einem Jahrhundert gehört sie zur Tradition der schriftstellerischen Karriere. Nur selten sieht der Autor eine Beziehung zwischen seinen Werken und ihrer Bezahlung. Einerseits schreibt, singt, seufzt er; andererseits gibt man ihm Geld. Zwei Fakten ohne sichtbare Beziehung zueinander; bestenfalls könnte sich der Autor sagen, dass man ihm eine Rente aussetzt, damit er seufzen kann. Daher hält er sich denn vielmehr für einen Studenten, der von einem Stipendium lebt, als für einen Arbeiter, der für seine Mühen bezahlt wird. Die Theoretiker des L'art pour l'art und des Realismus haben ihn in dieser Auffassung bestärkt. Ist dabei aufgefallen, dass beide dasselbe Ziel und dieselbe Herkunft haben? Der Autor, der den Lehren des L'art pour l'art folgt, strengt sich in erster Linie an, nutzlose Werke zu schaffen: Wenn sie ganz unverbindlich und wurzellos sind, wird er sie eher schön finden. So siedelt er sich am Rande der Gesellschaft an; oder er hat vielmehr nichts dagegen, als bloßer Konsument zu gelten: genauso wie der Stipendiat. Auch der Realist konsumiert gern. Was seine Produktion angeht, so ist das eine andere Sache: Man hat ihm gesagt, dass sich die Wissenschaft nicht um Zweck und Nutzen zu kümmern hat, und er strebt nach der unfruchtbaren Unparteilichkeit des Wissenschaftlers. Hat man uns nicht oft genug gesagt, dass er sich über das Milieu «neigte», das er beschreiben wollte. Er neigte sich! Wo war er eigentlich? In der Luft? Die Wahrheit ist, dass er, vollkommen im Unklaren über seine soziale Stellung, zu ängstlich, um sich gegen die bürgerliche Gesellschaft zu wenden, die ihn aushält, und zu klar blickend, um sie vorbehaltlos anzuerkennen, gewählt hat, über sein Jahrhundert zu Gericht zu sitzen, und sich einredet, dass er so außerhalb seiner Zeit bliebe, so wie der Experimentierende außerhalb des Experiments bleibt. So trifft sich die Uneigennützigkeit der reinen Wissenschaft mit der Unverbindlichkeit des L'art pour l'art. Nicht zufällig ist Flaubert gleichzeitig reiner Stilist, reiner Liebhaber der Form und der Vater des Naturalismus; nicht zufällig schmeicheln sich die Brüder Goncourt, gleichzeitig die Gabe der Beobachtung und der künstlerischen Diktion zu haben.

Dieses Erbe der Unverantwortlichkeit hat in vielen Köpfen Verwirrung gestiftet. Sie leiden an einem literarischen schlechten Gewissen und können nicht mehr recht sagen, ob Schreiben großartig oder grotesk ist. Einstmals hielt sich der Dichter für einen Propheten, das war ehrenwert; dann wurde er ein Paria und Verfluchter, das ging noch an. Aber heute ist er auf die Stufe eines Spezialisten herabgesunken, und im Hotelregister trägt er nicht ohne ein gewisses Unbehagen hinter seinem Namen als Beruf *homme de lettres* ein. Allein schon dieses Wort *homme de lettres*, diese Wortverbindung, kann einem alle Lust am Schreiben nehmen; man denkt an einen Ariel, an eine Vestalin, an ein *enfant terrible* oder auch an einen harmlosen Irren, einen Verwandten der Gewichtheber oder Numismatiker. All das ist ziemlich lächerlich. Der *homme de lettres* schreibt, während andere kämpfen; einmal ist er stolz darauf, er fühlt sich als Akademiker und Hüter idealer Werte; ein andermal schämt er sich darüber und findet, dass die Literatur stark einem bestimmten Spezialistentum ähnelt. Im Kreis der Bürger, die ihn lesen, ist er sich seiner Würde bewusst; aber den Arbeitern gegenüber, die ihn nicht lesen, leidet er an einem Minderwertigkeitskomplex, wie man es 1936 in der Maison de la Culture erlebt hat. Dieser Komplex ist sicher die Wurzel dessen, was Paulhan *Terrorismus* nennt, er hat die Surrealisten dazu gebracht, die Literatur zu verachten, von der sie lebten. Nach dem vorigen Krieg war er Anlass zu einem besonderen Lyrismus; die besten Schriftsteller, die reinsten, beichteten in aller Öffentlichkeit, was sie am tiefsten demütigen konnte, und waren befriedigt, wenn sie sich bürgerliche Missbilligung zugezogen hatten; sie hatten ein literarisches Erzeugnis hervorgebracht, das durch seine Folgen irgendwie einer Tat glich. Diese vereinzelten Anstrengungen konnten nicht verhindern, dass sich die Wörter von Tag zu Tag mehr entwerteten. Erst gab es eine Krise der sprachlichen Kunstmittel, dann der Sprache. Am Vorabend des letzten Krieges hatte sich die Mehrzahl der Literaten damit abgefunden, nur noch Nachtigallen zu sein. Es fanden sich endlich einige Autoren, die den Überdruss am Produzieren auf die Spitze trieben: Sie überboten ihre Vorgänger, sie fanden, es sei keineswegs genug, ein überflüssiges Buch zu veröffentlichen, sie versicherten, dass das geheime Ziel jeder Literatur die Zerstörung der Sprache sei, und um dieses Ziel zu erreichen, genüge es, zu sprechen, um nichts zu sagen. Dieses unversiegbare Schweigen war eine Zeit lang Mode, und Hachette vertrieb in den Bahnhofsbuchhandlungen solche Schweigenextrakte in Form von umfangreichen Romanen. Heute ist es so weit gekommen, dass man erleben kann, wie Schriftsteller, die beschimpft oder bestraft werden, weil sie ihre Feder den Nazis zur Verfügung gestellt hatten, eine empfindliche Verwunderung an den Tag legen. «Was habt ihr nur», sagen sie, «haftet man denn für das, was man schreibt?»

Wir wollen uns nicht schämen, dass wir schreiben, und wir haben keine Lust zu sprechen, um nichts zu sagen. Selbst wenn wir es wollten, gelänge es uns nicht: Keinem kann es gelingen. Alles Geschriebene besitzt einen Sinn, auch wenn dieser Sinn sehr weit von dem entfernt ist, den der Autor hineinlegen wollte. Für uns ist der Schriftsteller keine Vestalin und kein Ariel; er ist «dabei», was immer er tun mag, er ist gezeichnet und bis in seine letzten Schlupfwinkel hinein bloßgestellt. Wenn er zu gewissen Zeiten seine Kunst dazu gebraucht, Nippes wohltönender Nichtigkeit zu verfertigen, so ist selbst das ein Zeichen: dass es entweder eine Krise der Literatur, das heißt zweifellos eine Krise der Gesellschaft gibt oder dass die herrschenden Klassen den Schriftsteller, ohne dass er das überhaupt merkt, auf die Geleise einer Luxusbeschäftigung abgeschoben haben aus Angst, er könnte die Reihen der Revolution verstärken. Flaubert, der so gern gegen den Bürger getobt hat und der glaubte, dem Räderwerk der sozialen Maschine entkommen zu sein, was ist er für uns anderes als ein begabter Rentier? Setzt seine minuziöse Kunst nicht die Bequemlichkeiten von Croisset, die Versorgung durch eine Mutter und eine Nichte, ein funktionierendes Regime, einen blühenden Handel und regelmäßige Rentencoupons voraus? Es bedarf nur weniger Jahre, damit ein Buch ein soziales Faktum wird, das man befragt wie irgendeine gesellschaftliche Einrichtung oder das man wie ein Ding in die Statistik einreiht; schon nach einer kurzen Zeitspanne wird es sich mit dem Stil der Möbel, den Kleidern, den Hüten, den Verkehrsmitteln und der Ernährungsweise einer Epoche vermischen. Der Historiker wird von uns sagen: «Sie aßen dies, sie lasen das, sie kleideten sich so und so.» Die ersten Eisenbahnen, die Cholera, der Aufstand der Lyoner Seidenweber, die Romane Balzacs und der Aufschwung der Industrie tragen gleichermaßen dazu bei, die Julimonarchie zu charakterisieren. All das hat man seit Hegel immer wieder gesagt und wiederholt: Wir wollen daraus die praktischen Folgerungen ziehen. Da der Schriftsteller keine Möglichkeit hat, sich davonzustehlen, wollen wir, dass er sich seiner Epoche voll und ganz verschreibt; das ist seine einzige Chance: Sie ist für ihn geschaffen und er für sie. Man bedauert die Gleichgültigkeit Balzacs den Ereignissen von 1848 gegenüber, die ängstliche Verständnislosigkeit Flauberts angesichts der Pariser Commune; man bedauert es um *ihretwillen*: Sie haben etwas für immer versäumt. Von unserer Zeit wollen wir nichts versäumen: Vielleicht gibt es schönere Zeiten, aber dies ist unsere Zeit. Wir haben nur *dieses* Leben zu leben inmitten *dieses* Krieges, möglicherweise *dieser* Revolution. Man schließe daraus nicht, dass wir eine Art Populismus predigen: Das Gegenteil ist der Fall. Der Populismus ist ein Nachkömmling, der traurige Sprössling der letzten Realisten; das ist nur ein weiterer Versuch, den Kopf aus der Schlinge zu ziehen. Wir dagegen sind davon überzeugt, dass man seinen Kopf *nicht* aus der Schlinge ziehen *kann*. Wären wir still und stumm wie Steine, dann wäre auch unsere Passivität noch eine Tat. Würde einer sein Leben der einzigen Beschäftigung widmen, Romane über die Hethiter zu schreiben, wäre seine Enthaltung allein schon eine Stellungnahme. Der Schriftsteller ist in seiner Epoche *situiert*: Jedes seiner Worte findet einen Widerhall. Auch sein Schweigen. In meinen Augen sind Flaubert und die Brüder Goncourt für die Repression verantwortlich, die der Pariser Commune folgte, weil sie nicht eine Zeile zu ihrer Verhinderung schrieben. Das war nicht ihre Sache, wird man sagen. Aber war der Prozess Calas die Sache Voltaires? War die Verurteilung von Dreyfus die Sache Zolas? War die Verwaltung des Kongo die Sache Gides? Jeder dieser Autoren hat in einem bestimmten Augenblick seines Lebens seine Verantwortlichkeit als Schriftsteller erfasst. Die Okkupation hat uns unsere Verantwortung gelehrt. Da wir durch unsere bloße Existenz auf unsere Zeit einwirken, beschließen wir, dass diese Einwirkung gewollt sein wird. Wohlgemerkt: Es kommt vor, dass ein Schriftsteller sich für seinen bescheidenen Teil um die Zukunft kümmert. Aber es gibt auch eine unbestimmte und nur begriffliche Zukunft, die die ganze Menschheit angeht und über die wir überhaupt nichts wissen: Wird die Geschichte ein Ende haben? Wird die Sonne erlöschen? Wie wird der Mensch im sozialistischen Regime des Jahres 3000 leben? Solche Träumereien überlassen wir gerne den Verfassern von Zukunftsromanen: Allein die Zukunft *unserer* Epoche soll Gegenstand unserer Bemühungen sein; eine begrenzte Zukunft, die sich kaum davon abhebt – denn eine Epoche ist wie ein Mensch zuallererst eine Zukunft. Sie besteht aus seinen laufenden Arbeiten, seinen Unternehmungen, seinen kurz- und langfristigen Plänen, seinen Revolten, seinen Kämpfen, seinen Hoffnungen: Wann wird der Krieg enden? Wie wird man das Land wieder aufbauen? Wie wird man die internationalen Beziehungen gestalten? Welche sozialen Reformen wird es geben? Werden die Kräfte der Reaktion siegen? Wird es eine Revolution geben, und wie wird sie aussehen? Diese Zukunft machen wir zu unserer Zukunft, eine andere wollen wir nicht haben. Bestimmte Autoren haben zweifellos weniger aktuelle Sorgen und einen weniger beschränkten Blick. Sie gehen in unserer Mitte, als wären sie abwesend. Wo befinden sie sich eigentlich? Mit ihren Großneffen wenden sie den Blick zurück, um über jenes vergangene Zeitalter zu richten, das unser Zeitalter war und dessen einzige Überlebende sie sind. Aber sie verrechnen sich: Der Nachruhm beruht immer auf einem Missverständnis. Was wissen sie von diesen Nachkommen, die sie aus unserer Mitte herausgreifen werden? Die Unsterblichkeit ist ein schreckliches

Alibi: Es ist nicht leicht, mit einem Fuß diesseits und mit dem anderen jenseits des Grabes zu leben. Wie kann man die laufenden Aufgaben erledigen, wenn man sie aus solcher Entfernung betrachtet! Wie sich für einen Kampf begeistern, wie einen Sieg auskosten! Alles ist gleichwertig. Sie schauen uns an, ohne zu sehen: Wir sind in ihren Augen schon tot – und sie kehren zu ihrem Roman zurück, den sie für Menschen schreiben, die sie niemals sehen werden. Sie haben sich ihr Leben von der Unsterblichkeit stehlen lassen. Wir schreiben für unsere Zeitgenossen, und wir wollen unsere Welt nicht mit den Augen der Zukunft ansehen, das wäre das sicherste Mittel, sie zu töten, sondern mit unseren fleischlichen Augen, mit unseren wirklichen, vergänglichen Augen. Wir wollen unseren Prozess nicht erst in der Berufungsinstanz gewinnen, und wir brauchen keine postume Ehrenrettung: Hier, zu unseren Lebzeiten, werden die Prozesse gewonnen oder verloren.

Trotzdem denken wir nicht daran, einen literarischen Relativismus einzuführen. Wir haben wenig Sinn für das rein Historische. Und gibt es überhaupt irgendwo etwas rein Historisches außer in den Handbüchern von Seignobos? Jede Epoche entdeckt einen neuen Aspekt des Menschseins, in jeder Epoche wählt sich der Mensch gegenüber dem anderen, der Liebe, dem Tod und der Welt. Und wenn sich die Parteien über die Entwaffnung der Streitkräfte der inneren Front oder über die Hilfe für die spanischen Republikaner streiten, so geht es um diese metaphysische Wahl, um diesen einmaligen und absoluten Entwurf. Wenn wir so in der Einmaligkeit unserer Zeit Partei ergreifen, stoßen wir schließlich wieder auf das Ewige – und es ist unsere Aufgabe als Schriftsteller, die ewigen Werte zu verdeutlichen, die diesen sozialen und politischen Kämpfen zugrunde liegen. Aber wir bemühen uns nicht, sie aus einem intelligiblen Himmel zu holen: Sie interessieren uns nur in ihrer aktuellen Gestalt. Weit davon entfernt, Relativisten zu sein, erklären wir laut und deutlich, dass der Mensch ein Absolutes ist. Aber er ist es zu seiner Zeit, in seiner Umgebung und auf seiner Erde. Was absolut ist, was tausend Jahre Geschichte nicht zerstören können, ist *diese* unersetzbare, unvergleichliche Entscheidung, die er gerade in diesem Augenblick in Bezug auf diese Umstände trifft. Das Absolute, das ist Descartes, der Mensch, der uns entgeht, weil er tot ist, der in seiner Zeit gelebt und sie von Tag zu Tag gedacht hat mit den Mitteln, die ihm zur Verfügung standen, der von einem bestimmten Wissensstand aus seine Lehre aufgestellt, der Gassendi, Caterus und Mersenne gekannt, der in seiner Jugend ein zweifelhaftes Mädchen geliebt, der den Krieg mitgemacht und eine Magd geschwängert, der nicht das Prinzip der Autorität im Allgemeinen, sondern gerade die Autorität des Aristoteles angegriffen hat, der sich in seiner Zeit, entwaffnet, aber nicht besiegt, wie ein Grenzstein erhebt; was relativ ist, ist der Cartesianismus, dieser philosophische Karren, den man von Jahrhundert zu Jahrhundert herumzieht und in dem jeder findet, was er hineinlegt. Nicht indem wir der Unsterblichkeit nachlaufen, werden wir ewig; wir werden nicht absolut sein, weil wir in unseren Werken einige ausgebrannte Prinzipien wiedergegeben haben, die zu leer und nichtig sind, um ein Jahrhundert zu überdauern, sondern weil wir in unserer Epoche leidenschaftlich gekämpft haben, weil wir sie leidenschaftlich geliebt haben und bereit waren, ganz und gar mit ihr unterzugehen.

Kurz, unsere Absicht ist es, zu bestimmten Veränderungen in der Gesellschaft beizutragen, die uns umgibt. Darunter verstehen wir nicht die Veränderung der Seelen: Die Führung der Seelen überlassen wir gerne den Autoren, die ihre spezialisierte Kundschaft haben. Was uns angeht, so haben wir, ohne dass wir Materialisten wären, niemals einen trennenden Unterschied zwischen Seele und Körper gemacht, und wir kennen nur eine, nicht zerlegbare Realität: die menschliche Realität, und wir gesellen uns zu denen, die die soziale Lage des Menschen und zugleich die Auffassung ändern wollen, die er von sich selber hat. Unsere Zeitschrift wird auch zu den künftigen politischen und sozialen Ereignissen Stellung nehmen. Sie wird dies nicht *politisch* tun, das heißt im Sinne einer Partei. Aber sie wird sich bemühen, die Auffassung vom Menschen aufzudecken, der die dargelegten Thesen entspringen, und sie wird ihre Ansichten entsprechend der hier vertretenen Auffassung äußern. Wenn wir halten können, was wir uns versprechen, wenn wir erreichen, dass einige unserer Leser unsere Ansichten teilen, werden wir keinen übertriebenen Stolz empfinden; wir werden uns lediglich dazu beglückwünschen, beruflich ein gutes Gewissen wiedergefunden zu haben, und auch dazu, dass, wenigstens für uns, die Literatur wieder das geworden ist, was sie immer hätte bleiben sollen: eine gesellschaftliche Funktion.

Und was für eine Auffassung vom Menschen, wird man sagen, behauptet ihr uns zu offenbaren? Wir erwidern, dass diese Auffassung auf der Straße liegt und dass wir nicht behaupten, sie ans Licht zu bringen, sondern sie nur präzisieren wollen. Diese Auffassung nenne ich totalitär. Da dieses Wort aber missverständlich klingen mag, weil es in den letzten Jahren ziemlich in Verruf gekommen ist, weil man damit nicht die menschliche Persönlichkeit, sondern eine oppressive und antidemokratische Staatsform bezeichnet, ist es angebracht, einige Erläuterungen zu geben.

Intellektuell, scheint mir, lässt sich die bürgerliche Klasse durch ihren Umgang mit dem analytischen Geist definieren, dessen Ausgangspostulat heißt: Alle Verbindungen lassen sich notwendig auf eine Anordnung einfacher Elemente reduzieren. In den Händen des Bürgertums war dieses Postulat einst eine schlagkräftige Waffe, mit deren Hilfe sie die Bastionen des Ancien Régime niederriss. Alles wurde analysiert; mit ein und derselben Bewegung reduzierte man Luft und Wasser auf ihre Elemente, den Geist auf die Sinneseindrücke, die ihn bilden, und die Gesellschaft auf die Summe der Individuen, aus denen sie besteht. Das Ganze verschwand: Es war nur eine abstrakte Summierung, zustande gekommen durch den Zufall der Verbindungen. Die Realität zog sich in die letzten Elemente der Zergliederung zurück. Diese – und das ist das zweite Postulat der Analyse – bewahren unveränderlich ihre wesenhaften Eigenschaften, ob sie nun eine Verbindung eingehen oder für sich existieren. Es gab eine unwandelbare Natur des Wasserstoffs, des Sauerstoffs, des Stickstoffs, der elementaren Sinneseindrücke, die unseren Geist bilden, und eine unwandelbare Natur des Menschen. Der Mensch war Mensch, wie der Kreis Kreis war: ein für alle Mal; ob das Individuum nun auf den Thron gehoben oder ins Elend gestoßen wurde, es blieb mit sich selbst grundlegend identisch, weil es nach dem Vorbild des Sauerstoffatoms gedacht war, das sich mit dem Wasserstoffatom verbinden kann, um Wasser, oder mit dem Stickstoffatom, um Luft zu bilden, ohne dass sich seine innere Struktur geändert hätte. Die Erklärung der Menschenrechte war von diesen Grundsätzen bestimmt. In der Gesellschaft, die der analytische Geist entwirft, steckt das Individuum als feste und unzerlegbare Partikel, als Vehikel der menschlichen Natur wie eine Erbse in einer Erbsendose: Es ist ganz rund, in sich geschlossen und nicht kommunizierbar. Alle Menschen sind *gleich*: Darunter ist zu verstehen, dass sie alle in gleicher Weise am Wesen des Menschen teilhaben. Alle Menschen sind *Brüder*: Die Brüderlichkeit ist eine passive Beziehung zwischen einzelnen Molekülen, die den Platz einer für den analytischen Geist unvorstellbaren Solidarität der Aktion oder der Klasse einnimmt. Es ist eine ganz äußerliche und rein gefühlsmäßige Beziehung, die das bloße Nebeneinander der Individuen in der analytischen Gesellschaft verhüllt. Alle Menschen sind *frei: frei, Menschen zu sein*, das ist klar. Und das heißt, die Einwirkung des Politischen soll rein negativ sein: Es hat nicht die menschliche Natur zu machen; es muss nur die Hindernisse beiseite räumen, die ihrer Entfaltung im Wege stehen könnten. Weil dem Bürgertum daran gelegen war, das Recht von Gottes Gnaden, das Recht der Geburt und des Blutes und das Erstgeburtsrecht abzuschaffen, also alle Rechte, die sich auf die Idee natürlicher Unterschiede zwischen den Menschen gründeten, hat es ihre Sache mit der der Analyse verwechselt und für sich den Mythos des Universellen geschaffen. Im Gegensatz zu den zeitgenössischen Revolutionären hat es seine Forderungen nur dadurch verwirklichen können, dass es sein Klassenbewusstsein aufgab: Die Angehörigen des dritten Standes in der Konstituante waren gerade darin Bürger, dass sie sich schlicht als Menschen betrachteten.

Nach hundertfünfzig Jahren ist der analytische Geist immer noch die offizielle Doktrin der bürgerlichen Demokratie, nur ist er zur Defensivwaffe geworden. Das Bürgertum hat alles Interesse daran, sich gegenüber den Klassen genauso blind zu stellen wie seinerzeit gegenüber der synthetischen Realität der Institutionen des Ancien Régime. Es beharrt darauf, nur Menschen zu kennen und die Identität der menschlichen Natur in allen Situationen zu verkünden: Aber es verkündet sie gegen das Proletariat. Ein Arbeiter ist für sie zunächst ein Mensch – ein Mensch wie jeder andere. Wenn die Verfassung diesem Menschen das Wahlrecht und die Freiheit der Meinungsäußerung zugesteht, dann manifestiert er seine menschliche Natur ebenso wie ein Bürger. Eine polemische Literatur hat den Bürger allzu oft als einen berechnenden und verdrießlichen Geist dargestellt, dessen einzige Sorge es ist, seine Privilegien zu verteidigen. In Wirklichkeit *konstituiert man sich als Bürger*, indem man ein für alle Mal eine bestimmte analytische Weltanschauung wählt, die man allen Menschen aufzwingen will und die die Wahrnehmung kollektiver Realitäten ausschließt. In einem bestimmten Sinn ist die bürgerliche Rechtfertigung also permanent, sie ist eins mit dem Bürgertum selbst; aber sie offenbart sich nicht in Berechnungen; im Innern der Welt, die sie sich errichtet hat, ist noch Platz für Tugenden wie Sorglosigkeit, Altruismus und sogar Großzügigkeit; nur sind die bürgerlichen Wohltaten individuelle Handlungen, die der universellen menschlichen Natur gelten, soweit sie sich in einem Individuum verkörpert. In dieser Beziehung haben sie ebenso viel Wirkung wie eine geschickte Propaganda, denn der Empfänger der Wohltaten ist gezwungen, sie so entgegenzunehmen, wie man sie ihm offeriert, das heißt, indem er sich als ein isoliertes menschliches Wesen gegenüber einem anderen isolierten menschlichen Wesen denkt. Die bürgerliche Nächstenliebe nährt den Mythos der Brüderlichkeit.

Es gibt aber noch eine andere Propaganda, die uns hier besonders interessiert, da wir Schriftsteller sind und da die Schriftsteller ihre unbewussten Agenten darstellen. Jene Legende von der Unverantwortlichkeit des Dichters, die wir gerade angeprangert haben, ist aus dem analytischen Geist hervorgegangen. Da sich die bürgerlichen Autoren als Erbsen in der Dose betrachten, erscheint ihnen die Solidarität, die sie mit den anderen Menschen verbindet, als etwas rein *Mechanisches*, das heißt als bloßes Nebeneinander. Selbst wenn sie ein feineres Gespür für ihren literarischen Auftrag haben, glauben sie, genug getan zu haben, wenn sie ihre eigene Natur und die ihrer Freunde beschreiben: Da alle Menschen genauso gemacht sind, hätten sie, indem sie jedermann über sich selbst aufklärten, allen einen Dienst erwiesen. Und da das Postulat, von dem sie ausgehen, das der Analyse ist, erscheint es ihnen ganz selbstverständlich, bei der Selbsterkenntnis die analytische Methode zu benutzen. Das ist der Ursprung der intellektualistischen Psychologie, deren vollkommenstes Beispiel wir in Prousts Werken vor uns haben. Als er die Liebe Swanns zu Odette schildern wollte, hat der Päderast Proust geglaubt, sich seiner homosexuellen Erfahrung bedienen zu können; da er ein Bürger ist, stellt er die Gefühlsbeziehung eines reichen und beschäftigungslosen Bürgers zu einer ausgehaltenen Frau als Prototyp der Liebe dar: Demnach glaubt er an die Existenz universeller Leidenschaften, deren Mechanismen nicht spürbar variieren, wenn man die Geschlechtseigenschaften, die soziale Herkunft, die Nationalität oder die Epoche der betreffenden Individuen modifiziert. Nachdem er also diese unwandelbaren Empfindungen «isoliert» hatte, konnte er darangehen, sie ihrerseits auf elementare Partikel zu reduzieren. Getreu den Postulaten des analytischen Geistes kommt er nicht einmal auf den Gedanken, dass es eine Dialektik der Gefühle geben könnte, sondern es gibt nur einen Mechanismus. Auf diese Weise bringt der soziale Atomismus als Rückzugsposition des heutigen Bürgertums den psychologischen Atomismus hervor. Proust hat sich *als Bürger gewählt*, er hat sich zum Komplicen der bürgerlichen Propaganda gemacht, da sein Werk dazu beiträgt, den Mythos von der menschlichen Natur zu verbreiten.

Wir sind überzeugt, dass der analytische Geist ausgedient hat und dass seine einzige Funktion heute darin besteht, das revolutionäre Bewusstsein zu trüben und die Menschen zum Nutzen der privilegierten Klassen zu vereinzeln. Wir glauben nicht mehr an die intellektualistische Psychologie Prousts, und wir halten sie für verhängnisvoll. Da wir das Beispiel seiner Analyse der Leidenschaftsliebe gewählt haben, werden wir den Lesern sicher einige Aufschlüsse vermitteln, wenn wir die wesentlichen Punkte nennen, in denen wir jedes Einverständnis mit ihm ablehnen.

Erstens erkennen wir nicht *a priori* an, dass die Leidenschaftsliebe eine für den menschlichen Geist konstitutive Empfindung ist. Es ist durchaus möglich, wie Denis de Rougemont vermutet hat, dass sie einen historischen Ursprung im Zusammenhang mit der christlichen Ideologie hatte. In einem allgemeineren Sinn sind wir der Auffassung, dass ein Gefühl immer der Ausdruck einer bestimmten Lebensform und einer bestimmten Vorstellung von der Welt ist, die einer ganzen Klasse oder einer ganzen Epoche gemeinsam sind, und dass ihre Veränderung nicht auf irgendeinen inneren Mechanismus, sondern auf diese historischen und gesellschaftlichen Faktoren zurückgeht.

Zweitens können wir nicht gelten lassen, dass eine menschliche Empfindung aus Molekularteilchen zusammengesetzt sein soll, die nebeneinander bestehen, ohne sich wechselseitig zu beeinflussen. Wir betrachten sie nicht als eine gut funktionierende Maschine, sondern als eine organische Form. Wir leugnen die Möglichkeit einer *Analyse* der Liebe, weil die Entwicklung dieses wie jedes anderen Gefühls *dialektisch* ist.

Drittens weigern wir uns zu glauben, dass die Liebe eines Homosexuellen dieselben Merkmale aufweist wie die eines Heterosexuellen. Der heimliche, verbotene Charakter der homosexuellen Liebe, ihr Aspekt einer schwarzen Messe, die Existenz einer homosexuellen Freimaurerei und jene Verdammung, in die der Homosexuelle seinen Partner bewusst hineinzieht, all das scheint uns die ganze Gefühlsbeziehung bis in die Einzelheiten ihrer Entwicklung hinein zu beeinflussen. Wir behaupten, dass die verschiedenen Gefühle einer Person nicht nebeneinander bestehen, sondern dass es eine synthetische Einheit der Affektivität gibt und dass sich jedes Individuum in einer ihm eigenen Gefühlswelt bewegt.

Viertens leugnen wir, dass Herkunft, Klasse, Milieu und Nationalität des Individuums bloße Begleitumstände seines Gefühlslebens sind. Wir sind dagegen der Auffassung, dass jede Gefühlsregung, wie übrigens jede andere Erscheinung seines psychischen Lebens, seine soziale Lage *manifestiert.* Jener Arbeiter, der Lohn bezieht, der die Werkzeuge seiner Arbeit nicht besitzt, den die Arbeit gegenüber der Materie vereinzelt und der sich gegen die Unterdrückung zur Wehr setzt, indem er sich seiner Klasse bewusst wird, könnte auf keinen Fall wie dieser analytisch denkende Bürger empfinden, der von Berufs wegen Anstandsbeziehungen mit anderen Bürgern unterhält.

Somit greifen wir gegen den analytischen Geist auf eine synthetische Auffassung von der Wirklichkeit zurück, deren Grundsatz heißt, dass ein beliebiges Ganzes sich seiner Natur nach von der Summe seiner Bestandteile unterscheidet. Was die Menschen gemeinsam haben, ist unserer Auffassung nach nicht irgendeine Natur, sondern eine metaphysische Bedingung: Und darunter verstehen wir die Gesamtheit der Zwänge, die ihnen *a priori* Grenzen setzen, die Unausweichlichkeit des Geborenwerdens und Sterbens, der Endlichkeit und der Existenz in der Welt inmitten anderer Menschen. Was das Übrige angeht, bilden die Menschen unzerlegbare Totalitäten, deren Ideen, Stimmungen und Handlungen sekundäre und abhängige Strukturen sind und deren Hauptmerkmal ist, *situiert* zu sein, und sie unterschieden sich in dem Maß voneinander, wie sich ihre Situationen unterscheiden. Die Einheit dieser signifikanten Ganzheiten ist der Sinn, den sie manifestieren. Ob er schreibt oder am Fließband arbeitet, ob er eine Frau oder eine Krawatte wählt, stets manifestiert der Mensch: Er manifestiert sein berufliches Milieu, seine Familie, seine Klasse und schließlich die Welt, da er in Bezug auf die ganze Welt situiert ist. Ein Mensch, das ist die ganze Erde. Er ist überall präsent, er handelt überall, er ist für alles verantwortlich, und sein Schicksal erfüllt sich an jedem Ort, in Paris, Potsdam oder Wladiwostok. Wir vertreten diese Auffassungen, weil wir sie für wahr halten, weil wir sie in diesem Augenblick für gesellschaftlich nützlich halten und weil wir glauben, dass die meisten Geister sie spüren und erwarten. Unsere Zeitschrift möchte mit ihren bescheidenen Mitteln zur Bildung einer synthetischen Anthropologie beitragen. Aber um es zu wiederholen, es geht nicht nur darum, einen Fortschritt im Bereich der reinen Erkenntnis einzuleiten: Das Fernziel, das wir uns setzen, ist eine *Befreiung*. Da der Mensch eine Totalität ist, reicht es wahrhaftig nicht aus, ihm das Wahlrecht zu geben, ohne die anderen

Faktoren anzugehen, die ihn konstituieren: Er muss sich total befreien, das heißt, er muss *anders* werden, indem er auf seine biologische Konstitution ebenso einwirkt wie auf seine ökonomische Bedingtheit und auf seine sexuellen Komplexe ebenso wie auf die politischen Gegebenheiten seiner Situation.

Diese synthetische Auffassung birgt jedoch erhebliche Risiken: Wenn das Individuum eine willkürliche, vom analytischen Geist getroffene Auswahl ist, läuft man nicht Gefahr, durch den Verzicht auf die analytische Auffassung die Herrschaft der Person durch die Herrschaft des Kollektivbewusstseins zu ersetzen? Der synthetische Geist ist unteilbar: Kaum hat sich der Totalität-Mensch in Umrissen abgezeichnet, verschwindet er wieder, verschluckt von der Klasse; es gibt nur die Klasse, nur sie muss befreit werden. Befreit man denn nicht durch die Befreiung der Klasse die Menschen, die sie umfasst? Nicht unbedingt: Ist der Triumph Hitlerdeutschlands der Triumph jedes Deutschen gewesen? Und außerdem, wo wird die Synthese Halt machen? Morgen wird man uns sagen, dass die Klasse eine sekundäre Struktur ist, die von einem umfassenderen Ganzen, beispielsweise der Nation, abhängt. Die große Anziehungskraft, die der Nazismus auf gewisse linke Geister ausgeübt hat, rührt zweifellos daher, dass er die totalitäre Auffassung absolut setzte: Seine Theoretiker prangerten ebenfalls die Missetaten der Analyse und den abstrakten Charakter der demokratischen Freiheiten an, auch seine Propaganda versprach, einen neuen Menschen zu formen, und behielt die Worte Revolution und Befreiung bei: Nur ersetzte man das Proletariat als Klasse durch ein Proletariat der Nationen. Man reduzierte die Individuen auf klassenabhängige Funktionen, die Klassen auf Funktionen der Nation und die Nationen auf Funktionen des europäischen Kontinents. Wenn sich in den besetzten Ländern die gesamte Arbeiterklasse gegen den Eindringling erhob, so zweifellos deshalb, weil sie sich in ihren revolutionären Sehnsüchten gedemütigt fühlte, aber auch deshalb, weil sie eine unüberwindliche Abscheu vor dem Aufgehen der Person im Kollektiv hatte.

Das zeitgenössische Bewusstsein scheint damit von einer Antinomie zerrissen. Wem die Würde des Menschen, seine Freiheit und seine unveräußerlichen Rechte alles bedeuten, neigt gerade dadurch dazu, nach dem analytischen Geist zu denken, der die Individuen außerhalb ihrer wirklichen Existenzbedingungen betrachtet, sie mit einer unveränderlichen und abstrakten Natur versieht, sie vereinzelt und ihre Solidarität nicht wahrhaben will. Wer gründlich begriffen hat, dass der Mensch im Kollektiv verwurzelt ist, und die Wichtigkeit der ökonomischen, technischen und historischen Faktoren hervorheben will, wendet sich dem synthetischen Geist zu, der aus Blindheit gegenüber den Personen nur Augen für die Gruppen hat. Diese Antinomie tritt zum Beispiel in dem weit verbreiteten Glauben hervor, der Sozialismus befände sich im Gegensatz zur individuellen Freiheit. Damit würde, wer an der Autonomie der Person festhält, einem kapitalistischen Liberalismus in die Arme getrieben, dessen unglückselige Folgen jeder kennt; wer eine sozialistische Ordnung der Wirtschaft fordert, müsste sie von irgendeinem totalitären autoritären System verlangen. Das gegenwärtige Unbehagen rührt daher, dass niemand die letzten Konsequenzen dieser Grundsätze akzeptieren mag: Es gibt eine «synthetische» Komponente bei den gutwilligen Demokraten; es gibt eine analytische Komponente bei den Sozialisten. Man erinnere sich zum Beispiel nur, was die Radikaldemokratische Partei in Frankreich war. Einer ihrer Theoretiker hat ein Werk mit dem Titel «Der Staatsbürger gegen die Macht» herausgebracht. Dieser Titel gibt deutlich zu erkennen, wie er sich die Politik vorstellte: Es ginge alles besser, wenn der vereinzelte Staatsbürger als molekularer Vertreter der menschlichen Natur seine gewählten Repräsentanten kontrollierte und notfalls seine freie Entscheidung gegen sie träfe. Gerade aber die Radikaldemokraten mussten ihr Scheitern doch eingestehen; 1939 hatte diese große Partei weder einen Willen noch ein Programm, noch eine Ideologie; sie ging im Opportunismus zugrunde: und zwar deshalb, weil sie Probleme politisch lösen wollte, die keine politische Lösung duldeten. Die klügsten Köpfe waren darüber erstaunt: Wenn der Mensch ein *zoon politikon* ist, wie kommt es dann, dass man sein Schicksal nicht ein für alle Mal geregelt hat, als man ihm die politische Freiheit gab? Wie kommt es, dass es dem freien Spiel der parlamentarischen Kräfte nicht gelungen ist, Elend, Arbeitslosigkeit und Unterdrückung durch die Trusts abzuschaffen? Wie kommt es, dass man jenseits des brüderlichen Wettstreits der Parteien einem Klassenkampf begegnet? Man hätte nicht viel weiter gehen müssen, um die Grenzen des analytischen Geistes zu erkennen. Die Tatsache, dass die Radikaldemokraten ständig das Bündnis mit den linken Parteien suchten, zeigt schon die Richtung an, in die sie ihre unbestimmten Sympathien und Neigungen trieben, aber es fehlte ihnen das intellektuelle Instrumentarium, das es ermöglicht hätte, die Probleme, die sie dunkel ahnten, nicht etwa zu lösen, sondern überhaupt erst zu formulieren.

Im anderen Lager herrscht keine geringere Verlegenheit. Die Arbeiterklasse hat sich zum Erben der demokratischen Traditionen erklärt. Ihre Befreiung fordert sie im Namen der Demokratie. Nun haben wir gesehen, dass sich das demokratische Ideal historisch in Form eines Gesellschaftsvertrags zwischen freien Individuen präsentiert. So überlagern sich im Bewusstsein die analytischen Ansprüche Rousseaus oft mit den synthetischen Ansprüchen des Marxismus. Im Übrigen stärkt die technische Ausbildung den analytischen Geist des Arbeiters. Er ähnelt darin dem Wissenschaftler, dass er die Probleme der Materie auf analytischem Wege lösen muss. Wenn er sich Personen zuwendet und sie verstehen will, dann neigt er dazu, auf die Denkmethoden zurückzugreifen, die ihm bei der Arbeit dienen; auf diese Weise wird eine analytische Psychologie, die jener des französischen 17. Jahrhunderts nahe kommt, auf menschliche Verhaltensweisen angewandt.

In der Gleichzeitigkeit beider Erklärungsweisen kommt eine gewisse Unschlüssigkeit zum Vorschein; der ständige Rückgriff auf das «als ob …» zeigt zur Genüge, dass der Marxismus noch über keine synthetische Psychologie verfügt, die zu seinem totalitären Begriff der Klasse passt.

Was uns betrifft, so weigern wir uns, uns zwischen These und Antithese zerreißen zu lassen. Wir können uns ohne Schwierigkeit vorstellen, dass ein Mensch, obwohl er von seiner Situation vollkommen bedingt ist, ein Zentrum irreduzibler Nichtdeterminiertheit sein kann. Dieses Stück Unvorhersehbarkeit, das sich vom gesellschaftlichen Feld abhebt, ist das, was wir Freiheit nennen, und die Person ist nichts anderes als ihre Freiheit. Diese Freiheit darf man sich nicht als ein metaphysisches Vermögen der menschlichen «Natur» vorstellen, sie ist auch weder ein Freibrief, zu tun und zu lassen, was man will, noch irgendeine innere Zuflucht, die uns auch in Ketten erhalten bliebe. Man macht nicht, was man will, und dennoch ist man für das verantwortlich, was man ist: So ist es; der Mensch, der sich durch so viele Ursachen gleichzeitig erklären lässt, muss dennoch das Gewicht seiner selbst allein tragen. In diesem Sinn könnte die Freiheit als ein Fluch gelten, sie *ist* ein Fluch. Aber sie ist auch die einzige Quelle der menschlichen Größe. Im Geist, wenn nicht dem Buchstaben nach, werden die Marxisten in der Sache mit uns übereinstimmen, denn meines Wissens verzichten sie nicht auf moralische Wertungen. Was zu erklären wäre: Aber das ist Sache der Philosophen, nicht die unsrige. Wir werden nur darauf aufmerksam machen, dass, wenn die Gesellschaft die Person macht, die Person auch die Gesellschaft macht, und zwar in einer dem Comte'schen Übergang zur Subjektivität entsprechenden Gegenbewegung. Ohne ihre Zukunft ist eine Gesellschaft nur eine Anhäufung von Material, aber ihre Zukunft ist nichts anderes als der Entwurf ihrer selbst, den die Millionen Menschen, aus denen sie besteht, über den gegenwärtigen Zustand hinaus machen. Der Mensch ist nur eine Situation: Ein Arbeiter ist nicht *frei*, wie ein Bürger zu denken oder zu fühlen; damit diese Situation aber *ein Mensch sei*, ein ganzer Mensch, muss sie gelebt und auf ein besonderes Ziel hin überschritten werden. Sie bleibt in sich selbst indifferent, solange eine menschliche Freiheit sie nicht mit einem bestimmten Sinn belädt: Sie ist weder erträglich noch unerträglich, solange eine Freiheit sich nicht mit ihr abfindet, nicht gegen sie rebelliert, das heißt, solange ein Mensch sich nicht in ihr wählt, indem er ihre Bedeutung wählt. Erst dann, in dieser freien Wahl, wird sie determinierend, weil sie überdeterminiert ist. Nein, ein Arbeiter kann nicht als Bürger leben; in der heutigen Organisation der Gesellschaft muss er sein Los als Lohnabhängiger bis zum Ende auf sich nehmen; ein Ausbruch ist nicht möglich, eine Zuflucht gibt es nicht. Ein Mensch existiert aber nicht wie ein Baum oder ein Stein: Er muss ganz zum Arbeiter *sich machen*. Wenn er auch von seiner Klasse, seinem Lohn, der Art seiner Arbeit bis in seine Gefühle und seine Gedanken hinein total bedingt ist, so entscheidet *er* doch über den Sinn seiner Bedingtheit und der seiner Genossen, so gibt *er* doch dem Proletariat in freier Wahl eine Zukunft der ununterbrochenen Demütigung oder der Eroberung und des Sieges, je nachdem, ob er sich als resigniert oder revolutionär wählt. Und für diese Wahl ist er verantwortlich. Keineswegs frei, nicht zu wählen: Er ist gebunden, er muss wetten, auch die Enthaltung ist eine Wahl. Aber frei, in einem Zug sein Schicksal, das Schicksal aller Menschen und den Wert zu wählen, der der Menschheit zuerkannt werden soll. So wählt er sich zugleich als Arbeiter und als Mensch und gibt damit dem Proletariat eine Bedeutung. Das ist der Mensch, wie wir ihn begreifen: der totale Mensch. Total engagiert und total frei. Dennoch ist es dieser freie Mensch, der *befreit* werden muss durch Erweiterung seiner Wahlmöglichkeiten. In bestimmten Situationen ist nur für Alternativen Raum, deren eine der Tod ist. Wir müssen es so weit bringen, dass der Mensch unter allen Umständen das Leben wählen kann.

Der Verteidigung der Autonomie und der Rechte der Person wird sich unsere Zeitschrift verschreiben. Wir sehen in ihr vor allem ein Organ für Untersuchungen: Die Ideen, die ich dargelegt habe, werden uns beim Studium der konkreten Gegenwartsprobleme als Leitthema dienen. Wir betreiben das Studium dieser Probleme alle in einem gemeinsamen Geist; aber wir haben weder ein politisches noch ein soziales Programm; jeder Artikel verpflichtet nur seinen Verfasser. Auf längere Sicht hoffen wir eine Generallinie herauszuarbeiten. Gleichzeitig werden wir sämtliche literarischen Gattungen heranziehen, um den Leser mit unseren Auffassungen vertraut zu machen: Ein Gedicht oder ein Roman, die sich an sie anlehnen, können mehr als eine theoretische Schrift das Klima schaffen, das ihre Entfaltung begünstigt. Aber dieser ideologische Gehalt und diese neuen Absichten können auf die Form und die Verfahren der Romanproduktion selbst rückwirken: Unsere kritischen Essays werden versuchen, die – neuen oder alten – literarischen Techniken, die sich am besten für unser Vorhaben eignen, in groben Umrissen zu definieren. Wir werden uns anstrengen, das Studium der aktuellen Fragen zu befördern, indem wir so häufig wie nur möglich historische Arbeiten veröffentlichen, wenn sie, wie die Arbeiten von Marc Bloch oder Henri Pirenne zum Mittelalter, diese Prinzipien und die sich daraus ergebende Methode spontan auf frühere Jahrhunderte anwenden, das heißt, wenn sie die willkürliche Aufteilung der Geschichte in Geschichten (politische, ökonomische, ideologische Geschichte, Geschichte der Institutionen, Geschichte der Individuen) aufgeben, um eine vergangene Epoche als eine Totalität wiederherzustellen, und wenn sie gleichzeitig berücksichtigen, dass sich die Epoche in den Personen und durch sie ausdrückt und dass sich die Personen in ihrer Epoche und durch sie wählen. Unsere Chroniken werden sich Mühe geben, unsere Zeit als eine signifikante Synthese zu begreifen, und deshalb werden sie die verschiedenen Erscheinungen der Gegenwart, die Moden und die Strafprozesse so gut wie die politischen Fakten und die Zeugnisse des Geistes, in einem synthetischen Geist aufgreifen, wobei sie sehr viel mehr Wert darauf legen, den gemeinsamen Sinn darin zu entdecken, als sie individuell zu würdigen. Deshalb werden wir auch, anders als üblich, uns ebenso wenig scheuen, ein ausgezeichnetes Buch, das uns aber von unserem Standpunkt nichts Neues über unsere Epoche lehrt, mit Schweigen zu übergehen, wie uns mit einem mittelmäßigen Buch zu befassen, das uns gerade in seiner Mittelmäßigkeit aufschlussreich scheint. Diesen Studien werden wir jeden Monat Dokumente hinzufügen, die wir so vielfältig wie möglich auswählen und nur danach befragen werden, ob sie die wechselseitige Verklammerung von Kollektiv und Person deutlich werden lassen. Diese Dokumente werden wir durch Erhebungen und Reportagen ergänzen. Wir sind nämlich der Meinung, dass die Reportage zu den literarischen Gattungen zählt und dass sie zu einer der wichtigsten Gattungen werden kann. Die Fähigkeit, intuitiv und in einem Augenblick Bedeutungen zu erfassen, und das Geschick, diese so darzustellen, dass der Leser sie unmittelbar als synthetische Einheiten entziffern kann, sind die für einen Reporter unentbehrlichsten Eigenschaften; wir werden sie von allen unseren Mitarbeitern verlangen. Im Übrigen wissen wir, dass sich unter den wenigen Werken aus unserer Zeit, die mit Sicherheit überdauern werden, mehrere Reportagen befinden wie *Zehn Tage, die die Welt erschütterten* von John Reed und vor allem das großartige *Spanische Testament* von Arthur Koestler. Schließlich werden wir in unsere Chroniken auch möglichst viele psychiatrische Studien aufnehmen, wenn sie von unserer Perspektive aus geschrieben sind. Unser Vorhaben ist also ehrgeizig: Wir können es nicht allein verwirklichen. Wir sind am Anfang eine kleine Gruppe, und wir wären gescheitert, wenn sie sich nicht in einem Jahr beträchtlich vergrößert hätte. Wir appellieren an alle Gutwilligen; alle Manuskripte, woher sie auch kommen, werden angenommen, wenn sie sich nur von Gedankengängen leiten lassen, die sich mit den unsrigen treffen, und wenn sie zudem literarischen Wert haben. Ich erinnere daran, dass das *Engagement* in der «engagierten Literatur» auf keinen Fall die *Literatur* außer Acht lassen darf und dass es unsere Aufgabe sein muss, ebenso der Literatur zu dienen, indem wir ihr frisches Blut zuführen, wie der Gemeinschaft, indem wir versuchen, ihr die Literatur zu geben, die sie braucht.

Oktober 1945

Überlegungen zur Judenfrage:
Die Figur des Antisemiten

Wenige Wochen nach der Befreiung von Paris schreibt Sartre im Oktober 1944 die ‹Überlegungen zur Judenfrage›, deren ersten Teil, das ‹Porträt des Antisemiten›, er im Dezember 1945 in ‹Les Temps Modernes› publiziert. Ein Jahr später veröffentlicht er den Gesamttext, bis dahin zögernd angesichts der möglichen Missverständlichkeit seiner Zeichnung des Bildes des «unauthentischen Juden» im zweiten Teil.

Sartre schreibt seinen Text, bevor «Auschwitz» zum Synonym für ein in der Geschichte der Menschen unvergleichbares ungeheures Verbrechen geworden war. Er schreibt nicht im Angesicht dieses Verbrechens, obwohl er seine Dimension erahnt und seinen Text schon jetzt gegen die Verleugnung und Tabuierung dieses Verbrechens richtet: «Wird man auch von den Juden sprechen? Wird man die Heimkehr der Geretteten feiern? Wird man jener gedenken, die in den Gaskammern von Lublin den Tod fanden?»

Er porträtiert zuerst und vor allem den Antisemiten – und sein Porträt des Juden ist das des Juden, wie er auf den Antisemiten antwortet, nicht das «des Juden überhaupt». Dies wäre auch seltsam angesichts Sartres Credo, dass kein Wesen existiert, auch keines meiner «Rasse», das zu bestimmen vermöchte, wer ich bin. Gleichwohl kann man Sartre vorwerfen, wie es Hannah Arendt getan hat, dass er das «jüdische Selbstbewusstsein» einzig als Antwort auf den Antisemitismus begreift – und dies am abstrakten Maß seines Begriffs der Freiheit; ignorant, so Arendt, gegenüber dem Zentralthema der jüdischen Geschichte, dem Überleben des Volkes in der Zerstreuung, der Selbstbehauptung gegenüber dem überwältigenden Druck von außen.

Das ‹Porträt des Antisemiten› stellt in der verallgemeinernden Form des Essays dar, was Sartre in der Erzählung ‹Die Kindheit eines Chefs› beschrieben hatte: die elementare Angst eines schwachen Menschen vor der Haltlosigkeit seiner Existenz, vor seiner Verantwortlichkeit für sie. Die verzweifelte Suche nach einer *Identität*, die ihm vor sich selbst und den Anderen verbürgt, wer er ist. Eine Identität, die er gefahrlos leben kann und die ihm Sicherheit verleiht, weil sie sich mit einem allgemeinen Ressentiment verbündet: Der Antisemit ist feige, denn seine Wut auf «den Juden» ist künstlich, anonym, statt sich dem Anderen, auf den sie sich richtet, tatsächlich auszusetzen.

Was bedeutet nun die Figur des «unauthentischen Juden»? Sartre kritisiert in ihr die Idee der Assimilation, die Identifikation des Juden mit dem aufklärerischen Begriff einer «allgemeinen Menschennatur», die so lange illusionär bleibt, wie der Antisemitismus besteht. Darum heißt es zuletzt: «Der Antisemitismus ist kein jüdisches Problem, er ist *unser* Problem.» *Wir* haben eine Gesellschaft zu schaffen, in der das «ein Jude sein» nur eine mögliche Identität für einen Menschen ist, über deren tatsächliche Bedeutung für ihn allein er selbst entscheidet.

Überlegungen zur Judenfrage

[...]
Der Jude, den der Antisemit treffen will, ist kein schematisches Wesen, das nur durch seine Funktion wie im Verwaltungsrecht, durch seine Situation und seine Taten wie im Bürgerlichen Gesetzbuch definiert ist. Er ist ein Jude, Kind von Juden, erkennbar an seiner äußeren Erscheinung, seiner Haarfarbe, vielleicht seiner Kleidung und, sagt man, an seinem Charakter. Der Antisemitismus fällt nicht in die Kategorie von Gedanken, die das Recht auf freie Meinungsäußerung schützt.

Außerdem ist er etwas ganz anderes als eine Denkweise. Er ist vor allem eine *Leidenschaft*. Gewiss kann er in der Form einer theoretischen Aussage auftreten. Der «gemäßigte» Antisemit ist ein höflicher Mensch, der Ihnen sanft sagt: «*Ich* habe nichts gegen Juden. Ich halte es nur, aus diesem und jenem Grund, für besser, wenn sie am Leben der Nation etwas eingeschränkt teilnehmen.» Doch im nächsten Augenblick, wenn er vertrauter geworden ist, fügt er schon leutseliger hinzu: «Schauen Sie, ‹etwas› muss doch mit den Juden sein: Sie sind mir körperlich unangenehm.» Das Argument – ich habe es hundert Mal gehört – ist einer Prüfung wert.

Zunächst gehört es zur Logik der Leidenschaft. Denn kann man sich jemanden vorstellen, der allen Ernstes sagen würde: «Es muss etwas an der Tomate sein, da es mir graust, sie zu essen.» Außerdem zeigt es uns, dass der Antisemitismus selbst in seinen gemäßigsten kultiviertesten Formen eine synkretistische Totalität bleibt, die sich in scheinbar vernunftgeleiteten Diskursen ausdrückt, die jedoch bis zu körperlichen Veränderungen führen kann. Manche Männer werden plötzlich impotent, wenn sie erfahren, dass die Frau, mit der sie schlafen, Jüdin ist. Es gibt bei manchen Leuten einen Abscheu vor Juden, wie es bei manchen Leuten einen Abscheu vor Chinesen oder Negern gibt. Dieser Widerwille kommt nicht vom Körper, denn sie können sehr wohl eine Jüdin lieben, wenn sie ihre Rasse nicht kennen, er kommt zum Körper aus dem Geist; es handelt sich um ein Engagement der Seele, jedoch so tief und umfassend, dass es auf das Physiologische übergreift wie bei der Hysterie.

Dieses Engagement entspringt nicht der Erfahrung.

[...]

Es leuchtet ein, dass der Antisemitismus des Antisemiten von keinem äußeren Faktor herstammt. Der Antisemitismus ist eine freie und totale Wahl, eine umfassende Haltung, die man nicht nur den Juden, sondern den Menschen im Allgemeinen, der Geschichte und der Gesellschaft gegenüber einnimmt; er ist zugleich eine Leidenschaft und eine Weltanschauung. Gewiss werden bei diesem Antisemiten bestimmte Merkmale ausgeprägter sein als bei jenem. Sie sind jedoch immer alle gleichzeitig vorhanden und bedingen einander. Diese synkretistische Totalität müssen wir jetzt zu beschreiben versuchen.

Ich habe vorhin bemerkt, der Antisemitismus stelle sich als eine Leidenschaft dar. Jeder hat verstanden, dass es sich um einen Hass- oder Wutaffekt handelt. Doch gewöhnlich werden Hass und Wut *hervorgerufen*: Ich hasse den, der mir Leid zugefügt hat, der mich herausfordert oder mich beleidigt. Wir sahen, dass die antisemitische Leidenschaft keinen solchen Charakter hat: Sie geht den Tatsachen voraus, die sie entstehen lassen müssten, sie sucht sie, um sich von ihnen zu nähren, sie muss sie sogar auf ihre Weise interpretieren, damit sie wirklich beleidigend werden. Wenn Sie mit dem Antisemiten über den Juden sprechen, zeigt er dennoch alle Anzeichen einer heftigen Erregung. Wenn wir ferner daran denken, dass wir uns auf eine Wut immer *einlassen* müssen, damit sie sich äußern kann, dass man, wie es so richtig heißt, sich in Wut *versetzt*, müssen wir zugeben, dass der Antisemit *gewählt* hat, im Modus der Leidenschaft zu leben. Nicht selten entscheidet man sich eher für ein leidenschaftliches als für ein vernünftiges Leben. Doch gewöhnlich liebt man die *Gegenstände* der Leidenschaft: Frauen, Ruhm, Macht, Geld. Da der Antisemit den Hass gewählt hat, müssen wir schließen, dass er den leidenschaftlichen Zustand liebt. Gewöhnlich ist diese Art von Affekt unbeliebt: Wer leidenschaftlich eine Frau begehrt, ist wegen der Frau und trotz der Leidenschaft leidenschaftlich: Man misstraut leidenschaftlichen Schlüssen, die mit allen Mitteln von Liebe, Eifersucht oder Hass diktierte Meinungen zu beweisen suchen; man misstraut den Verirrungen aus Leidenschaft und dem, was man den Monoideismus genannt hat. Doch das ist es genau, was der Antisemit zuerst gewählt hat. Wie kann man aber wählen, falsch zu schlussfolgern? Man tut es, wenn man sich nach Abgeschlossenheit sehnt.

Der vernünftige Mensch sucht unter Qualen, er weiß, dass seine Schlüsse nur wahrscheinlich sind, dass sie durch andere Betrachtungen zu Zweifeln werden; er weiß nie genau, wohin er geht; er ist «offen», er kann als Zauderer gelten. Es gibt jedoch Menschen, die von der Beständigkeit des Steins angezogen werden. Sie wollen massiv und undurchdringlich sein, sie wollen sich nicht verändern: Wohin würde die Veränderung sie führen? Es handelt sich um eine Urangst vor sich selbst und um Angst vor der Wahrheit. Und was sie erschreckt, ist nicht der Inhalt der Wahrheit, den sie nicht einmal ahnen, sondern die Form des Wahren, jenes Gegenstandes unendlicher Annäherung. Das ist, als wäre ihre eigene Existenz ständig in der Schwebe. Sie wollen jedoch alles auf ein Mal und alles sofort leben. Sie wollen keine erworbenen Anschauungen, sie erstreben angeborene; da sie Angst vor dem Denken haben, möchten sie eine Lebensweise annehmen, bei der Denken und Nachforschen nur eine untergeordnete Rolle spielen, wo man immer nur nach dem forscht, was man schon gefunden hat, wo man immer nur wird, was man schon war. Es gibt nur eine solche Lebensweise, die Leidenschaft. Nur eine starke gefühlsmäßige Voreingenommenheit kann zu einer überwältigenden Gewissheit führen, nur sie kann das Denken an den Rand drängen, nur sie kann sich der Erfahrung verschließen und ein Leben lang fortbestehen. Der Antisemit hat den Hass gewählt, weil der Hass ein Glaube ist; er hat zuerst gewählt, Wörter und Vernunftgründe abzuwerten.

Wie wohl er sich jetzt fühlt; wie nichtig und müßig scheinen ihm die Diskussionen über die Rechte der Juden: Er hat sich von vornherein auf eine andere Ebene gestellt. Wenn er sich aus Höflichkeit einen Augenblick lang dazu herablässt, seinen Standpunkt zu verteidigen, lässt er sich ein wenig, doch nie ganz ein: Er versucht nur seine intuitive Gewissheit auf die Ebene des Diskurses zu projizieren. Ich zitierte vorhin einige «Worte» von Antisemiten, alle gleich absurd: «Ich hasse die Juden, weil sie das Hauspersonal Disziplinlosigkeit lehren, weil ein jüdischer Kürschner mich bestohlen hat usw. ...» Glauben Sie nicht, die Antisemiten würden sich über die Absurdität dieser Antworten etwas vormachen. Sie wissen, dass ihre Reden oberflächlich und fragwürdig sind; doch darüber lachen sie, ihrem Gegner obliegt die Pflicht, die Wörter in ernster Weise zu verwenden, da er an die Macht des Wortes glaubt; *sie* haben *das Recht* zu spielen. Sie spielen sogar gern mit dem Diskurs, denn indem sie lächerliche Gründe nennen, diskreditieren sie den Ernst ihres Gesprächspartners; sie sind genussvoll unaufrichtig, denn ihnen geht es nicht darum, durch gute Argumente zu überzeugen, sondern einzuschüchtern oder irrezuleiten. Wenn Sie sie zu heftig bedrängen, verschließen sie sich und geben Ihnen von oben herab zu verstehen, die Zeit des Argumentierens sei vorüber; nicht, dass sie Angst hätten, überzeugt zu werden: Sie fürchten nur, lächerlich zu erscheinen oder einen schlechten Eindruck auf einen Dritten zu machen, den sie in ihr Lager ziehen wollen.

Wenn der Antisemit, wie jeder sehen konnte, sich Vernunftgründen und der Erfahrung verschließt, dann nicht, weil seine Überzeugung stark ist; seine Überzeugung ist vielmehr stark, weil er von vornherein gewählt hat, verschlossen zu sein.

Er hat auch gewählt, Furcht erregend zu sein. Man darf ihn nicht reizen. Niemand weiß, bis zu welchen Gewalttätigkeiten die Verirrungen seiner Leidenschaft ihn treiben können, niemand außer ihm selbst: Denn diese Leidenschaft ist nicht von außen provoziert. Er hält sie fest in der Hand, er gibt ihr gerade so viel nach, wie er will, mal lässt er die Zügel locker, dann zieht er sie wieder an. Vor sich selbst hat er keine Angst: In den Augen der anderen sieht er jedoch sein Furcht erregendes Bild, und er passt dem seine Worte, seine Gesten an. Dieses äußere Modell befreit ihn davon, seine Persönlichkeit in sich selbst zu suchen; er hat gewählt, ganz draußen zu sein, sich niemals sich selbst zuzuwenden, nichts anderes zu sein als die Angst, die er anderen einflößt: Mehr noch als vor der Vernunft flieht er vor dem intimen Bewusstsein seiner selbst.

Doch wenn er sich nur den Juden gegenüber so verhielte?, wird man sagen. Wenn er sich sonst vernünftig benimmt? Ich antworte, dass das unmöglich ist: Man nehme diesen Fischhändler, 1942, der verärgert von der Konkurrenz zweier jüdischer Fischhändler, die ihre Rasse verheimlichten, eines Tages zur Feder griff und sie denunzierte. Man versichert mir, dass er ansonsten sanft und fröhlich und der beste Sohn der Welt war. Das glaube ich nicht: Ein Mensch, der es normal findet, Menschen zu denunzieren, kann nicht unsere Auffassung über das Menschliche teilen; selbst die, denen er sich zum Wohltäter macht, sieht er nicht mit unseren Augen; seine Großmut, seine Sanftmut gleichen nicht unserer Sanftmut, unserer Großmut, die Leidenschaft kann man nicht eingrenzen.

Der Antisemit anerkennt bereitwillig, dass der Jude intelligent und fleißig ist; er wird sogar einräumen, ihm in dieser Hinsicht unterlegen zu sein. Dieses Zugeständnis kostet ihn nicht viel: Er hat diese Eigenschaften eingeklammert. Oder genauer, sie erhalten ihren Wert von dem, der sie besitzt: Je mehr Tugenden der Jude hat, desto gefährlicher ist er. Der Antisemit macht sich keine Illusionen über sich selbst. Er betrachtet sich als Durchschnittsmenschen, als einen Menschen des unteren Durchschnitts, im Grunde als Mittelmaß; es gibt kein Beispiel dafür, dass ein Antisemit behauptet, den Juden individuell überlegen zu sein. Doch sollte man nicht annehmen, er schäme sich seiner Mittelmäßigkeit: Er gefällt sich im Gegenteil in ihr; ich würde sogar sagen, er hat sie gewählt.

Dieser Mensch fürchtet jede Art von Einsamkeit, die des Genies ebenso wie die des Mörders: Er ist der Mensch der Massen; so klein er auch sein mag, vorsichtshalber duckt er sich noch, um nicht aus der Herde herauszuragen und sich plötzlich selbst gegenüberzustehen. Er hat sich zum Antisemiten gemacht, weil man das nicht ganz allein sein kann. Der Satz: «Ich hasse die Juden» gehört zu denen, die man in der Gruppe ausspricht; indem man ihn ausspricht, schließt man sich einer Tradition und einer Gemeinschaft an: der der Mittelmäßigen. Es sei daran erinnert, dass man nicht notwendig schlicht oder gar bescheiden ist, weil man sich mit der Mittelmäßigkeit abgefunden hat. Ganz im Gegenteil: Es gibt einen leidenschaftlichen Stolz der Mittelmäßigen, und der Antisemitismus ist der Versuch, die Mittelmäßigkeit als solche aufzuwerten, um die Elite der Mittelmäßigen zu schaffen. Für den Antisemiten ist Intelligenz jüdisch, er kann sie also in aller Ruhe verachten wie alle anderen Tugenden des Juden: Sie sind ein Ersatz*, den die Juden benutzen, um diese ausgewogene Mittelmäßigkeit zu ersetzen, deren sie immer ermangeln werden.

[...]

Der Antisemitismus ist nicht nur die Freude am Hass; er verschafft auch positive Lust: Indem ich den Juden als ein niederes und schädliches Wesen behandle, behaupte ich zugleich, einer Elite anzugehören. Und ganz im Unterschied zu den modernen Eliten, die auf Verdienst oder Arbeit beruhen, gleicht diese in jeder Hinsicht einem Geburtsadel. Ich brauche nichts zu tun, um meine Höherwertigkeit zu verdienen, und ich kann sie auch nicht verlieren. Sie ist mir ein für alle Mal gegeben: Sie ist ein *Ding*.

Verwechseln wir jedoch nicht diesen prinzipiellen Vorrang mit dem Wert. Der Antisemit ist nicht so sehr auf Wert aus. Den Wert sucht man ebenso wie die Wahrheit, er ist schwer zu entdecken, man muss ihn verdienen, und einmal erworben, ist er stets wieder in Frage gestellt: Ein Fehltritt, ein Irrtum, und er verflüchtigt sich; so sind wir ohne Unterlass, von der Wiege bis zum Grab, für das verantwortlich, was wir wert sind. Der Antisemit flieht die Verantwortung wie das eigene Bewusstsein; und indem er für die eigene Person die Beständigkeit des Gesteins wählt, wählt er für seine Moral eine versteinerte Werteskala. Was er auch tut, er weiß, dass er an der Spitze der Stufenleiter bleiben wird; was der Jude auch tut, er wird nie über die erste Sprosse hinauskommen.

---

*   Deutsch im Original. *Anm. d. Ü.*

Wir beginnen den Sinn der Wahl zu erkennen, die der Antisemit für sich getroffen hat: Er wählt das Unabänderliche aus Angst vor seiner Freiheit, die Mittelmäßigkeit aus Angst vor der Einsamkeit, und diese unabänderliche Mittelmäßigkeit erhebt er zu einem dünkelhaften, versteinerten Adel. Für diese verschiedenen Schritte braucht er unbedingt die Existenz des Juden: Wem wäre er sonst überlegen? Mehr noch: Gegenüber dem Juden und nur ihm gegenüber kann sich der Antisemit als Träger von Rechten realisieren.

[...]

Die antisemitischen Vereinigungen wollen nichts erfinden, sie lehnen es ab, Verantwortung zu übernehmen, es wäre ihnen ein Grauen, sich als ein Teil der öffentlichen französischen Meinung zu geben, denn dann müssten sie sich auf ein Programm festlegen und nach legalen Aktionsmitteln suchen. Sie wollen sich lieber als den ganz und gar reinen und passiven Ausdruck der Gefühle des *realen* Landes in seiner Unteilbarkeit darstellen. Jeder Antisemit ist also, in einem bestimmten Maß, Feind der regulären Machtorgane, er möchte das disziplinierte Mitglied einer undisziplinierten Gruppe sein; er verehrt die Ordnung, jedoch die *soziale* Ordnung. Man könnte sagen, er will die politische Unordnung provozieren, um die soziale Ordnung zu restaurieren, und die soziale Ordnung fasst er als eine egalitäre, primitive Gesellschaft des Nebeneinanders mit hoher Temperatur auf, aus der die Juden ausgeschlossen sind. Diese Prinzipien verleihen ihm eine eigenartige Unabhängigkeit, die ich eine Freiheit gegen den Strich nennen möchte.

Denn die authentische Freiheit nimmt ihre Verantwortungen auf sich, während die des Antisemiten daraus resultiert, dass er sich den seinen entzieht. Indem er zwischen einer noch nicht existierenden autoritären und einer von ihm angefochtenen offiziellen und toleranten Gesellschaft schwebt, kann er sich alles erlauben, ohne fürchten zu müssen, als Anarchist zu gelten, was ihm ein Grauen wäre. Der tiefe Ernst seiner Ziele, die kein Wort, kein Diskurs, keine Tat ausdrücken kann, berechtigt ihn zu einer gewissen Leichtigkeit.

Er ist ein Lausbub, macht Streiche, verprügelt, räumt auf,

stiehlt: alles für die gute Sache. Wenn die Regierung stark ist, nimmt der Antisemitismus ab, es sei denn, die Regierung hat ihn zu ihrem eigenen Programm erhoben. Doch in diesem Fall ändert er seine Natur. Feind der Juden, braucht der Antisemit sie; Antidemokrat, ist er ein natürliches Produkt der Demokratien und kann sich nur im Rahmen der Republik äußern.

Wir beginnen zu verstehen, dass der Antisemitismus nicht einfach eine «Meinung» über die Juden ist und dass er die ganze Person des Antisemiten engagiert. Wir sind jedoch mit ihm noch nicht fertig: Er beschränkt sich nicht darauf, moralische und politische Richtlinien aufzustellen; er ist für sich ganz allein eine Denkweise und eine Weltanschauung. Es ist nämlich nicht möglich zu behaupten, was er behauptet, ohne sich implizit auf gewisse intellektuelle Prinzipien zu beziehen.

Der Jude, sagt er, ist ganz und gar schlecht, ganz und gar Jude; seine Tugenden, sofern er welche hat, verkehren sich dadurch, dass sie die seinen sind, zu Lastern, die aus seinen Händen hervorgehenden Werke tragen notwendigerweise seinen Stempel: Baut er eine Brücke, ist diese Brücke schlecht, da jüdisch, und zwar vom ersten bis zum letzten Bogen. Die gleiche Tat, begangen von einem Juden und von einem Christen, hat in beiden Fällen nicht den gleichen Sinn, da er auf alles, was er berührt, ich weiß nicht welche scheußliche Eigenschaft überträgt.

Der Zutritt zu den Schwimmbädern war das Erste, was die Deutschen den Juden verboten: Sie meinten, wenn der Körper eines Juden in dieses alles aufnehmende Wasser eintauchte, wäre es ganz und gar beschmutzt. Der Jude besudelt im wörtlichen Sinne alles bis hin zur Luft, die er einatmet. Wenn wir versuchen, das Prinzip, auf das man sich hier bezieht, als abstrakte Aussagen zu formulieren, erhalten wir: das Ganze ist mehr und etwas anderes als die Summe seiner Teile; das Ganze bestimmt den Sinn und die tieferen Merkmale der Teile, aus denen es zusammengesetzt ist. Es gibt nicht *eine* Tugend des Mutes, die unterschiedslos in einen jüdischen oder in einen christlichen Charakter Eingang fände, so wie der Sauerstoff unterschiedslos mit Stickstoff und Argon Luft und mit Wasserstoff Wasser bildet; jede Person ist eine nicht zerlegbare Totalität mit *ihrem* Mut, *ihrer* Großzügigkeit, *ihrer* Art, zu denken, zu lachen, zu trinken und zu essen. Was heißt das anderes, als dass der Antisemit, um die Welt zu verstehen, auf das synthetische Denken zurückgreift. Das synthetische Denken erlaubt ihm, sich in einer unauflösbaren Einheit mit Frankreich als Ganzem zu sehen. Im Namen des synthetischen Denken denunziert er die rein analytische und kritische Intelligenz der Juden.

[…]

Es geht nicht um einen Interessenkonflikt, sondern um die Schäden, die eine böse Macht der Gesellschaft zufügt. Folglich besteht das Gute darin, das Böse zu zerstören. Hinter der Verbitterung des Antisemiten verbirgt sich der optimistische Glauben, nach der Vertreibung des Bösen werde sich die Harmonie von selbst wieder einstellen. Seine Aufgabe ist also rein negativ: Es geht nicht darum, eine Gesellschaft aufzubauen, sondern nur darum, die bestehende zu reinigen. Um dieses Ziel zu erreichen, wäre die Mitwirkung der Juden guten Willens überflüssig, ja unheilvoll, überdies kann ein Jude nicht guten Willens sein. Ritter des Guten, ist der Antisemit heilig, und auch der Jude ist es auf seine Weise: heilig wie die Unberührbaren, wie die unter einem Tabu stehenden Eingeborenen. So wird der Kampf auf religiöser Ebene geführt, und sein Ende kann nur die heilige Vernichtung sein. Die Vorteile dieser Position sind mannigfaltig: Zunächst begünstigt sie die Denkfaulheit. Wir sahen, dass der Antisemit von der modernen Gesellschaft nichts versteht, dass er unfähig ist, einen konstruktiven Plan zu entwickeln; sein Handeln stellt sich nie auf die technische Ebene, es verharrt auf dem Boden der Leidenschaft. Ein Wutausbruch gleich dem *Amok* der Malaien ist ihm lieber als eine Ausdauer erfordernde Unternehmung. Seine geistige Tätigkeit beschränkt sich auf die *Interpretation*: In den historischen Ereignissen sucht er Zeichen für die Präsenz einer bösen Macht. Daher kommen diese kindischen und umständlichen Erfindungen, die ihn in die Nähe der großen Paranoiker rücken. Außerdem lenkt der Antisemitismus die revolutionären Schübe auf die Vernichtung bestimmter Menschen anstelle von Institutionen ab; eine antisemitische Menge glaubt genug getan zu haben, wenn sie einige Juden niedergemetzelt und einige Synagogen in Brand gesteckt hat. Er stellt also ein Sicherheitsventil für die besitzenden Klassen dar, die ihn fördern und somit den ihr Regime gefährdenden Hass durch einen für sie harmlosen Hass gegen Einzelne ersetzen.

Vor allem aber ist dieser naive Dualismus für den Antisemiten selbst außerordentlich beruhigend: Es geht nur darum, das Böse zu entfernen, weil das Gute schon *gegeben* ist. Man muss es nicht angstvoll suchen, nicht erfinden und, ist es einmal gefunden, nicht immer wieder in Frage stellen, nicht im Handeln der Bewährung aussetzen, nicht an seinen Folgen prüfen und schließlich nicht die Verantwortung für die getroffene moralische Wahl auf sich nehmen.

Es ist kein Zufall, dass sich hinter den großen antisemitischen Wutausbrüchen ein Optimismus verbirgt: Der Antisemit hat entschieden, was das Böse ist, um nicht entscheiden zu müssen, was das Gute ist. Je mehr ich mich darin verliere, das Böse zu bekämpfen, desto weniger bin ich versucht, das Gute in Frage zu stellen. Von diesem spricht man nicht, doch es ist stillschweigend in den Reden des Antisemiten enthalten, es bleibt unterschwellig in seinem Denken. Wenn er seine Mission als heiliger Zerstörer erfüllt haben wird, wird das verlorene Paradies von selbst neu erstehen. Er ist jedoch im Moment derart beansprucht, dass er keine Zeit hat, darüber nachzudenken: Er ist einsatzbereit, er kämpft, und jede seiner Entrüstungen ist ein Vorwand, der ihn davon ablenkt, angstvoll das Gute zu suchen.

Doch dabei bleibt es nicht, und wir begeben uns hier auf das Gebiet der Psychoanalyse. Der Manichäismus verbirgt einen tiefen Hang zum Bösen. Für den Antisemiten ist das Böse sein Schicksal, sein «Job». Andere werden nach ihm kommen und sich um das Gute kümmern, wenn es sein muss. Er steht an vorderster Front der Gesellschaft, er wendet den reinen Tugenden, die er verteidigt, den Rücken zu: Er hat nur mit dem Bösen zu tun, seine Pflicht ist es, es zu enthüllen, bloßzustellen, sein Ausmaß zu ermessen.

[...]

Wir sind jetzt in der Lage, den Antisemiten zu verstehen. Er ist ein Mensch, der Angst hat. Nicht vor den Juden, gewiss: vor sich

Überlegungen zur Judenfrage

selbst, vor seinem Bewusstsein, vor seiner Freiheit, vor seinen Trieben, vor seiner Verantwortung, vor der Einsamkeit, vor der Veränderung, vor der Gesellschaft und der Welt; vor allem, außer vor den Juden. Er ist ein Feigling, der sich seine Feigheit nicht eingestehen will; ein Mörder, der seine Mordlust verdrängt und zensiert, ohne sie zügeln zu können, und der trotzdem nur *in effigie* oder in der Anonymität einer Menge zu töten wagt; ein Unzufriedener, der sich nicht aufzulehnen wagt aus Angst vor den Folgen seiner Auflehnung. Indem er sich zum Antisemitismus bekennt, übernimmt er nicht einfach eine Meinung, sondern wählt sich als Person. Er wählt die Beständigkeit und Undurchdringlichkeit des Steins, die totale Verantwortungslosigkeit des Kriegers, der seinen Führern gehorcht, und er hat keinen Führer. Er wählt, nichts zu erwerben, nichts zu verdienen, sondern dass ihm alles von Geburt aus gegeben sei – und er ist nicht adlig. Er wählt schließlich, dass das Gute ganz fertig sei, außer Frage stehe, unangreifbar, er wagt es nicht zu betrachten aus Furcht, es anfechten oder ein anderes suchen zu müssen. Der Jude ist hier nur ein Vorwand: Woanders wird man sich des Negers oder des Gelben bedienen. Seine Existenz ermöglicht es einfach dem Antisemiten, seine Ängste im Keime zu ersticken, indem er sich einredet, sein Platz in der Welt wäre schon immer festgelegt gewesen, habe ihn erwartet und er habe aus Tradition das Recht, ihn einzunehmen. Mit einem Wort, der Antisemitismus ist die Furcht vor dem Menschsein. Der Antisemit ist der Mensch, der ein unbarmherziger Felsen, ein rasender Sturzbach, ein vernichtender Blitz sein will: alles, nur kein Mensch.

[...]

Wir stimmen mit dem Antisemiten in einem Punkt überein: Wir glauben nicht an die menschliche «Natur», wir lehnen es ab, die Gesellschaft als eine Summe isolierter oder isolierbarer Moleküle zu betrachten; wir glauben, die biologischen, psychischen und gesellschaftlichen Erscheinungen müssen synthetisch betrachtet werden. Wir kennen kein jüdisches «Prinzip», und wir sind keine Manichäer, wir lassen auch nicht gelten, dass der «wahre» Franzose so leicht aus der Erfahrung oder den Überlieferungen seiner Vorfahren Nutzen zieht, wir sind hinsichtlich der psychologischen Vererbbarkeit überaus skeptisch und sind nur dort bereit, ethnische Begriffe zu benutzen, wo sie experimentell bestätigt wurden, das heißt in der Biologie und in der Pathologie; für uns ist der Mensch vor allem als ein Sein «in Situation» definiert. Das heißt, er bildet ein synthetisches Ganzes mit seiner biologischen, ökonomischen, politischen, kulturellen usw. Situation. Man kann ihn nicht von ihr unterscheiden, denn sie formt ihn und entscheidet über seine Möglichkeiten, doch umgekehrt ist er es, der ihr ihren Sinn gibt, indem er sich in ihr und durch sie wählt. In Situation sein bedeutet unserer Ansicht nach *sich* in Situation *wählen*, und die Menschen unterscheiden sich untereinander so, wie ihre Situationen es untereinander tun und auch nach der Wahl ihrer eigenen Person. Gemeinsam ist ihnen allen nicht eine Natur, sondern eine *conditio*, das heißt eine Gesamtheit von Schranken und Zwängen: die Notwendigkeit, zu sterben, zu arbeiten, um zu leben, in einer Welt zu existieren, die bereits von anderen Menschen bewohnt ist. Und diese *conditio* ist im Grunde nichts anderes als die grundlegende menschliche Situation oder, wenn man will, die Gesamtheit der abstrakten Merkmale, die allen Situationen gemeinsam sind. Ich stimme also dem Demokraten zu, dass der Jude ein Mensch wie die anderen ist, doch das lehrt mich nichts Besonderes, außer dass er frei ist, dass er zugleich Sklave ist, dass er geboren wird, genießt, leidet und stirbt, dass er liebt und dass er hasst wie alle Menschen. Ich kann diesen zu allgemeinen Angaben nichts anderes entnehmen. Wenn ich wissen will, *wer* der Jude ist, muss ich, da er ein Wesen in Situation ist, zunächst seine Situation über ihn befragen. Ich schicke voraus, dass ich meine Beschreibung auf die Juden Frankreichs beschränken werde, denn *unser* Problem ist das des französischen Juden.

Ich leugne nicht, dass es eine jüdische Rasse gibt. Doch wir müssen uns recht verstehen. Wenn man unter Rasse diesen undefinierbaren Komplex versteht, in den man kunterbunt somatische Merkmale und intellektuelle wie moralische Wesenszüge hineinpackt, glaube ich daran nicht mehr als an das Tischrücken. Was ich mangels Besserem ethnische Merkmale nennen würde, sind bestimmte ererbte physische Formen, denen man bei Juden häufiger begegnet als bei Nichtjuden. Aber auch da muss man vorsichtig sein: Man sollte lieber von jüdischen *Rassen* sprechen. Bekanntlich sind nicht alle Semiten Juden, was das Problem erschwert; es ist auch bekannt, dass manche blonden Juden aus Russland von einem kraushaarigen algerischen Juden entfernter sind als von einem ostpreußischen Arier. In Wahrheit hat jedes Land seine Juden, und unsere Vorstellung vom Juden entspricht nicht der unserer Nachbarn. Als ich zu Beginn des Naziregimes in Berlin lebte, hatte ich zwei französische Freunde, einen Juden und einen Nichtjuden. Der Jude war ein «betont semitischer Typ»; er hatte eine gebogene Nase, abstehende Ohren, dicke Lippen. Ein Franzose hätte ihn, ohne zu zögern, als Juden erkannt. Da er jedoch blond, hager und phlegmatisch war, hatten die Deutschen davon keinen blauen Dunst; er machte sich einen Spaß daraus, manchmal mit SS-Leuten auszugehen, die nichts von seiner Rasse ahnten, und einer von ihnen sagte ihm eines Tages: «Ich erkenne einen Juden auf hundert Meter Entfernung.» Mein anderer Freund dagegen, Korse und Katholik, Sohn und Enkel von Katholiken, hatte schwarze, leicht krause Haare, eine Bourbonennase, einen blassen Teint und war klein und dick: Die Jungen bewarfen ihn auf der Straße mit Steinen und riefen ihm «Jude!» nach. Er entsprach eher einem bestimmten Typ orientalischer Juden, der in der Vorstellung der Deutschen verbreiteter ist.

[...]

Man war zu Recht über den widerwärtigen «gelben Stern» entrüstet, den die deutsche Regierung den Juden aufzwang. Was unerträglich schien, war, dass man den Juden der Aufmerksamkeit *aussetzte*, dass man ihn zwang, sich ständig unter den Augen der anderen als Jude zu fühlen. Das ging so weit, dass man mit allen Mitteln versuchte, den so gezeichneten Unglücklichen aufmerksame Sympathie zu bezeigen. Bestimmte wohlmeinende Personen zogen den Hut vor den Juden, denen sie begegneten, doch diese erklärten, diese Ehrerweisungen seien ihnen sehr unangenehm. Unter den sie begleitenden, betont mitleiderfüllten Blicken fühlten sie sich zu *Objekten* werden. Objekte des Mitgefühls, des Mitleids zwar, doch Objekte. Sie boten diesen tugendhaften

Liberalen die Gelegenheit zu einer großmütigen Geste, sie waren nur ein Anlass, die Liberalen waren dem Juden gegenüber frei, völlig frei, ihm die Hand zu drücken oder ihm ins Gesicht zu spucken, sie entschieden entsprechend ihrer Moral, entsprechend der Wahl ihrer selbst; der Jude war nicht frei, Jude zu sein. Deshalb war den Stärkeren unter ihnen die Geste des Hasses lieber als die mitleidsvolle Geste, denn der Hass ist eine Leidenschaft und scheint weniger frei; das Mitleid dagegen wird von oben nach unten geübt. Das alles verstanden wir so gut, dass wir schließlich die Augen abwandten, wenn wir einem Sternträger begegneten. Wir fühlten uns unwohl, gehemmt durch unseren eigenen Blick, der ihn, wenn er ihn traf, von ihm und von uns unabhängig, als Juden konstituierte; die größte Sympathie- und Freundschaftsbezeigung bestand darin, so zu tun, als wisse man nichts: Wie wir uns auch bemühten, die *Person* zu erreichen, wir mussten notwendigerweise auf den *Juden* stoßen. Wie hatten wir übersehen können, dass die Naziverordnung nur eine schon gegebene Situation auf die Spitze trieb, mit der wir zuvor sehr gut zurechtgekommen waren. Gewiss trug der Jude vor dem Waffenstillstand von 1940 keinen Stern. Aber sein Name, sein Gesicht, seine Gesten, tausend andere Züge kennzeichneten ihn als Juden; ob er auf der Straße spazieren ging, ein Café, ein Geschäft, einen Salon betrat, er wusste sich als Jude *gezeichnet*. Kam ihm jemand zu offenherzig und zu fröhlich entgegen, wusste er, dass er zum *Objekt* einer Toleranzbekundung gemacht wurde, dass sein Gesprächspartner ihn als Vorwand ausersehen hatte, um der Welt und sich selbst kundzutun: *Ich* bin weitherzig, ich bin kein Antisemit, ich kenne nur Individuen, keine Rassen.

Dabei fühlt sich der Jude in seinem Inneren den anderen gleich: Er spricht ihre Sprache, er hat die gleichen Klasseninteressen, die gleichen nationalen Interessen, er liest dieselben Zeitungen, er wählt wie sie, er versteht ihre Ansichten und teilt sie. Doch man gibt ihm zu verstehen, dass dem nicht so ist, da er eine «jüdische Art» hat, zu sprechen, zu lesen, zu wählen. Fordert er nähere Erklärungen, zeichnet man ein Bild von ihm, in dem er sich nicht erkennt. Und dennoch ist es zweifelsohne sein Bild, da Millionen Menschen es als solches anerkennen. Was kann er tun? Wir werden später sehen, dass die Wurzel der jüdischen Unruhe im Zwang liegt, sich ständig zu befragen und schließlich dieses unbekannte und vertraute, unfassbare und so nahe Phantom auf sich zu nehmen, das ihn verfolgt und niemand anderes als er selbst ist, er selbst, wie er für andere ist.

Man wird einwenden, das gilt für jeden, wir haben alle einen Charakter, der unseren Nächsten vertraut ist und sich uns entzieht. Ohne Zweifel: Und das ist im Grunde nur Ausdruck unserer grundlegenden Beziehung zum anderen. Aber der Jude hat wie wir einen Charakter und ist als Zugabe noch Jude. Es handelt sich bei ihm gewissermaßen um eine Verdoppelung der grundlegenden Beziehung zum anderen. Er ist überdeterminiert.

[...]

Der Antisemit fügt jedoch dem Porträt einen weiteren Pinselstrich hinzu: Der Jude, sagt er uns, ist ein abstrakter Intellektueller, ein reiner Vernunftmensch. Und es ist nicht zu übersehen, in seinem Munde bekommen die Worte abstrakt, vernunftgemäß und intellektuell einen pejorativen Sinn. Es kann gar nicht anders sein, da der Antisemit sich selbst durch den konkreten und irrationalen Besitz der Güter der Nation bestimmt sieht. Wenn wir uns jedoch daran erinnern, dass der Rationalismus eines der Hauptmittel für die Befreiung der Menschen war, so weigern wir uns, ihn als ein reines Spiel der Abstraktionen zu betrachten, und bestehen im Gegenteil auf seiner schöpferischen Macht. Zwei Jahrhunderte – und nicht die unbedeutendsten – haben in ihn all ihre Hoffnungen gesetzt, aus ihm sind die Wissenschaften und ihre praktischen Anwendungen entstanden; er war ein Ideal und eine Leidenschaft, er versuchte die Menschen zu versöhnen, indem er ihnen allgemeine Gesetze entdeckte, auf die sie sich einigen konnten, und in seinem naiven und sympathischen Optimismus verwechselte er bereitwillig das Böse mit dem Irrtum. Man wird vom jüdischen Rationalismus nichts verstehen, wenn man ihn als irgendeine abstrakte Streitlust betrachtet, statt ihn für das zu nehmen, was er ist: eine junge und lebendige Liebe zu den Menschen.

Dennoch ist er im selben Augenblick ein Fluchtweg – ich würde sogar sagen, der Königsweg der Flucht. Bisher betrachteten wir Juden, die sich bemühten, in ihrer Person und in ihrem Fleisch ihre Situation als Juden zu verneinen. Es gibt andere, die wählen eine Weltanschauung, in der selbst der Gedanke der Rasse keinen Platz findet; natürlich geht es immer darum, sich *die Situation als Jude* zu verhüllen; wenn es ihnen jedoch gelänge, sich und die anderen davon zu überzeugen, dass die Idee des Juden widersprüchlich ist, wenn es ihnen gelänge, ihre Weltanschauung so zu konstituieren, dass sie für die jüdische Realität blind würden, so wie der Farbenblinde für Rot oder Grün blind ist, könnten sie dann nicht guten Glaubens erklären, sie seien «Menschen unter Menschen»? Der Rationalismus der Juden ist eine Leidenschaft: die Leidenschaft für das Allgemeine. Und sie haben diese und keine andere gewählt, um die partikularistischen Anschauungen zu bekämpfen, die aus ihnen Sonderwesen machen. Die Vernunft ist die Sache, die in der Welt am besten verteilt ist, sie gehört allen, und sie gehört niemandem; bei allen ist sie gleich. Wenn die Vernunft existiert, gibt es keine französische Wahrheit und keine deutsche Wahrheit, keine Negerwahrheit oder jüdische Wahrheit. Es gibt dann nur eine Wahrheit, und derjenige ist der Beste, der sie entdeckt. Angesichts der allgemeinen und ewigen Gesetze ist der Mensch selbst allgemein. Es gibt keine Juden oder Polen mehr, es gibt nur noch Menschen, die in Polen leben, andere, die in den Familienunterlagen als «mosaischen Glaubens» bezeichnet werden, zwischen ihnen ist eine Verständigung immer möglich, sobald es um das Allgemeine geht. Man wird an das Porträt des Philosophen erinnert, das Platon im «Phaidon» zeichnet: wie das Erwachen der Vernunft bei ihm den Tod des Körpers bedeutet, das Erlöschen der Besonderheiten des Charakters, wie der vergeistigte Philosoph, der nach der rein abstrakten und allgemeinen Wahrheit strebt, all seine einzelnen Züge verliert, um allgemeiner Blick zu werden. Genau diese Vergeistigung ist es, die manche Juden suchen. Das beste Mittel, sich nicht mehr als Jude zu fühlen, ist der Gebrauch der Vernunft, denn Vernunftschlüsse sind allgemein gültig und können von allen wiederholt werden: Es gibt keine *jüdische Art*, Mathematik zu betreiben; folglich vergeistigt sich der jüdische Mathematiker und wird zum allgemeinen Menschen, wenn er seine

Schlüsse zieht. Und der Antisemit, der seinen Schlüssen folgt, wird trotz seiner Vorbehalte zu seinem Bruder. Somit ist der Rationalismus, dem sich der Jude so leidenschaftlich anschließt, zunächst eine Übung in Askese und Reinigung, ein Ausweichen ins Allgemeine: Wenn der junge Jude an glänzenden und abstrakten Argumentationen Geschmack findet, gleicht er dem Neugeborenen, das seinen Körper berührt, um ihn kennen zu lernen. Er erprobt und untersucht seine berauschende *conditio* als allgemeiner Mensch, er verwirklicht auf höherer Ebene die Übereinstimmung und die Assimilation, die man ihm auf sozialer Ebene verweigert. Die Wahl des Rationalismus ist bei ihm die Wahl eines menschlichen Schicksals und einer menschlichen Natur.

[...]

Freud. Das Drehbuch:
Bewusstsein und Selbsterkenntnis

Im Jahr 1958 wird Sartre von dem amerikanischen Regisseur John Huston – der 1946 in New York schon ‹Geschlossene Gesellschaft› inszeniert hatte und plante, ‹Der Teufel und der liebe Gott› zu verfilmen – gebeten, ein Drehbuch über Freud zu schreiben, über den jungen Freud, der, in einem Prozess qualvoller Irrtümer und Enttäuschungen, die Psychoanalyse erst «erfindet».

Sartre, der entschiedene Kritiker der Psychoanalyse, soll über Freud schreiben? Würde ausgerechnet er, wie Huston es von ihm erwartet, das Werk Freuds «mit Objektivität und Klarsicht» behandeln? In ‹Das Sein und das Nichts› hatte Sartre seinen Entwurf einer «existenziellen Psychoanalyse» deutlich von Freud abgegrenzt: Es existiert kein «Unbewusstes», zu dem der Prozess der Analyse erst einen Zugang zu schaffen hätte. Der Mensch ist sich seiner vollständig bewusst, wenn auch dieses Bewusstsein nicht *Erkenntnis* bedeutet. Es existieren keine Determinanten, die, Manifestationen frühkindlicher Erfahrung, das Leben des Individuums zu beherrschen vermöchten. Jedes Individuum weiß um sich im Sinne eines Verstehens seiner selbst, das «unsagbar» sein mag, das es nicht in der Sprache einer allgemeinen Rationalität mitzuteilen vermag. Aber dieses Verstehen artikuliert sich in anderer Weise. In jeder Wahl, in jeder Entscheidung, die ich im Blick auf die Gestalt meines Lebens treffe, offenbart sich, wer ich bin. Und es ist nur ein sekundärer Akt der Erkenntnis, der mich begreifen lässt, was ich immer schon wusste.

Dem psychoanalytischen Modell der Aufklärung durch Reflexion setzt Sartre seinen Begriff der Freiheit entgegen, den er gegenüber der Dimension des Denkens und der Sprache als ursprünglich behauptet. Diese Freiheit ist die der *Imagination*. Der Mensch ist Teil der Welt, in der er lebt. Aber er ist zugleich die Fähigkeit, diese Welt zu transzendieren: durch seine Einbildungskraft, in den Bildern davon, wer er sein will. Sartre wehrt sich gegen den Kausalitätsgedanken, den er für die Psychoanalyse als bestimmend ansieht: Kein Ereignis in meinem Leben hat die Macht, mir die Freiheit meines Handelns zu nehmen, die Freiheit, mein Leben zu imaginieren und es darin – ob als ein gelingendes oder scheiterndes – *als meines* zu wählen.

Sartres Werke über Baudelaire, über Genet und zuletzt sein großes, Fragment gebliebenes Werk über Flaubert geben Zeugnis von seinem Begriff einer «existenziellen Psychoanalyse». Diese nimmt ihren Ausgang nicht von substanziellen Determinanten wie dem des «Ödipuskomplexes». Sie versucht, das Leben eines Menschen in der Komplexität seiner Bedingtheit zu beschreiben, der Bedingtheit durch seine physische Gestalt, seine natürlichen Begabungen und Grenzen, durch die familiäre Konstellation, durch seinen gesellschaftlichen Ort, durch die geschichtliche Situation – und zugleich seine ihm ganz eigene Antwort auf diese Bedingtheit, die aus diesem Leben *seines* macht.

Sartres Darstellung Freuds hat darum wenig mit einer «objektiven» Biographie zu tun. Sie beschreibt vielmehr – im Horizont seiner existenziellen Psychoanalyse – in der Figur Freuds die eigene einer ständigen Suche und Selbstüberschreitung durch Imagination. Darin konzentriert sie sich scheinbar klassisch-psychoanalytisch auf die Auseinandersetzung Freuds mit dem Vater, mit den für ihn bedeutsamen Vaterfiguren. Für Sartre ist dies jedoch eine bewusste Selbstprovokation: hatte er doch sein Leben lang das Glück der eigenen Vaterlosigkeit behauptet, seinen Abscheu davor bekundet, ein Vater für andere sein zu sollen. Hier aber beschreibt er das Vaterverhältnis als eines, das bestimmend ist für das schmerzhafte Finden des Eigenen, des eigenen Selbst, des eigenen Wegs des Denkens.

Sartre überwirft sich mit Huston, der von ihm Änderungen und Streichungen fordert, und verlangt zuletzt, dass sein Name nicht im Vorspann des Films genannt wird. Der Film wird 1961 gedreht, mit Montgomery Clift in der Rolle des Freud.

Freud. Das Drehbuch

[...]

26

Drei Tage später. Bei einem Friseur. Vormittags
Freud, in Trauer, tritt ein und sieht sich unzufrieden die wartenden Kunden an, die vor ihm drankommen werden. Der Friseur kommt herbei.

DER FRISEUR: Guten Tag, Herr Doktor. Setzen Sie sich.
FREUD *unzufrieden*: Wie voll es heute ist. Gewöhnlich ist zu dieser Zeit niemand da.
DER FRISEUR *überrascht*: Um zehn? Aber da ist es immer voll. Gewöhnlich kommen Sie um halb zehn.
Pause. Freud sieht überrascht nach der Uhr, setzt sich hin und findet sich damit ab, dass er warten muss.
EIN FRISEURGEHILFE *über seinen Kunden gebeugt, den er massiert*: Machen Sie die Augen zu, mein Herr, das ist Alkohol.

Das Haus von Freuds Eltern
Vor der Eingangstür ein Leichenwagen. Einige Personen warten schon. Den Kindern des Viertels macht der Leichenwagen Spaß. Die Tür des Hauses ist schwarz bespannt.

In der Wohnung der alten Freuds. Die Familie ist versammelt. Die Schwestern mit ihren Männern, die Neffen usw. Die Verwandtschaftsbande sind eng, sie werden aber nicht benannt werden. Die Mutter ist anwesend. Bleich, aber ohne Tränen. Martha steht neben ihr. Sie hat geweint.

Ein Angestellter des Beerdigungsinstituts erscheint an der Tür des Zimmers, es ist das Wohnzimmer, das wir bei Freuds erstem Besuch im Ersten Teil gesehen haben.

DER ANGESTELLTE *sehr respektvoll zur Mutter*: Gnädige Frau, unsere Zeiten sind sehr streng festgelegt. Es tut mir wirklich sehr Leid, aber ...

DIE MUTTER *sehr höflich, aber mit einer Autorität, die ihr nicht einmal bewusst ist*: Warten Sie noch einen Moment.

Er verbeugt sich ziemlich unzufrieden und zieht sich zurück.
Eine junge Frau links von der Mutter bricht plötzlich heraus. Es kann Rosa Freud sein, aber sie wird nicht genannt.

DIE JUNGE FRAU: Er hat Recht, Mutter! Man kann ihn nicht länger warten lassen. Pech für Sigmund.

MARTHA *besorgt und fassungslos*: Noch ein bisschen Geduld, ich bitte euch. Als ich ihn verließ, wollte er zum Friseur gehen ...

Ein schwarz gekleideter Herr, der Mann der jungen Frau, mischt sich ein.

DER HERR: Sigmund hat sich schon um eine halbe Stunde verspätet. Das kann ich nicht begreifen. Die erste Pflicht gegenüber unserem armen Vater ...

DIE MUTTER *ihn schroff unterbrechend*: Die erste Pflicht gegenüber eurem armen Vater ist es, nicht die Stimme zu heben, wenn sein Sarg im Nachbarzimmer steht.

Verlegenes Schweigen. Nach einer Weile geht die Tür auf: Es ist Freud. Er stürzt zu seiner Mutter hin und nimmt sie schweigend in die Arme.

EINE FRAU IN TRAUER *in unangenehmem Ton*: Ich hoffe, dass man jetzt ...

Die Mutter hat Freud zugelächelt. Sie macht sich los.

DIE MUTTER: Einen Augenblick. *Zu Freud*: Komm.

Sie nimmt ihn am Arm, führt ihn nach hinten und lässt ihn Jakobs Zimmer betreten. Freud gehorcht mit leichtem Widerwillen.

DIE MUTTER: Tritt ein. *Sie treten ein. Jakobs Sarg ruht auf einer Art Gestell. Viele Blumen.* Komm näher.

Freud und die Mutter stehen am Sarg. Die Mutter legt ihre rechte Hand auf den Deckel des Sargs. Mit der linken Hand nimmt sie Freud am Handgelenk und zwingt ihn, seine rechte Hand auf den Sarg des Vaters zu legen. Sanft: Er hat nie gewusst, was du von ihm hältst.

Freud *sehr verlegen*: Aber Mama, ich ...

Die Mutter: Lass mich sprechen ... Er betete dich an. Er war sicher, dass du ihn liebst. Montag sagte er noch: «Und wenn ich nur ein Genie in die Welt gesetzt hätte, so wäre mein Leben nicht umsonst gewesen.» Du hast ihn glücklich gemacht, Sigmund. Mach dir keine Vorwürfe.

Sigmund, mit verkrampftem Gesicht und trockenen starren Augen, bleibt einen Moment vor dem Sarg stehen. Dann wendet er sich, als ob er nicht mehr könnte, abrupt ab. Die Mutter sieht ihn tieftraurig an, dann tritt sie zurück, macht die Tür auf und geht hinaus. Freud verzieht irgendwie das Gesicht, als wenn er schluchzen wollte. Aber nein, sein Gesicht verschließt sich, und er folgt ihr.

Vor dem Haus
Die Zahl der Personen, die auf die Beerdigung warten, ist beträchtlich angewachsen. Unter ihnen erkennen wir Fließ, der sich in die erste Reihe gedrängt hat.

Vier Angestellte des Beerdigungsinstituts tragen den Sarg vorbei und schieben ihn in den Leichenwagen. Hinter ihnen, das Gesicht mit Schleierflor verdeckt, die Mutter, Martha, zwei andere Frauen, dann Freud und drei andere Männer der Familie. Als Freud vorbeigeht, berührt Fließ, der seinen Hut abgenommen hat, seinen Arm. Freud dreht sich um. Er bemerkt Fließ und sieht ihn mit einer Benommenheit an, die sich mit etwas Hoffnung färbt.

Freud: Du?

Fliess: Ich bin gestern Vormittag telegrafisch zu einer dringenden Konsultation gerufen worden.

Freud: Niemals habe ich dich so sehr gebraucht. Bis gleich.

Der Leichenwagen hat sich in Bewegung gesetzt. Die Gruppe der nahen Verwandten, zunächst die Frauen, dann die Männer, schicken sich an, ihm zu folgen. Andere Personen schließen sich dem Zug an.

Etwas weiter in einer anderen Straße: Der Verkehr ist vorübergehend gestoppt, um den Beerdigungszug vorbeizulassen. In seinem geschlossenen Wagen neben dem Trottoir wartet Breuer. Er sieht den Leichenzug durch die Scheibe. Als die letzten Reihen vor dem Coupé vorbeigehen, macht er die Tür auf, steigt aus und folgt dem Zug in einer gewissen Entfernung mit dem Hut in der Hand. Sein Coupé folgt ihm von weitem.

Ein Laden, im Grundriss dem des Friseurs identisch. Ebenfalls Stühle vor Spiegeln. Aber die Friseurgehilfen, die zwischen den Spiegeln und Stühlen der Kamera gegenüberstehen, sind nicht mit Rasieren und Frisieren beschäftigt – kein einziger Kunde auf den Stühlen –, sondern reichen sich in weißes Papier eingewickelte Kugeln mit rosa Bändchen von Hand zu Hand, die beim Friseurladenbesitzer, der hinter der Kasse sitzt, ankommen.

Dieser klebt auf jede das Etikett «Verkauft» und wirft sie eine nach der anderen zu Boden.

Überraschend ist übrigens nicht so sehr diese merkwürdige Tätigkeit, sondern die riesigen Emailschilder, die an allen Wänden hängen anstelle der Reklame für Parfüm oder Rasierseife, die man sah, als Freud eingetreten war.

Geräusch einer laufenden Maschine, die in widersinniger und fast albtraumartiger Weise die Übergabe der Waren vom einen Gehilfen zum anderen rhythmisch begleitet.

Auf allen Schildern steht in Druckschrift, in Großbuchstaben oder kursiv oder rund usw., als wenn es sich um Schriftmodelle oder Reklame für einen Graveur handelte: ES WIRD GEBETEN DIE AUGEN ZUZUDRÜCKEN.

Das Geräusch der Maschine wird durch ein gebieterisches Klingeln übertönt, und plötzlich verlischt der Traum.

27

Freud ist in seinem Arbeitszimmer, er ist durch das Klingeln aus dem Schlaf gefahren. Es ist der Tag nach der Beerdigung, er war eingeschlummert. Die Tür geht auf.

Das Hausmädchen: Doktor Fließ.
Fließ tritt ein. Freud steht überstürzt auf, um ihm entgegenzugehen. Sie drücken sich kräftig die Hände.

Freud: Ich kann es noch nicht glauben, dass du in Wien bist. Du allein konntest mir helfen. Wilhelm, es geht mir schlecht.
Fliess *mit aufrichtigem Interesse*: Du hingst sehr an ihm?
Freud: An meinem Vater? Nun, stell dir vor, ich habe keine Ahnung! Ich hing an ihm, ja. Durch alle meine Fasern. Dieser Tod wird mich in den Wahnsinn treiben. *Er wendet sich von Fließ ab und sieht zum Fenster.* Und trotzdem frage ich mich, ob ich ihn geliebt habe. *Düster:* Manchmal glaubte ich, ihn zu hassen. *Er schüttelt den Kopf, wie um eine Sorge abzuschütteln, dann dreht er sich zu Fließ um und sieht ihn mit funkelnden Augen an.* Gleichviel, ob er ihn hasst oder ob er ihn liebt, das wichtigste Ereignis im Leben eines Mannes ist der Tod seines Vaters. *Fließ lächelt sanft.*
Fliess: Jakob Freud hassen, das scheint mir unmöglich. Ich habe ihn nur zwei Mal gesehen, aber er hatte das Aussehen eines so wackeren Mannes ...
Freud geht aufgeregt im Zimmer auf und ab.
Freud: Was das angeht, ja! Er sah so aus. Was beweist das? *Er kehrt besorgt zu Fließ zurück, packt ihn an den Schultern und sieht ihn mit fast drohender Miene an.* Manchmal habe ich mir gesagt: Das ist nicht normal, ihn so stark zu hassen. Einer von uns beiden muss ein Monster sein. Wenn nicht ich, dann er.
Fließ ist sofort peinlich berührt durch die psychologische, moralische Wendung, die diese Unterhaltung nimmt.
Fliess *hat es sehr eilig, ihn zu beruhigen*: Natürlich hast du ihn geliebt!
Freud *finster*: Ja, ich habe ihn auch geliebt. *Mit plötzlicher Heftigkeit:* Ein Grund mehr, dass diese Regungen von Hass mir unverständlich sind. *Ohne Fließ anzusehen:* Woher willst du wissen, ob ich nicht im Tiefsten meines Unbewussten eine ... schändliche Kindheitserinnerung verdränge? Ich müsste meine eigene Methode auf mich anwenden. Wenn ich mich wie eine Zitrone auspressen könnte ... *Etwas verwirrt:* Wer hat das gesagt? «Wie eine Zitrone auspressen.» Ich habe jemanden gehört ... Ach ja. Cäcilie. *Kurzes Auflachen.* Übrigens! Ein vollkommener Erfolg! Sie hat versucht, sich umzubringen.
Fliess: Du hast sie daran gehindert?

FREUD: Ja.
FLIESS: Danke für die Daten. Meine Berechnungen weisen definitiv und unabweisbar nach, dass sie unter einer hysterischen Neurose leidet.
FREUD *zum ersten Mal, seit er Fließ kennt, etwas ironisch*: Umso besser. Stell dir vor, darauf war ich auch schon gekommen. *Pause.* Und dann hat mich ihre Mutter angerufen. Die Kleine ist wahnsinnig vor Angst. Ich fürchte, ihre Neurose ist dabei, sich schlicht und einfach in eine unheilbare Psychose zu verwandeln. *Verwirrt mit dem Finger auf seinen Schädel zeigend:* Aber was ist da drin verdreht, dass ich den Leuten nur schade? *Er wirkt plötzlich ruhig und entschlossen. Er sieht lange Fließ an und sagt dann unvermittelt:* Du wirst mir helfen.
FLIESS: Wobei?
FREUD: Komm! *Er zieht ihn zur Couch. Er weist auf den Stuhl, der davor steht.* Setz dich da hin. *Er hält ihn zurück.* Nein. *Nach einem Moment des Zögerns nimmt er den Stuhl und trägt ihn an das Kopfende der Couch, an den klassisch gewordenen Platz des Analytikers.* Da! Es ist besser, dass ich dich nicht sehe: Ich kenne dich zu gut. Du wirst meine Rolle spielen. Ich bin der Kranke.
Fließ zögert, fühlt sich unbehaglich und ist empört.
FLIESS: Bist du verrückt? Ich bin kein Psychiater.
FREUD: Na und? Wenn ich meinen Fall analysieren will, brauche ich jemand, vor dem ich sprechen kann. *Er zwingt ihn, sich hinzusetzen. Während er sich selbst auf der Couch ausstreckt.* Du hast nichts anderes zu tun, als mir zuzuhören. Ich weiß nicht, wohin ich gehe. Aber ich brauche einen Zeugen. *Fließ hat sich achselzuckend und widerwillig hingesetzt. Freud spricht auf der Couch liegend:* Zunächst der Traum. Es war ein Friseurladen. Gestern habe ich mich rasieren lassen. Er war voll, und ich bin zu spät zur Beerdigung gekommen. Ich schämte mich. Gut. Traum von Schande und Gewissensbissen. Ich sehe die Emailschilder in meinem Traum. «Es wird gebeten, die Augen zuzudrücken.» Das bedeutet: Die Söhne müssen ihren Vätern die Augen zudrücken. Und du bist zu spät gekommen, um die Augen deines Vaters zuzudrücken.
FLIESS: Hör mal, Sigmund.

Freud bewegt sich unruhig auf der Couch wie ein wirklich Kranker.
FREUD: Sei still, sei doch still. Da ist noch etwas anderes. Ein Traum ist i m m e r eine Wunscherfüllung. Wo ist der Wunsch? Warte! Warte doch. Die Augen zudrücken heißt auch: tot sein. Ich wollte tot sein, seit Jahren rufe ich im Traum den Tod herbei. Ich habe eine Art Todestrieb, das ist ein Zug meines Charakters, vor dem ich kein Auge zudrücken kann. *Er sagt die letzten Worte ganz natürlich und ohne daran zu denken. Er fährt hoch und setzt sich abrupt auf.* Was? *Sehr schnell:* Bankiers betrügen den Fiskus, aber die Regierung drückt ein Auge zu. Diese Frau hält es für geschickter, gegenüber der Untreue ihres Mannes ein Auge zuzudrücken. *Pause. Er dreht sich zu Fließ um.* Du siehst, der Ausdruck ist von selbst gekommen, ohne dass ich ihn gesucht habe. Und in einem dritten Sinn. Der tiefste der drei, der den ganzen Traum erklärt. Um der Achtung des Sohnes willen habe ich den Wunsch, gegenüber einer Handlung meines Vaters ein Auge zuzudrücken. *Er steht auf und läuft aufgeregt hin und her.* Eine Handlung, die ich nicht sehen will. Die ich mir verberge. Die ich aus meinem Bewusstsein verdränge. *Fließ will seinerseits aufstehen. Gebieterisch:* Bleib, wo du bist. Ich werde diese Erinnerung wiederfinden, und wenn ich sie mein ganzes Leben lang suchen muss. *Er setzt sich wieder hin.* Es geschah während jener Reise, ich bin sicher!

FLIESS *ungnädig*: Welcher Reise?

FREUD: Ich bin in Freiberg in Böhmen geboren. Mein Vater verkaufte Stoffe. Er war reich. Die Welle des Antisemitismus hat ihm Angst gemacht. Wir sind nach Leipzig gegangen und dann nach Wien, ruiniert. Das war während meiner frühesten Kindheit. Was hat er getan? Was ist passiert? *Er lacht plötzlich heraus. Fließ fährt zusammen.*

FLIESS *wütend*: Sigmund ...

FREUD *immer noch lachend*: Warte doch! Weißt du, warum ich lache? Ich habe mir gerade gesagt: «Der alte Jakob muss eine seiner Töchter vor meinen Augen vergewaltigt haben!» Und dann ist mir eingefallen, dass meine Schwestern noch gar nicht geboren waren. *Fließ sieht ihn mit leichtem Entsetzen an. Freud ist zu sehr mit sich beschäftigt, um es bemerken zu können. Er*

sitzt auf der Couch und beugt sich nach vorne. Nach einer Weile entspannt er sich etwas, dreht sich um seine Hüften, richtet sich auf und streckt seine Beine auf der Couch aus, bereit, sich hinzulegen, wie er es vorher gemacht hat. Machen wir weiter!
Fließ steht im selben Moment auf und stellt sich vor Freud hin, finster entschlossen, Schluss zu machen.

Fliess: Nein. Ein Mal genügt. Diese Methode ist idiotisch. Sie beschäftigt sich nur mit zusammenhanglosem Gefasel und Kalauern.

Freud: Das ist keine Methode. Ich suche sie noch. Hilf mir.

Fliess: Ich kann dir nicht helfen, weil ich dich missbillige. Der Hypnotismus gefiel mir besser.

Freud *geht mit einem Ausdruck fast homosexueller Provokation auf ihn zu*: Dann hypnotisiere mich.

Fliess *wendet sich abrupt ab*: Das kann ich nicht. Und außerdem bist du kein Neurotiker.

Freud: Wieso nicht?

Fliess *missgelaunt*: Wir sind ein Forscherpaar, Sigmund. Du hast nicht das Recht, wirr zu sein. In Berchtesgaden hast du mir etwas Solides geboten: eine Methode, die hypnotische Erforschung, ein Resultat, das sexuelle Trauma. Jetzt folge ich dir nicht mehr. Wieso musst du deinen Seelenzustand analysieren?

Freud: Ich bin mir überhaupt keiner Sache mehr sicher. Cäcilie habe ich gezwungen, Geständnisse abzulegen …

Fliess: Bleiben dreizehn Fälle.

Freud: Vielleicht habe ich sie auch erzwungen. Oder aber diese Patientinnen haben mich belogen.

Fliess: Welches Interesse sollten sie gehabt haben, ihre Väter zu beschmutzen?

Freud: Welches Interesse habe ich daran, meinen zu beschmutzen?

Fliess *erschrocken*: Was? *Er versucht, die Dinge zu verharmlosen.* Sigmund, du hast einen schrecklichen Schock erlebt, und außerdem hast du dich in der letzten Zeit überarbeitet. Ich kenne das. Verlasse deine Kranken für zwei Wochen, fahr mit Martha und den Kindern in die Ferien, du hast es nötig.

Freud: Die Kranken verlassen wäre einfach, ich habe nämlich keinen einzigen mehr ... Mich selbst kann ich nicht verlassen.

Fliess *wieder seine Autorität zurückgewinnend*: Hör zu, Sigmund. Wir arbeiten zusammen. Deine Theorie der Traumata brauche ich für meine Berechnungen. Du musst an ihr festhalten. Ich räume ein, dass du im Detail Irrtümer begangen haben kannst. Finde sie also heraus. Korrigiere sie! Lass dir so viel Zeit, wie du willst. Aber unsere Zusammenarbeit hat keinen Sinn mehr, wenn du die Fakten leugnest, auf denen sie beruht.

Freud *unsicher, eher gehorsam als überzeugt*: Irrtümer. Ja ... Vielleicht ...

Fliess: Finde sie heraus. Aber wühle nicht in dir herum. Du wirst verrückt, wenn du versuchst, dich zu erkennen. Dafür sind wir nicht geschaffen.

Freud *sieht Fließ mit einer neuen Neugierde an. Er distanziert sich*: Du hast es nie versucht, Wilhelm?

Fliess *fest*: Mich zu erkennen? Niemals.

Freud *schüttelt den Kopf, ohne ihn aus den Augen zu lassen*: Ich verstehe.

28

Einige Stunden später. Cäcilie in ihrem Zimmer, unruhig und nervös. Sie ist schlicht, aber sehr elegant gekleidet. Sie sitzt am Fenster und liest. Doch von Zeit zu Zeit steht sie auf, um nach der Uhr zu sehen. Keine Spur von Schminke. Dabei ist sie blass und hat Ringe unter den Augen. Es klopft, sie dreht sich lebhaft zur Tür um.

Cäcilie: Herein.

Freud tritt mit einer kleinen Arzttasche ein. Sein Gesicht hat sich verändert. Es ist zwar immer noch finster, aber es hat das aggressiv Mürrische verloren, das wir an ihm kannten. Er hat auch nicht mehr die trotzige, verschlossene, etwas dämonische Miene der vorhergehenden Tage. Er ist traurig, wirkt aber aufgeschlossen. Und hinter seinen tiefen Unsicherheiten macht sich eine neue Sicherheit bemerk-

bar, die sich ihrer selbst nicht bewusst ist. Cäcilie lächelt ihm zu. Er geht bis zu ihrem Stuhl.

FREUD: Guten Tag, Cäcilie. *Sie gibt ihm anmutig die Hand. Er nimmt einen Stuhl und setzt sich ihr gegenüber hin.* Wie fühlen Sie sich?

CÄCILIE: Schlecht.

FREUD: Ängste?

CÄCILIE *sieht ins Leere*: Ja. *Freud sieht sie schweigend an. Plötzlich dreht sie sich zu ihm um.* Sie werden mir doch nicht eröffnen, dass Sie mich aufgeben?

FREUD: Ich weiß nicht. *Während er spricht, sieht sie ihn entsetzt an.* Ich habe mich geirrt, das ist sicher. Aber wann? Wie? Die Methode ist nicht die richtige ... Oder aber ... Ich kann Ihnen nichts vorschlagen. Nichts mehr. *Plötzlich heftig:* Und dabei habe ich das Gefühl, dass ich fast am Ziel bin. Sind Sie mir böse?

CÄCILIE *sieht ihn lange zögernd an, und dann plötzlich fest*: Nein.

FREUD *mit dumpfer Stimme*: Cäcilie, ich glaube, dass ich krank bin. Ich projiziere meine eigene Krankheit auf meine Patienten.

CÄCILIE: Was für eine Krankheit?

FREUD: Wenn ich das nur wüsste. Sicher ist, dass ich sie nicht erkennen werde, solange ich mich nicht erkannt habe. Noch dass ich mich verstehen werde, solange ich sie nicht verstanden habe. Ich muss an ihnen entdecken, was ich bin. In mir, was sie sind. Helfen Sie mir.

CÄCILIE *sieht ihn mit etwas mehr Sympathie an; sie findet das komisch und fühlt sich geschmeichelt*: Sie bitten mich um meine Mitarbeit?

FREUD: Ja.

CÄCILIE: Was muss ich tun?

FREUD: Sie haben mir neulich vorgeworfen, ich hätte Sie zu einer Antwort gezwungen. Gut, ich werde also keine Frage mehr stellen. Erzählen Sie mir, was Sie wollen.

CÄCILIE: Und dann?

FREUD: Es gibt keinen Zufall. Wenn Sie eher an ein Pferd als an einen Hut denken, so hat das einen tieferen Grund. Sie müssen mir alles sagen. Alles, was Ihnen in den Sinn kommt, selbst die abwegigsten Gedanken. Den Grund für diese Gedankenassoziationen werden wir gemeinsam herausfinden. Je mehr Sie sich ihm nähern, je mehr Sie die Widerstände abschwächen, desto weniger quälend wird es für Sie sein, ihn aufzudecken.

Cäcilie: Ist das ein Gesellschaftsspiel?

Freud: Ja. Das Spiel der Wahrheit. Nun?

Cäcilie *legt ihm freundschaftlich die Hand auf den Arm*: Sie wollen, dass wir uns gegenseitig heilen?

Freud: Ja. Der eine durch den anderen.

Cäcilie: Versuchen wir es.

Freud: Kommen Sie! *Sie steht auf seine Aufforderung hin auf.* Legen Sie sich auf das Bett.
Freud setzt sich auf einen Stuhl, den er hinter das Bett trägt, während sie sich ausstreckt.

Cäcilie: Wo sind Sie? Ich mag es nicht, dass ich Sie nicht mehr sehe.

Freud *steht auf*: Ich werde mich hinter meine Patienten setzen, wenn ich geheilt bin. Dann werde ich nur noch ihr Zeuge sein. *Er nimmt den Stuhl wieder und trägt ihn zu Cäcilie zurück.* Dazu ist es noch zu früh, Sie haben Recht. *Er setzt sich an ihr Kopfende.* Fangen Sie an.

Cäcilie: Womit?

Freud *mit schwachem Lächeln*: Freie Assoziationen. Womit Sie wollen. *Pause. Cäcilie liegt auf dem Bett und beginnt zu reden, ohne Freud anzusehen.*

Cäcilie: Sie haben niemals das Gefühl, schuldig zu sein, ohne zu wissen, warum?

Freud: Doch. Ständig.

Cäcilie: Genau das ist es. Wenn ich krank oder gelähmt bin, mag das noch angehen. Man könnte sagen, mein Körper nimmt meine Vergehen auf sich. Aber wenn ich im Vollbesitz meiner Glieder bin, zermartere ich mein Gehirn. Ich muss etwas sehr Schlimmes getan haben. Früher. Ich habe keine Entschuldigungen, Herr Doktor, ich habe die schönste Kindheit gehabt. Mein Vater hat mich überallhin mitgenommen.

Ein luxuriöses Esszimmer
Gäste setzen sich. Die Hausherrin richtet sich an Cäcilies Vater.

Die Hausherrin: Joseph, nehmen Sie rechts von mir Platz. Ihre Tochter mir gegenüber.
Cäcilie setzt sich hin. Sie ist sechs, man hat Kissen auf ihren Stuhl gelegt, damit sie höher sitzt. Sie sieht aus wie eine kleine Dame. Ein etwa fünfzigjähriger Herr, der sich rechts von ihr hingesetzt hat, verbeugt sich scherzhaft vor ihr.
Der Herr: Küss die Hand, mein Fräulein. Ich bin entzückt, neben Ihnen sitzen zu dürfen.
Cäcilie macht würdig eine Kopfbewegung und reicht ihm die Hand zum Handkuss.
Der Vater *aus dem Off*: Später, Cäcilie. Viel später! Man wird deine Hand küssen, wenn du verheiratet bist.
Der Herr *lächelnd*: Sie erlauben doch eine Ausnahme.
Er verbeugt sich und küsst ihr die Hand.
Freud *aus dem Off*: Wo war Ihre Mutter?
Das Bild verschwindet. Cäcilies Zimmer.
Cäcilie: Zu Hause. *Unangenehmes Auflachen:* Sie war eine Frau, die nie ausging.

Ein Salon in einer Wohnung
Frau Körtner, mindestens achtzehn Jahre jünger, aber vielleicht noch viel härter, tritt ein, gefolgt von zwei Dienstmädchen. Sie mustert den Salon wie ein Offizier, der eine Parade abnimmt.

Frau Körtner: Geben Sie mir meine weißen Handschuhe. *Ein Dienstmädchen reicht ihr ein Paar weiße Handschuhe. Sie zieht sie an, geht auf ein Sofa zu, bückt sich und wischt mit ihrer Hand unter dem Sofa. Sie richtet sich wieder auf, sieht ihren Handschuh an, bemerkt Staubspuren darauf. Sie dreht sich zu den Dienstmädchen um:* Wer hat hier gefegt?
Ein Dienstmädchen: Ich, Frau Körtner.
Frau Körtner *zeigt ihr ihre Hand, gebieterisch, aber ohne Zorn*: Machen Sie es noch einmal.
Die zwölfjährige Cäcilie kommt in den Salon gerannt. Sie hat einen Hut auf und trägt einen Schulranzen. Sie möchte ihre Mutter küssen. Hinter ihr sehen wir eine sehr hübsche Frau in einem strengen Aufzug. Es ist ihre Gouvernante.

Frau Körtner *mit vorwurfsvoller Stimme*: Cäcilie!
Frau Körtner zeigt auf zwei Filzpantoffeln, die an der Schwelle dieses Salons liegen, was uns ermöglicht zu sehen, dass dieses große luxuriöse Zimmer keinen Teppich hat, sondern ein hervorragend gebohnertes Parkett. Cäcilie stellt ihre Füße auf die beiden Filzpantoffeln, schlurft zu ihrer Mutter hin, um sie zu küssen. Sie hat sowohl ihre Lebhaftigkeit als auch das aufrichtige Gefühl verloren, das sie zu ihrer Mutter hintrieb. Sie hält ihr schmollend die Stirn hin, macht eine gelernte kleine Verbeugung.
Frau Körtner: Mach deine Schulaufgaben, mein Kind!
Sie kehrt ihrer Mutter den Rücken und geht zu ihrer Gouvernante, die sie zärtlich anlächelt.
Freud *aus dem Off, während die beiden Frauen verschwinden*: Solche brillanten Empfänge, gab Ihre Mutter sie manchmal zu Hause?
Cäcilie *aus dem Off*: Niemals. An einem Abend hat mein Vater ein großes Diner gegeben. In Abwesenheit von Mama.

Ein großer Tisch: Gäste dinieren. Man bemerkt den Vater seiner Tochter gegenüber.

Cäcilie *aus dem Off*: Mein Vater hatte zu mir gesagt: Du wirst die Hausherrin sein.
Die zehnjährige Cäcilie nimmt den Platz der Hausherrin ein, ernst und feierlich: Sie spielt die Rolle ihrer Mutter. Ein Diener serviert. Ein Herr links von Cäcilie ist dabei, sich zu bedienen. Es ist ein schüchterner junger Mann.
Die kleine Cäcilie *zu dem Herrn*: Aber Sie haben sich doch kaum bedient! Ich werde Sie jetzt bedienen. *Der Diener stellt sich rechts von dem Gast hin und hält den Teller in der Höhe Cäcilies, die lässig ein schönes Stück Braten nimmt und es auf den Teller des Gastes legt.*
Der Gast *verschüchtert und zerstreut*: Danke, gnädige Frau.
Die Gäste fangen an zu lachen.
Herr Körtner *lebhaft*: Noch nicht, mein lieber Herr.
Eine Frau *etwa vierzig Jahre alt*: Aber doch! Aber doch! Er hat Recht: Diese Kleine ist eine vollendete Hausherrin. Sie ist uns allen überlegen.

Eine andere Frau: Ich schlage vor, wir nennen sie Madame honoris causa.

Herr Körtner *protestiert sehr geschmeichelt, der Form halber*: Oh! Sie dürfen sie mir nicht verwöhnen.

Cäcilie nimmt mit erröteten Wangen und einer etwas verschmitzten Miene diese Komplimente in souveräner Gelassenheit entgegen, die ihren Stolz kaum verhehlen kann.

Freud *während das Bild Cäcilies bleibt, aus dem Off*: Wo war denn Ihre Mutter?

Cäcilie *aus dem Off*: In den Bergen. Sie hatte ein Lungenleiden. *Das Bild verschwindet.* Das war ein schlimmes Jahr. Ich hatte Angst, dass sie stirbt. Die ganze Zeit. Nachts hatte ich Albträume. Ich sah sie in einem Sarg.

Diese Worte werden durch einen lauten Schrei der kleinen Cäcilie aus dem Off unterbrochen.

Ein Zimmer

Es ist Nacht. Eine brennende Nachtlampe auf einem Nachttisch bei Cäcilie. Cäcilie sitzt im Nachthemd auf ihrem Bett. An der anderen Seite des Zimmers ein weiteres, etwas größeres Bett. Die Gouvernante Magda ist gerade aufgewacht. Sie sieht noch ganz verschlafen aus.

Die kleine Cäcilie: Magda! Magda! Ich hatte solche Angst.

Magda richtet sich auf und stützt sich wohlwollend, aber ein bisschen verärgert auf ihren Ellbogen. Sie hat ein tief ausgeschnittenes Hemd an.

Magda: Was ist denn?

Die kleine Cäcilie: Magda, ich habe einen furchtbaren Albtraum gehabt. Mama war tot.

Magda: Was für ein Unsinn! *Sie dreht sich in ihrem Bett um, fest entschlossen, wieder einzuschlafen. Sie rechnet nicht mit Cäcilie, die zu schreien anfängt.*

Die kleine Cäcilie: Magda! Magda!

Magda: Schreien Sie doch nicht so. Sie wecken ja das ganze Haus auf. *Cäcilie steht auf.* Was wollen Sie.

Die kleine Cäcilie: Lassen Sie mich in Ihr Bett. Bitte, bitte, Magda, ich habe solche Angst, lassen Sie mich in Ihr Bett.

Magda *versucht streng zu sein*: Cäcilie, Sie sind doch dafür schon zu groß.
Cäcilie ist durch das Zimmer gegangen, sie steht vor Magdas Bett. Sie fängt an zu weinen.
Magda: Gut! Gut! Kommen Sie! *Sie schlägt ihre Bettdecke auf, Cäcilie kuschelt sich hinein. Kaum ist sie im Bett, schmiegt sie sich heftig an Magda.*
Magda *lachend*: Vorsicht, Sie nehmen mir ja die Luft.
Cäcilie: Ich fühle mich wohl. *Sie streichelt ganz sanft Magdas nackte Schultern. Ihr Weinen hat aufgehört.* Sie riechen gut, Magda. Sie sind zart. Wenn ich groß bin … glauben Sie, dass ich dann auch so schön bin wie Sie?
Magda lässt es mit sich geschehen, sie lächelt.
Magda: Sie werden viel schöner sein, Cäcilie. *Cäcilie streichelt ihr über den Nacken und die Schultern. Magda, die sich durch die zarten Finger des Kindes gekitzelt fühlt, lacht auf und zittert.* Sie kitzeln mich.
Cäcilie: Habe ich dann auch so eine Haut wie Sie? *Magda lächelt, ohne zu antworten.* Dann wird mich Papa genauso ansehen, wie er Sie ansieht?
Magda ist sprachlos.
Cäcilie *aus dem Off*: Puah!
Die Vision verschwindet.
Cäcilie: Ich mag solche Erinnerungen nicht.
Freud: Weshalb nicht?
Cäcilie: Er kam nachts in unser Zimmer. Einmal habe ich ihn gesehen, als er hinausging.
Freud: Wen?
Cäcilie: Nun, meinen Vater eben!
Freud: Sie waren eifersüchtig.
Cäcilie: Nein, nicht auf sie. Anfangs machte mir das Spaß. Ich sah sie an, ich war fasziniert, ich sagte mir: Dieses Gesicht liebt er. Ich hatte den Eindruck, dass irgendeinem ein Streich gespielt würde. Aber ich habe schnell begriffen, dass er sie nicht liebte. Er beschäftigte sich in den Ferien mit ihr, wenn er niemand anderen zur Verfügung hatte. Sie liebte ihn. Ein so feiner, so sensibler Mann. Er hatte nur Spaß mit Prostituierten.

FREUD: Er liebte Ihre Mutter nicht?
Cäcilie *fährt bei dieser Frage buchstäblich hoch und schreit*: Wieso denn nicht! Er betete sie an! *Freud steht halb auf und zwingt sie, sich wieder hinzulegen.* Sie brauchte nur ein Zeichen zu machen ... Sie verbrachte ihre Zeit damit, ihn zurückzuweisen. *Sie wälzt sich hin und her.* Sie war böse zu ihm. *Mit Hass:* Böse und kalt. Niemals ein Lächeln. Sie hat ihn gezwungen, sie zu betrügen. Wissen Sie, dass sie in getrennten Zimmern schliefen? Er gab ihr immer nach, der Arme. Mit einem Blick, der mich demütigte.

Bei diesen Worten sitzen Frau Körtner und Herr Körtner in einer Laube im Garten. Cäcilie spielt zu ihren Füßen mit einer Puppe. Die Erinnerung ist durch Cäcilies Leidenschaften offensichtlich deformiert: Frau Körtner, sehr schön, wirkt härter denn je. Herr Körtner fühlt sich unbehaglich und wirft ihr hündische Blicke zu. Die Szene wird von unten aufgenommen: Wir sehen sie von der kleinen Cäcilie aus.

FRAU KÖRTNER *kühl*: Joseph, ich habe Magda Schneider entlassen. Sie packt ihre Koffer und verschwindet. *Böse:* Bist du einverstanden?
HERR KÖRTNER *nach einem fast unmerklichen Zögern, gehorsam*: Völlig einverstanden.
Kamera auf die kleine Cäcilie, die auf einem Stühlchen in der Laube sitzt, ihr Gesicht zu ihrer Mutter erhebt und sie voller Hass ansieht.
CÄCILIE *aus dem Off*: Danach hat sie meine Gouvernanten selbst ausgewählt: gebrechliche, alte, hässliche.
Das Bild verschwindet.
CÄCILIE *aus dem Off heftig zu Freud*: Ich hasste sie. *Mit einem Schrei:* Sie hat meinen Vater ruiniert.

Frau Körtner sitzt im Salon am Tisch dem alten Dienstmädchen gegenüber und stopft. Auch das Dienstmädchen stopft und flickt. Doch Cäcilies vor Wut angeschwollene Stimme dringt durch die Tür. Frau Körtner hört sie, ohne dass ihr Gesicht die geringste Erregung ausdrückt.
CÄCILIE *aus dem Off*: Früher wohnten wir in Graz. In die Wiener Villa kamen wir nur im Sommer. Sie hat meinen Vater

gezwungen, sich hier niederzulassen, er hat wie immer gehorcht, er hat seine Geschäfte anderen anvertraut, und sie gingen schlecht. *Frau Körtner räumt ihr Nähzeug weg und geht zur Tür.*
In Cäcilies Zimmer. Cäcilie ist blass und verstört. Sie atmet mit Mühe.
Cäcilie: Das ist es. Die Beklemmung. *Freud sieht sie aufmerksam an.* Ich habe Ängste. Die habe ich jedes Mal, wenn ich an sie denke. *Mit einem schrillen Ton wie eine Irre:* Sie hat meinen Vater umgebracht. Und ich bin sicher, dass sie mich dazu getrieben hat, ein Verbrechen zu begehen. *Sie richtet sich plötzlich auf. Sie sieht Freud in die Augen.* Ist es ein Verbrechen, seine Mutter zu verurteilen? *Auch Freud ist blass geworden. Er antwortet nicht.* Und Sie, haben Sie Ihren Vater geliebt? *Er antwortet immer noch nicht, obwohl seine geweiteten Augen seine Angst verraten.*
Freud *nach einer Weile*: Warum fragen Sie mich, ob ich meinen Vater liebe und nicht meine Mutter?
Cäcilie: Ich weiß nicht. Lassen Sie mich sprechen. Es fällt mir schwer, mich auszudrücken, das sehen Sie doch. Ist Ihr Vater ein anständiger Mann?
Freud: Er war ein anständiger Mann.
Cäcilie: Sie haben Glück. Sie können ihn achten. *Heftig:* Ich muss eine Hure achten.
Freud: Was?
Cäcilie: Wussten Sie das nicht? Ich habe Ihnen doch gesagt, er liebte nur Freudenmädchen. *Sie richtet sich auf, geht zu ihrem Sekretär, holt einen Schlüssel aus ihrer Tasche, schließt ihn auf, holt eine Papierrolle heraus und gibt sie Freud, der sie aufrollt. Man sieht ein farbiges Plakat, das eine fast nackte, angeblich spanische Tänzerin darstellt. Die sehr grobe Zeichnung ermöglicht es nicht, Frau Körtner zu erkennen. Unter der Zeichnung: Conchita de Granada. Cäcilie beugt sich darüber und versetzt mit dem linken Zeigefinger dem Plakat, das Freud in der Hand hält, kleine Stöße. Da. Seit einer Weile ist geräuschlos die Tür aufgegangen. Frau Körtner ist in der Türöffnung erschienen. Sie hört zu:* Er hat sie in einem Tingeltangel aufgelesen.
Freud ist fassungslos. Frau Körtner tritt ein.

Frau Körtner *eisig zu Cäcilie:* Du hast es aufgehoben? Ich wusste nicht, dass du Familienerinnerungen liebst. *Sie dreht sich zu Freud um, im selben Ton:* Sind Sie zufrieden? *Er antwortet nicht.* Sie sind kein Priester, Herr Doktor. Nur Priester haben das Recht, unsere Geheimnisse zu erfahren. *Mit unbeugsamer Autorität, aber ohne die Stimme zu heben:* Ich bitte Sie zu gehen.

Freud: Frau Körtner ...

Frau Körtner: Geben Sie sich keine Mühe: Sie haben schon genug Unheil angerichtet.

Freud: Wir sind fast am Ziel, Frau Körtner: Das ist der gefährlichste Moment. Es ist absolut unmöglich, eine Behandlung abzubrechen, wenn sie in diese Phase eintritt. Cäcilie ist jetzt unberechenbar.

Cäcilie *sanft und hinterhältig:* Ich werde überhaupt nichts tun, Herr Doktor. Meine Mutter weiß, was ich von ihr halte, und ich weiß, was sie von mir hält. Wir werden weiterleben. Wie in der Vergangenheit. Gehen Sie, da sie es verlangt. *Mit tiefem Ressentiment, das durch ihre Sanftheit hindurchscheint:* Sie verjagt Sie, wie sie Magda verjagt hat. Und alle meine Freunde. Was kann man da tun? Sie ist doch meine Mutter, nicht wahr?

Freud sieht Frau Körtner ins Gesicht. Er sieht, dass ihre Entscheidung unerschütterlich ist. Er verbeugt sich und geht hinaus, nachdem er seine Arzttasche genommen hat.

Freud *zu Frau Körtner beim Hinausgehen:* Ich hoffe, dass Sie niemals bedauern werden, was Sie jetzt tun.

Auf der anderen Seite der Tür ist die Alte nicht mehr da. Er will hinausgehen, als er heftige Geräusche in Cäcilies Zimmer hört. Er zögert einen Augenblick, dann rennt er wieder zurück. Es war höchste Zeit. Cäcilie, die jünger und stärker ist, hat Frau Körtner auf das Bett geworfen, beide Hände um ihren Hals gelegt und versucht, sie zu erwürgen. Es gelänge ihr sicher, wenn Freud sich nicht auf sie stürzte und Frau Körtner befreite, nicht ohne Mühe. Diese richtet sich wortlos wieder auf. Sie atmet mit der größten Mühe, bekommt aber sofort ihre düstere Würde zurück und steckt sich mit einer raschen Bewegung ihren aufgelösten Knoten zurecht. Cäcilie wirkt geistes-

abwesend. Sie sieht ihre Mutter mit einem fast dumpfen Erstaunen an.

Cäcilie *mit verhaltener Stimme*: Wie das ... Ich habe sie doch schon seit langem getötet! *Bei diesen letzten Worten fängt sie an zu brüllen und mit den Armen zu fuchteln. Wenn Freud sie nicht zurückhielte, würde sie sich auf der Erde wälzen. Er führt sie wieder zu ihrem Bett, auf das sie sich mit einem entsetzten Schrei fallen lässt.*

Freud *zu Frau Körtner*: Passen Sie auf, dass sie nicht fällt. *Er öffnet seine Arzttasche, holt eine Nadel und eine Ampulle heraus und nimmt Cäcilies Arm, dessen Ärmel er hochkrempelt. Er gibt ihr mit einer festen, präzisen Bewegung eine Spritze.* In zwei Minuten wird sie schlafen.

Die Nacht ist angebrochen. Freud und Frau Körtner sind in Cäcilies Zimmer am Bett der Kranken, die schläft. Frau Körtner spricht halblaut, ohne ihre Tochter aus den Augen zu verlieren.

Frau Körtner: Ich tanzte in einem Tingeltangel, ja. Na und? Cäcilie weiß es. Jetzt wissen Sie es. Wieso hilft Ihnen das, sie zu heilen?

Freud *sieht Frau Körtner mit Sympathie und ohne jeden Puritanismus an*: Ich weiß nicht. Es wird mir helfen. Ich bin dabei, etwas herauszufinden. Es ist nicht das erste Mal, dass sie Sie umbringen will. *Frau Körtner sieht ihn erstaunt an: Auch das weiß er.* Als sie klein war, haben Sie eine Zeit in einem Sanatorium verbracht. Sie träumte jede Nacht davon, dass Sie sterben würden. Unsere Träume offenbaren uns unsere Wünsche.

Frau Körtner: Sie sagte zu ihrem Vater, dass es Albträume wären. Ich habe nicht daran geglaubt.

Freud: Es waren Albträume. Sie hatte im Traum das dunkle Gefühl, dass sie Ihren Tod wünschte, und sie reagierte auf diesen verfemten Wunsch durch Angst. Auch ich habe hundert Mal davon geträumt, dass ich meinen Vater umbringe.

Frau Körtner *immer noch feindselig, aber interessiert*: Aber warum denn?

Freud: Ich weiß es noch nicht. Ich werde es herausfinden. *Pause.* Warum hat Cäcilie ...

Frau Körtner: Aus Eifersucht: Sie wollte Herrin des Hauses sein.

FREUD: Alles läuft immer auf jenen merkwürdigen Vater hinaus, den sie gehabt hat ... auf Ihren Mann?
FRAU KÖRTNER: Das war überhaupt kein merkwürdiger Mann, o nein! Er war nicht einmal schlecht. Er war feige. Wie alle.

In diesem Moment verändert sich das Bild. Wir sind fünfundzwanzig Jahre zurückversetzt. In einem kleinen Grazer Tingeltangellokal führt eine halb nackte, sehr schöne junge Frau eine sehr gewagte Tanznummer vor: «Leda und der Schwan», wie wir einem Schild entnehmen, das an einem vertikalen Pult gegenüber dem Publikum haftet und das bei jeder Nummer gewechselt wird. Ein elendes Orchester, das falsch spielt: eine Geige, ein Cello, ein Klavier. Sie hat einen Büstenhalter und eine Froufrou-Hose an, durchsichtige Strümpfe, die bis zur Hose reichen. Ihr rechter Arm ist völlig von Schwanenfedern verdeckt. Ihre Hand, die als Einziges sichtbar ist, sieht wie ein Vogelschnabel aus: Der Daumen ist gegen die anderen Finger gedrückt. Diese den Schwan Jupiter spielende Hand fährt kühn über die Schultern und den Busen der Tänzerin, die tanzend ihre Erregung zeigt. Die Schnabelhand gelangt bis zu den Lippen der Tänzerin und mimt einen Schwanenkuss auf den schönen Mund von Frau Körtner. Diese beugt sich unter der Inbrunst des anhaltenden Kusses erregt nach hinten. Ihr Kopf berührt den Boden, während ihre Knie und Beine noch gerade sind: die klassische Turnübung der Brücke, dann streckt sie sanft ihre Beine aus und legt sich auf den Rücken, während der Schwan sich auf sie stürzt, sie auf den ganzen Körper küsst. Der kleine Vorhang, der die Szene halb verdeckt – er ist in Mannshöhe durch Ringe an einer Schnur befestigt, die die Bühne in ihrer ganzen Länge durchquert –, wird von zwei Bühnenarbeitern, deren Schuhe man unter den Fransen des Vorhangs sieht, wieder zugezogen, als sich der Schwanenschnabel langsam dem Bauch der entrückten Tänzerin nähert.

Während des Tanzes haben wir mehrfach das Publikum gesehen. Einige «Harte» der damaligen Zeit. Melone, Schnurrbart und Stehkragen. Aber vor allem Soldaten, Rekruten und Dienstverpflichtete. Ein einziger Mann – Zylinder, gepflegter Bart, elegante Aufmachung – applaudiert stärker als die anderen und fällt in diesem ausschließlich männlichen und sehr gemischten Publikum auf: Es ist Herr Körtner.

Frau Körtner *aus dem Off*: Seine einzige Originalität: Er liebte nur Prostituierte.

Die elende Loge, in der sich Frau Körtner abschminkt. Sie sitzt vor einem gesprungenen Spiegel und betrachtet sich mit tiefer Traurigkeit. Es klopft leise aus dem Off.

Die Tänzerin *sich umdrehend*: Herein! *Ein Angestellter des Tingeltangellokals, jämmerlich und schlecht gekleidet, schlüpft herein. Er bringt einen riesigen prächtigen Blumenstrauß. Sie nimmt ihn verdutzt an. Ein kleiner Umschlag mit einer Visitenkarte ist an dem Blumenstrauß befestigt. Sie reißt den Umschlag auf, wirft einen Blick auf die Visitenkarte. Mit kundiger vulgärer Stimme:* Gut, die Blumen. Und der Typ?

Der Angestellte: Er folgt ihnen. *In der Scheibe sieht man durch die offen gebliebene Tür Herrn Körtner herbeikommen.* Empfangen Sie ihn?

Die Tänzerin: Ja. *Er tritt ein und will ihr die Hand küssen.*

Ein Priester *aus dem Off*: Und Sie, Ida Brand, sind Sie bereit, Joseph Körtner zum Ehemann zu nehmen?

Eine Kirche
Die Brautleute geben sich das Jawort. Ida Brand ist im Brautkleid. Weißes Kleid und Orangenblüten.

Ida Brand *mit fester Stimme*: Ja.
  Hinter ihnen stehen drei oder vier Personen. Aber alle anderen Bänke sind leer.

Frau Körtner *aus dem Off*: Er hat mich geheiratet, weil ich ein Freudenmädchen war. Das war sein Laster. In der ersten Zeit unserer Liaison betrog ich ihn, das liebte er. *Die Vision verschwindet. Freud und Frau Körtner nebeneinander. Frau Körtner spricht, ohne jemanden anzusehen. Freud hört ihr zu und sieht sie an.* Als er sagte, dass er mich heiraten wolle, begann ich, ihn zu lieben. Ich habe mir geschworen, ihm treu zu sein. Ich hasste mein Leben, ich wollte wirklich seine Frau sein. Anständig, rein. Ich hatte ein Bedürfnis nach Anständigkeit.

Herr Körtner liest in dem Salon, den wir schon gesehen haben, Zeitung. Frau Körtner tritt auf. In dieser strengen, harten Frau mit glatt gekämmtem Haar, ohne eine Spur von Puder, hochgeschlossen gekleidet – dunkle Kleidung, Spitzentuch, Spitzenmanschetten –, erkennt man die ehemalige Prostituierte nicht wieder. Geräusch der Schritte von Frau Körtner. Er hört es, hebt den Kopf und legt die Zeitung hin. Eine fast komische Enttäuschung zeichnet sich auf seinem Gesicht ab.

Herr Körtner: Ida! *Er steht auf und sieht sie von nahem an.* Was soll denn das?
Ida: Das? Das ist mein Kleid. Willst du denn, dass sich Frau Körtner als Leda kleidet? Deine Freunde würden mich nicht empfangen.
Herr Körtner *sieht sie mit tiefem Unbehagen an*: Sowieso ...
Ida *fährt zusammen und ihr Gesicht verhärtet sich*: Was?
Herr Körtner *will das Gespräch auf etwas anderes bringen*: Es ist Leda, die ich geheiratet habe.
Sie tritt zu einem Spiegel und sieht sich an. Aber es ist das Bild Ledas, das sie sieht; mit einem verstörten und verzweifelten Gesicht. Frau Körtner betrachtet mit harten Augen jenes Bild ihrer Vergangenheit. Das Bild verschwindet. Es bleibt die gegenwärtige Spiegelung von Ida Körtner, die noch sehr jung ist, aber sich allmählich verhärtet. Diese Verhärtung der Züge sehen wir sich vollziehen, während Frau Körtner spricht.
Frau Körtner *aus dem Off*: Sie haben mich nie empfangen. Sie sind niemals zu mir gekommen. Sie sagten «jene Frau», wenn sie von mir sprachen. Josephs beste Freunde. *Ida Körtner wendet sich vom Spiegel ab und geht zum Fenster. Sie lehnt sich hinaus und sieht eine Kalesche mit Cäcilie und Joseph Körtner wegfahren.* Er war feige! Er ging ohne mich zu ihnen. Als meine Tochter fünf war, nahm er sie mit.
Die Vision verschwindet. Frau Körtner spricht in Cäcilies Zimmer mit Freud.
Frau Körtner: Dann habe ich geputzt. Ich habe Ordnung gemacht. Ich hasste Flecken und Staub. Manchmal kehrte ich selbst oder wischte den Boden. Alles musste sauber sein. Alles.
Freud *eher bestätigend als fragend*: Und Ihr Mann hat Sie betrogen.

Frau Körtner: Mit allen Prostituierten von Graz. Im Sommer in Wien schlief er mit Cäcilies Gouvernante. Meine Tochter wusste es, ich wusste es nicht. Alle waren gegen mich verschworen. Cäcilie liebte mich nicht.
Freud: Weshalb nicht?

Bei dieser Frage ändert sich die Szene, wir sehen die zwölfjährige Cäcilie, die ihre Mutter, eine lange schwarze Gestalt, mit tiefem Groll ansieht.

Frau Körtner *aus dem Off*: Ich weiß nicht. Ich war vielleicht zu streng. Ich lächelte nicht oft. Die Gouvernante war hübsch, mein Mann war charmant, schwach und leichtfüßig. Cäcilie hatte seine Partei ergriffen.
Die Frau und das kleine Mädchen stehen sich gegenüber. Cäcilie senkt schließlich die Augen. Man merkt, dass sie nervös eine Blume zerrupft, sie bricht den Stängel, sie reißt die Blütenblätter aus. Die Szene spielt sich im Sommer im Garten der Villa ab. Ida Körtner sieht ihre Tochter unsanft an.
Ida Körtner *mit ruhiger, aber eisiger Stimme*: Man zerrupft keine Blumen, Cäcilie. *Ihre Stimme lässt Cäcilie hochfahren und gibt ihr den Mut zu sprechen.*
Cäcilie: Du hast das Fräulein rausgeworfen?
Ida Körtner: Ich habe es entlassen. Ja.
Bei diesen Worten wirft Cäcilie blass vor Wut die Blume weg, die sie in ihren Händen hielt.
Cäcilie: Warum?
Frau Körtner sieht sie unbewegt an.
Frau Körtner: Heb diese Blume auf, Cäcilie. Ich will keine Unordnung. Du kannst sie hinter das Gewächshaus werfen. *Cäcilie sieht sie an, ohne sich zu rühren.* Hörst du? *Cäcilie bückt sich und hebt die Blume auf.*
Cäcilie: Warum hast du sie rausgeworfen?
Frau Körtner: Das ist meine Sache, Cäcilie.
Cäcilie *rasend vor Wut*: Ich kenne sie seit fünf Jahren und lasse sie nicht einmal nachts allein, und du entlässt sie, ohne mir etwas zu sagen, und wenn ich dich frage, warum, sagst du, das ist deine Sache. Aber ich liebe sie!

Frau Körtner: Eben. *Sie sieht sie fast böse an.* Ich stelle die Gouvernanten ein, und ich entlasse sie: Das ist meine Aufgabe. Du brauchst sie nicht zu lieben. Noch zu hassen. Du gehorchst. Das ist alles. Du bist noch ein Kind, Cäcilie. Dieses Mädchen war nicht ernsthaft genug, um sich um dich kümmern zu können.
Dieser Sermon lässt das kleine Mädchen hochfahren. Seine Augen funkeln, es errötet. Es zerrt nervös an einer seiner Locken. Es lässt sich Zeit zu antworten. Es senkt die Augen und zerrt unter Grimassen an seinen Locken.

Cäcilie *mit ernster, sehr hinterhältiger Miene, als ob sie ihrer Mutter zustimmte*: Ach so, als Gouvernante muss man also ernsthaft sein. *Sie tanzt von einem Bein zum andern, spürt, dass sie etwas Unwiederbringliches tun wird, eingeschüchtert, aber entschlossen. Schließlich fügt sie hinzu:* Für eine Mutter ist das nicht Pflicht.
Frau Körtner wirkt eher verärgert als überrascht.

Frau Körtner *immer noch ruhig*: Was willst du damit sagen?
Cäcilie tänzelt immer noch herum. Aber sie hat die Brücken hinter sich abgebrochen.

Cäcilie *hebt den Kopf und sagt mit einem schönen Lächeln*: Als Papa dich heiratete, hast du ganz nackt vor Herren getanzt.
Frau Körtner beherrscht sich rechtzeitig, um Cäcilie nicht zu schlagen. Aber sie geht auf sie zu und packt sie an den Schultern.

Frau Körtner: Hat das Fräulein dir das erzählt? *Cäcilie antwortet nicht.* Dein Vater wird es ihr im Bett gesagt haben. *Cäcilie wirkt plötzlich erschrocken über das, was sie gesagt hat.* Arme Cäcilie! Magda hat dich nicht belogen. Dein Vater nimmt dich an meiner Stelle zu seinen Freunden mit, und wenn ich nicht da bin, spielst du die Hausherrin. Das ändert jedoch nichts daran, dass du die Tochter einer Dirne bist, mein Kind. Du hast mich verletzen wollen, aber jetzt bedaure ich dich! Du wirst sehen, das ist ein schlechter Start ins Leben.
Cäcilie, die ihr entsetzt zugehört hat, macht sich heftig von ihr los und rennt weg. Sie hat die Blume fallen lassen, die sie in ihren Händen zerpflückte. Frau Körtner bleibt einen Augenblick reglos mit starrem Blick stehen, dann bemerkt sie die zerrupfte Blume, hebt sie auf und will sie hinter ein Gewächshaus auf einen Komposthaufen werfen.

Frau Körtner *aus dem Off zu Freud*: Das ist alles. Magda Schneider ist fortgegangen, wir haben gelebt.
In Cäcilies Zimmer. Frau Körtner ist immer noch ebenso hart und unversöhnlich.
Freud: Haben Sie über diese Geschichte mit Cäcilie noch einmal gesprochen?
Frau Körtner: Niemals.
Freud: Haben Sie ihr nachgetragen, dass ...
Frau Körtner *zuckt die Achseln*: Ach was!
Freud: Sie lieben sie aber nicht?
Frau Körtner *zögernd*: Ich hätte sie lieben können. *Lange Pause. Freud, der Cäcilie ansah, wendet sich Frau Körtner zu. Ihre Physiognomie hat sich nicht verändert, aber Tränen rinnen ihr über die Wangen. Schweigen. Nicht der geringste Schluchzer. Sie steht auf.* Sie haben vor, die ganze Nacht bei ihr zu wachen?
Freud: Ja.
Frau Körtner: Dann entschuldigen Sie mich. Ich spüre, dass meine Nerven mich im Stich lassen, und ich möchte mich nicht zur Schau stellen. Ich komme wieder. In den ersten Morgenstunden. *Sie geht hinaus, ohne dass Freud eine Bewegung mache, sie zurückzuhalten. Wir folgen ihr bis in ihr Zimmer. Sie setzt sich auf einen Stuhl vor ihrem Frisiertisch, verliert plötzlich ihre Fassung, lässt ihren Kopf in die Hände sinken und schluchzt.*

30

Das Zimmer der kleinen Mathilde Freud
Sie sitzt auf einem Holzstühlchen und spielt friedlich ganz allein mit einer Puppe. Plötzlich zuckt sie zusammen: Sie hat Schritte gehört, sie scheint Angst zu haben. Geräusch von Schritten im Flur. Die Tür geht einen Spalt auf, sie sieht hin. Da die Tür nach innen geht, sehen wir nicht, was sie sieht. Aber an den erschrockenen Augen des kleinen Mädchens können wir erraten, dass es sich um einen erschreckenden Anblick handelt. Die Tür geht weiter auf, und Freud erscheint. Er lacht sanft, honigsüß, aber seine Augen haben die manische Starre, die man bei Perversen in einer ähnlichen Situation antrifft. Der Kontrast zwi-

schen dem Lächeln und den Augen verleiht ihm ein hässliches Gesicht. Die kleine Mathilde steht auf. Sie bleibt reglos und bleich stehen und drückt ihre Puppe an sich. Er geht ganz sanft auf sie zu.

Freud *mit Zuckerstimme*: Wie groß du bist! Guten Tag, mein Frauchen. Als du klein warst, erinnerst du dich? Du sagtest: Ich werde nur Papa heiraten? Nun, wir werden uns verheiraten, Mathilde. Wir werden uns verheiraten! *Sie will weglaufen. Er erwischt sie am Arm. Mit brutaler Stimme:* Du bist meine Frau und meine Tochter, ich habe jeden Anspruch auf dich. *Er zieht sie an sich. In diesem Augenblick bricht ein ironisches, befreiendes Lachen im Hintergrund aus, das man zunächst kaum hörte. Freuds Lachen aus dem Off. Aber der, den wir auf dem Bild sehen, wild und brutal, lacht nicht. Immer stärker.*

Die Vision verschwindet bei diesem Lachen. Und wir befinden uns wieder in Cäcilies Zimmer. Freud lacht im Schlaf. Aber sofort darauf weckt ihn das Lachen. Er richtet sich auf seinem Stuhl auf, macht die Augen auf, sieht um sich herum und kommt schließlich wieder ganz zu sich. Er hat eine befreite, fast heitere Miene. Dieses zugleich ruhige und kühne Gesicht haben wir noch nie gesehen. Er fixiert seinen Blick auf die Wand, nachdem er sich versichert hat, dass Cäcilie ruhig schläft. Er behält ein unbestimmtes Lächeln auf den Lippen, während uns seine Stimme seine Gedanken sagt.

Freud *aus dem Off*: So was! Hatte ich den Wunsch, meine arme kleine Mathilde zu verführen? *Heftig:* Sicher nicht! Und doch verbirgt dieser Traum einen Wunsch. Welchen? *Nach einer Weile:* Wenn ich meine Tochter begehre, dann tun es alle Väter. Ich träumte, dass ich einen solchen sexuellen Missbrauch beging, weil ich wollte, dass meine Theorie stimmt. Sie ist falsch. Sie ist sicher falsch. *Er steht auf und geht ans Fenster. Eine ganz schwache Helligkeit scheint anzuzeigen, dass der Tag bald anbrechen wird. Er bleibt einen Moment stehen, die Stirn an die Scheibe gelehnt. Sinnierend:* Ich wollte meinen Vater beschmutzen. Ihn herabwürdigen. *Plötzlich:* Und die dreizehn Fälle? Frauen ... Sie logen ... Warum? *Er dreht sich nach Cäcilie um, die wir friedlich schlafen sehen.* Weil sie einen unbewussten Wunsch hegten. Sie hätten gewollt, dass es wahr wäre. Cäcilie war seit ihrer frühesten Kindheit in ihren Vater verliebt ... *Fast wütend:* Und was ist mit mir? *Pause.* Da ist jene Reise ... Jene Reise ...

Es ist Nacht, vierzig Jahre früher. Ein ganz alter Eisenbahnwagen, brechend voll mit Reisenden. Der noch ziemlich junge Jakob Freud sitzt neben Frau Freud, die ein zweijähriges Kind – Sigmund – auf dem Schoß hat. Der Zug fährt an Gießereien vorbei. Man sieht einen roten Widerschein in der Nacht. Das Kind, das schlief, wacht auf und schreit. Die vor sich hin dösenden Reisenden machen abrupt die Augen auf.

FRAU FREUD: Sigmund! Mein kleiner Sigmund! Pst!
  Das Kind hat seine Mutter gesehen. Es streichelt ihr mit seiner kleinen Hand befriedigt Hals und Kinn und schläft wieder ein. Inzwischen ist der Zug auf einem Bahnhof angekommen. Er hält an. Die Reisenden stehen auf und holen ihre Koffer aus dem Gepäcknetz.
  An der Kasse eines Hotels nimmt ein verschlafener Angestellter zwei Schlüssel vom Brett.
JAKOB: Keine Doppelzimmer? *Der Angestellte schüttelt den Kopf. Zu seiner Frau:* Nimm du mit dem Kleinen das größere, ich richte mich in der Kammer ein.
  Etwas später. Das todmüde Kind liegt schon im Bett eines kleinen Hotelzimmers. Wir sind ganz nahe bei ihm, an seinem Kopfende, und wir sehen, wie sich Frau Freud vor dem Toilettentisch auszieht. Das Hotel muss in der Nähe des Bahnhofs liegen: Man hört das Keuchen von Lokomotiven, und plötzlich wird das Kind von einem schrillen Pfeifen geweckt. Das Kind mit offenen Augen, und wir sehen – fast mit seinen Augen – in der Ferne im Halbdunkel, wie eine große, sehr gut gebaute Frau ihre letzten Kleidungsstücke fallen lässt, sich nackt Gesicht, Schultern und Hals einseift und sich dann ein Nachthemd anzieht. Es klopft leise an der Tür. Sie zieht schnell einen Morgenrock über.
FRAU FREUD *leise*: Wer ist da? *Sie macht auf. Jakob erscheint. Er ist durch den Anblick seiner Frau erregt.*
JAKOB *aus dem Off*: Wie schön du bist! Liebst du mich?
FRAU FREUD: Ja.

Jakob *mit einer bei ihm sehr seltenen Autorität, die vom Geschlecht herkommt*: Du gehörst mir?
Frau Freud: Ja.
Jakob: Komm! Ich habe das Zimmer nebenan.
Frau Freud: Ich kann den Kleinen nicht allein lassen.
Jakob: Den Kleinen? *Er dreht sich zum kleinen Sigmund um, der sofort die Augen zumacht. Er schläft. Erregt und drängend:* Einen Augenblick, bloß einen Augenblick. Komm!
Er zieht Frau Freud mit sich, und sie schließen ganz leise die Tür hinter sich. Sobald sie weg sind, macht das Kind die Augen auf, fuchtelt mit seinen Ärmchen herum und fängt an zu schreien.
Cäcilie *aus dem Off das Weinen des Kindes übertönend*: Herr Doktor! Herr Doktor!

31

Die Vision verschwindet. In Cäcilies Zimmer. Sie ist gerade aufgewacht. Sie sieht ihn angstvoll an.

Cäcilie: Woran denken Sie?
Freud: An meine Vergangenheit.
Cäcilie: Ich wollte meine Mutter umbringen?
Freud: Ja. Oder vielmehr waren nicht Sie es, die das wollte. Es war das Kind Cäcilie, das wieder auferstanden ist und glaubte, Magda würde rausgeworfen.
Cäcilie *angewidert*: Das Kind Cäcilie war ein kleines Monster.
Freud: Nein. Es war ein Kind. Das ist alles. Ich habe gewonnen, Cäcilie. Dank Ihnen glaube ich, dass ich uns verstehe, alle beide. Und dass ich uns heilen kann. *Pause.* Kennen Sie die Geschichte von Ödipus?
Cäcilie: Er hat seinen Vater umgebracht, seine Mutter geheiratet und sich die Augen ausgestochen, um nicht mehr sehen zu müssen, was er getan hatte. Ja?
Freud: Ödipus, das sind wir alle. *Pause.* Ich muss Ihnen etwas von mir erzählen. Bei den Neurosen habe ich die Eltern schuldig und die Kinder unschuldig gesehen. Das kam daher,

dass ich meinen Vater hasste. Man muss aber das Ganze umkehren.
Cäcilie: Die Kinder sind schuldig?
Freud *lächelnd*: Niemand ist schuldig. Aber es sind die Kinder, die...

Bei diesen Worten erscheint das Hotelzimmer. Die Mutter macht leise die Tür auf und schleicht geräuschlos zum Bett.

Freud: Ich liebte meine Mutter ganz und gar: Sie ernährte mich, sie streichelte mich, sie nahm mich in ihr Bett, und mir war warm. *Sie schlüpft neben dem Kind in die Laken, nachdem sie ihren Schlafrock ausgezogen hat; und dieses schmiegt sich mit geschlossenen Augen wie im Schlaf an sie und packt sie in einer eifersüchtigen Regung am Hals.* Ich liebte sie körperlich. Sexuell.

Das Bild verschwindet. Wir befinden uns wieder in Cäcilies Zimmer.

Cäcilie: Sie wollen sagen, dass ich in meinen Vater verliebt war?
Freud *wie zu sich selbst, man könnte meinen, er sei fast eingeschlafen*: Auf meinen war ich eifersüchtig, weil er meine Mutter besaß. Ich liebte ihn, und ich hasste ihn zugleich. *Cäcilie hört ihm zu, aber indem sie ü b e r s e t z t: Es ist ihre eigene Geschichte, die sie hört.*
Cäcilie: Eifersüchtig. Ja... Sie liebte er. Magda, das gefiel mir: Er hing nicht an ihr, und außerdem demütigte er meine Mutter unter ihrem Dach. Ich war Komplizin.
Freud: Er war sanft und gut, zutiefst anständig. Ich warf ihm seine Schwäche vor. Ich sah ihn in meinem Kopf als Feigling. Ich hätte lieber einen Vater gehabt, der so stark, so hart wie Moses war.

In einem ziemlich unbestimmten Zimmer sitzt der alte Jakob sanft und ruhig mit der Pfeife im Mund auf einem Stuhl. In dem Moment, in dem Cäcilies Stimme aus dem Off vernehmbar wird, setzt sich Frau Körtner tief betrübt auf den anderen Stuhl.

Cäcilie *aus dem Off*: Sie war unglücklich. Sie wirkte sehr hart, weil sie gezwungen war, sich die ganze Zeit zu beherrschen. Magda mochte ich lieber. Sie war zwar böse, aber zärtlich.

Freud *aus dem Off*: Ich habe nach anderen Vätern gesucht: meine Professoren, meine Kollegen. Sobald sie ein Zeichen von Schwäche zeigten, verließ ich sie. Es war seine Schwäche, die ich an ihnen hasste. *Freuds Vater und Cäcilies Mutter scheinen diese Bekenntnisse mit einer wohlwollenden Sanftheit anzuhören.* Ich war eifersüchtig! Eifersüchtig! Und aus Eifersucht warf ich ihm vor, dass er seine Familie weder voranbringen noch auch nur hat ernähren können. Das stimmte nicht: Der Antisemitismus hat ihn ruiniert.

Cäcilie *aus dem Off*: Mein Vater hatte Mätressen, aber ich war nur auf sie eifersüchtig. Weil sie sein Bett teilte. Magda hat mich verrückt gemacht.

Wir finden die kleine Cäcilie in ihrem Zimmer wieder, wie sie Magda beim Kofferpacken zusieht. Magda kniet sich hin, um einen von ihnen zuzumachen. Tränen rinnen ihr über die Wangen.

Magda *vor Wut schluckend*: Sie hat mich rausgeworfen, ohne dass er einen Finger krumm gemacht hätte. Er ist ein Schwächling. Weißt du, warum sie ihn beherrscht? Weil sie nackt in einem Tingeltangel tanzte, als er sie auflas. Hier! *Sie steht auf, holt eine Papierrolle aus einem anderen Koffer und hält sie Cäcilie hin, die sie aufrollt. Es ist das Plakat, das wir vorher gesehen haben.* Er liebt nur Prostituierte, das ist sein Laster. Ich kann nicht kämpfen. Ich bin anständig.
Die kleine Cäcilie sieht sich das Plakat an.

Cäcilie *aus dem Off*: Er liebt nur Prostituierte! Er liebt nur Prostituierte! Ich wollte mich prostituieren, damit er mich liebt.

Plötzlich ein schrecklicher Schrei Cäcilies aus dem Off, dann Schluchzen. Bei diesem Schrei und diesem Schluchzen verschwindet das Bild, es wird von einem anderen abgelöst. Frau Körtner sitzt allein in der leichten Kalesche, die sie kutschiert. Die Geräusche der Kalesche – Pferdegetrappel, sich drehende Räder usw. – übertönen nur schwer das Schluchzen. Die Kalesche – ein einziges Pferd im Galopp – fährt auf einem ziemlich schmalen Weg an einem See entlang, zwanzig Meter über dem Wasserspiegel. Plötzlich wird das Pferd scheu. Frau Körtner zieht nicht die Zügel an, sondern lässt sie los und holpert in ihrer Kalesche, ohne einzugreifen, weiter, bis diese kippelt und an einer Biegung des Weges schließlich umkippt. Der Wagen fällt nach der Seeseite um, und Frau Körtner wird auf die Böschung zum Wasser hin geworfen. Ein Gebüsch hält sie auf, aber sie bleibt ohnmächtig liegen.

CÄCILIE *aus dem Off schreiend*: Ich habe sie umgebracht! Ich habe sie umgebracht! *Freud und Cäcilie im Zimmer. Freud sieht Cäcilie an, die eben noch beruhigt schien und zum zweiten Mal Zeichen einer heftigen Erregung von sich gibt. Er streckt mit einer brüderlichen Geste die Hand aus, es ist das erste Mal.* Drei Tage nachdem Magda weggegangen war, hat sie sich in einen See gestürzt. Sie konnte es nicht ertragen, dass ich die Wahrheit wusste.
Freud beugt sich über sie.

FREUD *leise, zart*: Das war ein Unfall, Cäcilie.

CÄCILIE: Das war ein Selbstmord. Sie ist dem Tod entgangen, aber sie wollte sich das Leben nehmen. Und ich habe sie dazu getrieben. Ich erinnere mich! Ich erinnere mich! Mehr als ein Jahr hatte ich Ängste, von denen ich nichts erzählt habe. Und dann habe ich es vergessen, aber die körperlichen Störungen haben begonnen. Ich bin ein Monster! *Sie hat sich vorgebeugt und schluchzt. Freud berührt ihre Schulter.*

FRAU KÖRTNER *aus dem Off*: Es war ein Unfall! *Sie richtet sich brüsk auf. Der Tag bricht an. Frau Körtner hat geräuschlos die Tür aufgemacht und sieht Cäcilie mit einer Art friedlichen Güte an.* Ich schwöre es dir. Ich wollte mich niemals umbringen. Wir sind hart im Nehmen in meiner Familie, und wir leben mit unserem Unglück. *Mit einem ironischen Lächeln, aber ohne Boshaftigkeit:* Am Tag nach unserem Streit habe ich alle Böden selbst gebohnert. *Cäcilie sieht sie mit einer Mischung aus Angst und Erleichterung an. Zu Freud:* War das ihre Neurose?

FREUD: Das war der Anlass. Sie konnte die Vorstellung nicht mehr ertragen, Sie in den Selbstmord getrieben zu haben. Ihr Körper hat ihr geholfen zu vergessen.
Frau Körtner sieht Cäcilie freundschaftlich an: Die Vorstellung, dass ihre Tochter sich dafür bestrafte, ihr wehgetan zu haben, scheint sie zu entspannen und ihr zu gefallen.

Freud *sanft*: Jetzt muss man zu leben versuchen. *Er nimmt Frau Körtners Hand und legt sie auf die von Cäcilie.*

32

Sechs Monate später
Es ist Winter. Es schneit. Wir sind in Achensee, am See. Zwei Personen mit pelzgefütterten Mänteln und Tirolerhüten gehen im Schnee spazieren und sprechen miteinander, ohne sich ums Wetter zu kümmern. Es sind Freud und Fließ.

Freud: Sie ist auf dem Weg der Heilung. *Freud wirkt offen und friedlich, er spricht ganz ruhig, mit Überzeugung, aber leidenschaftslos.* Der Fall ist ganz und gar klar: ödipale Liebe zum Vater, Eifersucht auf die Mutter, die sie umbringen wollte. Als sie erfuhr, dass Frau Körtner eine Prostituierte war, hat sie Träume und Phantasmen von Prostitution gehabt, um sich mit ihr zu identifizieren. Zumal man ihr gesagt hatte: Ihr Vater liebt nur Prostituierte. Gleichzeitig verdrängte sie natürlich diese Wünsche ganz tief in sich, und sie tauchten nur in symbolischen Formen in ihrem Bewusstsein auf. *Fließ hört mit mürrischer Miene zu.* In der bewussten Nacht, in der ich sie auf dem Ring angetroffen habe, wollte sie sich prostituieren, um sich zu bestrafen und zugleich um die auserwählte Frau des verstorbenen Vaters zu werden.
Fliess *trocken*: Kurz, du hattest dich getäuscht?
Freud: Vollständig. Aber ich bin froh darüber. Von da an ist alles in Bewegung gekommen.
Fliess: Also kein Trauma mehr?
Freud: Doch. Es ist der Schock, der die Überwindung der Kindheit verhindert. Im Falle Cäcilies sind es die Enthüllungen Magdas und der falsche Selbstmord ihrer Mutter.
Fliess: Dann sind also die ersten Beziehungen des Kindes zu seinen Eltern sexueller Natur?
Freud: Ja.
Fliess: Es gibt also eine kindliche Sexualität?

Freud: Ja.

Fliess: Vor sechs Monaten sagtest du das Gegenteil.

Freud: Jetzt habe ich Recht.

Fliess: Wo ist der Beweis dafür?

Freud: Wo der Beweis dafür ist? *Er bleibt stehen und sieht Fließ in die Augen.* Ich bin geheilt, Fließ ...

Fliess *zuckt die Achseln*: Du warst nicht krank.

Freud *ruhig*: Ich war am Rande einer Neurose. *Sie gehen schweigend weiter. Dann bricht Fließ plötzlich los.*

Fliess: Ich glaube nicht daran! Vergewaltigung der Kinder durch perverse Erwachsene, das ja! Das war etwas Solides! Eine Basis für meine Berechnungen. Aber ich pfeif auf die Psychologie. Das sind nur Worte!

Freud: Ja, Worte!

Fliess: Deine Kranken legen sich auf deine Couch, erzählen, was sie wollen, und du projizierst deine Ideen in ihren Kopf. *Sie nähern sich Eisenbahnschienen. Ein vierjähriges Kind kommt aus einem Haus und läuft auf den Bahnhof zu, den man in der Ferne sieht. Fließ zeigt achselzuckend auf das Kind:* Das da, dieser kleine Kohlkopf, begehrt seine Mutter und träumt davon, seinen Vater umzubringen? *Lachend:* Gut, dass das nicht stimmt, sonst würde es mich entsetzen.

Freud: Glaubst du, dass mich das entzückt? Es ist so. Und man muss es sagen. *Fließ ereifert sich nach und nach in diesem Gespräch. Freud bleibt ganz ruhig.*

Fliess: In Wien wird man wieder über dich lachen! Einmal ist es der Vater, der seine Tochter vergewaltigt, dann ist es wieder die Tochter, die den Vater vergewaltigen will.

Freud: Man wird darüber lachen.

Fliess: Wo bleibt bei alldem die Wissenschaft? Das sind Ammenmärchen, und ich kann damit nichts anfangen. Denken heißt Messen. Hast du Messungen gemacht? Quantitätsverhältnisse festgestellt?

Freud: Nein.

Fliess: Dann ist es Scharlatanerie!

Freud: Vorsicht, Fließ. Du hast nur Ziffern, Rhythmen, Perioden im Mund. Aber im Grunde frage ich mich, ob du deine Berechnungen nicht manipulierst, um am Ende die Resultate wiederzufinden, die du von Anfang an erzielen wolltest.

Fliess *bleibt abrupt stehen*: Was soll das heißen? *Der Weg steigt zum Bahnhof hin leicht an. Da Freud einen Schritt nach vorne gemacht hat, befindet sich Fließ etwas unterhalb von ihm, was in umgekehrter Weise an die Szene in der Universität erinnert, in der Fließ auf dem Podium Freud um einen Kopf überragte. Fließ sieht Freud von unten her an, aber mit drohender Miene.* Du glaubst also nicht mehr an ... an das, was wir gemeinsam festgestellt haben?

Freud *sanft*: An das, was du festgestellt hast? Ich weiß nicht.

Fliess: Die Bisexualität, ihre beiden Rhythmen, deren absolute Bedeutung in jedem Menschenleben, du glaubst nicht mehr daran?
Freud sieht ihn schmerzvoll und ein bisschen erstaunt an, als erwachte er aus einem langen faszinierenden Traum.

Freud: Wenn ich nicht mehr daran glaubte ... ganz und gar ... Oder wenn mich meine Forschungen in eine andere Welt führten ... Hörten wir deshalb auf, Freunde zu sein?

Fliess *fest und deutlich*: Ja. Freundschaft ist gemeinsame Arbeit. Wenn du nicht mehr mit mir arbeitest, sehe ich nicht, was wir zusammen sollen.

Freud: Wenn ich nicht mehr unter deinen Anordnungen arbeite, so bleibt noch viel: uns sehen, uns sprechen, uns gegenseitig ermutigen ...

Fliess: Und glaubst du, ich komme für ein solches Geschwätz aus Berlin zum Achensee?

Freud *sanft*: Du bist mein Freund, Fließ.

Fliess: Ich bin dein Freund, wenn du an mich glaubst.

Freud *sehr freundschaftlich*: Ich glaube an dich.

Fliess: Ich, das sind meine Ideen. Entweder du glaubst daran, oder du verlierst mich.

Freud *sieht ihn an und zögert einen Moment. Traurig*: Ich glaube nicht daran.

Fliess *mit einem Ton, der die Konsequenzen aus Freuds Antwort zieht*: Gut. *Pause. Er zeigt auf den Bahnhof. Ironisch:* Beeil dich, du wirst deinen Zug verpassen.

Freud *ganz natürlich*: Aber nein. Er fährt um fünfzehn Uhr zweiundzwanzig. *Er holt seine Uhr heraus.* Ich habe noch zehn Minuten.

Fliess *fassungslos*: Was? *Pause.* Es blieb dir nur noch ein Vater, Sigmund. Und ich frage mich, ob du nicht mit der Absicht hergekommen bist, ihn zu beseitigen. *Freud will protestieren. Fließ hindert ihn daran. Ironisch:* Oh! Eine unbewusste Absicht, wie du sagen würdest.

Freud *sieht ihn aufmerksam an*: Vielleicht.

Fliess *ganz kalt*: Gut, es ist geschehen. Leb wohl.

Er kehrt ihm den Rücken und geht im Schnee den Weg wieder hinab. Freud folgt ihm mit den Augen und setzt dann seinen Gang zum Bahnhof fort.

33

Am selben Tag im Wohnzimmer der Freuds
Freud, noch im selben Kostüm, kommt gerade von der Reise. Martha ist allein. Sie küsst ihn.

Freud *zärtlich*: Guten Tag, meine Liebste.

Martha: War er gut, der Kongress?

Freud *mit absolut natürlicher Stimme*: Ja. Wie immer. *Pause.* Ich möchte ein bisschen Kaffee.

Martha: Ich habe welchen gekocht. Bitte.

Er folgt ihr ins Esszimmer. Eine Kaffeetasse und eine Kaffeekanne auf dem Tisch. Er setzt sich hin. Martha gießt ihm ein.

Freud: Gibt's was Neues?

Martha: Nicht viel.

Sie hat mechanisch einen Lappen genommen und fängt an, die Möbel zu polieren. Freud sieht sie besorgt und traurig an.

Freud *lächelnd, um seine Besorgnis zu verbergen*: Vorsicht, Martha. Dir droht eine Neurose. Wie allen Hausfrauen. Setz dich. *Martha richtet sich auf. Sie lächelt ihn an, aber ihr Gesicht bleibt verschlossen. Sie setzt sich nicht.* Also? Wirklich nichts Neues?

Martha: Breuer hat am Tag deiner Abreise seinen älteren Bruder

verloren. Ich glaube, sie sahen sich nicht mehr. Ich meine, er wird gerade jetzt beerdigt.
FREUD *völlig ausdruckslos*: So? *Er trinkt ruhig seinen Kaffee aus. Dann steht er auf und sieht aus dem Fenster. Es schneit nicht mehr. Er dreht sich zu Martha um.* Bis gleich.
MARTHA: Du gehst schon wieder?
FREUD: Ich gehe zu Papas Grab.

34

Der Friedhof
Freud geht zwischen den Gräbern entlang. In der Ferne eine Gruppe von Leuten bei einem frischen Grab. Der Sarg wird herabgelassen. Freud bleibt vor dem Grab von Jakob Freud stehen. Er hält einen Blumenstrauß in der Hand, den er mitten unter noch frische und andere bereits verwelkte Blumen ungeschickt auf den Grabstein legt. In der Ferne ist die Zeremonie beendet, die meisten der Anwesenden gehen auseinander. Sie gehen über einen Plattenweg, nicht weit von Freud entfernt.

Breuer kommt mit Mathilde Breuer vorbei. Er wirft einen Blick auf Jakobs Grab und sieht, dass Freud den Kopf gehoben hat und ihn ansieht. Freud macht einen Schritt auf ihn zu. Aber Breuer ist bereits in den Seitenpfad eingebogen, der zu Jakobs Grab führt. Die beiden Männer drücken sich die Hand.

FREUD: Ich habe erfahren ...
BREUER: Lassen Sie nur ... Mein Bruder und ich, wir sprachen seit dreißig Jahren nicht mehr miteinander. Ich bin aus reiner Konvention hier. *Er nähert sich dem Grab und sieht es an.* Ich mochte Ihren Vater. Sein Tod hat mich mehr berührt als der von Karl ... Wie geht es Ihnen?
FREUD: Verändert. *Freud zeigt auf das Grab.* Ein Teil von mir ist dort begraben. Es ist alles meine Schuld, Breuer. *Er dreht sich ruhig zu Breuer um, ohne Wärme, aber zutiefst aufrichtig.*
BREUER: Nein. Cäcilie hat uns auseinander gebracht. *Er sieht das Grab an und legt eine Hand auf das Gitter um den Grabstein.* Und außerdem ... Ich habe oft daran gedacht, Freud. Ich hielt mich

für Ihren geistigen Vater. Ich bin eigentlich nicht missgünstig, aber ... Als ich merkte, dass Sie weiter gingen als ich ... Ich habe ... das hat mich gegen Sie und Ihre Ideen eingenommen. *Mit ironischem Lachen:* Sie sahen aus wie ein junger Bursche, und ich fühlte mich wie ein Tattergreis. *Er macht eine Bewegung mit dem Kopf, um zu bedeuten, dass das alles lange vorbei ist.* Wie geht es Martha?

FREUD: Martha liebt ihre Kinder, sie ist eine großartige Hausfrau, ich glaube, dass sie mich immer noch so liebt wie am Tag unserer Hochzeit. Und trotzdem gab es etwas zwischen uns ... das nicht wiederkommen wird. Niemals. Breuer, ich bitte Sie um Verzeihung. Wissen Sie, dass ich seit der Beerdigung nicht gewagt hatte, ans Grab meines Vaters zurückzukehren. Heute bin ich gekommen, weil ich hoffte, Sie zu sehen. Breuer, ich habe Ihre Methode auf mich angewandt. Ganz allein. Und ich werde weitermachen. Ich liebte meinen Vater, und ich war eifersüchtig auf ihn. Ich konnte ihn nicht einmal sehen, ohne in mir eine schreckliche Aggressivität zu spüren ...

BREUER: Eine Aggressivität? Gegen diesen so sanften Mann?

FREUD: Eben. Seine Sanftheit entwaffnete mich. Ich hätte einen Moses zum Vater haben wollen. Das Gesetz!

BREUER: Um gegen es aufbegehren zu können?

FREUD: Und um ihm gehorchen zu können. Eine Zeit lang hat Meynert diese Rolle gespielt. *Er lächelt:* Das war ... eine Übertragung.

BREUER: Und ich, habe ich sie auch gespielt?

FREUD: Ja. Zehn Jahre lang. Ich hasste Meynert, der mich verflucht hatte. Für Sie empfand ich nur Liebe und Hochachtung. Meynert ist gestorben, er hat mich um Verzeihung gebeten, das hat mich von ihm befreit. Sie sind mein einziger Vater gewesen, Gegenstand meiner doppelten Gefühle. Ich habe Sie für schwach gehalten, das hat mich rasend vor Wut gemacht. Aber nicht Ihre Schwäche hasste ich, sondern die von Jakob Freud. *Er zeigt auf das Grab.*

BREUER *aufrichtig*: Ich bin schwach.

FREUD: Nein. Sie sind gut.

BREUER: Und Fließ?

FREUD: Eine Luftspiegelung. Ich hielt ihn für den Dämon, er war nur ein Buchhalter. Was soll's: Ich habe seine Stärke geachtet – was ich für seine Stärke hielt –, und das hat mir ermöglicht zu hassen, was ich für Ihre Feigheit hielt.

BREUER *lächelnd*: Wie viele Väter! Die meiste Zeit hatten Sie zwei zugleich.

Von dieser Replik an verschwinden die beiden Männer, man sieht Meynert in seinem Arbeitszimmer wieder, schwach und verbraucht, unter der riesigen Mosesstatue.

FREUD *aus dem Off*: Ja. Ich hatte Angst vor mir, ich weigerte mich, erwachsen zu werden. Der Wahrheit ins Gesicht zu sehen. Breuer, ich quäle mich ständig selbst. Ich nahm alle diese Väter, um mich vor mir selbst zu schützen, und ich hatte keine Ruhe, bevor ich sie nicht vernichtet hatte. Sie faszinierten mich alle, und in ihnen wollte ich meinen Vater umbringen! *Wir kehren zu Jakob Freuds Grab zurück.* Er ist gestorben, und meine Adoptivväter sind mit ihm begraben. Ich stehe allein mir selbst gegenüber, und ich hasse niemanden mehr.

BREUER: Werden Sie noch lieben können?

FREUD: Ja. Meine Kinder. Und Adoptivsöhne: Männer, die an mein Wort glauben, wenn sich welche finden werden. Jetzt bin ich der Vater. Breuer, ich habe Sie benutzt wie ein Mittel, um mich zu verlieren und mich zu finden. Werden Sie mir verzeihen?

Breuer nimmt zärtlich seine Hand und drückt sie. Pause.

BREUER *sanft*: Ich denke, wir werden uns wohl kaum noch sehen.

Freud *freundschaftlich*: Nein. Kaum noch.

BREUER: Sie haben das Recht erworben, allein zu sein.

Freud *mit tiefer Traurigkeit*: Ja. *Er zeigt zum Himmel. Die Wolken sind verschwunden, grelle kalte Wintersonne.* Ich bin allein, und der Himmel ist leer. Ich werde allein arbeiten, ich werde mein einziger Richter und mein einziger Zeuge sein. Glücklicherweise stirbt man letztlich immer. *Plötzlich:* Breuer, ich will nicht, dass meine Frau Opfer dieser Einsamkeit wird. Sie ist nicht glücklich, sie macht mir Sorge. Würden Sie Mathilde erlauben, sie wiederzusehen?

BREUER: Mathilde kann sich nichts Schöneres vorstellen. Es war

Martha, die sie nicht mehr besucht hat aus Angst, Ihnen zu missfallen.

FREUD: Das hätte mir missfallen ... früher! Jakob Freud war das Glück meiner Mutter. *Mit einem melancholisch gestimmten Lächeln:* Aber mir scheint es nicht besonders lustig, die Frau von Sigmund Freud zu sein.

BREUER: Mathilde wird ihr noch heute schreiben. Auf Wiedersehen, Freud.

FREUD *freundschaftlich, aber traurig, als handelte es sich um eine sehr lange Trennung*: Auf Wiedersehen.

Breuer entfernt sich. Freud bleibt vor dem Grab allein. Er dreht sich nicht um, sein Blick ist auf den Namen seines Vaters gerichtet, der auf dem Grabstein eingraviert ist. Nach einigen Augenblicken rinnen Tränen über seine Wangen, doch er macht keine Bewegung, sie abzuwischen. Er bleibt noch einige Augenblicke stehen, dann wendet er sich ab und geht zwischen den Gräbern auf das monumentale Tor zu. Seine Augen sind noch feucht.

Baudelaire:
Der Schriftsteller als Paradigma der menschlichen Situation

1947 veröffentlicht Sartre seinen Essay über Baudelaire und versucht sich zum ersten Mal an einer konkreten philosophischen Anthropologie in der Beschreibung eines einzelnen Lebens, in seiner Bedingtheit, in seiner Freiheit: «Er hat nicht das Leben gehabt, das er verdiente.» Wer hätte nicht schon diesen Satz gesagt, im Blick auf ein Leben, das «zurückblieb hinter seinen Möglichkeiten», das von einem Schicksal bestimmt wurde, das ihm zu Unrecht widerfuhr.

Sartres Blick auf das Leben der Menschen setzt hier ein provokantes Fragezeichen. Was wäre denn das Wesen, das Eigentliche eines Menschen, das man von der tatsächlichen Gestalt seines Lebens unterscheiden könnte? «Ist er denn so verschieden von der Existenz, die er geführt hat? Und wenn er sein Leben nun verdient hätte? Wenn nun, entgegen den eingebürgerten Vorstellungen, die Menschen überhaupt nie ein anderes Leben hätten als das, welches sie verdienen?»

Was gnadenlos klingen mag, gnadenlos angesichts der Ausgesetztheit des Menschen gegenüber der Willkür seines Schicksals, artikuliert doch nur Sartres ganz unheroischen Begriff menschlicher Existenz: Als ein Mensch zu existieren heißt, eine eigene Antwort finden zu müssen auf die Bedingtheiten und schicksalhaften Zufälle des Lebens.

An der Figur Baudelaires beschreibt Sartre die verzweifelte Anstrengung eines Menschen, diese Antwort zu geben. Wie später in der Figur Genets und dann in derjenigen Flauberts wählt Sartre nicht zufällig den Dichter und Schriftsteller als Gegenstand seiner Beschreibung. Im Schriftsteller findet Sartre sein Paradigma menschlicher Existenz: Die Kraft der Imagination widersetzt sich der puren Faktizität der Dinge und ihrer Ordnung und eröffnet eine andere Dimension der Wirklichkeit. Eine aber, die in der Wahrheit ihres Schreckens, ihrer Immoralität, der Härte ihrer Gleichgültigkeit gegenüber dem menschlichen Sinnverlangen ihn selbst ängstigt. Vor der er zurückflieht in den Raum der Anderen, den einer geteilten, scheinbar sinnhaften Welt, in der ihm eine *Identität* zugewiesen ist.

Baudelaire, so wie Sartre ihn versteht, existiert als die Zerrissenheit eines Menschen, der diese Identität, die ihm die Anderen geben, hasst und zugleich in ihr die einzige sichere Erkenntnis besitzt, *wer er ist*. Aber es ist nicht seine Erkenntnis. Er selbst vermag sich nicht zu erkennen, nicht wie ein Anderer sich selbst gegenüberzutreten. Er weiß um sich, aber dieses Wissen ist von anderer Art, ein Verstehen, das seinen Ort diesseits der allgemeinen Sprache hat.

Sartres Abkehr von einem metaphysischen Begriff des Selbstbewusstseins, wie ihn Hegel formuliert hat, zeigt sich hier in ihrer konkreten Konsequenz (vgl. die Darstellung in der Monographie im Kapitel ‹Das Sein und das Nichts›). Sartre wendet sich gegen den Freud'schen Begriff des Unbewussten: Das Selbst ist sich durchsichtig. Aber dieses Bewusstsein seiner selbst ist eben keine «objektive» Erkenntnis. Hegel hatte das Einzigartige des menschlichen Geistes darin bestimmt, dass dieser sich selbst zum Objekt zu werden vermag, sich selbst zu erkennen vermag wie ein Ding in der Welt und darin doch, als das Subjekt dieser Erkenntnis, bei sich bleibt. Sartre erklärt dies als unmöglich. Ich kann diese Distanz zu mir nicht leisten, die es mir erlaubte, mich mit den Augen eines Anderen zu betrachten, ich kann nicht der Andere meiner selbst sein.

Dies, so Sartre, will aber Baudelaire und scheitert an der Unmöglichkeit seines Wollens. Er erträgt diese dunkle Evidenz seines Wissens um sich selbst nicht, er sucht nach der Klarheit des Urteils der Anderen. Und zugleich verachtet er dieses Urteil, er will sich ihm nicht wie ein totes Ding unterwerfen, sondern selbst der letzte Grund dieses Urteils sein. Er unterwirft sich – und zugleich soll seine Freiheit der einzige Grund dieser Unterwerfung sein. Aber diese ersehnte Einheit von Freiheit und Unterwerfung muss notwendig scheitern. Das Selbst erfährt sich zuletzt in der absoluten Einsamkeit seiner Freiheit, die die Kraft seiner Imagination ist, die zugleich nie eine Antwort zu geben vermag auf seine Frage, «wer es ist».

Wird Sartre Baudelaire gerecht, dem Menschen, dem Dichter? In dieser Allgemeinheit ist die Frage wohl nicht zu beantworten, vielleicht auch naiv. Sartres Blick auf Baudelaire ist bestimmt durch seine Phänomenologie menschlicher Existenz. Sie ermöglicht ihm, etwas zu entdecken und zu sehen in der Aufmerksamkeit für diesen einen Menschen, in dem Versuch, ihn zu verstehen. Sie hindert ihn vielleicht zugleich, andere Dimensionen dieses Lebens zu begreifen. Aber ist dies ein Fehler? Es wäre gespenstisch, besäße ein Mensch den allumfassenden Blick auf einen anderen Menschen. Gespenstisch wohl in den Augen Sartres selbst, der den Menschen verteidigt in seinem unsagbaren Wissen um sich selbst, das keine Sprache darzustellen vermag – weder die Sprache aller noch die eines einzelnen Anderen.

Baudelaire

[...]

Es gibt eine ursprüngliche Distanz Baudelaires zur Welt, eine Distanz, die nicht die unsere ist. Zwischen ihn und die Gegenstände drängt sich stets eine etwas dunstige, stark riechende Transluzenz, vergleichbar dem Zittern der heißen Luft im Sommer. Dieses beobachtete, belauerte Bewusstsein, das sich beobachtet fühlt, während es seine gewohnten Funktionen ausübt, verliert seine Natürlichkeit, wie ein Kind, das in Gegenwart Erwachsener spielt. Jene «Natürlichkeit», die er so sehr hasste und nach der er sich so sehr sehnte, fehlt Baudelaire vollkommen. Alles wird verfälscht, weil es zu scharf geprüft wird, weil die geringfügigste Stimmung, das Auftauchen der leisesten Begierde *begutachtet* und *ausgedeutet* werden. Wenn man sich an das erinnert, was Hegel über die Bedeutung des Wortes «unmittelbar» sagt, so wird einem klar: Baudelaires tiefe Besonderheit beruht auf der Tatsache, dass er der Mensch ohne Unmittelbarkeit ist.

Von dieser Besonderheit aber haben nur *wir* etwas, die wir Baudelaire von außen her betrachten. Ihm selbst, der sich von innen sieht, entgeht sie vollkommen. Er forschte seiner *Natur*, das heißt seinem Charakter und seinem Sein (*être*) nach, aber er konnte nie etwas anderes als das lange, einförmige Vorbeiziehen seiner verschiedenen Geisteszustände wahrnehmen. Das brachte ihn zur Verzweiflung: Wie gut vermochte er doch zu erkennen, was die Besonderheit des Generals Aupick oder die seiner Mutter ausmachte. Warum ist ihm die innere Befriedigung verwehrt, seine eigene Originalität auszukosten? Er kann es nicht, weil er einer ganz natürlichen Täuschung zum Opfer fällt, die ihn glauben lässt, dass das Innere eines Menschen seine äußere Gestalt abzeichnet. So aber verhält es sich nicht: Für jenes Unterscheidungsmerkmal, welches in den Augen der anderen seine

Eigenheit ausmacht, hat seine innere Sprache kein Wort. Er empfindet und kennt es nicht. Kann er sich als geistreich, vulgär oder distinguiert *fühlen*? Kann er auch nur die Lebhaftigkeit und Spannweite seiner Intelligenz bemerken? Diese Intelligenz ist nur durch sich selbst begrenzt, und es ist ihm (außer wenn er mit Hilfe einer Droge den Lauf seiner Gedanken beschleunigt) unmöglich, die Schnelligkeit seines Denkens richtig einzuschätzen, weil er in dessen Rhythmus befangen ist und über keine Vergleichsmöglichkeit verfügt. Was aber die Einzelheiten seiner Ideen und Affekte angeht, so werden sie vorausgeahnt und erkannt, schon ehe sie, durch und durch transparent, in Erscheinung getreten sind, haben sie für ihn bereits etwas von *déjà vu*, etwas von «allzu bekannt», eine schale Vertrautheit, den Geschmack von Reminiszenzen. Er ist voll, übervoll von sich selbst, aber dieses Selbst ist nur ein fader, glasiger Körpersaft, ohne Konsistenz und Widerstand. Er kann es weder beurteilen noch beobachten. Dieses Selbst hat keine Lichtflecken und keinen Schatten. Es ist schwatzhaftes Bewusstsein, das in langem Flüstern von sich selbst spricht, ohne dass man seine Vortragsweise je beschleunigen könnte. Er ist zu sehr in sich selbst befangen, um sich an die Hand nehmen und sich ganz sehen zu können, und er sieht sich zu genau, um ganz versinken und sich in stummem Befangensein an das eigene Leben verlieren zu können.

Hier beginnt das Drama Baudelaires: Man stelle sich den weißen Raben erblindet vor, denn die zu große reflexive Klarheit kommt der Blindheit gleich: Ihn verfolgt der Gedanke an etwas Weißes auf seinen Flügeln, das alle anderen Raben sehen, von dem ihm alle anderen Raben sprechen und das er allein nicht erkennen kann. Baudelaires berühmte Luzidität ist nichts anderes als ein Bemühen um *Wiedererlangung*. Es geht darum, *sich* wiederzuerlangen, und – da Sehen Aneignung ist – darum, *sich* zu sehen. Aber um *sich* sehen zu können, müsste man zwei sein. Baudelaire sieht seine Hände und Arme, weil das Auge sich von der Hand unterscheidet: Aber das Auge kann sich nicht selbst sehen, es spürt *sich*, es erlebt *sich*. Es vermag jedoch nicht den Abstand zu gewinnen, der nötig ist, um sich selbst einschätzen zu können. Vergebens ruft er in den *Fleurs du Mal* aus:

> *Tête-à-tête sombre et limpide*
> *Qu' un cœur devenu son miroir!* *

Dies «*tête-à-tête*» erstirbt, kaum dass es sich entsponnen hat: Da ist nur ein Kopf. Baudelaires Anstrengungen treiben dieses aussichtslose Entwerfen von Dualität, um das es sich bei dem reflexiven Bewusstsein (*conscience réflexive*) handelt, auf die Spitze. Die ihm ursprünglich eigene Klarheit nutzt er nicht dazu, sich über seine Fehler genaue Rechenschaft zu geben. Mit ihrer Hilfe versucht er *zwei zu sein*. Und er will *zwei* sein, um in diesem Paar die endgültige Besitzergreifung des Ichs durch das Ich zu verwirklichen. Und deshalb fordert er seiner Luzidität das Äußerste ab. War er bisher nur sein eigener Zeuge, so versucht er jetzt sein eigener Henker zu werden: der *Heautontimorumenos*. Denn aus der Folterung erwächst ein eng verbundenes Paar, wobei der Henker sich das Opfer *zu Eigen macht*. Nachdem es ihm nicht gelungen ist, *sich zu sehen*, wühlt er wenigstens in sich wie ein Messer in der Wunde, in der Hoffnung, jene «*solitudes profondes*» («tiefen Einsamkeiten») zu erreichen, die seine wahre Natur konstituieren.

> *Je suis la plaie et le couteau! [...]*
> *Et la victime et le bourreau!* **

So sollen die Qualen, die er sich auferlegt, den Besitz vortäuschen: Sie zielen darauf ab, unter seinen Händen ein Fleisch – sein eigenes Fleisch – entstehen zu lassen, damit es sich im Schmerz als das seine erkenne. Leidenmachen heißt ebenso Besitzen und Erschaffen wie Zerstören. Das Band, welches den Inquisitor und sein Opfer miteinander verknüpft, ist sexueller Natur. Aber Baudelaire müht sich vergebens, auf sein Innenleben eine Beziehung zu übertragen, die nur zwischen verschiedenen Personen sinnvoll sein kann. Vergebens sucht er, sein reflexives Bewusstsein in ein Messer und sein reflektiertes Bewusstsein in

---

* Düsteres und durchsichtiges Tête-à-tête
  Eines Herzens, das sich zum Spiegel ward!
  L'Irrémédiable (Das Unheilbare), Anm. d. Hg.
** Ich bin die Wunde und das Messer [...]
  Sowohl das Opfer wie der Henker!
  L'Héautontimoroumenos (Der Selbsthenker), Anm. d. Hg.

eine Wunde zu verwandeln: In gewisser Weise bleiben sie stets eins. Man kann sich selbst nicht lieben, nicht hassen, nicht quälen. Opfer und Henker versinken in völlige Unterschiedslosigkeit, sobald in ein und demselben freiwilligen Akt das Erstere den Schmerz herbeiruft, den der Letztere zufügt. Eine entgegengesetzte Regung, die jedoch das gleiche Ziel verfolgt, veranlasst Baudelaire, sich heimlich zum Komplicen seines reflektierten Bewusstseins gegen sein reflexives Bewusstsein zu machen: Wenn er davon ablässt, sich selbst zu martern, so geschieht es nur, um nunmehr zu versuchen, sich selbst in Erstaunen zu versetzen. Jetzt täuscht er eine verblüffende Spontaneität vor und tut so, als ob er sich den unverbindlichsten *(gratuites)* Impulsen hingäbe, um sich dann plötzlich vor seinem eigenen Blick aufzurichten wie ein undurchsichtiger und unvorhersehbarer Gegenstand, kurz: als ob er ein *Anderer* sei als er selbst. Wenn ihm das gelänge, so wäre mehr als die Hälfte der Arbeit getan: Er könnte sich selbst genießen. Aber auch hier bleibt er eins mit dem, den er überraschen will. Und er errät nicht nur seinen Plan, schon ehe er ihn gefasst hat: Er übersieht und berechnet auch den Umfang seiner Überraschung im Voraus und läuft seiner eigenen Überraschung hinterher, ohne ihrer je habhaft zu werden. Baudelaire ist der Mensch, der sich so sehen wollte, als sei er ein anderer. Sein Leben ist nichts anderes als die Geschichte dieses Scheiterns.

[...]

So beschaffen ist das Unendliche, wie Baudelaire es begreift: Es ist das, was ist, ohne gegeben zu sein; es ist das, was mich heute bestimmt und doch vor morgen nicht existieren wird. Es ist das geahnte, erträumte, fast schon berührte und doch unerreichbare Ziel einer zielgerichteten Bewegung. Später werden wir sehen, dass Baudelaire mehr als alle andern diese erahnten Daseinsformen, die zugleich gegenwärtig und abwesend sind, schätzt. Gewiss ist, dass er seit langem schon diese Unendlichkeit als das Geschick des Bewusstseins erkannt hat. In der *Aufforderung zur Reise der Kleinen Gedichte in Prosa* wünscht er sich «*zu träumen, die Stunden durch die Unendlichkeit der Gefühle auszudehnen*», und in *Das Confiteor des Künstlers* schreibt er: «*Es gibt gewisse köstliche*

Empfindungen, deren Unbestimmtheit die Intensität nicht ausschließt: Keine Spitze ist schärfer als die des Unendlichen.» Diese Bestimmung der Gegenwart durch die Zukunft, des bereits Existierenden durch das, was noch nicht ist, nennt er «Unbefriedigtsein». (Wir kommen noch darauf zurück.) Die Philosophen bezeichnen es heute als Transzendenz. Niemand hat besser als er begriffen, dass der Mensch «ein Wesen der Ferne»* ist, das mehr durch Zweck und Ziel seiner Entwürfe bestimmt wird als durch das, was man von ihm kennen lernen kann, wenn man es in dem Augenblick festhält, der gerade vorübergeht.

«In jedem Menschen existieren zu jeder Stunde gleichzeitig zwei Strebungen: die eine zu Gott, die andere zu Satan.

Die Anrufung Gottes oder Spiritualität ist der Wunsch emporzusteigen; die Anrufung Satans oder Animalität ist die Lust am Abstieg.»**

So erweist sich der Mensch als eine Spannung, die zwischen zwei entgegengesetzten Kräften herrscht. Und beide Kräfte zielen im Grunde auf die Vernichtung des Menschlichen hin, weil die eine den Engel, die andere das Tier anstrebt. Wenn Pascal schreibt, der Mensch sei weder Engel noch Tier, so begreift er ihn als statischen Zustand, als eine intermediäre «Natur». Hier nichts dergleichen: Baudelaires Mensch ist nicht Zustand: Er ist Interferenz zweier konträrer Bewegungen, die aber beide zentrifugal sind und von denen die eine in die Höhe, die andere in die Tiefe strebt. Bewegungen ohne Antrieb, hervorbrechende Bewegungen, zwei Formen der Transzendenz, die wir nach Jean Wahl «Transaszendenz» und «Transdeszendenz» nennen können. Denn das Tierische im Menschen – ebenso wie das Engelhafte in ihm – ist emphatisch zu verstehen: Es handelt sich nicht nur um die allzu berühmte Schwäche des Fleisches oder um die Allmacht der niederen Instinkte: Baudelaire begnügt sich nicht damit, die Predigt eines Moralisten bildhaft auszuschmücken. Er glaubt an die Magie, und die «Anrufung Satans» erscheint ihm als ein Akt der Zauberei, vergleichbar jenem, durch den die Primitiven – in Bärenmasken verhüllt und den Bärentanz auffüh-

---

* Martin Heidegger, *Vom Wesen des Grundes*, 1929
** *Mein entblößtes Herz*

rend – Bären werden. In *Raketen* hat er das übrigens ganz klar ausgedrückt:

«Mimi, Mimichen, Mimimichen, mein Kätzchen, mein Wolf, mein Äffchen, großer Affe, große Schlange, mein melancholisches Eselchen.

Solche allzu oft wiederholte Launen der Sprache, solche allzu gehäufte tierische Rufnamen sind ein deutlicher Hinweis auf die satanische Seite der Liebe; erscheinen die Teufel nicht in tierischer Gestalt? Siehe das Kamel des Cazotte – Kamel, Teufel und Weib.»

Dieses intuitive Begreifen unserer Transzendenz, dieses Gefühl der nicht zu rechtfertigenden Unverbindlichkeit unseres Daseins muss auch zugleich die Entdeckung der menschlichen Freiheit mit sich bringen. Und Baudelaire hat sich auch stets frei gefühlt. Später werden wir sehen, mit welchen Schlichen er sich diese Freiheit zu verheimlichen suchte. Aber sie offenbart sich in seinem gesamten Werk und in seiner Korrespondenz. Sie strahlt daraus hervor, ohne dass er es gewollt hätte. Die große Freiheit der geistigen Baumeister hat er zwar – aus Gründen, die wir anführten – nicht gekannt, wohl aber verfügt er über die konstante Erfahrung einer explosiven Unvorhersehbarkeit, die durch nichts einzudämmen ist. Vergebens erhöht er die Vorsichtsmaßregeln gegen diese, vergebens schreibt er mit großen Buchstaben in seine Tagebücher «*die kleinen praktischen Maximen, Regeln, Imperative, Glaubensbekenntnisse und Rezepte, die die Zukunft vorherbestimmen sollen*»*. Vergebens: Er entgeht sich selbst und weiß, dass es für ihn keinen Rückhalt gibt. Wenn er sich wenigstens zum Teil als Mechanismus empfinden könnte, so wäre es ihm möglich, den Hebel zu entdecken, der die Maschine stoppt, vom Weg abbringt oder beschleunigt. Der Determinismus ist beruhigend: Wer kausal denkt, kann kausal handeln. Darum haben sich die Moralisten auch bis zum heutigen Tage alle Mühe gegeben, uns davon zu überzeugen, dass wir ein gut montiertes Räderwerk seien, welches sich mit einigen Handgriffen steuern lässt. Baudelaire weiß, dass Federn und Hebel in seinem Fall nichts zu sagen haben: Er ist weder Ursache noch Wirkung. Gegen das, was er morgen sein wird, vermag er heute nichts. Er ist frei, und das be-

---

*   Georges Blin, *Baudelaire*, Paris 1939, S. 49

deutet, dass er weder in sich noch in der Außenwelt eine Zuflucht vor seiner Freiheit finden kann. Er beugt sich über diese Freiheit, und es schwindelt ihm vor diesem Abgrund:

«*Im Seelischen wie im Körperlichen habe ich immer die Empfindung des Abgrundes gehabt, nicht allein des Abgrundes des Schlafes, sondern auch des Abgrundes der Tätigkeit, des Traumes, der Erinnerung, der Begierde, des Bedauerns, der Reue, des Schönen, der Zahl usw. ...*» und dann:

«*Jetzt habe ich ein beständiges Schwindelgefühl.*»*

Baudelaire: der Mensch, der sich als Abgrund empfindet. Stolz, Ennui, Schwindel: Er sieht sich bis auf den Grund seines Herzens. Er ist unvergleichlich, nicht mitteilbar, unerschaffen, absurd, unnütz, in äußerster Isolierung gelassen. Er trägt seine Bürde allein, er ist dazu verurteilt, seine Existenz ganz allein zu rechtfertigen, er entgeht sich immer wieder, er verliert sich aus der Hand. Er ist in Betrachtung versunken und gleichzeitig aus sich selbst herausgerissen in eine unendliche Verfolgung. Ein Abgrund ohne Boden, ohne Wände, ohne Dunkelheit, ein Geheimnis in hellem Licht, unvorhersehbar und doch vollkommen bekannt. Zu seinem Unglück aber entgeht ihm noch sein Abbild. Er suchte das Spiegelbild eines bestimmten Charles Baudelaire, den Sohn der Generalin Aupick, des verschuldeten Poeten, des Geliebten der Negerin Duval: Sein Blick traf die *conditio humana*. Diese Freiheit, diese Unverbindlichkeit, diese Verlassenheit, die ihn ängstigten, sind nicht sein ganz besonderes Geschick, sondern das eines jeden Menschen. Kann man jemals *sich* selbst berühren, *sich* selbst sehen? Diese unveränderliche und einzigartige Wesenheit, die er sucht, wird vielleicht nur den Augen der Anderen offenbar. Um ihre Züge zu erfassen, muss man vielleicht unbedingt *außerhalb* stehen. Vielleicht *ist* man für sich selbst nicht in der Art, in der eine Sache *ist*. Vielleicht *ist* man überhaupt nicht: Immer in Frage gestellt, auf Abruf lebend, muss man sich vielleicht unaufhörlich selbst *erschaffen*. Baudelaires ganzes Bemühen wird darauf ausgerichtet sein, sich diese unerfreulichen Gedanken zu verheimlichen. Und da seine «Natur»

---

*   *Raketen*

ihm entgeht, wird er versuchen, sie in den Augen der Anderen zu fassen zu bekommen. Von nun an ist er nicht mehr aufrichtig: Er muss unaufhörlich daran arbeiten, sich selbst zu überzeugen, versuchen, sich selber an seine eigenen Augen zu halten. Unseren Augen – aber nicht den seinen – wird ein neuer Charakterzug sichtbar: Er ist der Mensch, der die Bedingungen seines Menschseins am tiefsten empfand und der zugleich am leidenschaftlichsten bestrebt war, sie vor sich selbst zu verheimlichen. [...]

Denn Baudelaires Haltung seiner Besonderheit gegenüber ist nicht so eindeutig. Einerseits will er sie genießen können, wie die anderen es tun, und das heißt: ihr wie einem Gegenstand gegenüberstehen. Er möchte, dass sie seinem inneren Blick sichtbar werde, so wie die weiße Farbe des weißen Raben unter den Augen der anderen Raben entsteht. Sie soll da sein wie ein Wesen (*une essence*), fest, beständig und ruhig. Andererseits aber würde sein Stolz sich mit einer nur empfangenen Originalität, deren Urheber er nicht selbst ist, kaum zufrieden geben. Er will sich selbst zu dem gemacht haben, was er ist. Und wir haben ja gesehen, wie er von Kindheit an seine «*Trennung*» voller Wut auf sich genommen hat, aus Furcht, dass sie ihm sonst auferlegt werde. Und weil er das, was ihn unersetzlich machen könnte, in sich selbst nicht fassen kann, wendet er sich nun an die anderen und verlangt von ihnen, dass sie ihn durch ihre Urteile als einen anderen konstituieren. Aber er kann auch nicht zulassen, dass er für sie bloßer *Gegenstand* ihres Blickes ist. In gleicher Weise, wie er das vage Dahinfluten seines inneren Lebens gern *objektivieren* würde, möchte er umgekehrt dieses *Ding*, das er für andere ist, verinnern, indem er daraus einen freien Entwurf seiner selbst macht. Im Grunde handelt es sich immer wieder um das gleiche Streben nach Wiedergewinnung. Sich auf der Ebene des Innenlebens wiedergewinnen heißt: versuchen, sein Bewusstsein wie eine Sache zu betrachten, um es besser erfassen zu können. Wenn es sich aber um das Wesen handelt, das man für die Anderen ist, wird man sich dann wiedergewinnen, wenn es einem gelingt, das *Ding* mit einem freien Bewusstsein gleichzusetzen. Dieses paradoxe Wechselspiel entspringt der Doppeldeutigkeit des Begriffes *Besitz*. Man kann sich selbst nur besitzen, wenn man sich selbst erschafft, und wenn man sich selbst erschafft, entgeht man sich. Man besitzt stets nur ein *Ding*. Wenn man aber ein Ding in der Welt ist, verliert man jene schöpferische Freiheit, ohne die eine Aneignung unmöglich ist. Und Baudelaire, der ein Organ für die Freiheit besaß, erschrak vor ihr, als er in den Limbus seines Bewusstseins hinabgestiegen war. Er begriff, dass die Freiheit unausweichlich zu absoluter Einsamkeit und letzter Verantwortung führt. Diese Angst des einsamen Menschen, der sich rückhaltlos für die Welt und für Gut und Böse verantwortlich weiß, will er fliehen. Zweifellos will er frei sein, aber frei innerhalb der Grenzen eines bereits festgelegten Universums. Ebenso wie er sich um eine gleichsam gesellige, bestätigte Einsamkeit bemüht hatte, strebt er nach einer Freiheit mit beschränkter Haftung. Gewiss: Er will sich selbst erschaffen, aber so, wie die anderen ihn sehen. Er will diese widersprüchliche Natur sein: *eine Ding-Freiheit*. Er will dieser furchtbaren Wahrheit, die besagt, dass die Freiheit nur in sich selbst ihre Grenzen hat, entgehen und sucht sie in äußere Begrenzungen einzuschließen. Alles, was er von ihr verlangt, ist: Sie möge so stark sein, dass er jenes Bild, das die anderen sich von ihm machen, als sein eigenes Werk betrachten kann. Sein Ideal wäre es, sein eigener Daseinsgrund zu sein und sich dennoch nach einem göttlichen Plan erschaffen zu haben. Das Erstere würde seinem Stolz Genugtuung verschaffen, das Letztere würde seine Angst besänftigen und seine Existenz rechtfertigen. Kurz, er will *frei* sein, was voraussetzt, dass er gerade in seiner Unabhängigkeit unverbindlich und nicht zu rechtfertigen ist, und er will *verbürgt* sein, was bedeutet, dass die Gesellschaft ihm seine Funktion und sogar seine Natur oktroyiert.

[...]

Ausgehend von den «zwei Strebungen» ist das seelische Klima Baudelaires leicht zu beschreiben: Aus Stolz und Groll versuchte dieser Mann zeitlebens, sich in den Augen der Anderen und in seinen eigenen Augen *zu einem Ding zu machen*. Er wollte abseits stehen von der großen Orgie der Gesellschaft wie ein Standbild, endgültig, undurchdringlich und unassimilierbar. Sagen wir kurz: Er wollte *sein* – worunter wir jenen eigensinnigen und streng festgelegten Modus der Präsenz verstehen, welcher einem Objekt eigen ist. Und doch konnte Baudelaire nicht zulassen, dass dieses Sein, das die anderen wahrnehmen sollten und in dessen Genuss er selbst gelangen wollte, den passiven und unbewussten Charakter eines Utensils habe. Er wollte zwar ein Objekt sein, aber keine rein zufällige Gegebenheit. Dieses Ding wird ihm wirklich angehören; es wird sich *retten*, wenn man beweisen kann, dass es sich selbst erschaffen hat und sich selbst am Dasein erhält. Damit sind wir wieder an den Modus der Präsenz des Bewusstseins und der Freiheit zurückverwiesen, den wir *Existenz* nennen. Weder das *Sein* noch die *Existenz* kann und will Baudelaire bis zu Ende leben. Kaum hat er sich auf die eine Entscheidung eingelassen, so flüchtet er auch schon in die andere. Kaum fühlt er sich vor den Augen der Richter, die er sich gegeben hat, als Objekt – als schuldiges Objekt –, so will er gegen diese Richter wieder seine Freiheit behaupten, sei es durch die prahlerische Schaustellung des Lasters, sei es durch eine Reue, die ihn mit einem Flügelschlag über seine Natur hinaushebt, oder durch unzählige andere Schliche, die wir bald kennen lernen werden. Sobald er jedoch das Terrain der Freiheit betreten hat, packt ihn die Angst vor seiner Unverbindlichkeit, vor den Grenzen seines Bewusstseins, und er klammert sich aufs Neue an ein fertiges Universum, in dem Gut und Böse von vornherein gegeben sind und in dem er einen bestimmten Platz innehat. Er hat sich dafür entschieden, ein ständig zerrissenes, ein schlechtes Gewissen zu haben. Die Beharrlichkeit, mit der er die ewige Dualität im Menschen umkreist, die zwei Strebungen, die Teilung in Seele und Körper, den Abscheu vor dem Leben und den Lebensüberschwang – diese Beharrlichkeit zeigt die Zerrissenheit seines Geistes. Weil er zu gleicher Zeit sein und existieren wollte, weil er unablässig aus der Existenz ins Sein und aus dem Sein in die Existenz floh, ist er eine einzige brennende Wunde mit klaffenden Rändern. Deshalb liegen in allen seinen Handlungen und in jedem einzelnen seiner Gedanken zwei Bedeutungen, zwei einander entgegengesetzte Absichten, die einander hervorrufen und zerstören. Er hält am Guten fest, um das Böse tun zu können, und wenn er das Böse tut, so um dem Guten zu huldigen. Wenn er sich außerhalb der Norm stellt, so geschieht es, um die Macht des Gesetzes stärker empfinden zu können, um zu bewirken, dass ein Blick ihn richte und ihn gegen seinen Willen in die Hierarchie des Universums einreihe. Erkennt er aber diese Ordnung und diese höchste Gewalt ausdrücklich an, so tut er das nur, um ihr entgehen und in der Sünde seine Einsamkeit auskosten zu können. In diesen Ungeheuern, die er verehrt, findet er vor allem die unwandelbaren Gesetze der Welt wieder, und zwar im Sinne des Satzes: «Die Ausnahme bestätigt die Regel.» Aber er findet sie lächerlich entstellt. Bei Baudelaire ist nichts einfach. Er verirrt sich in sich selbst und schreibt schließlich voll Verzweiflung: *«Ich habe eine so eigenartige Seele, dass ich mich selbst in ihr nicht zurechtfinde.»* Diese eigenartige Seele lebt in der Unredlichkeit (*mauvaise foi*). In ihr gibt es etwas, das sie in einer ständigen Flucht sich zu verheimlichen sucht: Es ist die Tatsache, dass sie sich dafür entschieden hat, sich nicht für *ihr eigenes* Gutes zu entscheiden, dass ihre innerste Freiheit, die vor sich selbst zurückschreckte, von der Außenwelt Prinzipien fertig übernommen hat, und zwar gerade darum, weil sie fertig waren. Man darf nicht, wie Lemaître, glauben, dass all diese Komplikationen ganz offensichtlich gewollt waren und dass Baudelaire auf einmalige Art und Weise eine Technik des Epikureertums anwendete. Wenn es sich so verhielte, wären alle seine Schliche ja vergeben, weil er sich doch zu gut kennen würde, um sich etwas vormachen zu können. Die Wahl seiner selbst, die er getroffen hat, ist viel tiefer in ihm verwurzelt. Er selbst kann sie nicht erkennen, weil er ja eins mit ihr ist. Deshalb darf man aber eine freie Wahl dieser Art noch lange nicht jenen dunklen chemischen Vorgängen gleichsetzen, welche die Psychoanalytiker in den Bereich des Unbewussten verweisen. Baudelaires Wahl: das ist *sein* Bewusstsein, das ist *sein* wesentlicher Entwurf. In gewissem Sinne ist er also von ihr so durchdrungen, dass sie gleichsam seine eigene Transparenz ist. Diese Wahl ist das Licht seines Blickes und der Geschmack seiner Gedanken. Aber sogar in diese Wahl noch drängt sich der Vorsatz, sich nicht preiszugeben, jede Erkenntnis zu erlangen, ohne sich selbst zu erkennen zu geben. Mit einem Wort: Diese Urwahl (*choix originel*) ist in ihrem Ursprung unaufrichtig. An nichts von all dem, was er denkt und fühlt, an keines seiner Leiden, an keine seiner zweifelhaften Lüste glaubt Baudelaire wirklich – und vielleicht liegt darin für ihn sein wirkliches Leid. Aber täuschen wir uns nicht: Nicht wirklich glauben ist noch nicht das Gleiche wie Leugnen. Unaufrichtigkeit ist auch eine Form der Moral.* Wir sollten es eher so auffassen, dass Baudelaires Gefühle eine Art innerer Leere aufweisen. Durch Raserei und ungewöhnliche Nervosität sucht er ihre Unzulänglichkeit aufzuwiegen. Vergebens: Sie klingen hohl. Er erinnert an den Psychastheniker, der sich, weil er glaubt, ein Magengeschwür zu haben, auf dem Boden wälzt, in Schweiß ausbricht, heult und zittert – doch der Schmerz bleibt aus. Wenn wir die überspannten Ausdrücke, mit denen Baudelaire sich selbst beschreibt, beiseite schieben und all die Worte wie «*scheußlich*», «*Albtraum*», «*Grauen*», denen wir auf jeder Seite der *Fleurs du Mal* begegnen, außer Acht lassen könnten, wenn es uns gegeben wäre, bis auf den Grund seines Herzens hinabzusteigen, dann würden wir vielleicht hinter den Ängsten und der Reue, hinter dem Vibrieren der Nerven die Gleichgültigkeit finden – diese süßliche Gleichgültigkeit, die unerträglicher ist als die qualvollsten Leiden. Dabei handelt es sich nicht um jene matte Gleichgültigkeit, die aus einem körperlichen Mangel kommt, sondern um die prinzipielle Unfähigkeit, sich selbst ganz ernst zu nehmen, die fast immer eine Begleiterscheinung der Unredlichkeit ist. All die Charakterzüge, aus denen sich Baudelaires Bild zusammensetzt, werden wir also als künstliche Formen eines subtilen, verheimlichten Nichts ansehen müssen. Und wir werden uns in Acht nehmen müssen, dass wir uns von den Worten, mit denen wir ihn zeichnen, nicht täuschen lassen, denn sie erwecken in uns eine Vorstellung, die lebensvoller ist, als Baudelaire selbst es war. Wenn wir einen Einblick in die Mondlandschaften dieser trostlosen Seele gewinnen wollen, sollten wir daran denken, dass der Mensch immer nur ein Betrug ist.

 Indem er sich für das Böse entschied, hat Baudelaire ge-

---

*   Im Deutschen nicht wiederzugebendes Wortspiel: «La mauvaise foi est encore une foi.» *Anm. d. Hg.*

wählt, sich schuldig zu fühlen. Durch die Reue gelangt er zu seiner Einzigartigkeit und zu der Freiheit des Sünders. Sein ganzes Leben lang wird ihn das Gefühl seiner Schuld nicht verlassen. Hierbei handelt es sich nicht um eine ihm ungelegene Folge seiner Wahl: Die Reue hat für ihn die Bedeutung einer Funktion. Sie ist es nämlich, die aus der Tat eine Sünde macht. Ein Verbrechen, das man nicht bereut, ist kein Verbrechen mehr, sondern höchstens ein Unglück. Bei Baudelaire hat es sogar den Anschein, als sei die Reue dem Vergehen vorangegangen. Schon mit achtzehn Jahren schreibt er an seine Mutter, er habe «*es nicht gewagt, sich Herrn Aupick in seiner ganzen Hässlichkeit zu zeigen*». Er beschuldigt sich, «*Fehler im Überfluss zu haben, die keine angenehmen Fehler mehr sind*». Und nachdem er sich gerade ein wenig hinterhältig über die Lasègues, bei denen man ihn einlogiert hatte, beklagt hat, fügt er hinzu: «*Vielleicht ist es gut, dass ich entblößt und entpoetisiert worden bin; so sehe ich besser, was mir fehlte.*»* Von da an hört er nicht mehr auf, sich selbst anzuklagen. Und damit ist es ihm ernst, oder eher noch: Seine Unredlichkeit ist so tief verwurzelt, dass er nicht mehr Herr über sie ist. Er empfindet vor sich selbst einen so heftigen Abscheu, dass man sein Leben als eine lange Abfolge von Strafen ansehen kann, die er sich auferlegt. Durch die Selbstbestrafung kauft er sich frei und «*verjüngt sich*» – um einen seiner Lieblingsausdrücke zu verwenden. Gleichzeitig aber stellt er sich ausdrücklich als schuldig hin. Er entwaffnet seine Sünde und billigt sie doch für alle Ewigkeit. Er gleicht sein Urteil über sich selbst dem der anderen an – so als ob er eine Momentaufnahme seiner sündhaften Freiheit machte und diese für alle Ewigkeit festhielte. Er *ist* für die Ewigkeit der unersetzlichste aller Sünder. Aber im gleichen Augenblick überschreitet er diese Freiheit in Richtung auf eine neue Freiheit, er flieht aus ihr auf das Gute hin, so wie er aus dem Guten aufs Böse hin floh. Und zweifellos richtet sich die Bestrafung über die augenblickliche Sünde hinweg sehr viel tiefer und geheimnisvoller auf jene Unredlichkeit, die seine eigentliche Sünde ist, die er sich nicht eingestehen will und trotzdem abzubüßen sucht. Aber vergebens

---

* Brief vom 16. 7. 1839

müht er sich, diesen *circulus vitiosus*, in den er sich eingeschlossen hat, zu durchbrechen: Denn der Henker ist ebenso unredlich wie das Opfer. Die Bestrafung ist ebenso ein Gefallen wie das Verbrechen: Sie soll eine Schuld sühnen, die sich in Bezug auf bestehende Normen vorsätzlich zur Schuld erklärte. Die härteste und längste Strafe Baudelaires ist zweifellos die Luzidität seines Geistes. Wir kennen den Ursprung dieser Luzidität: Baudelaire hat sich von Beginn an der Reflexion verschrieben, weil er seine Alterität ergründen *wollte*. Jetzt aber gebraucht er die Reflexion als Peitsche. Dieses «*Bewusstsein im Bösen*», das er rühmt, kann wohl manchmal köstlich sein, meist aber ist es stechend wie die Reue. Wir haben gesehen, dass er seinen Blick auf sich selbst richtet, als wäre es der Blick anderer. Er sieht sich oder versucht sich so zu sehen, als ob er ein anderer wäre. Natürlich ist es nicht möglich, sich selbst wirklich mit den Augen anderer zu betrachten; dazu sind wir viel zu sehr uns selbst verhaftet. Aber wenn wir uns die Richterrobe umhängen, wenn unser reflexives Bewusstsein Ekel und Entrüstung gegenüber dem reflektierten Bewusstsein mimt und, um das Letztere zu beurteilen, auf die Grundsätze und Maßstäbe der herkömmlichen Moral zurückgreift, dann können wir uns für einen Augenblick die Illusion verschaffen, dass wir einen *Abstand* zwischen dem Reflektierten und der Reflexion geschaffen haben. Mit Hilfe der selbstquälerischen Luzidität sucht Baudelaire sich in seinen eigenen Augen zu einem Objekt zu machen. Er erklärt uns, dass darüber hinaus dieser erbarmungslose Scharfblick durch einen geschickten Kunstgriff den Charakter eines Loskaufes annehmen kann: «*Diese lächerliche, feige und niedrige Handlung, deren Erinnerung mich einen Augenblick packte, steht in vollkommenem Gegensatz zu meiner wahren Natur, meiner augenblicklichen Natur. Und noch die Energie, mit der ich sie betrachte, die inquisitorische Sorgfalt, mit der ich sie analysiere und verdamme, beweisen meine hohen und göttlichen Fähigkeiten zur Tugend. Wie viel Menschen würde man wohl in der Welt finden, die ebenso geeignet wären, sich selbst zu richten, ebenso streng in der eigenen Verurteilung?*»* Gewiss, er spricht hier vom Opium-

---

* *Die künstlichen Paradiese*

raucher. Aber hat er uns nicht erklärt, dass der Giftrausch keine bedeutenden Veränderungen in der Persönlichkeit des Berauschten hervorrufe? Dieser Opiumraucher, der sich verflucht und begnadigt, ist er selbst; dieser komplexe «Mechanismus» ist charakteristisch für Baudelaire. Von dem Augenblick an, in dem ich mich durch die soziale Strenge, mit der ich mich behandle, zum Objekt mache, werde ich zugleich Richter; und die Freiheit entzieht sich dem verurteilten Objekt, um sich auf den Ankläger zu übertragen. Auf diese Weise versucht Baudelaire mit einem neuen Trick noch einmal, Sein und Existenz zu vereinen. Er selbst ist diese unerbittliche Freiheit, die sich jeder Verdammung entzieht, weil sie selbst nichts anderes als eine Verdammung ist. Und er ist auch jenes Wesen, das in der Sünde erstarrt ist, das man betrachtet und aburteilt. Draußen und drinnen zugleich ist er Objekt und Zeuge für sich selbst, führt er das Auge der andern in sich ein, um sich selbst wie einen anderen zu erfassen. Aber in dem Augenblick, in dem er sich sieht, manifestiert sich seine Freiheit und entzieht sich allen Blicken, weil sie selbst nichts anderes mehr ist als ein Blick.

Die Wörter:
Die metaphysische Faszination einer eigentlichen Welt

‹Die Wörter› sind keine Autobiographie im klassischen Sinne. In ihrem Titel nennt Sartre das, was sein Leben ausmachte. Das Leben schon des Kindes, das in den Wörtern, in der Literatur eine andere, eigentliche Welt findet, die es den Banalitäten und Hässlichkeiten des alltäglichen Lebens enthebt, die es *adelt*, indem es in ihr sein eigentliches Zuhause erfährt.

Das Kind empfindet die Macht, die darin liegt, den Dingen ihren Namen zu geben. Eine Macht, die darüber hinwegzutäuschen vermag, dass es ohne Grund, ohne Recht existiert. Das Bild des Menschen im Zug, der sich in seiner Scham vor dem Schaffner erniedrigt, dem er keine Fahrkarte, kein Recht, in diesem Zug zu sein, vorweisen kann: Es ist das Bild der Grundlosigkeit, der Kontingenz menschlichen Daseins, das durch nichts gerechtfertigt ist, das niemandem und auch nicht sich selbst zu beweisen vermag, dass es *notwendig* existiert.

Dieser Kontingenz versucht der Schriftsteller zu entgehen, indem er ihr das Pathos seines Werks entgegenhält. Es ist ein Werk, das nicht *ihn* ausdrückt, sondern das der «Menschheit» gewidmet ist und dessen diese Menschheit bedarf, um *sich* ausgedrückt und dargestellt zu sehen.

Sartre beschreibt dieses Pathos als die Illusion, die ihn vor dem *Ekel* angesichts des eigenen Menschseins rettete. Und er beschreibt zuletzt, wie er sich am Ende seines Lebens von dieser «metaphysischen» Illusion befreite. Nicht, wie es ein etabliertes Vorurteil im Zeichen einer etwas antiquierten Postmoderne will, um sich am Ende in die Idee einer «allgemeinen Menschennatur» zu flüchten. Wenn er schreibt: «Was bleibt [...] ein ganzer Mensch, gemacht aus dem Zeug aller Menschen» – dann ist das nichts anderes als das Einverständnis mit der eigenen Kontingenz. (Vgl. in der Monographie das Kapitel ‹Eine Kindheit aus Wörtern und ihr Zerbrechen›.)

Die Wörter

[...]
Ich hatte meine Religion gefunden; nichts erschien mir wichtiger als ein Buch; die Bibliothek sah ich als Tempel. Als Enkel eines Priesters lebte ich auf dem Dach der Welt, im sechsten Stock, saß ich auf dem höchsten Ast des Zentralbaumes: Den Stamm bildete der Käfig des Aufzuges. Ich betrat den Balkon, warf von oben her einen Blick auf die Passanten, ich grüßte über das Gitter hinweg Lucette Moreau, meine Nachbarin, die so alt war wie ich, die blonde Locken und eine junge Weiblichkeit hatte, so wie ich, ich kehrte zurück in die *cella* oder in den *pronaos*, niemals stieg ich in *eigener Person* hinab: Wenn meine Mutter mit mir in den Garten des Luxembourg ging – also täglich –, gewährte ich den Niederungen meine Hüllen, aber mein verklärter Leib verließ nicht seinen Hochsitz, ich glaube, er ist immer noch dort oben. Jeder Mensch hat seinen natürlichen Standort; über die Höhenregionen entscheiden weder Stolz noch Wert: Darüber bestimmt die Kindheit. Mein Standort ist ein sechster Stock in Paris mit Aussicht auf die Dächer. Lange Zeit wurde mir in den Tälern das Atmen schwer, die Ebene bedrückte mich: Ich schleppte mich dahin auf dem Planeten Mars, die Schwere presste mich zu Boden; mir genügte dann das kleinste Hügelchen, um wieder fröhlich zu werden: Dann war ich wieder in meinem symbolischen sechsten Stock, atmete abermals die dünne Luft der Belletristik, das Universum breitete sich zu meinen Füßen, und jedes Ding begehrte demütig einen Namen. Ihm den Namen zu geben bedeutete gleichzeitig Schöpfung und Besitznahme. Ohne diese Grundillusion hätte ich niemals geschrieben.

Heute, am 22. April 1963, korrigiere ich dies Manuskript im zehnten Stock eines Neubaus: Durch das offene Fenster sehe ich einen Friedhof, Paris, die Hügel von Saint-Cloud, die blauen.

Woraus meine Hartnäckigkeit zu ersehen ist. Trotzdem ist vieles verändert. Hätte ich mir als Kind diesen erhöhten Standpunkt verdienen wollen, so müsste man in meiner Vorliebe für Dachfenster die Auswirkung von Ehrgeiz oder Eitelkeit erblicken, eine Überkompensation meiner kleinen Statur. Keineswegs; es ging gar nicht darum, auf meinen geheiligten Baum zu klettern: Ich saß dort bereits, ich weigerte mich, hinabzusteigen: Es ging nicht darum, mich oberhalb der Menschen anzusiedeln: Ich wollte im reinen Äther leben, unter den luftigen Trugbildern der Dinge. Weit davon entfernt, mich an Luftballons anklammern zu wollen, habe ich mich später mit ganzem Eifer bemüht, nach unten zu gelangen; dazu braucht man Sohlen aus Blei. Mit einigem Glück gelang es mir, manchmal, auf dem Meeresgrund ganz in die Nähe von Tiefseearten zu gelangen, deren Namen ich erfinden musste. Ein andermal war nichts zu machen; eine unwiderstehliche Leichtigkeit hielt mich an der Oberfläche fest. Schließlich funktionierte mein Höhenmesser nicht mehr, sodass ich bald ein Luftmensch bin, bald ein Froschmensch, oft beides zusammen, wie das in unserem Spiel zu gehen pflegt: Ich wohne aus Gewohnheit in der Luft und schnüffle ohne allzu viel Hoffnung am Boden.

Trotzdem musste man mir von den Verfassern sprechen. Mein Großvater machte es taktvoll, ziemlich kühl. Er lehrte mich die Namen dieser erlauchten Männer; dann lernte ich für mich die Liste fehlerlos auswendig, von Hesiod bis Hugo, sie waren die Heiligen und die Propheten. Charles Schweitzer weihte ihnen einen Kult, wie er sagte. Dennoch störten sie ihn; ihre unerwünschte Gegenwart hinderte ihn daran, die Werke des Menschen unmittelbar dem Heiligen Geist zuzuschreiben. Überdies nährte er eine geheime Vorliebe für die Namenlosen, für die Baumeister, die aus Bescheidenheit hinter dem Werk ihrer Kathedralen verschwanden, und für die zahllose Verfasserschaft bei den Volksliedern. Shakespeare war ihm nicht unlieb, weil seine Identität angezweifelt wurde. Auch Homer nicht, aus dem gleichen Grunde. Oder einige andere Autoren, von denen nicht mit Sicherheit feststand, ob sie existiert hatten. Für jene, die nicht willens oder fähig gewesen waren, ihre Lebensspur zu verwischen, fand er Entschuldigungen, vorausgesetzt, dass sie tot waren. Aber seine Zeitgenossen verurteilte er durch die Bank, mit Ausnahme von Anatole France und Courteline, der ihn amüsierte. Voller Stolz genoss Charles Schweitzer die Achtung, die man seinem hohen Alter entgegenbrachte, seiner Bildung, seiner Schönheit, seinen Tugenden; dieser Lutheraner versagte es sich nicht, in sehr biblischer Weise zu denken, der Ewige habe sein Haus gesegnet. Bei Tisch nahm er bisweilen eine Haltung innerer Sammlung an, überschaute aus der Höhe sein Leben und schloss: «Meine Kinder, wie gut ist es doch, wenn man sich nichts vorzuwerfen hat.» Seine Ausbrüche, seine Majestät, sein Stolz und seine Lust am Erhabenen verdeckten eine geistige Schüchternheit, die sich aus seiner Religion herleitete, aus seiner Epoche und seinem Universitätsmilieu. Darum empfand er einen geheimen Widerwillen gegen die heiligen Ungeheuer in seiner Bibliothek, gegen die Büßer und Gauner, deren Werke er insgeheim für unangemessen hielt. Ich täuschte mich darin: Die Kühle, die unter einem offiziellen Enthusiasmus durchdrang, hielt ich für die Strenge eines Richters; sein Priestertum erhob ihn über sie. Jedenfalls, so flüsterte mir der Priester dieses Kultes zu, sei das Genie nur eine geliehene Gabe: Man müsse es sich durch große Leiden und durch Prüfungen, die man bescheiden, aber fest durchsteht, verdienen; dann hört man schließlich Stimmen und schreibt unter Diktat. Zwischen der ersten Russischen Revolution und dem Ersten Weltkrieg, fünfzehn Jahre nach Mallarmés Tod, im gleichen Augenblick, da Daniel de Fontanin die ‹Nourritures terrestres› entdeckte*, brachte ein Mann des neunzehnten Jahrhunderts seinem Enkel jene Gedanken bei, die unter Louis-Philippe Geltung gehabt hatten. Man behauptet, so erklären sich die bäuerlichen Gewohnheiten: Die Väter gehen aufs Feld und lassen die Söhne in den Händen der Großeltern. Ich begann meine Laufbahn mit einem Handikap von achtzig Jahren. Soll ich mich darüber beklagen? Ich weiß es nicht: In unse-

---

* Daniel de Fontanin ist eine der Hauptgestalten aus Roger Martin du Gards Romanzyklus ‹Die Thibaults›. Die ‹Nourritures terrestres› sind ein berühmtes Buch André Gides. Sartre spielt an dieser Stelle auf eine Romanepisode der ‹Thibaults› an. (Anm. d. Übers.)

ren bewegten Gesellschaftsordnungen bedeuten die Rückstände bisweilen einen Vorsprung. Jedenfalls warf man mir diesen Knochen vor, und ich bearbeitete ihn so gründlich, dass er durchscheinend wurde. Mein Großvater hatte gehofft, mir insgeheim die Schriftsteller, diese Zwischenträger, zu verekeln. Er erreichte das Gegenteil: Ich verwechselte Talent und Verdienst. Diese braven Leute glichen mir: Wenn ich ganz artig war, tapfer meine Wehwehchen ertrug, hatte ich Anspruch auf Lorbeeren und Entschädigungen. Das war die Kindheit. Karl Schweitzer zeigte mir andere Kinder, ebenso wohl bewacht wie ich, erprobt, ausgezeichnet, die ihr Leben lang in meinem Alter geblieben waren. Ohne Bruder, ohne Schwester und ohne Kameraden, wie ich war, machte ich sie zu meinen ersten Freunden. Sie hatten geliebt, hatten gelitten, wie es sich gehört, wie die Helden ihrer Romane, und vor allem hatten sie ein gutes Ende genommen; ich dachte an ihre Lebensstürme mit ziemlich heiterer Rührung: Wie glücklich mussten sie gewesen sein, diese Jungens, wenn sie sich so recht unglücklich fühlten; dann sagten sie sich: «Welch ein Glück! Jetzt kann ein schönes Gedicht entstehen!»

In meinen Augen waren sie nicht tot, jedenfalls nicht ganz tot: Sie hatten sich in Bücher verwandelt. Corneille – das war so ein dicker Rötlicher mit Runzeln und einem Lederrücken, der nach Leim roch. Diese ungemütliche und strenge Gestalt mit den schwierigen Wörtern war eckig und stach mich in die Schenkel, wenn ich sie transportierte. Kaum aber hatte ich sie geöffnet, bot sie mir ihre dunklen und sanften Stahlstiche an, als wären es Vertraulichkeiten. Flaubert – das war so ein Kleiner in Leinen, geruchlos, aber mit gelegentlichen Kleisterspuren. Der vielseitige Victor Hugo hauste gleichzeitig auf allen Regalen. So viel über die Körper; die Seelen hinwiederum geisterten in den Werken: Die Buchseiten waren Fenster, durch welche von draußen jemand hereinschaute, das Gesicht gegen das Glas gedrückt, um mich auszuspionieren; ich tat so, als merkte ich nichts, und las weiter, die Augen auf die Wörter konzentriert, aber unter dem Blick des verstorbenen Chateaubriand. Die Unruhe hielt nicht an; die übrige Zeit liebte ich meine Spielgefährten. Es gab nichts, was sie überragt hätte, und ich wunderte mich gar nicht, als man mir erzählte, Kaiser Karl V. habe sich nach Tizians Pinsel gebückt. Nun und weiter? Fürsten sind dazu da.

Trotzdem achtete ich sie nicht: Warum sollte ich sie loben, bloß weil sie groß waren? Sie taten nur ihre Pflicht. Den anderen nahm ich übel, dass sie klein waren. Kurzum, ich hatte alles falsch verstanden und machte aus der Ausnahme eine Regel: Das Menschengeschlecht schrumpfte zusammen zu einem kleinen Komitee, das von gefühlvollen Tieren umgeben war. Vor allem ging mein Großvater zu übel mit ihnen um, als dass ich sie vollständig ernst hätte nehmen können. Seit Victor Hugos Tod las er nicht mehr; wenn er nichts anderes zu tun hatte, las er abermals die bereits gelesenen Bücher. Aber sein Amt war das des Übersetzers. Im Grunde seines Herzens hielt der Verfasser des ‹Deutschen Lesebuchs› die Weltliteratur für sein Arbeitsmaterial. Widerwillig ordnete er die Autoren je nach Verdienst ein, aber diese Rangordnung war vordergründig und verbarg nur schlecht seine eigentlichen Vorlieben, die auf reiner Nützlichkeit beruhten: Maupassant eignete sich für deutsche Schüler am besten zu Übersetzungsübungen, Goethe überragte Gottfried Keller um Haupteslänge, denn er war unvergleichlich für Aufsatzthemen. Als echter Humanist hatte mein Großvater wenig Achtung vor Romanen; als Lehrer schätzte er sie hoch: wegen des Wortschatzes. Schließlich ertrug er nur noch ausgewählte Abschnitte aus Büchern, und ich sah einige Jahre später, wie er einen Auszug aus ‹Madame Bovary› genoss, den Mironneau in eine Anthologie aufgenommen hatte, während Flauberts gesammelte Werke seit zwanzig Jahren darauf warteten, von ihm gelesen zu werden. Ich spürte, dass er von den Toten lebte, was meine Beziehungen zu ihnen einigermaßen erschwerte. Unter dem Vorwand, ihrem Kulte zu dienen, hatte er sie in Ketten gelegt, nahm er sich die Freiheit, sie zu zerstückeln, damit sie sich bequemer von einer Sprache in die andere transportieren ließen.

Ich entdeckte gleichzeitig ihre Größe und ihr Elend. Mérimée eignete sich zu seinem Unglück für die Mittelstufe; folglich musste er ein Doppelleben führen: Im vierten Stock des Bücherschrankes war seine ‹Colomba› eine frische Taube mit hundert Flügeln, aber eingefroren, weil angeboten und systematisch übersehen; kein Blick deflorierte sie jemals. Im untersten Fach hingegen befand sich die gleiche Jungfrau im Gefängnis eines schmutzigen und stinkenden braunen Bändchens; weder die Erzählung selbst noch ihre Sprache waren verändert, aber diesmal gab es deutsche Fußnoten und ein Wörterbuch; außerdem erfuhr ich – ein Skandal ohne Beispiel seit der Vergewaltigung Elsass-Lothringens –, dass diese ‹Colomba› in Berlin verlegt worden war. Eben dieses Buch steckte mein Großvater zweimal wöchentlich in seine Aktentasche, er hatte es mit Flecken, roten Strichen und Brandwunden bedeckt, und ich konnte es nicht ausstehen: Es war ein gedemütigter Mérimée. Ich brauchte ihn bloß zu öffnen, schon starb ich vor Langeweile: Jede Silbe bot sich einzeln dem Auge an, so wie sie in den Unterrichtsstunden meines Großvaters einzeln aus seinem Munde kam. Da sie in Deutschland gedruckt worden waren, um von Deutschen gelesen zu werden, waren diese bekannten, aber unkenntlich gewordenen Zeichen eigentlich nur eine Nachäffung der französischen Wörter. Es handelte sich wieder um eine Spionagegeschichte: Hätte man nur ein bisschen gekratzt, so wären sogleich unter der gallischen Verkleidung die deutschen Vokabeln als Spitzel hervorgekrochen. Schließlich fragte ich mich, ob es nicht zwei Colombas gäbe, eine wild und wahr, die andere falsch und didaktisch, gab es doch auch zwei Isolden.

Die Drangsale, die meinen kleinen Spielgefährten widerfuhren, bewiesen mir, dass ich ihnen gleichgestellt war. Ich besaß weder ihr Talent noch ihr Verdienst, ich war noch nicht entschlossen, selbst zu schreiben; allein da ich der Enkel eines Priesters war, hatte die Geburt mich über sie erhoben; zweifellos war ich berufen: durchaus nicht zu ihrem stets etwas skandalumwitterten Märtyrertum, aber zu irgendeinem Priestertum. Ich würde auch einmal eine Schildwache der Kultur werden wie Charles Schweitzer. Und ich war außerdem lebendig und sehr tätig: Ich konnte die Toten zwar noch nicht zersäbeln, aber ich stellte sie in den Dienst meiner Launen: Ich nahm sie in die Arme, trug sie, legte sie auf den Fußboden, öffnete sie, machte sie wieder zu, zog sie aus dem Nichts und trieb sie zurück ins Nichts: Sie waren meine Puppen, meine Gliedermänner, und ich hatte Mitleid mit ihrem jämmerlichen und gelähmten Überleben, das man als ihre Unsterblichkeit bezeichnete.

Mein Großvater bestärkte mich in diesen Vertraulichkeiten: Alle Kinder sind inspiriert, sie stehen den Dichtern nicht nach, denn auch die Dichter sind schließlich ganz einfach Kinder. Ich war restlos begeistert von Courteline und lief der Köchin bis in die Küche nach, um ihr laut vorzulesen, wie Theodor die Streichhölzer sucht. Man amüsierte sich über mein Entzücken, förderte es sogar ganz bewusst, machte daraus eine öffentliche Leidenschaft. Eines schönen Tages sagte mein Großvater so beiläufig: «Courteline ist sicher ein netter Kerl. Wenn du ihn so liebst, warum schreibst du ihm dann nicht einmal?» Ich schrieb. Charles Schweitzer lenkte meine Feder und beschloss, einige Rechtschreibungsfehler im Brief stehen zu lassen. Vor einigen Jahren haben die Zeitungen diesen Brief abgedruckt, und ich habe ihn ziemlich ärgerlich wiedergelesen. Ich schloss mit den Worten «Ihr künftiger Freund», was mir durchaus natürlich vorkam, war ich doch auch der Vertraute von Baudelaire und Corneille; wie hätte es also einem *lebenden* Schriftsteller einfallen sollen, meine Freundschaft abzulehnen? Courteline lehnte sie trotzdem ab und tat recht daran: Hätte er dem Enkel geantwortet, er wäre auf den Großvater gestoßen. Damals aber urteilten wir streng über sein Stillschweigen. «Ich gebe zu», sagte Charles, «dass er viel zu tun hat, aber einem Kind muss man antworten, und wenn es mit dem Teufel zuginge.»

Auch heute noch leide ich an derselben Unsitte, an der Vertraulichkeit. Ich mache mit den erlauchten Toten wenig Umstände; über Baudelaire und Flaubert äußere ich mich ohne Umschweife, und wenn man es mir vorwirft, möchte ich am liebsten antworten: «Mischt euch nicht in unsere Angelegenheiten. Eure Genies haben mir gehört, ich habe sie in meinen Händen gehalten und leidenschaftlich geliebt, in aller Respektlosigkeit. Soll ich mir etwa Handschuhe anziehen, wenn ich mit ihnen verkehre?» Aber Karls Humanismus, diesen Humanismus eines Prälaten, habe ich an jenem Tage von mir abgetan, als ich begriff, dass jeder Mensch die Menschheit bedeutet. Wie traurig sind solche Genesungen: Die Sprache ist ermattet; die Helden der Feder, meine einstigen Ranggenossen, wurden ihrer Privilegien beraubt und sind in Reih und Glied zurückgekehrt: Zwei Mal trage ich um sie Trauer.

Was ich soeben geschrieben habe, ist falsch. Ist richtig. Ist weder falsch noch richtig, wie alles, was man über diese Verrückten schreibt, über die Menschen. Ich habe die Tatsachen so genau mitgeteilt, wie mein Gedächtnis es zuließ. Aber wie weit glaubte ich eigentlich an mein Delirium? Dies ist die Grundfrage, und dennoch kann ich sie nicht entscheiden. In der Folge habe ich gesehen, dass wir unsere Empfindungen ganz und gar nachempfinden können, mit Ausnahme ihrer Stärke, also ihrer Aufrichtigkeit. Die Handlungen selbst helfen uns dabei nicht weiter, außer wenn man beweisen kann, dass sie mehr waren als Gesten, was nicht immer leicht ist. Sehen Sie doch einmal: Ich war allein inmitten der Erwachsenen, ich war die Miniatur eines Erwachsenen, und ich las Erwachsenenbücher; bereits dieser Satz klingt falsch, denn gleichzeitig blieb ich ein Kind. Ich behaupte nicht, schuldig gewesen zu sein: So war es nun einmal; aber meine Expeditionen und Jagden gehörten zu dem Familienschauspiel, an dem man sich entzückte, wie mir bewusst war: jawohl, wie mir bewusst war. Jeden Tag weckte ein Wunderkind die Zauberbücher zu neuem Leben, die sein Großvater nicht mehr las. Ich lebte über mein Alter, wie man über seine Verhältnisse lebt. Mit Eifer, mit Anstrengung, auf kostspielige Weise, für die Schau. Kaum hatte ich die Tür zur Bibliothek aufgemacht, fand ich mich im Bauch eines untätigen Greises: der große Schreibtisch, die Schreibunterlage, die Tintenflecken, rote und schwarze, das rosa Löschblatt, das Lineal, der Kleistertopf, der durchdringende Tabaksgeruch und im Winter die rötliche Glut des Dauerbrandofens, das Knacken des Glimmers, das alles war Karl in Person, in verdinglichter Form: Mehr brauchte ich nicht, um mich in den Zustand der Gnade zu versetzen, ich eilte zu den Büchern. In aller Aufrichtigkeit? Was heißt das? Wie wäre es möglich – besonders nach so vielen Jahren –, die ungreifbare und bewegliche Grenze zu fixieren, die zwischen Besessenheit und Getue verläuft? Ich legte mich auf den Bauch, mit dem Gesicht zum Fenster, ein offenes Buch vor mir, ein Glas mit gerötetem

Wasser rechts von mir, links von mir ein Butterbrot mit Konfitüre auf einem Teller. Sogar in der Einsamkeit repräsentierte ich: Anne-Marie und Karlundmami hatten diese Seiten lange vor meiner Geburt umgeblättert, ihr Wissen bot sich jetzt meinen Augen dar; abends fragte man mich: «Was hast du gelesen? Was hast du verstanden?» Das wusste ich im Voraus, ich befand mich im Kindbett, ich würde ein Wort aus Kindermund zur Welt bringen; entlief man den Erwachsenen mit Hilfe der Lektüre, so kam man dadurch erst recht mit ihnen in Verbindung; auch wenn sie nicht anwesend waren, drang ihr künftiger Blick durch den Hinterkopf in mich ein, kam durch die Pupillen wieder heraus und fegte am Boden weg über die hundert Mal gelesenen Sätze, die ich zum ersten Mal las. Da ich gesehen wurde, sah ich mich: Ich sah mich lesen, wie man sich reden hört. Hatte ich mich eigentlich sehr verändert seit den Tagen, da ich so tat, als entzifferte ich den ‹Chinesen in China›, noch bevor ich das Alphabet kannte?

Nein, das Spiel ging weiter. Hinter mir öffnete sich die Tür, man wollte sehen, «was ich trieb»: Ich mogelte, sprang rasch auf, stellte Musset wieder an seinen Platz, hob mich sofort auf die Zehenspitzen, um mit ausgestreckten Armen den gewichtigen Corneille herunterzuholen; man bemaß meine Leidenschaft nach der Anstrengung, hinter mir hörte ich eine begeisterte Stimme flüstern: «Aber er liebt Corneille *wirklich*!» Ich liebte ihn nicht: Die Alexandrinerverse stießen mich ab. Glücklicherweise hatte der Verleger den vollständigen Text nur bei den berühmtesten Tragödien Corneilles abgedruckt; von den anderen gab er außer dem Titel bloß eine Handlungsanalyse, und die interessierte mich: «Rodelinde, Gattin des Pertharites, des Königs der Lombarden, der von Grimoald besiegt wurde, wird von Unulphe gedrängt, ihre Hand dem fremden Fürsten zu geben …» Ich kannte Rodogune, Théodore, Agésilas früher als den Cid, früher als Cinna; ich hatte den Mund voll tönender Namen, das Herz voll erhabener Gefühle und war darauf bedacht, die Verwandtschaftsbeziehungen nicht durcheinander zu bringen. Man sagte auch: «Der Kleine will sich unbedingt bilden; er verschlingt den Larousse», und ich ließ sie reden. Aber ich bildete mich durchaus nicht: Ich hatte entdeckt, dass es im Lexikon kurze Zusammenfassungen von Theaterstücken und Romanen gab; an denen ergötzte ich mich.

Ich wollte gefallen, und ich wollte Kulturbäder nehmen; jeder Tag begann mit neuer Heiligung. Sie wurde manchmal ziemlich nachlässig vorgenommen: Es genügte, dass ich mich auf den Boden legte und die Seiten umblätterte; die Werke meiner kleinen Freunde dienten mir häufig als Gebetsmühlen. Gleichzeitig aber kam es vor, dass ich *wirkliche* Angst und Freude empfand. Dann vergaß ich meine Rolle und wurde plötzlich von dem riesigen Walfisch, der kein anderer war als die Welt, davongetragen. Bitte schließen Sie daraus, was Sie wollen! Auf alle Fälle bearbeitete mein Blick die Wörter: Man musste sie versuchen, ihren Sinn bestimmen; mit der Zeit wurde ich durch diese Kulturkomödie kultiviert.

Trotzdem las ich auch *richtig*: außerhalb des Sanktuariums, in unserem Zimmer oder unter dem Tisch im Esszimmer; von diesem richtigen Lesen redete ich zu niemand, und niemand, außer meiner Mutter, redete darüber mit mir. Anne-Marie hatte meine gespielten Leidenschaften ernst genommen. Sie wurde unruhig und sprach darüber mit ihrer Mutter. Meine Großmutter war eine zuverlässige Verbündete und sagte: «Charles ist unvernünftig. Er drängt den Kleinen, ich habe es gesehen. Wenn es so weitergeht, wird das Kind ganz austrocknen.» Die beiden Frauen brachten auch die Überanstrengung und die Gefahr einer Gehirnhautentzündung ins Spiel. Es wäre gefährlich und müßig gewesen, meinen Großvater unmittelbar anzugreifen: Sie versuchten es auf Umwegen. Bei einem unserer Spaziergänge blieb Anne-Marie wie zufällig vor dem Zeitungskiosk stehen, der sich auch heute noch an der Ecke des boulevard Saint-Michel und der rue Soufflot befindet: Ich sah wunderbare Bilder, war fasziniert von ihren schreienden Farben, wollte sie haben, bekam sie; der Streich war geglückt: Nun verlangte ich jede Woche nach ‹Cri-Cri› oder den ‹Drei Pfadfindern› von Jean de la Hire oder nach der ‹Weltreise im Aeroplan› von Arnould Galopin, von denen jeden Donnerstag Fortsetzungsheftchen zu erscheinen pflegten. Von Donnerstag zu Donnerstag dachte ich an den Adler der Anden, an Marcel Dunot, den Boxer mit den Eisenfäusten, und den Flieger Christian weit mehr als an meine Freunde Rabelais und Vigny. Meine Mutter machte sich auf die Suche nach Büchern, die mir meine Kindheit wiedergeben sollten: Da waren zuerst die Büchlein der ‹Rosa-Bibliothek›, monatlich erscheinende Feenmärchen, dann aber nach und nach ‹Die Kinder des Kapitäns Grant›, ‹Der letzte Mohikaner›, ‹Nicholas Nickleby› von Dickens und die ‹Fünf Sous von Lavarède›. Lieber als den allzu abgewogenen Jules Verne hatte ich die Extravaganzen eines Paul d'Ivoi. Aber ohne Rücksicht auf den Verfasser liebte ich alle Bücher der Sammlung Hetzel, kleine Theaterstücke, deren roter Umschlag mit Goldquaste einen Theatervorhang darstellte. Der Goldstaub unten am Rand bedeutete die Rampe. Diesen Zauberbüchsen – und nicht den ausgeglichenen Sätzen eines Chateaubriand – verdanke ich meine ersten Begegnungen mit der Schönheit.

Wenn ich sie öffnete, vergaß ich alles: War das Lesen? Nein, sondern Sterben in Ekstase. Aus meiner Selbstvernichtung entsprangen sogleich Eingeborene mit Wurfspießen, Urwälder, Entdecker mit weißen Helmen. Ich war *Vision*, ich überschwemmte mit Licht die schönen dunklen Wangen der Aouda und den Backenbart des Philéas Fogg. Das kleine Wunderkind war endlich von sich selbst befreit und wurde zur reinen Bewunderung. Fünfzig Zentimeter über dem Fußboden entstand ein vollkommenes Glück ohne Herr und Halsband. Die Neue Welt erschien zuerst beunruhigender als die Alte: Hier wurde geplündert, hier wurde getötet, das Blut floss in Strömen. Indianer, Hindus, Mohikaner, Hottentotten raubten das junge Mädchen, fesselten seinen alten Vater und drohten ihm den schrecklichsten Martertod an. Es war das Böse in reiner Form. Aber es trat nur auf, um sich schließlich dem Guten zu unterwerfen: Im nächsten Kapitel kam alles wieder in Ordnung. Tapfere Weiße richteten ein Blutbad unter den Wilden an, zerschnitten die Fesseln des Vaters, der sich in die Arme seiner Tochter warf. Nur die Bösen starben – und einige sehr untergeordnete Gute, deren Tod zu den Unkosten der Geschichte gehörte. Übrigens war der Tod selbst keimfrei geworden, man starb mit ausgebreiteten Armen, mit einem kleinen runden Loch unter der linken Brust, oder wenn das Gewehr noch nicht erfunden war, so bekamen die Schuldigen «die Spitze des Säbels zu spüren». Ich liebte diesen hübschen Ausdruck: Ich stellte mir die Klinge vor, einen geraden und weißen Blitz; sie drang ein wie in Butter und trat am Rücken des Gesetzesbrechers wieder heraus, der zusammenbrach, ohne einen Blutstropfen zu verlieren. Manchmal war das Sterben sogar lustig, wie bei jenem Sarazenen in der Geschichte von – glaube ich – ‹Rolands Patenkind›, der sich zu Pferd einem Kreuzfahrer entgegenwirft. Der Paladin trifft seinen Kopf mit einem kräftigen Säbelhieb und spaltet ihn von oben bis unten; eine Illustration von Gustave Doré stellte diesen Vorgang dar. Wie lustig! Die beiden getrennten Körperhälften fielen herunter, beschrieben jede einen schönen Halbkreis um den Steigbügel; das erstaunte Pferd bäumte sich auf. Jahrelang konnte ich die Abbildung nicht anschauen, ohne furchtbar zu lachen. Endlich hatte ich, was ich brauchte: den hassenswerten Feind, der aber im Grunde ungefährlich war, da seine Pläne scheiterten und sogar trotz seiner Anstrengungen und seiner teuflischen List der Sache des Guten zu dienen hatten; ich stellte fest, dass in der Tat die Rückkehr zur Ordnung stets von einem Fortschritt begleitet war. Die Helden wurden belohnt, erhielten Ehrungen, bewundernde Anerkennung, Geld; dank ihrer Unerschrockenheit hatten sie ein Territorium erobert oder den Eingeborenen ein Kunstwerk abgenommen, das nun zu uns ins Museum wanderte; das junge Mädchen verliebte sich in den Entdecker, der ihm das Leben gerettet hatte, alles endete mit einer Hochzeit. Aus diesen Magazinen und Büchern habe ich meine intimste Phantasmagorie geschöpft: den Optimismus.

Diese Lektüre blieb lange Zeit geheim. Anne-Marie brauchte mich gar nicht erst darauf hinzuweisen; ich wusste, dass sie unwürdig war, und sagte kein Sterbenswörtchen darüber zu meinem Großvater. Ich wurde ordinär, ich nahm mir Freiheiten heraus, ich brachte Ferien im Freudenhaus zu, vergaß aber nicht, dass meine Wahrheit im Tempel geblieben war. Warum sollte man dem Priester durch den Bericht über meine Verirrungen Entsetzen bereiten? Karl ertappte mich schließlich; er wurde wütend über die beiden Frauen, und die benutzten eine Atempause, um alles auf mich zu schieben: Ich hatte die Magazine und Abenteuerromane gesehen, begehrt, haben wollen; man konnte mir das nicht abschlagen. Die geschickte Lüge trieb meinen Großvater in die Enge: Ich also, ich allein, betrog Colomba mit diesem geschminkten Lumpenpack. Ich, das prophetische Kind, die junge Wahrsagerin, das Glanzstück der Belletristik – ich bewies eine schreckliche Neigung für das Verächtliche. Jetzt musste er sich entscheiden: Entweder war erwiesen, dass ich kein Prophet war – oder man musste meinen Geschmack respektieren, ohne ihn begreifen zu können. Als mein Vater hätte Charles Schweitzer all meine Bücher ins Feuer geworfen; als mein Großvater entschloss er sich zu betrübter Milde. Mehr wollte ich gar nicht und setzte friedlich mein Doppelleben fort. Es hat niemals aufgehört: Auch heute noch lese ich lieber Kriminalromane als Wittgenstein.

[...]

Als ein Wesen, das von allen als Idol verehrt, gleichzeitig aber von jedermann abgewiesen wird, war ich ein Pfand, das man in Zahlung gibt, und hatte mit sieben Jahren als einzige Hilfe mich selbst, den noch nicht Existierenden. Ein verlassener Eispalast, wo das angehende Jahrhundert seine Langeweile spazieren führte. Ich wurde geboren, da ich mich selbst so sehr nötig hatte; bisher hatte ich nur die Eitelkeiten eines Schoßhundes kennen gelernt; da ich auf den Stolz verwiesen worden war, verwandelte ich mich ganz in Stolz. Da mich niemand *ernsthaft* brauchte, erhob ich den Anspruch, unentbehrlich zu sein für das Universum. Welche Überhebung! Welche Torheit! In Wahrheit hatte ich keine Wahl. Als blinder Passagier war ich im Abteil eingeschlafen und wurde vom Schaffner wachgerüttelt. «Bitte die Fahrkarte!» Ich musste gestehen, dass ich keine hatte. Auch kein Geld, um die Reise bezahlen zu können. Ich begann damit, mich für schuldig zu erklären: Meine Ausweispapiere hätte ich zu Hause vergessen und wüsste auch nicht mehr, wie ich durch die Sperre gelangt sei, aber ich gäbe zu, unrechtmäßigerweise den Zug bestiegen zu haben. Weit davon entfernt, die Autorität des Schaffners zu bezweifeln, beteuerte ich laut meine Achtung für seine Aufgaben und unterwarf mich von vornherein seiner Entscheidung.

In diesem äußersten Augenblick der Erniedrigung blieb mir bloß noch der Ausweg, die ganze Situation umzustülpen: Ich gab also das Geheimnis preis, dass wichtige und geheime Gründe mich zwängen, nach Dijon zu reisen, im Interesse Frankreichs und vielleicht der Menschheit. Und wenn man die Dinge in diesem Sinne betrachtete, gäbe es vielleicht im ganzen Zug keinen einzigen Menschen, der so sehr zum Mitfahren berechtigt sei wie ich. Freilich handle es sich um ein übergeordnetes Gesetz, das im Widerspruch zu den Reisebestimmungen stehe, aber wenn der Schaffner mich zwänge, den Zug zu verlassen und die Reise zu unterbrechen, könne es zu schweren Verwicklungen kommen, deren Folgen er auf sich zu nehmen hätte. Ich flehte ihn an, sorgfältig darüber nachzudenken: Entsprach es den Regeln der Vernunft, die ganze Menschheit ins Unglück zu stürzen unter dem Vorwand, die Reisebestimmungen durchführen zu müssen?

So ist der Stolz nun einmal: ein Plädoyer der Elenden. Ein Recht auf Bescheidenheit haben nur Reisende mit gültigen Fahrkarten. Ich wusste niemals, ob ich mit meiner Methode Erfolg hatte, denn der Schaffner schwieg; ich fing mit meinen Erklärungen immer von neuem an. Solange ich redete, durfte ich sicher sein, nicht aussteigen zu müssen. So standen wir einander gegenüber, der eine stumm, der andere unerhört geschwätzig, im Zug, der nach Dijon fuhr. Ich selbst war der Zug, der Schaffner, der Delinquent. Und ich war auch noch eine vierte Bühnengestalt; die allerdings, die Gestalt des Organisators, hatte nur einen einzigen Wunsch: sich selbst zu täuschen, und wäre es auch nur für eine Minute, um zu vergessen, dass sie alles selbst inszeniert hatte. Das Familientheater leistete mir gute Dienste: Man nannte mich ein Geschenk des Himmels, aber nur aus Spaß, und das wusste ich genau; da ich überhäuft wurde mit Rührszenen, weinte ich leicht und blieb im Herzen ganz trocken: Ich wollte ein nützliches Geschenk werden, das auszog, seinen Empfänger zu suchen; ich offerierte Frankreich und der Menschheit meine Person. Aus den Menschen machte ich mir nicht das Mindeste. Da sie aber unentbehrlich waren, sollten sie mich durch ihre Freudentränen erkennen lassen, dass mich das Universum voll Dankbarkeit aufnahm.

Man wird denken, ich sei sehr überheblich gewesen; nein: Ich war ein Waisenkind ohne Vater. Da ich niemandes Sohn war, wurde ich meine eigene Ursache, ein äußerster Fall von Stolz und von Elend; ich war in die Welt gekommen dank dem Schwung, der mich dem Guten entgegentrug. Der Zusammenhang dürfte klar sein: Verweiblicht durch die Zärtlichkeit meiner Mutter, kraftlos gemacht durch das Fehlen des rüden Moses, der mich erzeugt hatte, aufgebläht durch die Anbetung, die ich von meinem Großvater empfing, war ich ein reiner Gegenstand, der dazu vorherbestimmt schien, den Weg des Masochismus zu gehen, wenn es mir gelungen wäre, an das Familientheater glauben zu können. Das aber war nicht der Fall. Das Familientheater berührte mich nur an der Oberfläche, in der Tiefe blieb alles kalt und ohne Rechtfertigung; das System war mir ein Gräuel, ich begann diese glücklichen Schwächeanfälle zu hassen, diese Hingabe, diesen allzu oft gestreichelten, allzu verhätschelten Körper. Ich fand mich selbst, indem ich mich zu mir selbst in Gegensatz stellte. Ich stürzte mich in den Stolz und den Sadismus, anders ausgedrückt: in den Edelmut. Der Edelmut aber ist, wie der Geiz oder die Rassentheorie, nichts anderes als ein Balsam, der unsere inneren Wunden heilen soll und der uns schließlich vergiftet. Um der Verlassenheit des Geschöpfes zu entgehen, erschuf ich mir die unwiderruflichste bürgerliche Einsamkeit: die Einsamkeit eines Schöpfers. Man möge dieses Um-sich-Schlagen nicht mit einer richtigen Revolte verwechseln: Man revoltiert gegen einen Henker, ich aber hatte nichts als Wohltäter. Lange blieb ich ihr Spießgeselle. Übrigens waren sie es gewesen, die mich ein Geschenk der Vorsehung genannt hatten: Ich tat nichts, als die Werkzeuge, die ich besaß, für andere Zwecke zu verwenden.

Alles lief in meinem Kopf ab; da ich nur ein vorgestelltes Kind war, verteidigte ich mich durch die Vorstellungskraft. Schaue ich zurück auf mein Leben zwischen sechs und neun Jahren, so bin ich frappiert über die Folgerichtigkeit meiner geistigen Übungen. Deren Inhalt änderte sich häufig, aber das Programm wurde nicht abgewandelt; ich war noch vor meinem Stichwort auf die Bühne gekommen, zog mich hinter eine spanische Wand zurück und begann mein Erscheinen von neuem und zum vorgesehenen Zeitpunkt, im gleichen Augenblick, da das Universum schweigend nach mir verlangte.

Meine ersten Geschichten waren reine Wiederholungen des ‹Blauen Vogels›, des ‹Gestiefelten Katers› und der Märchen von Maurice Bouchor. Sie unterhielten sich ganz allein hinter meiner Stirn, zwischen meinen Augenbrauen. Später wagte ich, sie umzuändern und mir darin eine Rolle zu geben. Sie änderten ihren Charakter; ich mochte keine Feen, denn deren gab es zu viele um mich her; die Feenwelt wurde daher ersetzt durch eine Welt der Heldentaten. Ich wurde ein Held; ich verzichtete auf meinen Charme; es handelte sich nicht mehr darum, Wohlgefallen zu erregen, sondern sich durchzusetzen. Ich verließ meine Familie: Karlundmami ebenso wie Anne-Marie wurden aus meinen Geschichten ausgesperrt. Aus Überdruss an Gesten, Gebärden und Attitüden vollbrachte ich im Traum wirkliche Taten. Ich erfand ein schwieriges und tödliches Universum – das Universum eines Cri-Cri und anderer Helden meiner Heftchen; an die Stelle von Tagessorge und Arbeit, die mir unbekannt waren, setzte ich die Gefahr. Niemals war ich weiter davon entfernt, die bestehende Ordnung in Frage zu stellen; da ich sicher war, die beste der Welten zu bewohnen, gab ich mir die Aufgabe, diese Welt von den Monstren zu reinigen; als Bulle und Lyncher opferte ich jeden Abend eine Räuberbande. Niemals führte ich einen Präventivkrieg oder eine Strafexpedition; ich tötete ohne Lust und Zorn, um junge Mädchen vom Tode zu erretten. Diese zarten Geschöpfe waren mir unentbehrlich: Sie verlangten nach mir. Natürlich konnten sie nicht auf meine Hilfe rechnen, denn sie kannten mich nicht. Aber ich stürzte sie in so große Gefahren, dass keiner außer mir sie daraus erretten konnte. Wenn die Janitscharen ihre krummen Säbel schwenkten, durchlief ein Stöhnen die Wüste, und die Felsen sagten zum Wüstensand: «Einer fehlt hier, nämlich Sartre.» In diesem Augenblick trat ich hinter meiner spanischen Wand hervor, die Köpfe flogen unter meinen Säbelhieben, in einem Strom von Blut wurde ich geboren. Glück aus Stahl! Ich war an meinem richtigen Platz.

Ich wurde geboren, um zu sterben: Das gerächte Mädchen

warf sich in die Arme seines markgräflichen Vaters; ich entfernte mich, musste abermals überflüssig werden oder auf die Suche nach neuen Mördern gehen. Ich fand sie. Als Kämpe der herrschenden Ordnung hatte ich meine Daseinsberechtigung auf eine dauernde Unordnung gegründet. Ich erstickte das Böse in meinen Armen, starb seinen Tod und feierte gleichzeitig mit ihm die Auferstehung; ich war ein rechtsgerichteter Anarchist. Nichts von diesen eklen Gewalttaten drang nach außen; ich blieb unterwürfig und emsig: Den Umgang mit der Tugend gibt man nicht so leicht auf; aber jeden Abend wartete ich ungeduldig auf das Ende unserer alltäglichen Narrenszenen, ging rasch in mein Bett, murmelte mein Gebet herunter und glitt zwischen die Betttücher; ich hatte Eile, zu meiner verrückten Waghalsigkeit zurückzufinden. Ich alterte in der Dunkelheit, wurde ein einsamer Erwachsener, ohne Vater und ohne Mutter, ohne Haus und Herd, fast ohne Namen. Ich ging über ein brennendes Dach und hielt eine ohnmächtige Frau in meinen Armen; unten schrie die Menge: Es war klar, dass das Gebäude gleich einstürzen würde. In diesem Augenblick sprach ich die schicksalsvollen Worte: «Fortsetzung in der nächsten Nummer.» – «Was hast du gesagt?», fragte meine Mutter. Ich antwortete vorsichtig: «Ich halte mich in Spannung.» Und in der Tat schlief ich ein inmitten von Gefahren, in einer entzückenden Unsicherheit. Am nächsten Abend war ich pünktlich beim Stelldichein, fand mein Dach wieder und die Flammen und einen sicheren Tod. Plötzlich entdeckte ich eine Wasserrinne, die ich am Vorabend nicht bemerkt hatte. Gerettet, Gott im Himmel!

Aber wie sollte ich mich daran festhalten, ohne meine kostbare Bürde fahren zu lassen? Glücklicherweise kam das junge Mädchen wieder zu sich, ich nahm sie auf den Rücken, sie schlang ihre Arme um meinen Hals. Aber nein, nach einigem Nachdenken ließ ich sie wieder bewusstlos werden, denn wenn sie auch nur ein bisschen mithalf bei ihrer Rettung, wurde mein Verdienst dadurch herabgemindert. Glücklicherweise gab es das Seil zu meinen Füßen; sorgfältig befestigte ich das Opfer daran, der Rest war nur ein Kinderspiel. Würdige Herren – der Bürgermeister, der Polizeichef, der Feuerwehrhauptmann – umarmten und küssten mich, ich bekam eine Medaille, verlor meine Selbstsicherheit und wusste nichts mehr mit mir anzufangen, denn diese Umarmungen der hohen Persönlichkeiten erinnerten allzu sehr an diejenigen meines Großvaters. Ich löschte alles aus und begann von neuem. Wieder war es Nacht, ein junges Mädchen rief um Hilfe, ich stürzte mich ins Getümmel ... Fortsetzung in der nächsten Nummer. Ich wagte mein Leben für den erhebenden Augenblick, wo ein Zufallstier in einen Boten der Vorsehung verwandelt wurde, spürte aber, dass ich meinen Sieg nicht überleben würde, und war allzu glücklich, den Sieg auf den nächsten Tag zu verschieben.

Man wird sich über solche Träume eines Schlagetots bei dem kleinen Bengel wundern, der zum Intellektuellen vorherbestimmt war. Die Verwirrungen der Kindheit sind metaphysischer Natur; um sie zu beruhigen, muss man kein Blut vergießen. Habe ich mir niemals gewünscht, ein heldenhafter Arzt zu sein und meine Mitmenschen von der Beulenpest oder der Cholera zu erretten? Niemals, ich muss es gestehen. Dabei war ich weder wild noch kriegerisch, und es ist nicht meine Schuld, wenn das neugeborene Jahrhundert aus mir einen Mann der Heldenepen gemacht hat. Im besiegten Frankreich wimmelte es von Phantasiehelden, durch deren Taten seine Eigenliebe kuriert werden sollte. Acht Jahre vor meiner Geburt war der ‹Cyrano de Bergerac› hervorgebrochen «wie ein Fahnenzug in roten Hosen». Etwas später brauchte derselbe Edmond Rostand bloß die Geschichte des stolzen und gepeinigten Napoleonsohnes, des ‹Aiglon›, auf die Bühne zu bringen, um die Erinnerung an die Schlappe von Fachoda vergessen zu machen. Im Jahre 1912 hatte ich keine Ahnung von diesen hohen Herrschaften, war aber in dauerndem Umgang mit ihren Epigonen. Ich vergötterte den Cyrano der Unterwelt, nämlich Arsène Lupin, ohne zu wissen, dass er seine herkulische Kraft, seinen spöttischen Mut, seinen echt französischen Geist der Dresche verdankte, die wir im Jahre 1870 bezogen hatten. Nationaler Angriffsgeist und Revanchegeist machten alle Kinder zu Rächern. Ich wurde ein Rächer wie jedermann; begeistert für die freche Schnauze, für den wehenden Helmbusch, diese unerträglichen Fehler der Besiegten, machte ich mich über die Feiglinge lustig, bevor ich ihnen das Genick brach.

Aber die Kriege langweilten mich, ich liebte die netten, gutmütigen Deutschen, die bei meinem Großvater verkehrten, und interessierte mich nur für ungerechte Einzelfälle; die Kollektivkräfte verwandelten sich in meinem Herzen, das ohne Hass war. Ich bediente mich ihrer, um mein individuelles Heldentum damit zu speisen. Wie immer es sein mochte: Ich bin gezeichnet. Wenn ich in einem eisernen Zeitalter den tollen Unfug beging, das Leben für ein Heldengedicht zu halten, so liegt es daran, dass ich der Enkel einer Niederlage bin. Ich bin ein überzeugter Materialist, aber mein epischer Idealismus wird bis zu meinem Tod eine Beleidigung kompensieren müssen, die mir nicht zugefügt wurde, eine Schmach, unter der ich nicht gelitten habe: den Verlust von zwei Provinzen, die wir längst zurückerhalten haben.

[...]

So ist mein Schicksal geschmiedet worden: im Haus Nr. 1 der rue Le Goff, in einer Wohnung des fünften Stocks, unter Goethe-Bänden und Schiller-Bänden, oberhalb von Molière, von Racine, von La Fontaine, im Angesicht von Heinrich Heine und Victor Hugo, im Lauf von hundertfach erneuerten Gesprächen. Karl und ich jagten die Frauen fort, wir umarmten uns eng und flüsterten uns jene Gespräche Schwerhöriger ins Ohr, deren jedes Wort mich gezeichnet hat. Mit Hilfe gut gesetzter Farbtupfen brachte mir Charles bei, ich hätte kein Genie. Ich hatte in der Tat kein Genie, ich wusste es, aber es war mir wurst; der fehlende, der unmögliche Heroismus war alleiniger Gegenstand meiner Leidenschaft. Er ist die Fackel armer Seelen; meine innere Misere und das Gefühl meiner Nutzlosigkeit erlaubten mir nicht, ganz und gar auf ihn zu verzichten. Ich wagte nicht mehr, über meine künftigen Heldentaten entzückt zu sein, im Grunde aber war ich tief erschrocken: Man musste entweder das Kind oder die Berufung vertauscht haben. Da ich verloren war, akzeptierte ich, um Karl zu gehorchen, die emsige Laufbahn eines unbedeutenden Schriftstellers. Kurzum, ich warf mich in die Literatur wegen der Mühe, die er sich gab, mich davon abzubringen. Es geht so weit, dass ich mich heute noch in Augenblicken schlechter Laune frage, ob ich nicht zahllose Tage und zahllose Nächte verlebt, zahllose Blätter mit meiner Tinte bedeckt, zahllose Bücher, die niemand begehrte, auf den Büchermarkt geworfen habe, in der einzigen und wahnsinnigen Hoffnung, meinem Großvater damit zu gefallen. Das wäre wirklich ein Witz: Im Alter von mehr als fünfzig Jahren unterwegs zu sein, um den Willen eines Mannes zu erfüllen, der lange tot ist, unterwegs zu sein auf einem Wege, den er zweifellos missbilligt hätte.

In Wirklichkeit gleiche ich der Gestalt des Swann bei Marcel Proust, der sich von seiner Liebe geheilt findet und seufzt: «Wenn ich bedenke, dass ich mir mein Leben verdarb wegen einer Frau, die gar nicht mein Typ war.» Manchmal bin ich heimlich ein Rüpel: Das ist eine elementare Hygiene. Ein Rüpel hat immer Recht, aber nur bis zu einem gewissen Punkt. Gewiss, ich bin kein begabter Schriftsteller; man hat es mir zu verstehen gegeben; man hat gesagt, ich sei ein Schriftsteller der Fleißübungen. Ich bin ein Schriftsteller der Fleißübungen, meine Bücher riechen nach Schweiß und Mühe, ich gebe zu, dass unsere Aristokraten sie übel riechend finden müssen; ich habe sie oft gegen mich geschrieben, was heißen will: gegen jedermann, in einer geistigen Spannung, die schließlich meine Arterien überanstrengt hat.* Man hat mir meine Gebote unter die Haut genäht. Wenn ich einen Tag nicht schreibe, brennt die Narbe; wenn ich zu leicht schreibe, brennt sie auch. Diese kärgliche Forderung überrascht mich heute durch ihre Starrheit und Unerbittlichkeit. Sie gleicht jenen vorgeschichtlichen und feierlichen Schaltieren, die das Meer auf den Strand von Long Island warf. Sie ist in der gleichen Weise ein Überbleibsel vergangener Zeiten. Lange Zeit habe ich die Pförtnerinnen in der rue Lacépède beneidet, wenn der Sommer und der Abend sie vor das Haus locken, wo sie rittlings auf ihren Stühlen sitzen. Ihre unschuldigen Augen sehen, ohne genötigt zu sein, zu betrachten.

Andererseits ist es so: Von einigen Greisen, die ihre Feder in

---

* Ist man nachgiebig gegen sich selbst, so wird man geliebt von den anderen nachgiebigen Leuten; zerreißt man seinen Nachbarn, so lachen die anderen Nachbarn darüber. Aber wenn man die eigene Seele prügelt, gibt es einen Aufschrei aller Seelen.

Kölnischwasser tauchen, und von kleinen Dandys abgesehen, die wie Metzger schreiben, gibt es gar keinen Schriftsteller, der Fleißübungen macht. Das hängt mit der Natur der Wörter zusammen: Man spricht in seiner eigenen Sprache, man schreibt in einer fremden Sprache, woraus ich schließe, dass wir uns alle in unserem Handwerk gleichen; wir alle sind im Bagno, wir alle sind tätowiert. Und außerdem hat der Leser begriffen, dass ich meine Kindheit verabscheue, mitsamt all ihren Überresten: mitsamt der Stimme meines Großvaters, dieser Schallplattenstimme, die mich weckt, sodass ich aufspringe und an den Schreibtisch stürze; ich würde aber nicht auf sie achten, wenn sie nicht zugleich meine eigene Stimme wäre – und wenn ich nicht, zwischen acht und zehn Jahren, auf eigene Rechnung und im Zustand der Anmaßung den so genannt gebieterischen Auftrag für mich übernommen hätte, den ich im Zustand der Demut empfangen hatte.

> *Ich weiß sehr gut, dass ich nur*
> *eine Maschine zum Büchermachen bin.*
> (Chateaubriand)

Ich war drauf und dran, alles hinzuschmeißen. In der Begabung, die mir Karl höchst widerwillig zuerkannte, da es ihm ungeschickt vorkam, sie mir gänzlich abzusprechen, sah ich im Grunde nur den Zufall, dem es nicht gelang, jenen anderen Zufall zu legitimieren: mich selbst. Meine Mutter hatte eine schöne Stimme, *folglich* sang sie. Trotzdem reiste sie ohne Fahrkarte. An meiner Stirn sah man den Buckel der Literatur, folglich würde ich Schriftsteller werden und diese Chance mein Leben lang ausbeuten. Einverstanden. Aber die Kunst verlor – wenigstens für mich – ihre geheiligten Kräfte; ich blieb auch weiterhin ein Vagabund, vielleicht ein bisschen besser ausgestattet, das war alles. Damit ich imstande war, mich als notwendig zu empfinden, musste der Fall eintreten, dass man mich anforderte. Meine Familie hatte mich eine Zeit lang in dieser Illusion gewiegt; man sagte mir immer wieder, ich sei ein Himmelsgeschenk, auf das man gewartet habe, und sei für meinen Großvater und meine Mutter unentbehrlich. Daran glaubte ich nicht mehr, aber zurückgeblieben war bei mir das Gefühl, dass man als ein Überzähliger geboren wird, es sei denn, man sei eigens in die Welt gekommen, um eine Erwartung zu erfüllen. Mein Stolz und meine Hilflosigkeit waren zu jener Zeit so groß, dass ich mir wünschte, entweder tot zu sein oder begehrt von der ganzen Welt.

Ich schrieb nicht mehr. Madame Picards Erklärungen hatten den Selbstgesprächen meiner Feder eine solche Bedeutung gegeben, dass ich sie nicht fortzusetzen wagte. Als ich mich wieder meinem Roman zuwenden wollte, um wenigstens das junge Paar zu retten, das ich ohne Vorräte und Tropenhelme mitten in der Sahara zurückgelassen hatte, lernte ich die Ängste der Impotenz kennen. Kaum saß ich am Schreibtisch, so erfüllte Nebel meinen Kopf, ich kaute an meinen Nägeln und schnitt Grimassen: Ich hatte die Unschuld verloren. Ich stand auf und rannte mit den Gefühlen eines Brandstifters im Zimmer umher. Aber ach, ich bin niemals zum Brandstifter geworden. Da ich von Hause aus fügsam war, Geschmack fand an meiner Fügsamkeit und sie mir zur Gewohnheit machte, bin ich später nur dadurch zum Rebellen geworden, dass ich die Unterwürfigkeit bis zum Äußersten trieb. Man kaufte mir ein Heft für Schulaufgaben aus schwarzem Leinen mit rotem Schnitt; kein äußeres Zeichen unterschied es von meinem Romanheft. Kaum hatte ich es angeschaut, so vollzogen meine Schulaufgaben und meine persönlichen Verpflichtungen eine Fusion, ich identifizierte den Autor mit dem Schulkind, das Schulkind mit dem künftigen Lehrer, Schriftstellerei und Erteilung von Grammatikunterricht wurden zur Einheit; meine vergesellschaftete Feder fiel mir aus der Hand, und mehrere Monate verstrichen, ehe ich sie wieder ergriff. Mein Großvater lächelte in seinen Bart hinein, wenn ich mürrisch in seinem Arbeitszimmer herumschlich: Wahrscheinlich sagte er sich, hier reiften die ersten Früchte seiner Politik.

Seine Politik scheiterte aber, weil ich für das Heldenepos geboren war. Mein Degen lag zerbrochen, ich selbst war in den Bürgerstand zurückgestoßen worden, und ich träumte nachts häufig folgenden Angsttraum: Ich war im Luxembourg-Garten, in der Nähe des Bassins, gerade gegenüber dem Senatsgebäude. Es galt, ein kleines blondes Mädchen vor unbekannter Gefahr zu schützen; das Kind glich der vor einem Jahr verstorbenen Véve. Ruhig und vertrauensvoll schaute die Kleine mit ihren ernsten Augen zu mir auf; oft hielt sie einen Reifen in der Hand. Ich selbst hatte Angst: Ich fürchtete, sie den unsichtbaren Mächten preisgeben zu müssen. Und wie liebte ich sie gleichzeitig, mit welcher trostlosen Liebe! Ich liebe sie immer noch; ich habe sie gesucht, verloren, wiedergefunden, in meinen Armen gehalten, abermals verloren: Sie war das Heldenlied. Im Alter von acht Jahren, als ich schon bereit war zur Resignation, kam es zu einem heftigen Aufbäumen. Um das kleine tote Mädchen zu retten, stürzte ich mich in ein einfaches und wahnsinniges Unternehmen, das den Lauf meines Lebens veränderte: Ich übertrug auf den Schriftsteller die geheiligten Kräfte des Helden.

Den Ursprung bildete eine Entdeckung oder eigentlich eine Reminiszenz, denn zwei Jahre vorher hatte ich in dieser Hinsicht eine Vorahnung gehabt: Die Schriftsteller sind den fahrenden Rittern darin verwandt, dass die einen wie die anderen leidenschaftliche Zeugnisse der Dankbarkeit empfangen. Für Pardaillan verstand sich das von selbst. Die Tränen der dankbaren Waisenmädchen hatten den Rücken seiner Hand benetzt. Aber wenn ich dem großen Larousse glauben durfte und den Nekrologen, die ich in der Zeitung las, so war der Schriftsteller nicht minder begünstigt. Wenn er lange genug lebte, kam es unweigerlich dahin, dass er den Brief eines Unbekannten empfing, der ihm *dankte*; von diesem Augenblick an hörten die Dankschreiben überhaupt nicht wieder auf, häuften sich auf seinem Schreibtisch, lagen überall im Zimmer herum; fremde Leute kamen übers Meer, um ihn zu begrüßen, nach seinem Tode veranstalteten die Mitbürger eine Sammlung, um ihm ein Denkmal zu errichten. In seiner Geburtsstadt und manchmal in der Hauptstadt seines Landes trugen Straßen seinen Namen. An sich interessierten mich diese Glückwünsche nicht, denn sie erinnerten mich allzu stark an das Familientheater. Aber eine Abbildung regte mich gewaltig auf: Der berühmte Romancier Dickens soll in wenigen Stunden in New York an Land gehen, man sieht in der Ferne das Schiff, das ihn bringt; die Menge drängt sich am Kai, um ihn zu empfangen, alle Münder sind geöffnet, tausend Mützen werden geschwenkt, das Gedränge ist so groß, dass Kinder ersticken, aber die Menge ist trotzdem einsam, verwitwet und verwaist, sie ist entvölkert durch die bloße Abwesenheit des Mannes, den sie erwartet. Ich murmelte: «Einer fehlt hier, nämlich Dickens», und Tränen standen in meinen Augen. Aber ich schob diese Wirkungen beiseite, um mich unmittelbar der Ursache zuzuwenden, und sagte mir: Damit sie so wahnsinnig gefeiert werden, müssen Schriftsteller die schlimmsten Gefahren bestehen und der Menschheit die gewaltigsten Dienste leisten. Ein Mal in meinem Leben hatte ich einen ähnlich entfesselten Enthusiasmus erlebt: Hüte flogen in die Luft, Männer und Frauen schrien Bravo und Hurra. Es war der 14. Juli, und die Turcos zogen im Paradeschritt vorbei. Diese Erinnerung überzeugte mich vollends: Trotz ihrer körperlichen Gebrechen, ihrer Affektiertheit, ihres scheinbar femininen Gebarens waren meine Schriftstellerkollegen in ihrer Art gleichfalls Soldaten, sie wagten ihr Leben als Freischärler in geheimnisvollen Kämpfen, man applaudierte ihrem Kriegermut noch mehr als ihrem Talent. Also ist es wahr!, sagte ich mir. *Man braucht sie!* In Paris und New York und Moskau wartet man auf sie ängstlich oder ekstatisch, noch bevor sie ihr erstes Buch veröffentlicht haben, noch bevor sie mit dem Schreiben begannen, sogar noch vor ihrer Geburt.

Na also ... und ich? Ich, dessen Mission darin bestand, Schriftsteller zu werden? Also wartete man auch auf mich. Ich staffierte Corneille als Pardaillan aus. Er behielt seine kurzen Beine, seine schmale Brust und sein Fastengesicht, aber ich nahm ihm seinen Geiz und seine Gewinnsucht weg; bewusst ließ ich Schriftstellerkunst und Edelmut zusammenfließen. Daraufhin war es ein Kinderspiel, mich selbst in Corneille zu verwandeln und mir den Auftrag zu geben, die Menschheit zu schützen. Mein neuer Schwindel bereitete mir eine komische Zukunft vor; im Augenblick freilich hatte ich alles dabei zu gewinnen. Ich habe von meinen Anstrengungen erzählt, als ein Schlechtgeborener von neuem geboren zu werden; tausend Mal hatte mich das Flehen der gefährdeten Unschuld aufgeweckt. Aber das war bloß zum Spaß; als falscher Ritter vollbrachte ich falsche Heldentaten, deren Substanzlosigkeit mich schließlich angewidert hatte. Und nun gab man mir meine Träume zurück, und die Träume wurden zur Wirklichkeit.

Denn meine Berufung war wirklich, daran konnte ich nicht zweifeln, da der Hohe Priester sie mir selbst garantiert hatte. Aus einem bloß eingebildeten Kind wurde ich zu einem echten Paladin, dessen Taten in echten Büchern bestehen würden. Ich wurde erwartet: Man wartete auf mein Werk, dessen erster Band trotz all meines Eifers nicht vor dem Jahre 1935 erscheinen würde. Ungefähr um das Jahr 1930 würden die Leute ungeduldig werden und zueinander sagen: «Der nimmt sich aber Zeit! Nun füttert man ihn bereits fünfundzwanzig Jahre, und er tut nichts! Sollen wir denn verrecken, ohne ihn gelesen zu haben?» Ich antwortete ihnen mit meiner Stimme vom Jahre 1913: «Ach, lasst mich doch in Ruhe arbeiten!» Aber ich sagte es nett, denn ich sah, dass sie – Gott weiß, warum – meiner Hilfe bedurften und dass dieses Bedürfnis mich hervorgebracht hatte: als einziges Mittel, das Bedürfnis zu stillen. Ich gab mir Mühe, in meinem Innern diese allgemeine Erwartung, meinen Lebensquell und meine Daseinsberechtigung, zu überraschen; bisweilen glaubte ich, nun sei es so weit, und dann, nach einem Augenblick, ließ ich alles wieder laufen. Trotzdem: Die falschen Erleuchtungen reichten mir aus. Beruhigt schaute ich hinaus: Vielleicht «fehlte» ich bereits in gewissen Gegenden. Ach nein: Es war noch zu früh. Als schönes Objekt eines Begehrens, das noch nicht bewusst geworden war, willigte ich freudig ein, für einige Zeit das *Inkognito* zu wahren. Manchmal nahm mich meine Großmutter mit zur Leihbibliothek, und ich sah amüsiert die langen Damen, wie sie nachdenklich und unzufrieden an den Wänden entlangstrichen auf der Suche nach dem Autor, der sie zufrieden stellen würde: Aber er blieb unauffindbar, denn ich war dieser Autor, ich, der Knirps zwischen ihren Rockfalten, den sie nicht einmal anschauten.

Ich lachte heimtückisch, ich weinte vor Rührung. Ich hatte mein kurzes Leben damit zugebracht, mir Vorlieben und Parteinahmen zu erfinden, die sich alsbald auflösten. Nun aber hatte man mich sondiert, und die Sonde war auf Felsgestein gestoßen. Ich war ein Schriftsteller, so wie Charles Schweitzer ein Großvater war: von Geburt an und für immerdar. Es kam allerdings vor, dass sich unter dem Enthusiasmus eine Unruhe bemerkbar machte. In meinem durch Karl offenbar kautionierten Talent wollte ich nicht nur einen Zufall erblicken und hatte mich darauf eingerichtet, darin einen Auftrag zu sehen. Da man mich aber nicht ermutigte und keine wirkliche Anforderung vorlag, gelang es mir nicht, zu vergessen, dass ich mir den Auftrag selbst erteilt hatte. Im Augenblick, da ich der Natur entrann, um nunmehr Ich zu werden, also jener andere, der zu sein in den Augen der anderen ich behauptete, sah ich plötzlich, aufgetaucht aus einer Vorwelt, meinem Geschick in die Augen, und ich erkannte mein Geschick: Es war nur meine Freiheit, die sich vor mir – dank meinen Bemühungen – wie eine fremde Gewalt aufgerichtet hatte. Kurzum, es gelang mir nicht, mich ganz und gar zu beschwindeln oder mich ganz und gar zu entmutigen. Ich schwankte hin und her.

[...]

Wenn ich schrieb, so hieß das lange Zeit, dass ich den Tod und die maskierte Religion darum bat, mein Leben dem Zufall zu entreißen. Ich war ein Mann der Kirche; als Militant wollte ich mich durch die Werke retten; als Mystiker bemühte ich mich darum, das Schweigen des Seins durch ein lästiges Geräusch von Wörtern zu enthüllen, wobei ich vor allem die Dinge mit ihren Namen verwechselte. Das ist: Glauben. Ich hatte den Grauen Star; solange die Blindheit anhielt, glaubte ich, aus der Patsche zu sein. Im Alter von dreißig Jahren gelang mir der schöne Streich, dass ich – in aller Aufrichtigkeit, wie man mir glauben darf – in meinem Buch ‹Der Ekel› über die ungerechtfertigte und trübe Existenz meiner Mitmenschen schrieb, meine eigene Existenz jedoch aus dem Spiel ließ. Ich *war* Roquentin, ich zeigte an ihm ohne Gefälligkeit das Muster meines Lebens; zu gleicher Zeit war ich aber auch *ich*, der Erwählte, der Chronist der Hölle, war ich das Fotomikroskop aus Glas und Stahl, das auf mein eigenes zähflüssiges Protoplasma gerichtet war. Später setzte ich heiter auseinander, der Mensch sei unmöglich; ich selbst war unmöglich, unterschied mich von den anderen nur durch den Auftrag, von dieser Unmöglichkeit Zeugnis abzulegen, wodurch sie sich sogleich in meine geheimste Möglichkeit verwandelte, in den Gegenstand meiner Mission, ins Sprungbrett meines Ruhms. Ich war ein Gefangener der Evidenzen, aber ich sah sie nicht; ich sah die Welt mit ihrer Hilfe: Ich war verfälscht bis auf die Knochen und verblendet; so schrieb ich heiter über das Unglück unseres Daseins. Als Dogmatiker zweifelte ich an allem, außer daran, erwählt und zweifelsfrei zu sein; mit der anderen Hand baute ich wieder auf, was ich mit der einen zerstört hatte, und hielt die Unruhe für die Garantie meiner Sicherheit. Ich war glücklich.

Ich habe mich geändert. Später werde ich erzählen, durch welche Säuren die deformierenden Klarheiten zerfressen wurden, die mich umgeben hatten, wann und auf welche Weise ich die Gewaltsamkeit erlernte und meine Hässlichkeit entdeckte – sie war lange Zeit mein negatives Prinzip, die Kalkgrube, worin sich das Wunderkind auflöste –, wodurch ich dazu gebracht wurde, systematisch gegen mich selbst zu denken: so stark, dass mir ein Gedanke umso einleuchtender erschien, je mehr er mir missfiel. Die Illusion der Rückschau ist zerbröckelt; Märtyrertum, Heil, Unsterblichkeit, alles fällt in sich zusammen, das Gebäude sinkt in Trümmer, ich habe den Heiligen Geist im Keller geschnappt und ausgetrieben; der Atheismus ist ein grausames und langwieriges Unterfangen; ich glaube ihn bis zum Ende betrieben zu haben. Ich sehe klar, bin ernüchtert, kenne meine wirklichen Aufgaben, verdiene sicherlich einen Preis für Bürgertugend; seit ungefähr zehn Jahren bin ich ein Mann, der geheilt aus einem langen, bitteren und süßen Wahn erwacht und der sich nicht darüber beruhigen kann und der auch nicht ohne Heiterkeit an seine einstigen Irrtümer zu denken vermag und der nichts mehr mit seinem Leben anzufangen weiß. Wieder bin ich, wie damals mit sieben Jahren, der Reisende ohne Fahrkarte: Der Schaffner ist in mein Abteil gekommen und schaut mich an, weniger streng als einst. Er möchte am liebsten wieder hinausgehen, damit ich meine Reise in Frieden beenden kann; ich soll ihm nur eine annehmbare Entschuldigung sagen, ganz gleich welche, dann ist er zufrieden. Unglücklicherweise finde ich keine und habe übrigens auch keine Lust, eine zu suchen. So bleiben wir miteinander im Abteil, voller Unbehagen, bis zur Station Dijon, wo mich, wie ich genau weiß, niemand erwartet.

Ich habe das geistliche Gewand abgelegt, aber ich bin nicht abtrünnig geworden: Ich schreibe nach wie vor. Was sollte ich sonst tun?

Nulla dies sine linea.

Schreiben ist meine Gewohnheit, und außerdem ist es mein Beruf. Lange hielt ich meine Feder für ein Schwert: Nunmehr kenne ich unsere Ohnmacht. Trotzdem schreibe ich Bücher und werde ich Bücher schreiben; das ist nötig; das ist trotz allem nützlich. Die Kultur vermag nichts und niemanden zu erretten, sie rechtfertigt auch nicht. Aber sie ist ein Erzeugnis des Menschen, worin er sich projiziert und wiedererkennt; allein dieser kritische Spiegel gibt ihm sein eigenes Bild. Außerdem bedeutet das alte, brüchige Gebäude meiner Schwindeleien gleichzeitig meinen Charakter: Man kann eine Neurose ablegen, vermag aber nicht von sich selbst zu genesen. Alle Charakterzüge des Kindes, wenngleich verbraucht, verblasst, verlacht, verdrängt, verschwiegen, sind auch noch bei dem Fünfzigjährigen zu finden. Meistens liegen sie flach ausgestreckt im Schatten und warten. Aber es genügt ein Augenblick der Unaufmerksamkeit – und sie heben die Köpfe und erscheinen unter irgendeiner Verkleidung im hellen Tageslicht. Ich behaupte in aller Aufrichtigkeit, nur für meine Zeit zu schreiben, aber meine jetzige Berühmtheit geht mir auf die Nerven: Sie ist nicht der richtige Ruhm, denn ich lebe ja, und dennoch genügt das, meine einstigen Träume zu dementieren. Sollte ich sie also immer noch heimlich nähren? Nicht ganz und gar; ich habe sie, glaube ich, angepasst. Da es mir nämlich nicht gelungen ist, als ein Unbekannter zu sterben, schmeichle ich mir bisweilen damit, als ein Verkannter zu leben. Griseldis ist nicht tot. Pardaillan bewohnt mich nach wie vor. Auch Strogoff. Ich leite mich nur von ihnen ab, die sich nur von Gott ableiten, und ich glaube nicht an Gott. Da soll sich einer auskennen. Ich für mein Teil kenne mich hier nicht aus und frage mich manchmal, ob ich nicht das Spiel spiele «Wer verliert, gewinnt», und ob nicht mein eifriges Bemühen, meine Hoffnungen von einst mit Füßen zu treten, darauf abzielt, dass mir alles hundertfältig zurückerstattet werde. In diesem Fall befände ich mich in der Lage des Philoktetes. Er ist großartig und stinkend, dieser Kranke, und hat bedingungslos alles hergegeben, sogar seinen Bogen: Aber man darf sicher sein, dass er insgeheim seinen Lohn erwartet.

Lassen wir das. Mami würde sagen: «Gleitet, ihr Sterblichen, lastet nicht.»

Eines liebe ich an meinem Wahnsinn: dass er mich nämlich von Anfang an gegen die Verführungen des «Elitedenkens» gefeit hat. Nie hielt ich mich für den glücklichen Besitzer eines «Talents»: Mein einziges Bestreben ging dahin, mich, der nichts in den Händen und den Taschen hatte, durch Arbeit und Glauben zu retten. Meine bloße Option freilich erhob mich noch nicht über irgendjemand: Ohne Ausrüstung und Gerät machte ich mich mit Haut und Haar ans Werk, um mich mit Haut und Haar zu retten. Was bleibt, wenn ich das unmögliche Heil in die Requisitenkammer verbanne? Ein ganzer Mensch, gemacht aus dem Zeug aller Menschen, und der so viel wert ist wie sie alle und so viel wert wie jedermann.

Quellennachweis

Der Ekel, in: Gesammelte Werke. Romane und Erzählungen, Rowohlt 1981, Deutsch von Uli Aumüller, S. 115–119, 138–153, 194–200.
«La nausée» Copyright © 1981 by Éditions Gallimard, Paris

Gesichter, in: *Die Transzendenz des Ego*, Rowohlt 1982, Deutsch von Uli Aumüller, S. 327–333.
«Visages» Copyright © 1970 by Éditions Gallimard, Paris

Die Wand, in: Gesammelte Werke. Romane und Erzählungen, Rowohlt 1987, Deutsch von Uli Aumüller, S. 11–31.
«Le mur» Copyright © 1939, 1981 by Éditions Gallimard, Paris

Der Blick, in: *Das Sein und das Nichts*, Rowohlt 1993, Deutsch von Traugott König, S. 501–519.
«Le regard», in: «L'être et le néant» Copyright © 1943 by Librairie Gallimard, Paris

Fragen der Methode, in: Gesammelte Werke. Philosophische Schriften, Rowohlt 1999, Deutsch von Vincent von Wroblewsky, S. 34–35, 92–93, 143–146, 179–194.
«Questions de méthode» Copyright © 1960, 1986 by Éditions Gallimard, Paris

Vorstellung von Les Temps Modernes, in: Gesammelte Werke. Schriften zur Literatur, Rowohlt 1986, Deutsch von Lothar Baier, S. 156–170.
«Présentation» Copyright © 1948 by Éditions Gallimard, Paris

Überlegungen zur Judenfrage, in: Gesammelte Werke. Politische Schriften, Rowohlt 1994, Deutsch von Vincent von Wroblewsky, S. 10f., 14–18, 20, 23f., 29–31, 35f., 38–40, 48–50, 67–69.
«Réflexions sur la question juive» Copyright © 1954 by Éditions Gallimard, Paris

Freud. Das Drehbuch, in: Gesammelte Werke. Drehbücher, Rowohlt 1995, Deutsch von Traugott König unter Mitarbeit von Judith Klein, S. 359–404.
«Le Scénario Freud» Copyright © 1984 by Éditions Gallimard, Paris

Baudelaire, in: Gesammelte Werke. Schriften zur Literatur, Rowohlt 1986, Deutsch von Beate Möhring, S. 19–22, 28–30, 45 f., 51–55.
«Baudelaire» Copyright © 1947 by Éditions Gallimard, Paris

Die Wörter, in: Gesammelte Werke. Autobiographische Schriften, Rowohlt 1997, Deutsch von Hans Mayer, S. 35–45, 63–68, 92–98, 142–145.
«Les Mots» Copyright © 1984 by Éditions Gallimard, Paris

Jean-Paul Sartre

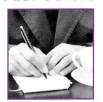

rowohlts monographien
begründet von Kurt Kusenberg
herausgegeben von Wolfgang Müller
und Uwe Naumann

Jean-Paul Sartre

Dargestellt von Christa Hackenesch

Rowohlt Taschenbuch Verlag

Seite 3: Sartre im Café, vor der Bekanntgabe
des Nobelpreises, 1964
Seite 6: 19. April 1980: der Trauerzug
folgt Sartres Sarg

INHALT

Die Aura eines Namens   7

Eine Kindheit aus Wörtern
und ihr Zerbrechen   13

«Das Sein und das Nichts»   34

Das Gewicht der Welt.
Handeln als ein Einzelner in der Geschichte   60

Was heißt es,
einen Menschen zu verstehen?   90

Ruhm und einsame Jahre mit Flaubert   113

«Im Grunde bin ich immer
Anarchist geblieben»   126

Anmerkungen   138
Zeittafel   142
Zeugnisse   144
Bibliographie   147
Namenregister   159
Über die Autorin   160
Quellennachweis der Abbildungen   160

Die Aura
eines Namens

Als Jean-Paul Sartre am 19. April 1980 in Paris beerdigt wird, folgen mehr als fünfzigtausend Menschen seinem Sarg. Es ist ein Trauerzug, der einer Kundgebung gleicht, einem Bekenntnis zu diesem Toten, der doch nichts repräsentiert, nur ein Philosoph, ein Schriftsteller war. Der Abschied von Sartre gerät zu einem unvergleichlichen Ereignis, bestürzend fast in seiner Mächtigkeit, unendlich beeindruckend in seiner Spontaneität. Kann man es verstehen, kann man die Aura eines Namens verstehen, die Tausende bewegt, um diesen Menschen zu trauern, dem sie, bis auf wenige, nie begegnet sind?

Was ließ den Namen Sartres zum Symbol werden, was begründet die Weise, in der dieser Name für einen Begriff, für ein Bild des Menschseins steht in einer Zeit, in der die metaphysischen Begriffe des Menschen ihre Überzeugungskraft verloren haben? Jean-Paul Sartre: der Denker der Freiheit des Menschen. Einer Freiheit aber, die die Existenz des Einzelnen meint statt ein Wesen des Menschen bedeuten zu wollen. *Ich kann gewiß nicht eine Freiheit beschreiben, die dem andern und mir selbst gemeinsam ist; ich kann also nicht ein Wesen der Freiheit annehmen.*[1] Meine Freiheit verweist mich allein auf mich selbst, darauf, dass ich es bin, der darüber zu entscheiden hat, wer ich sein will, welche Gestalt mein Leben gewinnt.

Ist Sartres Ruhm dem geschuldet, dass er in einzigartiger Konsequenz die Situation des Menschen beschreibt, der alle metaphysischen Sicherheiten verloren hat, alles Vertrauen darin, dass der Welt ein Sinn eignet, der seine Existenz trägt und umgreift? Dass er von der Endlichkeit, der Wirklichkeit des Menschen spricht statt von seinem ‹Wesen›, einem idealen Selbst, das sich in seiner Reinheit einer unvollkommenen, vernunftlosen Welt entgegensetzt? Und dass er dies tut nicht als Klage über einen Verlust, sondern als ein Sprechen für den endlichen Menschen in der Kontingenz seines Daseins, die seiner Würde, und das ist seine Freiheit, nicht widerspricht?

Es ist sicher zuerst dies, was die Faszination ausmacht, die von Sartres Namen ausgeht. Hier richtet ein Philosoph, entgegen einer machtvollen Tradition, seine Aufmerksamkeit nicht auf den Menschen, wie er zu sein hat gemäß seiner metaphysischen Bestimmung, sondern auf ihn, wie er als ein Einzelner existiert in einer Welt, deren mögliche Wahrheit ihm entgeht. Eine Welt, die seine ist, indem sie sich seinem Blick zeigt, eröffnet, indem seine Freiheit ihr Sinn, Bedeutung gibt – die zugleich und immer schon eine Welt der Dinge und eine der Anderen ist: eine gegebene, fremde Welt, in der der Einzelne auftaucht, ohne dass sie seiner bedarf, in der er überflüssig ist, zu viel, in der er grundlos existiert. Für Sartre gibt es keine Welt, in der die Dinge, vom Menschen geformt, gestaltet, ihm ein getreues Bild seiner selbst darbieten, in der die Anderen der Spiegel sind, in dem der Einzelne sich wiederzuerkennen vermag. Jenseits dieser metaphysischen Bilder einer Welt der Versöhnung der Freiheit des Einzelnen mit dem widerständigen Sein der Dinge, mit der fremden Freiheit der Anderen beschreibt er die unaufhebbare Einsamkeit der Freiheit, die der Mensch ist. Die sich ihm offenbart im Scheitern all seiner Versuche, ihr zu entfliehen, und sich, sein Dasein als notwendig, als gerechtfertigt zu begründen.

Der Philosoph Sartre, der gegen die Versprechen der Metaphysik die Grundlosigkeit der Existenz des Menschen und zugleich seine Freiheit behauptet, ist auch der Schriftsteller, der, was die philosophischen Begriffe nicht zu fassen vermögen, was ihrer Allgemeinheit entgeht, zu bewahren, festzuhalten sucht, indem er dafür eine andere Sprache findet. Erst so erreicht er die Wirklichkeit der Situation des Menschen, erreicht ihn in seiner Einzelnheit. Es ist diese Fähigkeit Sartres, der begrifflichen Bestimmung in der Beschreibung der Phänomene menschlicher Existenz eine sinnliche Gestalt zu geben, die seinem Denken Ausstrahlungskraft verleiht weit über ein akademisches philosophisches Publikum hinaus. Mitten in den abstraktesten Analysen von *Das Sein und das Nichts* geht es plötzlich um das Erlebnis des Skifahrens, um den Flirt, die sich widerstreitenden Empfindungen einer umworbenen Frau, um die Bewegungen, Gesten eines Kellners, in denen er dies spielt, Kellner zu sein, um die Erfahrung des ‹Klebrigen›, die Empfindung des Ekels angesichts der wuchernden Lebendigkeit der Dinge, angesichts der Körperlichkeit des eigenen Selbst. In alldem zeichnet er Situationen des Menschseins, die in ihrer scheinbaren Unbedeutendheit Auskunft darüber zu geben suchen, «was es heißt, ein Mensch zu sein». Und zuletzt widmet Sartre Jahre seines Lebens einem *Roman*: dem tausende Seiten langen, unvollendeten Werk über Gustave Flaubert, das auf diese einzige Frage eine Antwort zu geben sucht: «Was heißt es, einen Menschen zu verstehen?» Eine Antwort, die von seiner philosophischen Bestimmung menschlicher Existenz getragen wird – die zugleich diesen einzelnen Menschen meint, den kein Begriff erreicht, dem sich eine Erzählung zu nähern sucht, die ihn in der Einmaligkeit, der Unwiederholbarkeit seines Ich erfassen will.

Aber natürlich kann man die literarische Dimension der Philosophie Sartres auch in ihrer pragmatischen Bedeutung betrachten. Dass man sich ihr, dass man sich dem Denken Sartres über seine Erzählungen, Romane und Theaterstücke nähern kann, hat zweifelsfrei seinen einzigartigen Ruhm entscheidend mitbegründet. Die Literatur, das Theater öffnen andere Räume der Wahrnehmung eines Denkens als das hermetische philosophische Werk. Hier muss man die Tradition sehen, der Sartre angehört. Kant, Hegel, Heidegger oder Habermas kann oder mag man sich nicht als Schriftsteller vorstellen. In Frankreich jedoch hat die Figur des Philosophen als «écrivain» eine lange und ehrenvolle Geschichte. Die Neigung der deutschen Interpreten Sartres, ihn im Horizont ihrer Denktradition zu sehen, irrt nicht vollständig, verengt aber die Perspektive, nimmt den anderen Raum nicht wahr, dem Sartre angehört. Es ist, natürlich, der Raum Descartes', aber es ist auch der Raum der Skepsis, der Montaignes, der der «französischen Moralisten», deren Blick sich durch die begrifflichen Systeme hindurch auf die Wirklichkeit des Menschen richtet. Es ist der

Raum Voltaires, seines aufklärerischen moralischen Pathos. Es ist der Diderots, der der scheinbaren ‹Ordnung der Dinge› ihre Gleichgültigkeit, die ‹Zerrissenheit› des Bewusstseins konfrontiert. Sie alle haben sich als «philosophes» und zugleich als Schriftsteller verstanden, die, in skeptischer Distanz zu den Wahrheiten der Metaphysik, das Sein der Menschen, das ihrer Welt zu beschreiben, darzustellen suchen. Deren Sprache sich darum souverän jenseits der Formen, der Grenzen des akademischen Diskurses bewegt, sich an ein öffentliches Publikum wendet statt einzig an die Republik der Gelehrten.

Gehört hierhin das Bild Sartres als des ‹Denkers im Café›, der die Weltlosigkeit einsamer Kontemplation scheut, bewusst den öffentlichen Raum als den Ort seines Denkens wählt? Sartre selbst nennt ein anderes Motiv für seine lebenslange Gewohnheit des Schreibens im Café: *Ich ziehe es vor – oder zumindest werde ich dessen nicht überdrüssig –, mich auf Stühle zu setzen, die niemandem gehören – oder allen, wenn man so will –, an Tische, die niemandem gehören. Aus diesem Grunde gehe ich zum Arbeiten in Cafés, ich gelange zu einer Art von Einsamkeit und Abstraktion.*[2] Der scheinbare Bohemien sucht nichts als einen Ort außerhalb der bürgerlichen Atmosphäre des Besitzes, einen Ort, der ihn von dieser Atmosphäre befreit, ihn a b s t r a k t sein lässt, ein Subjekt des Denkens statt ein bürgerliches Individuum. Und zugleich bekennt Sartre die Eitelkeit dieses Habitus: *Ich will nicht besitzen, zuallererst aus metaphysischem Stolz. Ich genüge mir selbst in der nichtenden Einsamkeit des Für-sich.*[3] Der Habitus wird zur Geste, in der ein Individuum sich und eine p h i l o s o p h i s c h e H a l t u n g stilisiert. Und vielleicht hat ein an Haltungen interessiertes Publikum diese Geste als bedeutender empfunden als Sartre selbst.

Wichtiger ist etwas anderes, das Sartres Namen zu einem Symbol werden ließ: seine öffentliche Existenz als Zeuge einer Moralität, die keiner metaphysischen Versicherung bedarf, um Gewalt, Unrecht, Unterdrückung anzuklagen. Der Freiheit des Menschen, von der Sartre spricht, die er verteidigt, mangelt die Würde einer Wesensbestimmung. Es ist die Freiheit, als die jeder Einzelne geboren wird. Für sie, gegen ihre Verletzung, ihre

Sartre im Dezember 1945 im Café ‹Le Flore›

Missachtung tritt er auf, bewundernd als «Weltgewissen» tituliert: ein moralisch Handelnder, der über keine allgemeine Moral verfügt.

Einer übersteigerten Bewunderung, die Sartres Bild zu dem einer moralischen Instanz erstarren lässt, ist jedoch zu Recht eine Kritik entgegengetreten, die auf die Widersprüche und Irrtümer in seinem moralischen und politischen Handeln verweist. Gemeint ist vor allem sein Verhältnis zum Kommunismus, dessen Parteigänger er in den Jahren von 1952 bis 1956 war, in dem mancher einen Verrat am Credo der Freiheit sieht: Wie kann ein Sartre ein totalitäres System verteidigen, für das der Einzelne gleichgültig ist, das seinem Anspruch auf Freiheit mit zynischer Gewalt begegnet? Wenn das Verhältnis Sartres zum Kommunismus auch tatsächlich aporetisch war und bestimmt von sich widerstreitenden Überzeugungen: In ihm offenbart sich doch die Anfälligkeit eines politischen Handelns, das, in einer Welt der ‹Machtblöcke›, des ‹Kalten Kriegs›, der Konkurrenz der Gewalten über kein anderes Maß als den Gedanken der Freiheit verfügt.

Zugleich hat dieser Gedanke in der Person Sartres eine symbolische Repräsentanz gewonnen. Dies ist wohl einzigartig: Welchen Philosophen oder Schriftsteller vermöchte man in vergleichbarer Weise mit einem Begriff, einem Bild des Menschseins zu identifizieren? Der Name Sartres repräsentiert kein metaphysisches System, keine Morallehre, keine Ideologie. Er steht einzig für die Behauptung der fragilen Wirklichkeit der Freiheit des Menschen. Die Aura dieses Namens verweist auf die Gegenwärtigkeit des Bewusstseins dieser Freiheit. Es ist das Bewusstsein von Individuen in der Kontingenz ihrer Existenz, das sich auf keine von dieser Existenz unabhängige Wahrheit berufen kann, auf keinen Sinn, der der Geschichte, den Geschicken der Menschen zugrunde läge. Sartres Werk will diesem endlichen Bewusstsein Ausdruck und Gestalt geben, will beschreiben, was es heißt, frei zu sein als ein Einzelner in einer gegebenen, mit Anderen geteilten Welt.

Zugleich sucht Sartre im Schreiben, im Raum der Sprache, der Wörter den Ort, der ihn von der Absolutheit der Erfahrung der Kontingenz erlöst, indem er diese Erfahrung darstellt. Am Ende seines Lebens behauptet er diesen seinen Kampf der Wörter gegen die Kontingenz des eigenen Seins als Illusion, als Ausdruck der Macht, mit der die Tradition der Metaphysik auch ihn und sein Denken noch beherrschte. Aber diese Illusion hat begründet, dass er schrieb. Er selbst hat erzählt, wie sie sein ganzes Leben bestimmte, wie schon das Leben des Kindes eines war, das einzig der Welt der Wörter vertraute.

Eine Kindheit aus Wörtern und ihr Zerbrechen

Mangels genauer Auskünfte wußte niemand, angefangen bei mir selbst, wozu ich mich eigentlich auf der Erde herumtrieb.[4]

Mit beinahe sechzig Jahren schaut Sartre auf das Kind, das er war, und sieht ein Wesen, das sich als herkunftslos empfindet, dem nichts das fraglose Recht seines Daseins verbürgt. Ein vaterloses Kind, für das kein Erbe existiert, das es sich anzueignen vermöchte. Dem es verwehrt ist, an der Materialität eines ihm Überlieferten die Sicherheit eines Bildes des eigenen Selbst zu gewinnen. *Einem Eigentümer spiegeln die Güter dieser Welt das eigene Dasein wider; mich lehrten sie erkennen, was ich nicht war:* <u>ich war nicht</u> *substantiell und dauerhaft;* <u>ich war nicht</u> *die künftige Fortsetzung des väterlichen Werks. […] Mit einem Wort: ich hatte keine Seele.*[5]

Am 21. Juni 1905 wird Jean-Paul Sartre in Paris geboren, als Sohn des Marineoffiziers Jean-Baptiste Sartre und seiner Frau Anne-Marie, geborene Schweitzer. Sein Vater stirbt, als er noch keine zwei Jahre alt ist. Seine Mutter zieht mit ihm zu ihren Eltern, die in Paris leben. «Sei vorsichtig, wir sind nicht

Sartre, der, so der Kommentar Simone de Beauvoirs, «sich ins Leben einschifft»

Der Vater: Jean-Baptiste Sartre

bei uns zu Hause!», flüstert die Mutter dem Kind zu, wenn es unbefangen lärmt. Wir waren niemals bei uns zu Hause, schreibt Sartre Jahrzehnte später. Sartres Großvater Charles Schweitzer war ein belesener, gebildeter, ‹fortschrittlich› denkender Mann, ein Onkel Albert Schweitzers, mit dem zusammen er ein Buch über Johann Sebastian Bach herausgegeben hat. Er wird für Sartre zu einem Vaterersatz: ein Vater, der Distanz und Respekt bedeutet statt unmittelbare Nähe. Charles Schweitzer war Deutschlehrer, Sartres Kenntnisse der deutschen Kultur haben hier ihre biographischen Wurzeln. Bis zu seinem zehnten Lebensjahr besucht er keine öffentliche Schule, sondern wird von seinem Großvater unterrichtet. Er lebt behütet und umsorgt, aber in dem Empfinden, ein Gast zu sein, einer, der nicht unbedingt dazugehört. Nicht ohne Sentiment erinnert er die Faszination, die er empfand, als er ein Fest erlebte, dessen Glanz getrübt war, weil eine bestimmte Person nicht anwesend war, und die Sehnsucht des Kindes, dass er diese Person wäre, dass es hieße: «Einer fehlt hier, das ist Sartre!»

> Was [Albert] Schweitzer am Alten [Charles Schweitzer] geärgert hatte, stört ihn auch am Enkel; er nannte es das Unfeine, herausfordernd Zynische. Was ihn aber beim Nachkommen faszinierte, war der moralisch-puritanische Hintergrund, der plötzlich, eine Generation überspringend, wieder da war; ein Gestaltungsvermögen, gepaart mit einem menschlichen Verantwortungsbewusstsein, dessen ursprünglich religiöse Wurzeln nur wenigen sichtbar sind und dessen äußere Manifestationen nach französischer Art – wie schon bei Romain Rolland – Ethik und politische Aktivität eng verbinden.
>
> Robert Minder

Dieser Sehnsucht, unbedingt dazuzugehören, unersetzlich zu sein für das Leben der Anderen, der natürliche Erbe ihrer Werte und Besitztümer, widerstreitet in der Reflexion des Erwachsenen das Bewusstsein der Freiheit, die die Vaterlosigkeit bedeutet: *Hätte mein Vater weitergelebt, er hätte mich mit seiner ganzen Länge überragt und dabei erdrückt. Glücklicherweise starb er sehr früh; [...] ich ließ hinter mir einen jungen Toten, der nicht die Zeit hatte, mein Vater zu sein, und heute mein Sohn sein könnte. War es ein Glück oder ein Unglück? Ich weiß es nicht; aber ich stimme gern der Deutung eines bedeutenden Psychoanalytikers zu: Ich habe kein Über-Ich.*[6] Aber was für den Erwachsenen Freiheit bedeutet, ist im Empfinden des Kindes Ortlosigkeit, Fremdheit. Dieses Kind, von dem Sartre erzählt, besitzt nichts, das ihn einer bestimmten Gestalt seines Lebens versicherte. Die Dinge sind da, um ihn herum, aber sie g e h ö r e n ihm nicht, sind darum bedeutungslos, fremd. Die Welt hat eine Ordnung, die von Anderen gemacht ist, in der Menschen und Dinge den ihnen angestammten Platz einnehmen, aber *ich habe einen Sitz für mich allein, an der Seite*[7].

Die Mutter: Anne-Marie Sartre, geborene Schweitzer

Das ‹seelenlose› Kind empfindet sein Dasein als ein Außerhalb zur Welt, aus ihr her kommt ihm keine Wirklichkeit, keine Bedeutung. Aber es entdeckt eine andere, wahrere Welt, die zu seiner wird: die Welt der Bücher, die der W ö r t e r. Wörter, die nicht abbilden, was ist, sondern die die Dinge in ihrer Bedeutung erst erschaffen, indem sie sie benennen und beschreiben. In den Wörtern, in den Bildern und Begriffen, die sie bilden, offenbart sich dem Kind die Macht der Einbildungs-

Sartre
mit seiner
Mutter,
nach dem
Tode des
Vaters

kraft, zeigt sich ein Reich, an dessen Glanz gemessen die Welt draußen als schattenhaft erscheint. *Außerhalb der Zimmerwände traf man auf matte Entwürfe, die sich mehr oder weniger den Archetypen annäherten, ohne deren Vollkommenheit zu erreichen.*[8] Innerhalb der Wände, lesend, schaut man die ‹Urbilder›, lebt man und bewegt man sich in der wahren Welt, deren Medium die Wörter sind. Sein Zimmer, dieser *Sitz für sich allein*, wird dem Kind zum *Hochsitz*, den es nur scheinbar verlässt, wenn es die mit anderen geteilte, gemeinsame Welt bewohnt. Ironisch beschreibt Sartre den Größenwahn dieses Kindes, das sein Selbst darin sucht, Einbildungskraft zu sein. *Wenn meine Mutter mit mir in den Garten des Luxembourg ging – also täglich –,* *gewährte ich den Niederungen meine Hüllen, aber mein verklärter Leib verließ nicht seinen Hochsitz, ich glaube, er ist immer noch dort oben. [...] Mein Standort ist ein sechster Stock in Paris mit Aussicht auf die Dächer.*⁹

Die Liebe zu den Wörtern, der Platonismus des Kindes, für das die Ideen der Dinge eine größere Wahrheit besitzen als diese selbst, erwächst aus seiner Ortlosigkeit. Dieses Kind, das von seiner Mutter vorbehaltlos geliebt wird, das die Zuneigung seiner Großeltern besitzt – es vermag doch nichts als sein Eigentum zu empfinden, als etwas, das ihm fraglos zugehört und ihm bedeutet, w e r er ist. Und zugleich bedeuten ihm die Anderen in der Welt draußen, dass er anders ist, nicht zu ihnen gehört. Das Kind, das hochmütig mit seiner Mutter durch den Garten des Luxembourg spazieren geht, erfährt, dass die, zu denen es doch gehört, seine Altersgenossen, ihn meiden, wenn er sich ihnen zu nähern versucht.

Das Motiv des Hochsitzes, eines Orts außerhalb und oberhalb der Welt der Menschen, von dem aus man sie anteilslos betrachten kann, bleibt bestimmend für Sartre. In seiner 1939 erschienenen Erzählung *Herostrat* bekennt deren ‹Held›, ein Amokläufer, der es ablehnt, als Anarchist zu gelten, weil, so seine Begründung, die Anarchisten die Menschen auf ihre Art lieben: *Auf dem Balkon einer sechsten Etage – dort hätte ich mein ganzes Leben zubringen sollen. Man muß die moralische Überlegenheit durch ein gegenständliches Symbol stützen, sonst bricht sie in sich selber zusammen. Was ist nun, genaugenommen, meine Überlegenheit über die Menschen? Meine erhöhte Position, das ist alles: ich habe mich über das Menschliche in mir selbst erhoben und betrachte es.*¹⁰ Man muss, so das Credo dieses einsamen Heros, *die Menschen von oben sehen. Ich löschte das Licht und stellte mich ans Fenster: sie ahnten nicht einmal, daß man sie von oben beobachten konnte. Sie sehen von vorn und bisweilen auch von hinten gepflegt aus, aber ihre ganze Wirkung ist auf Betrachter von einem Meter siebzig abgestellt. Wer hat sich schon einmal den Anblick einer ‹Melone›, von der sechsten Etage aus gesehen, vorgestellt? Sie sollten ihre Schultern und Schädel unter lebhaften Farben und hellen Stoffen verhüllen; sie verstehen es nicht, gegen den großen Feind des Menschlichen* *zu Felde zu ziehen: die Perspektive von oben. Ich beugte mich zum Fenster hinaus und mußte lachen: wo blieb denn ihr berühmter ‹aufrechter Gang›, auf den sie so stolz waren? Sie waren auf den Fußsteig gequetscht, und zwei lange, halb kriechende Beine kamen unter ihren Schultern hervor.*[11] Die Szene erinnert in verblüffender Weise an eine, die Descartes in seinen «Meditationen» beschreibt – als wenn Sartre sich aus existentieller Erfahrung mit der Weltlosigkeit des reinen «Ich denke» identifiziert hätte, für das alles Wirkliche fragwürdig, zweifelhaft geworden ist. «Doch da sehe ich», schreibt Descartes, «zufällig vom Fenster aus Menschen auf der Straße vorübergehen, von denen ich […] gewohnt bin, zu sagen: ich sehe sie, und doch sehe ich nichts als die Hüte und Kleider, unter denen sich ja Maschinen bergen könnten.»[12] Der Blick Descartes' leugnet die unhintergehbare Anwesenheit der Anderen, anerkennt keine andere Evidenz als die des eigenen Ich. Die Wirklichkeit oder eben Unwirklichkeit der Anderen ist der Gegenstand eines U r t e i l s, das ich fälle. Sartre, der von sich, seiner einzelnen Existenz spricht statt von einem metaphysischen Selbst, identifiziert sich doch mit dem Ort, der Perspektive dieses Selbst.

Ironisch beschreibt er am Ende seines Lebens dieses Pathos des einsamen Ich, das über die Wirklichkeit der Welt und der Anderen entscheidet, ihr ihre mögliche Bedeutung erst gibt. Und doch, so Sartre, *ohne diese Grundillusion hätte ich niemals geschrieben*[13]. Aus dem Empfinden der Ortlosigkeit, des Grundlosen des eigenen Daseins erwächst der maßlose Anspruch, diesseits der Welt ihr ihren Grund erst zu geben, in der Abgeschlossenheit eines einsamen Schöpfertums. Das eigene Selbst wird einem metaphysischen Traum gleich: Es wird der Grund sein einer wahren Welt, die souverän ist gegenüber den

---

Als Sartres autobiographische Darstellung seiner Kindheit erscheint, «konnte eigentlich niemand dem Familienporträt, der von dem Schriftsteller gebotenen Interpretation der soziokulturellen Entstehungsbedingungen des genialen Kindes etwas entgegensetzen – außer seiner Familie. Seine Mutter, Madame Mancy, versäumte nicht, ihm vorzuhalten, er habe von seiner Kindheit nichts begriffen, und Tante Adèle schrieb sofort einen Brief voller Empörung über das schäbige Porträt der Familie Schweitzer.»

Annie Cohen-Solal: Sartre. 1905–1980

Das Kind als hochmütiger Platonist

gleichgültigen, vergänglichen Gestalten ihrer Erscheinung. Es wird *substantiell*, dauerhaft werden, sein eigener Grund sein, indem es schreibend eine Wirklichkeit schafft, die ihrem matten Abglanz, der Welt der Menschen und der Dinge, vorausliegt und sie überragt. Im originären Glanz ihrer Gestalt spiegelt sie ihrem Autor, ihrem Schöpfer die überlegene Wahrheit seines Daseins, dies, dass er einzig existiert, um zu schreiben. *Ich war,* so Sartre, *ein Waisenkind ohne Vater. Da ich niemandes Sohn war, wurde ich meine eigene Ursache, ein äußerster Fall von Stolz und von Elend. […] Um der Verlassenheit des Geschöpfes zu entgehen, erschuf ich mir die unwiderruflichste bürgerliche Einsamkeit: die Einsamkeit eines Schöpfers.*[14]

Das Kind nimmt sich wahr als berufen. Es weiß nicht, was es zu sagen hat, nur dies, dass es zum Sagen, zum Schreiben geboren wurde. An dieser Berufung, an ihrer strahlenden Evidenz zerbrechen die Maßstäbe der es umgebenden Welt, angesichts ihrer verblasst die Kränkung, in dieser Welt keinen Ort zugewiesen bekommen zu haben, der sein Dasein rechtfertigte. In der Empfindung, der Welt der Wörter anzugehören, blickt das Kind auf sich und seine zufällige Existenz vom imaginären Standpunkt eines Ewigen, des Reichs des Geistigen her. Seine Aufgabe stand fest, von allem, vom Anfang aller Zeiten an. Es wird sie erfüllen, auch dies steht fest, gemäß seiner Bestimmung. Sartre beschreibt das Selbstgefühl dieses Kindes, das sich mit den Augen des Geistes ansieht, gleichgültig gegenüber der Wirklichkeit seines Lebens und der der Zeit, die die einzige, einzigartige dieses Lebens ist. *Für mich war ich der Anfang, die Mitte und das Ende, alles vereinigt in einem ganz kleinen Jungen, der bereits alt und tot war [...]. Ich war das Korpuskel am Beginn seiner Bahn und der Wellenzug, der wieder zurückströmt, nachdem er sich am Ziel gebrochen hat. Alles war beisammen, alles war kondensiert, mit einer Hand berührte ich mein Grab und mit der anderen meine Wiege.*[15]

Die Zeit des eigenen Lebens erscheint einzig als der Zeitraum, dessen es bedarf, den Auftrag einer imaginären Instanz zu erfüllen: ein Werk zu schaffen. Den Tod muss dieses Kind nicht fürchten, solange es die Gewissheit seiner Berufung festzuhalten vermag, den Tod als ein zufälliges Ereignis, das seine Ziele zunichte macht, ohne dass in dieser absoluten Zerstörung ein Sinn läge. Denn sein Auftrag schützt es vor der Beunruhigung durch die Endlichkeit des eigenen Seins. Der Tod wird zur beruhigenden Metapher für die Abgeschlossenheit des Werks, er wird seiner existentiellen Bedeutung beraubt, ein Ereignis am Rande des einzig bedeutungsvollen Raums des Geistes. Ironisch und melancholisch zugleich beschreibt Sartre diese Flucht in die Räume des Geistes, diese Illusion, die ihn über Jahrzehnte bestimmte, einen imaginären Ort zu bewohnen, geschützt vor den Unwägbarkeiten des Lebens: *Der Heilige Geist hatte bei mir ein umfangreiches Werk bestellt, folglich mußte er mir die Zeit lassen, es zu vollenden. Mein Tod war ein ehrenvoller Tod, also schützte er mich gegen das Eisenbahn-*

unglück, den Schlaganfall, die Bauchfellentzündung. […] im Grunde hielt ich mich in der Tat für unsterblich: ich hatte mich im voraus getötet, denn nur die Abgeschiedenen sind in der Lage, die Unsterblichkeit zu genießen.[16]

Es ist zuerst der Schock des Gewahrwerdens seiner Natürlichkeit, seiner Körperlichkeit, der das Kind scheinbar von seinem Wahn zu heilen scheint. Als er sieben Jahre alt ist, beschließt sein Großvater, Sartres mädchenhaftem Aussehen ein Ende zu bereiten, ihn entgegen den verliebten Illusionen seiner Mutter endlich als Jungen, als ‹Mann› erscheinen zu lassen. Seiner engelsgleichen Locken beraubt, zeigt sich das Kind plötzlich für alle in seiner Hässlichkeit: Der Großvater hatte vom Friseur *eine Kröte zurückgebracht*[17]. Ein Schock: Die Anderen entziehen ihm ihre Bewunderung, beginnen, ihn kritisch anzublicken. Er flüchtet sich an seinen einsamen Ort, in seine einsame Wahrheit – nur um zu entdecken, dass diese Wahrheit nicht existiert, dass da nur eine Leere ist und sein Spiegelbild, das ihn erschreckt.

Also versucht er, um sich zu retten, seine Berufung zu vergessen, ‹normal›, ‹gewöhnlich› zu sein. Er entzieht sich dem *Familientheater*, erlebt, endlich mit zehn Jahren von seinem Großvater in eine allgemeine Schule entlassen, als Gymnasiast des Lycée Henri IV. das Glück der Kameradschaft: *Ich, der Ausgestoßene der Spielplätze, war mit größter Selbstverständlichkeit aufgenommen worden, galt vom ersten Tag an als zugehörig: Ich konnte mich darüber nicht beruhigen. […] ich jubelte innerlich.*[18] Aber dieser Jubel, endlich dazuzugehören, einer unter anderen zu sein, ohne sich rechtfertigen zu müssen – ein Glück, das sich wiederholt für den Studenten Sartre der École normale supérieure, das er sogar als Soldat, als Kriegsgefangener der Deutschen empfindet als das Glück, Teil einer Gemeinschaft zu sein – dieser Jubel lässt ihn doch zuletzt seinen Auftrag nicht vergessen. Er verdrängt ihn nur, lässt ihn darin umso größere Mächtigkeit über ihn gewinnen: *Meine falsche Mission blieb sich selbst überlassen, nahm Gestalt an und tauchte schließlich in meine Nacht hinab; ich sah sie nicht wieder, sie machte mich und übte in jeder Weise ihre Anziehungskraft aus.* Mein Auftrag ist

Sartre als Achtzehnjähriger

*zu meinem Charakter geworden, mein Delirium verließ meinen Kopf, um sich in meine Glieder zu ergießen.*¹⁹

Dieser *Charakter* ist der eines Menschen, der das Empfinden seiner Ortlosigkeit umwendet zu dem seiner Souveränität. Der Gymnasiast Sartre, der aufgrund der Wiederverheiratung seiner Mutter – sie heiratete Joseph Mancy, wie Sartres Vater ein Absolvent der École polytechnique: Der eifersüchtige Sartre beschreibt seinen Stiefvater als einen ‹stahlharten Unternehmer›, als ziemlich unfreundlich obendrein – als Zwölfjähriger Paris verlassen muss und nach La Rochelle zieht, konfrontiert seine provinziellen Kameraden mit der Attitude des kindlichen Bohemien, gelangweilt von ihrer biederen Bürgerlichkeit. Der Student Sartre ist stolz darauf, dass seine Kommilitonen ihn als jemanden ansehen, der keine Herkunft, keine Familie zu haben scheint: ein Einzelner, der einzig aus sich selbst heraus sein Leben führt. Aber dieses Selbst bleibt getragen von seiner Mission. Er hat den Idealismus seiner Kindheit hinter sich gelassen. Er weiß um seine Natürlichkeit, seine Hässlichkeit, seine Kontingenz. Aber er ist berufen, dies zu sagen: dass alles, was existiert, ohne Grund ist, da ist, ohne dass ein Sinn dieses schiere Dasein trüge.

«Ich war zwanzig. Niemand soll sagen, das sei die schönste Zeit des Lebens.» Das schreibt nicht Sartre, sondern der vielleicht einzige wirkliche Freund, den er in seinem Leben besaß: Paul Nizan. «Alles droht einen zu vernichten: die Liebe, die Ideen, der Verlust der Familie, der Eintritt in die Welt der Erwachsenen. Es ist schwer, seinen Part in der Welt zu lernen.»[20] Nizan und der gleichaltrige Sartre sind Freunde seit ihrer gemeinsamen Zeit im Lycée Henri IV, an das Sartre 1920 zurückgekehrt war, sie bleiben es als Studenten der École normale supérieure. Sie waren ‹ein Paar›, wurden oft miteinander verwechselt. Diese Verwechslung, schreibt Sartre zwanzig Jahre

Sartre und Nizan als Kommilitonen der École normale supérieure, um 1928

nach dem Tod des Freundes, der 1940 gefallen ist, getötet durch die Kugel eines Deutschen, war *zu unserem sozialen Status geworden, und wir hatten uns schließlich damit abgefunden. [...] Er schielte, wie ich, aber in der entgegengesetzten Richtung, das heißt auf eine angenehme Art. Mein Schielen nach außen machte aus meinem Gesicht ein Brachfeld; er schielte nach innen, und das gab ihm den Anschein von spöttischer Geistesabwesenheit, selbst wenn er uns zuhörte.*[21]

Nizan und Sartre, die Zwanzigjährigen, sind eins in ihrem Gestus des Genialischen, des intellektuellen Bohemiens. Sie sind zugleich unendlich weit voneinander entfernt. Da ist Sartres Optimismus, den ihm das Gefühl seiner Berufung, der unendlichen Bedeutung der Wörter verleiht, sein Auftrag, der ihn vor der Angst schützt, ihn sich unsterblich wähnen lässt. Und da ist Nizans Besessenheit von dieser Angst, der dauernde Schrecken des Todes. Sartre begreift dies erst Jahrzehnte später: *Der zwanzigjährige Nizan betrachtete die Frauen und die Autos und alle Güter dieser Welt mit verzweifelter Hast: Man mußte alles sogleich sehen und sogleich ergreifen. Ich betrachtete auch, aber mehr aus Wissensdurst als aus echter Begier.*[22] Und da ist Nizans Verzweiflung an einer erdrückenden bürgerlichen Ordnung, die samt ihrem scheinhaften Humanismus vernichtet werden muss, wenn Menschen leben können sollen. Nizan wird Kommunist. Sartre missversteht diesen radikalen Schritt als eine Geste innerhalb des Raums der Boheme: *In diesem echten Bedürfnis Nizans, sich mit Menschen zusammenzutun, die gemeinsam die Steine wegheben, die sie erdrückten, wollte ich nichts anderes sehen als die Extravaganz eines Dandys: Er war Kommunist, wie er ein Monokel trug, aus einer gewissen Lust daran, Anstoß zu erregen.*[23] Nizans Getriebensein, dass er sich in seinem Lebenkönnen bedroht fühlt durch die Kälte und den Zwang der bürgerlichen Ordnung, dies prallt an Sartre, seiner Gewissheit ab. *Was mich betraf, so fand ich es schön, daß diese Ordnung existierte und daß ich Bomben auf sie werfen konnte: meine Worte.*[24]

Nizan lernt seinen Part in der Welt. Er verlässt mit einundzwanzig Jahren Europa, nur um es in Aden, dem Namen für eine andere Welt, wiederzufinden, in konzentrierter, in seiner Hässlichkeit konzentrierter Gestalt. Eine Flucht, ein letzter individueller Ausweg ist misslungen. Zurückgekehrt, wird Nizan zum erfolgreichen kommunistischen Funktionär und etabliert sich als Autor. 1931 erscheint «Aden», ein Jahr später «Die Wachhunde», ein Pamphlet wider die Philosophie als Deutungsmagd der Bourgeoisie. Sartre steht am Rande, namenlos, ein Privatier der Gedanken, der Wörter. Nizan unternimmt eine lange Reise in die Sowjetunion – und gesteht Sartre nach seiner Rückkehr, dass selbst dort, im Land der Revolution, die Menschen an den Tod denken, die Angst vor dem Tod nicht überwunden sei. Am Tag nach dem Bekanntwerden des Hitler-Stalin-Paktes tritt Nizan aus der Kommunistischen Partei aus. Sartre und er sehen sich zum letzten Mal im Juli 1939. Sartre wird es sein, der Nizans Werk, seinen Namen, den die Kommunisten verleumden, vor dem Vergessen bewahrt.

Nizans Leben findet mit fünfunddreißig Jahren ein brutales Ende. Sartres Leben, das, was er unter seinem Leben versteht: ein berühmter Schriftsteller zu sein, beginnt erst, als er dreiunddreißig Jahre alt ist. 1938 veröffentlicht Sartre seinen ersten und bedeutendsten Roman, *Der Ekel*, der ein einziges Thema hat: die Unausweichlichkeit der Erfahrung der Kontingenz. Sartre stellt dem Roman einen Satz Célines voran, der auf seinen ‹Helden› – und das heißt hier auf ihn selbst – verweist: «Das ist ein Bursche ohne kollektive Bedeutung, das ist ganz einfach nur ein Individuum.»

Der Beauftragte des Geistes beschreibt sich – in der Figur des Antoine Roquentin – in der unausweichlichen Zufälligkeit seiner Existenz: ein Einzelner, allein, ortlos, in einer erstarrten Gegenwart lebend, ohne ein Ziel, ohne Herkunft. Eine Gegenwart, die in zusammenhanglose Momente zersplittert ist, denen keine Folge, keine Ordnung eignet. Diesem Einsamen offenbart sich ineins mit der eigenen Kontingenz die der Dinge, dies, dass ihre Formen, ihre Gestalten nur ein Schein sind, der die eine, einzige Wahrheit verschleiert: Die Wirklichkeit ist nichts als ein sinnloses Wuchern des Lebendigen, ekelhaft in seiner grenzenlosen, bestimmungslosen Allgegenwärtigkeit, seinem maßlosen, trägen Überfluss. Roquentin verfügt über keinen *Hochsitz* mehr, von dem her er eine ideale Welt der Formen zu erblicken vermöchte. Was sich ihm einzig zeigt, ist schiere, sich aufdrängende Materialität. Eine Gewalt, die ihn selbst in sich aufzusaugen droht. *Die Vielfalt der Dinge, ihre Individualität waren nur Schein, Firnis. Dieser Firnis war geschmolzen, zurück blieben monströse und wabbelige Massen, ungeordnet – nackt, von einer erschreckenden und obszönen Nacktheit. […] Zuviel: Das war der einzige Bezug, den ich zwischen diesen Bäumen, diesen Gittern, diesen Kieseln herstellen konnte. […] Und ich – auch ich war zuviel.*[25] Die Welt der Wörter zerbricht an der Absurdität einer absoluten Anwesenheit. Durch die Wörter, den Kosmos der Ordnung, den sie bedeuten, scheint das gestaltlose, sinnlose Faktum des Seins, der Existenz hindurch, eine absolute Wahrheit, die nichts bedeutet, auf nichts verweist als auf sich selbst. *Die Welt der Erklärungen und Gründe ist nicht die der Existenz. Ein Kreis ist nicht absurd, er erklärt sich sehr gut aus der Umdrehung einer Geraden um einen ihrer Endpunkte. Aber ein Kreis existiert auch nicht.*[26]

Der Idealismus des Kindes, der es erretten sollte vor der Empfindung der Grundlosigkeit des eigenen Daseins, weicht dem Bekenntnis zur Kontingenz alles Seienden. In aller Deutlichkeit formuliert Sartre dieses Bekenntnis, das sein Denken fortan bleibend bestimmt, unangesehen seiner Kehren und Brüche. *Das Wesentliche ist die Kontingenz. Ich will sagen, dass die Existenz ihrer Definition nach nicht die Notwendigkeit ist. Existieren, das ist dasein, ganz einfach; die Existierenden erscheinen, lassen sich antreffen, aber man kann sie nicht ableiten. Es gibt Leute, glaube ich, die das begriffen haben. Nur haben sie versucht, diese Kontingenz zu überwinden, indem sie ein notwendiges und sich selbst begründendes Sein erfanden. Doch kein notwendiges Sein kann die Existenz erklären: die Kontingenz ist kein Trug, kein Schein, den man vertreiben kann; sie ist das Absolute, folglich die vollkommene Grundlosigkeit.*[27]

Aber auch jetzt noch ist da der *Heilige Geist*, besteht sein Auftrag fort. Sartre i s t Roquentin. Aber zugleich ist er der, der ihn, seine Wahrheit, beschreibt – vom immateriellen Ort des Denkens her. Der Schriftsteller, der Philosoph Sartre bewahrt eine Dimension der Idealität seiner Existenz, indem er deren Kontingenz d e n k t – statt sie einzig zu s e i n. In der Differenz, die das Denken des Seins des Menschen von diesem Sein

Porträt Sartres
von Gisèle Freund,
1939

trennt, hält er, jenseits der Räume der Metaphysik, im Angesicht der Absolutheit der Erfahrung der Kontingenz an einem imaginären Ort außerhalb der Welt fest. Ein Rest metaphysischer Hybris? Sartre selbst sieht es so, spricht vom Ende seines Lebens her von der Selbsttäuschung, in der er sich als der, der die Wahrheit über das Dasein ausspricht, dieser Wahrheit enthoben empfand. *Ich war Roquentin, ich zeigte an ihm ohne Gefälligkeit das Muster meines Lebens; zu gleicher Zeit war ich aber auch ich, der Erwählte, der Chronist der Hölle, war ich das Fotomikroskop aus Glas und Stahl, das auf mein eigenes zähflüssiges Protoplasma gerichtet war. […] Ich war ein Gefangener der Evidenzen, aber ich sah sie nicht; ich sah die Welt mit ihrer Hilfe: […] so schrieb ich heiter über das Unglück unseres Daseins.*[28]

Zugleich ist es vielleicht diese metaphysische Heiterkeit des Chronisten, die Sartre über den Ekel angesichts des Daseins hinausführt, die die Melancholie Roquentins besiegt, ihre Unbewegtheit, Teilnahmslosigkeit. *Melancholia* war der ursprüngliche Titel des Romans *Der Ekel*. Im Gedanken der **Freiheit** konfrontiert Sartre der Schwere der Melancholie **die Fähigkeit des Menschen, nein zu sagen**. Nein zu sagen angesichts dieser sinnlosen, wuchernden Anwesenheit des Lebendigen. Nein zu sagen angesichts dieses stummen Urteils des Zuviel, das von einer gleichgültigen Wirklichkeit her an mich ergeht.

Als Sartre 1938 *Der Ekel* veröffentlicht, ist das für den Dreiunddreißigjährigen sein erster wirklicher Erfolg. Das Buch macht ihn, zusammen mit der im selben Jahr erscheinenden Novellensammlung *Die Mauer*, auf einen Schlag berühmt. Bis dahin ist sein Leben das eines namenlosen Philosophielehrers, immerhin seit 1937 in Paris, nach langen Jahren in der Provinz: Von 1931 bis 1936 war Sartre Gymnasiallehrer in Le Havre. Die Welt hat sich ihm und seiner Berufung gegenüber gleichgültig gezeigt. Seine Manuskripte werden von den Verlagen abgelehnt, auch *Der Ekel* wurde vom Verlag Gallimard erst nach langem Zögern und einer ersten eindeutigen Absage angenommen. Sartre lässt sich in diesen Jahren des Misserfolgs, der Depressionen und Selbstzweifel doch zuletzt in seiner Mission nicht erschüttern. Er schreibt, verfolgt sein großes Thema der Kontingenz, arbeitet an einer Theorie der Imagination. Dies alle Träume vom Ruhm des Schriftstellerlebens enttäuschende Dasein wird einzig unterbrochen durch einen Studienaufenthalt in Berlin im Jahr 1933. Sartre scheint hier nicht viel wahrgenommen zu haben von dem beginnenden Schrecken, der ihn umgab. Er lebt seiner jüngsten Entdeckung: der Phänomenologie Husserls, in der er die Verweltlichung des cartesischen Ich feiert, die er zu über-

> Der Sturm, den wir entfesselt hatten, überraschte uns. Plötzlich, wie in manchen Filmen das Bild seinem Rahmen entwächst, sprengte mein Leben seine früheren Grenzen. Ich wurde ins Rampenlicht geschoben. Mein Gepäck war leicht, aber man verband meinen Namen mit dem Sartres, dessen sich der Ruhm brutal bemächtigte. Es verging keine Woche, ohne daß in den Zeitungen von uns die Rede war.
>
> Simone de Beauvoir:
> Der Lauf der Dinge

Berlin, Brandenburger Tor, um 1935

bieten trachtet in der Darstellung des In-der-Welt-Seins des Ich, inspiriert von Heidegger und doch ganz im Raum seines eigenen Denkens. Er lebt in Texten und Gedanken, ohne viel Aufmerksamkeit für die Wirklichkeit um ihn her, die Zeichen der Gewalt, die die Atmosphäre der Stadt bestimmen. Er kehrt zurück, ohne einen anderen prägenden Eindruck als den seiner philosophischen Studien erfahren zu haben. Er liest, er unterrichtet, er schreibt. Das ist seine Existenz – fern des politischen Geschehens, scheinbar unberührt von der Gewalt, die schon bald die Welt heimsuchen wird. Jahrzehnte später aber spricht er von der Erfahrung des faschistischen Deutschlands als seiner ersten *gesellschaftlichen Erfahrung*, die ihm als solche zuerst unbewusst blieb: *Es hatte doch schon Wirkungen auf mein Denken und mein Leben gehabt – nur begriff ich es noch nicht. Nazideutschland brachte mich lediglich in Wut.*[29]

> Der oberflächliche Besucher hatte nicht den Eindruck, daß auf Berlin eine Diktatur lastete. Die Straßen waren belebt und fröhlich; ihre Häßlichkeit erstaunte mich. [...] Ich trank Bier in gewaltigen Bierhäusern. Eines bestand aus einer ganzen Flucht von Sälen, und drei Orchester spielten gleichzeitig. Um elf Uhr morgens waren alle Tische besetzt, die Leute hakten sich unter und schunkelten singend. «Das ist *Stimmung*», erklärte mir Sartre.
>
> Simone de Beauvoir: In den besten Jahren – über ihren Besuch in Berlin 1933

Sein Anarchismus, der Hass Roquentins auf die Lügen und Selbsttäuschungen des Bürgertums zeigt sich einzig in der Gestalt, die er seinem ‹privaten› Leben gibt. Er ist einer Frau begegnet, die sein anarchisches Ethos teilt und sich gerade darin an ihn bindet: Simone de Beauvoir. Durch sie und mit ihr kann er sein Leben lang beides sein: der Solitär und der Liebende, frei und gebunden zugleich. Seit ihrem Zusammentreffen 1929 in der Abschlussklasse der École normale supérieure, das zuerst eines der gemeinsam Philosophierenden war, dann zum Ereignis der Liebe wurde, versuchen beide zu leben, was sie als die einzig wahre Gestalt der Liebe entworfen haben: Aufrichtigkeit, kompromisslose Offenheit, Verzicht auf Ausschließlichkeit, auf eine Treue, die die Freiheit des Begehrens einzig im Namen des Besitzes unterdrückt. Dieser Entwurf der Liebe bestimmt allerdings zugleich die Grenzen der Offenheit: Die Liebe versichert sich ihrer Außerordentlichkeit und Privilegiertheit gegenüber den Ansprüchen Dritter. Beide sprechen ihr den Status der N o t w e n d i g k e i t zu – gegenüber der Kontingenz des Begehrens, der Flüchtigkeit seiner Bedeutung. Und sie erleben den Widerstreit von programmatischem Entwurf und der Wirklichkeit des eigenen Empfindens, der Wirklichkeit von Angst des Verlassenwerdens, von Eifersucht und Hass.

Simone de Beauvoir (1908–86) und Sartre lernen sich 1929 an der École normale supérieure kennen, kurz vor ihrem Staatsexamen, das er als der Erste der siebenundzwanzig Zugelassenen besteht, mit nur knappem Vorsprung vor ihr, der um drei Jahre Jüngeren.
In ihren mehrbändigen Memoiren hat sie ihr Leben mit Sartre dargestellt, im Schatten dessen sie als Philosophin stand, mit dem zusammen sie zugleich ihren Entwurf einer intellektuellen Existenz als Frau verwirklichte. Ihr Roman «Die Mandarins von Paris» ist ein Schlüsseltext der Pariser intellektuellen Szene der fünfziger Jahre, für den sie den «Prix Goncourt» erhielt. Ihr Buch «Das andere Geschlecht» ist zum Klassiker der Frauenbewegung geworden.
Kaum bekannt sind ihre eigenen philosophischen Schriften, die ihr Zentrum in der Frage nach der Möglichkeit der Begründung einer Moral haben. «Warum soll ich eine eigene Philosophie entwickeln», bemerkt sie lakonisch, «wenn die Sartres mich vollkommen überzeugt?» Hätte es diese Philosophie gegeben, wenn es Sartre in ihrem Leben nicht gegeben hätte?

Sartre und Simone de Beauvoir im Sommer 1939

In ihrem Roman «Sie kam und blieb» hat Simone de Beauvoir diesen Widerstreit beschrieben – ohne dass sie oder Sartre darum die Idee ihrer Liebe aufgegeben hätten.

Inmitten dieser seiner ‹privaten› Dramen der Freiheit arbeitet Sartre, scheinbar unberührt durch sein Nichtbeachtetwerden, an seinem Werk. Ein Jahr vor *Der Ekel* erscheint 1937 in den «Recherches philosophiques» das Dokument seiner Auseinandersetzung mit Husserl: *Die Transzendenz des Ego*. 1939 veröffentlicht er, nunmehr getragen von der Aufmerksamkeit des Publikums, was er zuvor den Schubladen des Schreibtisches anvertrauen musste: Die *Skizze einer Theorie der Emotionen*, in der zentrale Motive von *Das Sein und das Nichts* wie seiner Studie über Flaubert Gestalt gewinnen. *Wenn man,* heißt es hier wider eine metaphysische Anthropologie, *eine Disziplin, die das Wesen des Menschen und die conditio humana zu definieren suchte, Anthropologie nennt, ist die Psychologie – selbst die Psychologie des Menschen – keine Anthropologie und wird es nie sein. Sie will den Gegenstand ihrer Untersuchung nicht a priori definieren und begrenzen. Ihr Begriff vom Menschen ist ganz empirisch: Es gibt auf der Welt eine bestimmte Anzahl von Geschöpfen, die der Erfahrung analoge Merk-*

*male darbieten.*³⁰ Ein Jahr später erscheint *Das Imaginäre*: Seine Darstellung der Potenz der Einbildungskraft, der Potenz des endlichen Menschen, Bilder des Wirklichen hervorzubringen statt eine gegebene Wirklichkeit nur aufzufassen, in seinem Bewusstsein abzubilden. Die Freiheit des Menschen, die seiner Einbildungskraft ist es, die über die Wirklichkeit der Welt entscheidet. Es gibt keine Wirklichkeit dieser Welt diesseits der Bedeutungen, die endliche Menschen ihr verleihen.

In all dem wächst heran, was Sartres Hauptwerk sein wird und die vorläufige Essenz seines Denkens darstellt. Mitten im Krieg erscheint 1943 im besetzten Paris *Das Sein und das Nichts*. Ein Krieg, der Sartre aus einem Leben, das einzig dem Schreiben galt, herausgerissen hat. Der ihn mit brutaler Macht erfahren ließ, dass er Teil einer geschichtlichen Welt ist statt der souveräne Autor der Gestalt seines Lebens. *Vor dem Krieg verstand ich mich einfach als Individuum, ich sah keinerlei Verbindung zwischen meiner individuellen Existenz und der Gesellschaft, in der ich lebte. Am Ende meiner Studienzeit hatte ich daraus eine ganze Theorie gemacht: Ich war «nichts als ein Mensch», das heißt der Mensch, der sich kraft der Unabhängigkeit seines Denkens der Gesellschaft entgegenstellt, der der Gesellschaft nichts schuldet und über den die Gesellschaft nichts vermag, weil er frei ist. Auf dieser Ansicht basierte alles, was ich vor 1939 dachte und schrieb, mein ganzes Leben.*³¹ Sartre wird Soldat, gerät 1940 in deutsche Kriegsgefangenschaft, der er 1941 mit gefälschten Entlassungspapieren entkommt.

Gemessen an dem Grauen, dem Schrecken, der nie gekannten mörderischen Gewalt dieses Krieges scheint sein Schicksal gnädig. Ihn jedoch hat es für immer aus den scheinbar geschützten, weltlosen Räumen des Geistes, der Wörter vertrieben. Er bleibt, was er war, ein Schriftsteller, ein Philosoph. Er bewahrt in seinem Innern das Empfinden seiner Berufung. Aber er hat eine andere Bedeutung der Kontingenz erfahren. Es ist nicht allein die schiere Materialität des Seins, die mir die Gleichgültigkeit meines Daseins demonstriert: Es ist eine konkrete geschichtliche Welt, in die ich zufällig hineingeboren werde. Deren Schicksale einer von mir unabhängigen Logik des Geschehens folgen, die trotzdem m e i n Schicksal zu bestimmen vermag. In dieser Welt habe ich zu existieren als ein Einzelner. Ein Einzelner, der trotz allem f r e i darin ist, über die B e d e u t u n g, die sie für ihn hat, selbst zu entscheiden. Inmitten der Situation des Krieges schreibt Sartre an Simone de Beauvoir: *Ich spüre wie Sie die Versuchung, mein Schicksal in einem unermeßlichen kollektiven Schicksal zu verlieren und aufzulösen, aber ich glaube, das ist eine Versuchung, der man widerstehen muß. Man spürt ungeheuer, und es ist wertvoll zu spüren, wie sehr das Schicksal eines Landes etwas Individuelles und Einzigartiges ist – wie für einen Menschen – und vom Tod Begrenztes – wie für die Menschen. [...] und wie sehr unsere Schicksale in diesem vergänglichen Schicksal des Landes situiert sind. Aber das macht nichts, das Land ist eine Situation, und es gibt Millionen freier Menschen, und für jeden ist der Sieg oder die Niederlage eine individuelle Geschichte.*[32] Das ist unendlich weit entfernt von Heideggers Begriff der Geschichtlichkeit, den Sartre zur selben Zeit preist als den, der ihn die Situiertheit des Menschen in der Welt begreifen ließ. Heidegger spricht von dem «Geschick» als dem «Geschehen der Gemeinschaft, des Volkes», das sich nicht aus einzelnen Schicksalen zusammensetzt, sondern darin sich begründet, dass der Einzelne «wesenhaft im Mitsein mit Anderen existiert»[33]. Diese Wesenhaftigkeit des Mitseins gibt es für Sartre nicht. Darum erfährt, beschreibt er die Geschichtlichkeit des Menschen als etwas, das e i n e m E i n z e l n e n g e s c h i e h t, als die elementare Konfrontation mit e i n e m f r e m d e n, s e i n e E x i s t e n z ü b e r g r e i f e n d e n S i n n. Ein Sinn, dem jedoch erst seine Freiheit die Bedeutung verleiht, die er für ihn hat. Das geschichtliche Geschehen zieht mich, mein Leben in seinen Raum hinein. Aber es mediatisiert nicht meine Freiheit, mich als ein Individuum. Dies bleibt auch angesichts der Gewalt der Geschichte die Wahrheit des Menschen: dass er als eine grundlose Freiheit zu existieren hat in einer Welt, deren möglicher a b s o l u t e r Sinn ihm entgeht.

Das Sein und das Nichts unternimmt es, dieser Evidenz der Freiheit eine philosophische Begründung zu geben.

«Das Sein und das Nichts»

Das Sein und das Nichts ist der emphatische Versuch Sartres, der Kontingenz des Menschen seine W ü r d e entgegenzusetzen, die seiner Freiheit. Es ist zufällig, grundlos, dass ich existiere – aber in dieser Grundlosigkeit entscheide ich über die Gestalt meines Daseins, über die Bedeutung, die eine gegebene Welt für mich hat. Niemand vermag zu sagen, w a r u m ich existiere. Aber meine Freiheit bestimmt die We r t e , die Horizonte, die der schieren Faktizität meiner Existenz S i n n , ein menschliches Antlitz geben. *Es ist einfach die bloße Kontingenz, die zu negieren die Freiheit trachtet.*[34]

Aber was berechtigt Sartre zu behaupten, dass der Mensch frei, dass seine Existenz mit Freiheit gleichbedeutend ist? Er stellt sich in die Tradition Descartes', wenn er an den Anfang seiner Philosophie der Freiheit das «Cogito» stellt, die Selbstgewissheit des Ich. Aber das Cogito, das er meint, ist ein anderes, ist nicht das des «Ich denke». Wenn Descartes das Sein des Ich aus der Selbstgegenwart des Denkenden begründet, wenn für ihn «zu sein» zuerst heißt, sich seiner als eines denkenden Wesens bewusst zu sein – so hält Sartre dem entgegen, dass das Bewusstsein meiner selbst da ist, bevor ich mich d e n k e n d als ein Ich erfasse. *Das S e i n des Bewußtseins existiert, da unabhängig von der Erkenntnis, vor seiner Wahrheit; […] das Bewußtsein war da, bevor es erkannt wurde.*[35] Ich ‹weiß› um mich in einer Weise der Unmittelbarkeit, die dem Denken, der Reflexion vorausliegt. Sartre spricht vom *praereflexiven Cogito*, und hinter diesem abstrakten Ausdruck verbirgt sich sein Angriff auf die Tradition einer Metaphysik, die, indem sie die Selbstgewissheit des Ich einzig in der Reflexion begründet, Freiheit und Denken identifiziert. Frei bin ich gemäß dieser Metaphysik darin, mein Wesen im Denken zu haben, ein denkendes Ich zu sein. Was ich darüber hinaus bin, verfällt der Zufälligkeit, beschreibt mich als bloßen Teil einer endlichen, vergänglichen Welt.

Ein Teil der Welt aber bin ich, so Sartre, als ein freies Selbst. Er nimmt Abschied von der Idee eines souveränen Ich, das die Dinge der Welt sich aneignet, indem es sie erkennt. *Wir haben alle geglaubt*, schreibt er, *daß der Spinnen-Geist die Dinge in sein Netz locke, sie mit einem weißen Seidenfaden überziehe und langsam verschlucke, sie auf seine eigene Substanz reduziere.*³⁶ In Wahrheit bedeutet dieses Ich, dieser ‹Geist› nur eine Illusion, ein vermessenes Selbstbild des Menschen, *weil doch schließlich alles draußen ist, alles, sogar noch wir selbst: draußen, in der Welt, mitten unter den Anderen. Nicht in irgendeinem Schlupfwinkel werden wir uns entdecken: sondern auf der Straße, in der Stadt, mitten in der Menge, Ding unter Dingen, Mensch unter Menschen.*³⁷ Emphatisch nennt er Husserl, die Phänomenologie als das entscheidende Ereignis des Bruchs mit der Tradition des Bildes eines selbstgenügsamen, sich die Dinge erkennend aneignenden Ich. Husserl ist es, der den Bezug auf die Welt der Dinge als das Wesen des Cogito beschreibt, der diesen Bezug in der ganzen Fülle seiner Wirklichkeit darzustellen sucht, statt ihn einzig als einen des Erkennens zu begreifen.

Edmund Husserl

Das berühmte Diktum Sartres *Die Existenz geht der Essenz voran*, artikuliert in diesem Sinn zuerst seine Verweigerung der Identifikation von Freiheit und Denken. Der Begriff der Freiheit repräsentiert keine Essenz des Menschen als eines denkenden Wesens, er steht einzig für die Wirklichkeit der Existenz des Einzelnen. Ich kann keine Freiheit beschreiben, die dem Anderen und mir gemeinsam ist: *Es handelt sich in Wirklichkeit um <u>meine</u> Freiheit [...], um <u>mein</u> einzelnes Bewußtsein, das wie meine Freiheit jenseits des Wesens ist.*³⁸ Jenseits des Wesens ist, das die Metaphysik als Denken behauptet, als ein Allgemeines, dessen zeitlose Bestimmungen dem Dasein des Menschen vorausliegen. Ein Wesen, eine Welt der Ideen, die Hegel als die der «Gedanken Gottes vor der Schöpfung» beschrieben hat. In diese ewige Welt tritt der Mensch ein und verlässt sie wieder, ohne in ihr Spuren zu hinterlassen. Zuzüglich soll er sie als den Raum seiner Freiheit anerkennen, den einer souveränen Wahrheit gegenüber der Endlichkeit, der Bedingtheit, der Zufälligkeit seines Daseins.

Auch Sartre setzt die Freiheit der Zufälligkeit der Existenz des Menschen entgegen. Aber er meint die Dimension der Freiheit im einzelnen Menschen. *Das Sein und das Nichts* beschreibt den Menschen in seiner vollständigen Einzelnheit, in seinem «Für-sich-Sein», wie Sartre es in Anlehnung an die Terminologie Hegels nennt. Aber dieser Einzelne, der seine Freiheit ist, als Freiheit existiert, ist der ganzen Schwere des Seins ausgesetzt. Dem Sein seines eigenen Körpers, das ihn Teil der materiellen Welt der Dinge sein lässt, das seinen Ekel erregt in seiner distanzlosen Anwesenheit beim Bewusstsein.[39] Dem Sein einer ‹Ordnung der Dinge›, die er nicht geschaffen hat, die da ist als eine Welt der Gesetze, der Institutionen, etablierter Mächte, deren Anonymität sich seiner Freiheit entzieht, deren Geltung ihm gegenüber als souverän erscheint. Dem Sein der Anderen, das ihm fremd gegenübertritt, der Anderen, die ihn als Teil ihrer Welt ansehen, der Welt, wie sie sich ihrer Freiheit zeigt. Für die Anderen ist er ein Seiendes, das sie von außen anblicken, in seiner Gegenständlichkeit, die sich ihm entzieht, der sich nicht mit ihren Augen zu betrachten vermag.

Denn so wie Sartre sich der Identifikation von Freiheit und Denken verweigert, verweigert er sich der von Freiheit und Sein, wie sie die Philosophie Hegels repräsentiert. Die Freiheit, die nicht Denken, im Sinne Hegels Geist ist, die nur den Menschen in seiner einzelnen Existenz bedeutet, vermag nicht, das Sein der Welt mit ihrer Kraft zu durchdringen. Anders als Heidegger sucht Sartre sein Denken gegen die Metaphysik in deren gewordener Sprache darzustellen. Er spricht in dieser Sprache und zugleich gegen sie. Er beschreibt diese unüberwindbare Grenze der Freiheit, diesen Abgrund zwischen

Freiheit und Sein in den Begriffen Hegels als den zwischen dem «Für-sich» und dem «An-sich». Hegels Telos, dass sich die Freiheit des Für-sich mit dem An-sich des Seins zum ‹An-und-für-sich-Sein› einer Welt der Freiheit versöhnt, bedeutet für Sartre nur die Hybris einer vergangenen Metaphysik. Der Mensch, schreibt er im Blick auf dieses Telos, im Blick auf die Sehnsucht des Menschen, die es a u c h ausspricht, in der Welt zu Hause zu sein, sie zu seiner Welt zu machen, *der Mensch ist eine nutzlose Passion*[40]. Er ist dies vergebliche Verlangen, der Fragilität seiner Freiheit die Festigkeit des Seins zu geben, eine Gestalt, in der sie sich bleibend anzuschauen vermöchte. Illusionslos heißt es gegen das Pathos einer Freiheit, die alles Seiende zu durchdringen beansprucht, sich in ihm darstellen will: *Entweder finde ich nur meine bloße Subjektivität wieder, oder ich stoße auf eine nackte, gleichgültige Materialität, die keinerlei Bezug mehr zu mir hat.*[41]

Freiheit, wie Hegel ihren Begriff bestimmt, bedeutet, im Anderen bei sich selbst zu sein, im Anderen des Seins der Dinge wie in dem Anderen, der mir begegnet. Freiheit gewinnt, so beschreibt es Hegel, Konkretion, Gestalt, indem sie sich der Differenz zum Anderen aussetzt, sie austrägt, um zuletzt sich, ein Bild ihrer selbst im Anderen anzuschauen. In der Differenz zum Sein der Dinge geschieht dies als A r b e i t, als ihre Bearbeitung, die ihrer Materialität die Form des Selbst aufprägt. In der Differenz zu einem anderen Selbst geschieht es als K a m p f, Kampf um die Anerkennung des eigenen Selbst als Freiheit durch den

Georg Wilhelm Friedrich Hegel. Zeichnung von W. Hensel aus dem Jahr 1829

Anderen. Für Hegel mündet dieser Kampf in gegenseitige Anerkennung, in die Versöhnung des Widerstreits zweier existierender Freiheiten, die in ihrem Gegenüber ihr eigenes Wesen wiedererkennen. Die Voraussetzung aber, von der her Hegel diese Versöhnung behauptet, ist ein metaphysischer Begriff des Selbst, in dem die Differenz zum Anderen zugleich festgehalten und in der sie umgreifenden Einheit des Geistes «aufgehoben» ist. Meine Freiheit, so Hegel, bedarf der Differenz, um wirklich zu werden, Gestalt zu gewinnen – zugleich erfährt sie sich als in ihrem geistigen Wesen identisch mit der des Anderen, in dem sie darum zuletzt «bei sich selbst zu sein» vermag.

Für Sartre ist die Differenz der Freiheit absolut. Meine Freiheit behauptet sich als ein Nein angesichts der des Anderen. Mein Kampf um Anerkennung gilt mir, nicht einer allgemeinen Wahrheit des Menschen. *Der Einzelne beansprucht die Anerkennung seines Seins und nicht die einer abstrakten Wahrheit. [...] das Individuum verlangt seine Erfüllung als Individuum, [...] und nicht das objektive Auseinanderlegen einer allgemeinen Struktur*[42]. Für Sartre bleibt die Situation des Kampfes bestimmend für den Einzelnen. *Der Konflikt*, heißt es entschieden, *ist der ursprüngliche Sinn des Für-Andere-seins*[43]. Dies Credo bestimmt *Das Sein und das Nichts: Wir können uns nie konkret auf eine Gleichheitsebene stellen, das heißt auf die Ebene, wo die Anerkennung der Freiheit des Andern die Anerkennung unserer Freiheit durch den Andern nach sich zöge. Der Andere ist grundsätzlich das Unerfaßbare; er flieht mich, wenn ich ihn suche, und besitzt mich, wenn ich ihn fliehe.*[44] Für Sartre gibt es einzig zwei sich gegenseitig ausschließende authentische Haltungen gegenüber dem Anderen: die der Scham und die des Hochmuts.[45] Scham, die ich empfinde, wenn mir bewusst wird, vom Anderen angeblickt zu werden, nichts als ein Objekt, ein Gegenstand in seiner Welt zu sein. Hochmut im Bewusstsein, den Anderen, seine Subjektivität durch meinen Blick zu einem Objekt herabwürdigen zu können.

Die Szenarien der Begegnung mit dem Anderen, die Sartre beschreibt, entziehen sich den Vorgaben einer sie umschließenden begrifflichen Struktur, sind die einer Vielfalt von

à l'intérieur déclanche certains facteurs en provoquant une impuissance
locale pourront développer le sens de la faute. K. nous a prévenus
lui-même de ne pas l'interpréter d'abord psychanalytiquement.
P. 278 : " Toutes ces prétendues maladies... elles sont des réalités de
croyance, des ancrages de l'homme en dehors dans quelque sol matériel
... or ces ancrages qui prennent dans un sol réel, ils ne sont pour
tant pas une propriété particulière à l'homme mais, puisqu'ils sont dans
la nature, ils la transforment ultérieurement (ainsi que le corps) dans
le même sens. Et l'on prétendrait qu'ici cela ?", et 309. "
Chaque homme... cherche fonder son existence par des justifications ulti
mes mais c'est là que l'image inversée qu'offre le miroir de
la psychologie, en fait il érige sa vie en justifications..."
Cette justification originelle, solidement ancrée sur un sol
religieux - quelle est elle ? "C'est un mandat. Je ne puis assumer
de par ma nature autre chose qu'un mandat que personne
ne m'a donné. C'est dans cette contradiction et c'est toujours
que dans cette contradiction que je puis vivre."

A partir de ce choix originel (influence messianique, dit-on. Sans
doute, car que K. redécouvre le messianisme juif latent autour
de lui pour son choix et l'habille alors de messianisme.
Un choix analogue eut-il été fait dans un milieu révolu
tionnaire eut été choix de la Révolution. Le choix est de
sauver, d'envisager, de se justifier par le sacrifice ; il constitue la
situation et elle lui rend ce qu'il lui a donné en le présupposant)
et dans la lumière de ce choix. La vie est éclairée avec
son système de valeurs opposé (l'action, la légalité, l'honora
bilité, la famille) c'est ce choix (de la sainteté, du sacrifice
de quiétisme) qui va donner leur coloration ambigüe

Situationen. Der Andere konfrontiert mich, die Freiheit, die ich bin, mit der Faktizität meines Daseins. Indem ich seinen Blick auf mich wahrnehme, offenbart sich mir die Außenseite meiner Existenz, mein Sein als Körper, Objekt. Sein Blick verneint mich als Freiheit. Sartre beschreibt die Situation dessen, der sich als Voyeur ertappt sieht, sich schämt in der offenbar gewordenen Niedrigkeit seines Verhaltens. Aber dieses Extrem verweist nur auf die Allgegenwart der Scham, angeblickt zu werden, nichts als ein Objekt für die Augen, für das Urteil der Anderen zu sein. Und doch brauche ich den Anderen. Denn die Selbstgewissheit meiner Freiheit ist für sich allein haltlos, ohne Anhalt in der Welt. Wer ich bin, vermag mir nur der Andere zu sagen. Er *erblickt mich und besitzt als solcher das Geheimnis meines Seins*, den Schlüssel zu diesem Geheimnis.[46]

Der metaphysische Begriff des Selbst behauptet die Einheit, die Synthesis von Blicken und Erblicktwerden: In der Reflexion unterscheide ich mich von mir selbst, mache ich mich zum Gegenstand meiner selbst, um aus dieser so gewonnenen Distanz zu erkennen, wer ich bin, Selbstbewusstsein zu werden. Subjektivität und Gegenständlichkeit sind in dieser Bewegung der Reflexion different und identisch zugleich. Sartre zerbricht diese Einheit von Identität und Differenz, erklärt die Differenz als absolut. In seiner Studie über Baudelaire, in der er, wie in der über Genet, wie in seinem großen Werk über Flaubert, seine strukturelle Einsicht in das Phänomen des Menschseins an dem Versuch des Verstehens eines einzelnen Menschen zu bewähren sucht, spricht er von dem *aussichtslose[n] Entwerfen von Dualität, um das es sich bei dem reflexiven Bewußtsein handelt*[47]. Der Mensch *will zwei sein, um in diesem Paar die endgültige Besitzergreifung des Ichs durch das Ich zu verwirklichen.*[48] Aber dieser Wille, sich zu besitzen, ist zum Scheitern verurteilt. Meine Gewissheit meiner selbst ist unmittelbar. Wenn ich mich anblicke, geschieht dies als vermittelt durch die Augen der Anderen. Und es existiert kein Ort, von dem her diese Differenz, als die ich existiere, zu umgreifen, zu synthetisieren wäre. «Ich ist ein Anderer» – diese Wahrheit vermag allein mein Tod auszulöschen, der den Blick der Anderen endgültig über mich triumphieren lässt. Erst mein Tod verleiht mir Identität, als das Bild dessen, der ich in den Augen der Anderen bin.

Die Freiheit, die Sartre beschreibt, ist nicht die eines mit sich identischen, souveränen Selbst, sondern die eines Ich, das Mangel ist, Bedürfnis, sich mit seinem Sein zusammenzuschließen, den Riss zu schließen, der es von sich selbst trennt. Ich will für mich der sein, der ich für die Anderen bin, in dem beruhigten Wissen um mich, darum, ‹wer ich bin›. Aber die substanzlose Freiheit, als die ich existiere, verweigert mir die Identifikation mit der Festigkeit des Seins meiner ‹Person›, meines ‹Charakters›. Zugleich bin ich der, den die Anderen sehen. Denn *wie es jeder empfindet, besteht zwischen diesen beiden Aspekten meines Seins kein Unterschied von Schein und Sein, als ob ich mir selbst die Wahrheit meiner selbst wäre und als ob ein anderer nur ein entstelltes Bild von mir besäße. [...] Die gleiche Seinswürde meines Seins für Andere und meines Seins für mich selbst*[49] zwingen mich in eine Zwiespältigkeit, die so lange dauert wie mein Leben.

Weit jenseits der Metaphysik der Versöhnung beschreibt Sartre die Phänomene von Masochismus und Sadismus als vergebliche Versuche des Ich, dieser Zwiespältigkeit, die mit seinem Dasein gleichbedeutend ist, zu entgehen. Masochistisch identifiziere ich mich damit, nichts als ein Sein, einen Körper für den Anderen zu bedeuten, unterwerfe ich mich seiner Freiheit, mache mich zu einem Ding für ihn. Sadistisch triumphiert meine Freiheit über den Anderen, genieße ich seine Unterwerfung, die ihn als Freiheit zerstört. Masochismus wie Sadismus beschreiben in ihrer Komplementarität das Scheitern des *unmöglichen Ideals der Begierde*[50]: sich selbst zugleich als Freiheit und als Sein für den Anderen, ihn als Sein für mich und zugleich in seiner Freiheit zu erfahren. Hegel hatte den Begriff der Liebe als Paradigma des Selbstseins behauptet: In der Liebe, so Hegel, erfüllt sich in vollkommener Weise die Idee des Selbst: im Anderen bei sich selbst zu sein. Sartre schreibt in unmissverständlicher Härte im Blick auf diese Idee, lakonisch und im Ton des Endgültigen: *Das Problem meines Für-Andere-seins bleibt also ungelöst, die Liebenden bleiben jeder für sich in einer totalen Subjektivität; nichts entbindet sie von ihrer Pflicht, sich jeder für sich existieren zu machen; nichts beseitigt ihre Kontingenz oder rettet sie vor ihrer Faktizität.*[51] Die Sehnsucht der Liebe, *uns gerechtfertigt fühlen, daß wir existieren*[52], bleibt notwendig unerfüllt. Nichts vermag die Zwiespältigkeit meines Daseins zu versöhnen, nichts, seiner Grundlosigkeit einen Grund zu geben.

Mit den Mitteln des Begriffs beschreibt Sartre die Unmöglichkeit der Liebe. Dies scheint seltsam, blickt man auf sein Leben, ein Leben, das sich von der Liebe tragen lässt, in ihr Zuflucht vor den Schrecken der Einsamkeit sucht und findet. Sartre ist ein «homme à femmes». Immer wieder hebt er hervor, die Nähe, die Gesellschaft der Frauen der der Männer vorzuziehen. Er stilisiert das Bild einer Welt der Frauen diesseits des Ernstes, der Zwecke, der Hierarchien. Er will in dieser Welt leben, als ihr Mittelpunkt, als ihr Souverän. In selbstironischem Ton beschreibt er aus der Distanz den Wunsch des Jünglings *nach einer ausgewählten Gesellschaft, in der ich König wäre*, erzählt einen Traum, der Wirklichkeit wurde. Er träumte sich inmitten *bezaubernder Mädchen*: Und *dort saß ich und herrschte durch die Macht des Geistes, durch den Charme*[53].

Die Macht des Geistes ist das einzige Mittel, das Sartre besitzt, einen Platz in der Welt der Frauen, so wie er sie imaginiert, zu erobern und zu sichern. Denn er ist hässlich – und der Blick der Anderen offenbart ihm seine Hässlichkeit. *Normalerweise ist der Mensch, der mich ansieht und der mir auf der Straße begegnet, feindselig*, erzählt er am Ende seines Lebens Simone de Beauvoir und gesteht ihr, niemals Menschen auf der Straße angesprochen zu haben, um sie nach dem Weg oder etwas anderem zu fragen. Denn *wenn man häßlich ist* heißt dies, *der Person, an die man sich wendet, eine unangenehme Gegenwart* zuzumuten.[54] Längst über diese Niederlage erhaben gesteht Sartre später seinen Freunden, wie er 1933 nicht nur nach Berlin ging, um Husserl zu studieren, sondern in der festen Absicht, die «deutschen Frauen» zu erobern – und wie kläglich und vollkommen dies scheiterte, weil er ihre Sprache nicht sprach. Einzig sein Charme, der seines Geistes, vermag die Frauen zu ver-

Simone de Beauvoir

führen, ihren Blick auf ihn zu vergessen, ihn zu lieben, sich der Souveränität seiner Anwesenheit zu unterwerfen.

Sein Leben lang kämpft Sartre um die Liebe der Frauen, um einen Ort diesseits der Welt der Blicke, der Urteile der Anderen – und zugleich geschieht ihm das Wunder, einen einzigen Anderen zu finden, dessen Blick auf ihn er will, in dessen

Blick er sich in seiner Freiheit wahrgenommen weiß: Simone de Beauvoir. Die Liebe dieser beiden, die Gestalt, die sie ihr gaben, ist zur Legende geworden, erscheint bis heute als das einzigartige Beispiel einer Bindung, die die vollständige Freiheit des Anderen will und fordert, die durch rückhaltlose Aufrichtigkeit bestimmt ist, die der Versuchung des Besitzenwollens, des Beherrschenwollens zu entkommen sucht. Diese Liebe scheint das zu verwirklichen, dessen Möglichkeit Sartre bestreitet: im Anderen bei sich selbst zu sein, von der fremden Freiheit des Anderen angeblickt zu werden und darin s i c h zu erkennen. Und beide empfinden diese Einzigartigkeit, halten ihr Leben lang an dieser Liebe fest, die nichts zu zerstören vermag.

Das heroische Bild verbirgt jedoch, dass hier zwei Menschen auch versuchen, eine Idee zu leben, statt sich den Unwägbarkeiten der Liebe zu überlassen: der Unsicherheit, Abgründigkeit des Empfindens, der Fremdheit, der Angst, den Anderen zu verlieren, der Sehnsucht nach Absolutheit, die um ihre Vergeblichkeit weiß. In den Tagebüchern, die Sartre 1939 und 1940 schreibt, in der erzwungenen Einsamkeit eines Soldatenlebens, der absurden Muße eines Soldaten in der «drôle de guerre», beschreibt er selbst den programmatischen Charakter dieser Liebe, das, was sie verdrängt: *Wir hatten unsere Beziehungen auf der Grundlage totaler Aufrichtigkeit ‹konstruiert›, einer vollständigen gegenseitigen Hingabe, und wir opferten unsere Stimmungen und alles, was noch an Wirrnis in uns sein mochte, dieser permanenten und gesteuerten Liebe, die wir konstruiert hatten. Im Grunde sehnten wir uns nach einem Leben in Unordnung, einer wirren und im Augenblick gebieterischen Zwanglosigkeit, nach einer Art Dunkelheit, die gegen unseren klaren Rationalismus abstach, einer Art, in uns selbst versunken zu sein und zu fühlen, ohne zu wissen, daß wir fühlten.*[55] Und der nüchternen Bestandsaufnahme einer Liebe, die eine Idee der Liebe zu leben versucht, folgt das Eingeständnis: *In Wirklichkeit behandle ich meine Gefühle wie Ideen.*[56] Aber zugleich beschreibt Sartre die Kraft, die diese Liebe ihm verleiht, die Sicherheit, die sie ihm gibt: *Das Gegenstück zu dieser erdrückenden Durchsichtigkeit war die Stärke, die olympi-*

sche Sicherheit und das Glück. [...] Unsere Bindung war so fest und faszinierend für andere.[57] *Es zählte vor allem das mächtige Paar, das wir bildeten. [...] Wichtig ist jedenfalls, daß wir eine beneidete und geachtete Kraft waren.*[58]

Simone de Beauvoir ist der Freund, mit dem ihn ein Pakt verbindet, ein gemeinsamer Blick auf die Welt der Anderen. Und diesem Pakt, der Sicherheit, der Macht, der Kraft, die er ihm verleiht, opfert er die Unwägbarkeiten der Liebe, degradiert sie zu einer Kompensation für die Zwänge der Aufrichtigkeit. Offen bekennt er, *daß ich aus dem Schoß der Freundschaft heraus die Liebe immer als einen Anlaß betrachtet habe, den Kopf zu verlieren und endlich handeln zu können, ohne zu wissen, was ich tue*[59]. Und er scheut sich nicht, seine Geliebten dem gemeinsamen Blick auszuliefern. In gnadenloser Offenheit schildert er Simone de Beauvoir nicht nur intimste Situationen, sondern Schwächen, Hässlichkeiten der Frauen, mit denen er schläft.[60] Und in zynischer Herablassung schildert er ihr die naive Bewunderung einer Geliebten für «das Paar»: *Sie sagte: «Ich wollte schon immer so mit einem Mann zusammen sein wie Sie mit Simone de Beauvoir. Ich finde das toll.» Ich habe ihr gesagt, sie sei absolut dazu in der Lage.*[61] *Es ist bedauerlich*, schreibt er Simone de Beauvoir über eine andere, eifersüchtige Geliebte, *daß ich ihr über Sie etwas vorlügen muß.*[62] Aber dieses Lügen erscheint ihm von geringer Bedeutung im Blick auf *die unendliche Distanz [...], die meine Zuneigung zu Ihnen von allen anderen trennt*[63]. Zugleich zweifelt er: *Ich habe Angst, daß Sie sich inmitten von so viel Taktik, glatten Lügen und vor allem Halbwahrheiten plötzlich fragen: Lügt er mich nicht auch an, sagt er nicht nur die halbe Wahrheit? [...] Ich schwöre Ihnen, daß ich bei Ihnen ganz rein bin. [...] Sie sind nicht nur mein Leben, sondern auch die einzige Redlichkeit in meinem Leben.*

Allein in dem einzigartigen Raum einer Symbiose zweier Blicke vermag Sartre aufrichtig zu sein. Er und Simone de Beauvoir sind ein Blick – gegenüber einer Welt der Anderen. Die Förmlichkeit der Anrede, des «Sie», die sie ihr Leben lang beibehalten, reflektiert vielleicht – statt des Pathos der Distanz, der Freiheit – den Charakter dieser Symbiose, die sich der Entscheidung für eine Idee der Liebe verdankt statt den Dunkelheiten einer Obsession, der unbegründbaren Absolutheit des Gefühls. *Ich kann die Leute nicht gut lieben*, schreibt Sartre an Simone de Beauvoir. *Nur Sie. Mit Ihnen ist es ganz anders [...] In dieser Hinsicht wird es zumindest das in meinem Leben geben, daß ich eine Person mit aller Kraft, ohne Leidenschaftliches und Wunderbares, aber <u>von innen heraus</u> geliebt haben werde. Aber das mußten Sie sein, mon amour, jemand, der so mit mir verschmolzen ist, daß man das Seine nicht mehr vom Meinen unterscheiden kann.*[64] Und spiegelbildlich schreibt sie in ihren Memoiren: «Die Existenz des Anderen blieb für mich stets eine Gefahr, und ich konnte mich nicht entschließen, ihr freimütig ins Auge zu sehen. [...] Bei Sartre hatte ich mich aus der Affäre gezogen, indem ich erklärte: ‹Wir sind eins.› Ich hatte uns beide in den Mittelpunkt der Welt gestellt. Um uns kreisten widerwärtige, lächerliche oder spaßige Personen, die keine Augen hatten, mich zu sehen: Ich war der einzige Blick.»[65]

Und doch bedürfen beide der Anderen, versuchen sie zu lieben in der Sehnsucht, die Sartre als die eigentliche Sehnsucht der Liebe beschreibt: sich zu retten vor der Kontingenz des eigenen Daseins, sich g e r e c h t f e r t i g t zu fühlen. *Was mich am häufigsten in eine Geschichte hineinzog*, schreibt er in sein Tagebuch, *war das Bedürfnis, einem Bewußtsein nach Art eines Kunstwerks «notwendig» zu erscheinen.*[66] Und er weiß ja, dass diese Sehnsucht nicht zu stillen ist, dass dieses Bedürfnis keine Befriedigung zu finden vermag, dass es einem Mangel entspringt, der mit dem Menschsein gleichbedeutend ist. Niemand, kein Anderer, keine Liebe vermag dies aufzuheben, dass ich zufällig existiere, ohne Grund, ohne Notwendigkeit, dass das Sein der Welt meiner endlichen Existenz gegenüber gleichgültig ist, ihr vorausliegt, sie in absoluter Indifferenz überdauern wird. In der Erzählung *Die Mauer* beschreibt Sartre den To d als das absolute Faktum, das die vermeintliche Macht der Liebe gleichgültig werden lässt im Augenblick, in dem seine Gegenwärtigkeit unleugbar geworden ist. In der Nacht vor seiner Hinrichtung denkt ein Mann an die Frau, die er liebt, die ihn liebt, und entdeckt, dass er kein Verlangen mehr hat, sie zu sehen, sie zu spüren, mit ihr zu sprechen. Sie *würde weinen, wenn sie von meinem*

Tode erfuhr, monatelang würde sie keine Lust mehr haben, weiterzuleben. Dennoch war ich es, der sterben mußte. Ich dachte an ihre schönen, zärtlichen Augen. Wenn sie mich ansah, ging etwas von ihr in mich über. Aber ich sagte mir, jetzt ist das vorbei: Wenn sie mich jetzt ansähe, würde ihr Blick in ihren Augen bleiben und nicht bis zu mir gelangen. Ich war allein.[67]

Der einzige Raum der Befreiung von diesem erdrückenden Bewusstsein der Endlichkeit, der Kontingenz des eigenen Seins, der für Sartre existiert, ist der des Schreibens. Und diesen Raum teilt er mit Simone de Beauvoir, sie bewohnen ihn gemeinsam, es ist ihr exklusiver Raum, der sie schützt. Sie behaupten ihn in seiner Exklusivität gegenüber den Anderen, er begründet die Treue, mit der sie ein Leben lang einander verbunden sind. Schlicht schreibt Simone de Beauvoir über einen gemeinsamen Kinobesuch in den dreißiger Jahren: «Wir sahen ‹Cynara› mit der schönen Kay Francis. ‹Auf meine Art war ich dir treu, Cynara› – dieser Satz, das Motto des Films, sollte für uns jahrelang eine Art Losungswort werden.»[68] Zugleich hat sie von der Angst erzählt, die sie empfand angesichts der Gefahr, dass ein Anderer, ein Dritter in diesen einzigartigen gemeinsamen Raum, den sie und Sartre bildeten, tatsächlich einzudringen, ihn zu zerstören vermöchte.

Aber ist es überhaupt gerechtfertigt, dem Phänomen dieser Liebe einen Begriff der Liebe zu konfrontieren – und sei es auch der, den Sartre selbst entwirft, der ihrer Unmöglichkeit? Kann man das Leben eines Menschen an dem messen, was sein Werk beschreibt? Ist es nicht grundsätzlich angreifbar, einen Zusammenhang von Leben und Werk zu behaupten? Sartre selbst scheinen solche hermeneutischen Bedenken gänzlich fremd. *Es sieht zwar nicht so aus*, bemerkt er im Blick auf die Figurationen des Selbst, die *Das Sein und das Nichts* beschreibt, *aber ich habe mich mit dieser metaphysischen Beschreibung in voller Größe selbst gemalt.*[69] Das Phänomen der Existenz des Menschen, das er zu begreifen, das sein Werk darzustellen sucht, besitzt seine Evidenz für ihn zuerst in der Erfahrung des eigenen Daseins. In einem Brief, den er in der Zeit der Konzeption von *Das Sein und das Nichts* an Simone de Beauvoir schreibt, beruft er sich auf Heidegger, darauf, dass auch dieser das Verstehen des Daseins aus diesem selbst hervorgehen lasse. Heidegger hatte in «Sein und Zeit» gegen die cartesische Tradition des Cogito, die Behauptung eines substantiellen Ich, das Dasein des Menschen als «Seinsverständnis» bestimmt. Der Mensch existiert in der Welt, statt ihr als ein souveränes Ich in der anschauenden Haltung des Erkennens gegenüberzustehen. Er hat diese Welt und sich in ihr immer schon unausdrücklich verstanden, indem er sich zu ihr und darin zu sich selbst verhält. Ich bin mit meiner Welt vertraut, die Dinge in ihr besitzen eine bestimmte Bedeutsamkeit für mich, ich verstehe mich, den, der ich bin, den, der ich sein will, zuerst aus der Welt her. Dieses Verstehen ist ursprünglicher als die Erkenntnis, ist deren bleibender Grund.[70] Die Philosophie hat dieses «Seinsverständnis», das der Mensch ist, aufzuhellen, muss von ihm ausgehen, ihren Anfang nehmen, statt den sekundären Raum der Erkenntnis als ihren originären Ort misszuverstehen. Heidegger nennt seine Philosophie in diesem Sinne in «Sein und Zeit» eine «existenziale Analytik», die «letztlich existenziell d. h. ontisch verwurzelt» ist, denn «nur wenn das philosophisch-forschende Fragen selbst als Seinsmöglichkeit des je existierenden Daseins existenziell ergriffen ist, besteht die Möglichkeit einer Erschließung der Existenzialität der Existenz»[71]. Der Philosoph sucht das aufzuhellen, was er selbst ist, um es in seinen Strukturen begreifen, darstellen zu können.

Dies «Was er selbst ist» meint aber für Heidegger nicht den Philosophen als ein Individuum, die einmalige Gestalt seines Lebens, sondern ihn in seiner Allgemeinheit als ein existierendes Dasein, dessen Besonderheit allein darin besteht, nach diesem Dasein, seiner Bestimmtheit zu fragen. Heidegger will demonstrieren, dass der Mensch selbst, als «Seinsverstehen», der Anfang der Philosophie ist, ihr Autor, statt dass eine dem Menschen gegenüber souveräne Wahrheit seines Daseins existierte. Sartre jedoch meint sich als Autor seiner Philosophie. Und so erscheint es als naive Unbefangenheit und als ein grandioses Missverständnis, wenn er in der Berufung auf Heidegger an Simone de Beauvoir schreibt: *Und außerdem versuche*

Martin Heidegger, 1968 in Todtnauberg

ich jetzt weder, mein Leben nachträglich durch meine Philosophie zu schützen, was eine Schweinerei ist, noch mein Leben meiner Philosophie anzupassen, was pedantisch ist, sondern Leben und Philosophie sind wirklich eins.[72] Für ihn, für dieses Individuum Jean-Paul Sartre sind sie eins, bilden sie die Einheit seines Daseins.

Das Missverständnis hat jedoch seinen Grund in der entscheidenden Differenz, die Sartre von Heidegger trennt. Denn für Sartre ist, in der Säkularisierung der cartesischen Tradition, das Individuum, der Einzelne das Paradigma menschlichen Daseins. Das Dasein aber, so wie Heidegger es bestimmt, ist zuerst allen anderen gleich. Es ist eines, das in der Welt aufgeht, sich aus ihr her versteht. Heidegger spricht von der «Rückstrahlung des Weltverständnisses auf die Daseinsauslegung»⁷³. Zugleich beschreibt er Welt als eine, die vollkommen durch Durchschnittlichkeit bestimmt ist, durch die «Herrschaft der Anderen», eines anonymen «Man», zu dem ich selbst gehöre: «Jeder ist der Andere und Keiner er selbst.»⁷⁴ Wer ich bin, sein will, welche Möglichkeiten ich ergreife, diktiert mir die Stimme des «Man», die meine eigene ist. Aus dieser Welt eingeebneter Differenz befreit sich der Mensch, so Heidegger, einzig in der Angst angesichts der einzigen Möglichkeit, die allein ihm zugehört, die unvertretbar seine ist: die seines Todes. In dieser Angst drängt sich ihm die Endlichkeit, die Grundlosigkeit seines Daseins auf, in ihr erfährt er seine elementare Einsamkeit, sich als einen Einzelnen. Der Tod als Principium individuationis: Sartre wehrt sich mit aller Entschiedenheit gegen diese Behauptung und beschreibt sie als zirkelhaft: *Wie will man denn beweisen, daß der Tod diese Individualität hat und die Macht, sie zu verleihen?*⁷⁵ Der Tod ist nicht mein Tod, wenn ich mich nicht schon als ein Individuum wahrnehme. Er ist zudem etwas, was mir von außen geschieht, ein kontingentes Faktum, statt dass man ihn, wie Heidegger, als meine «ureigenste Möglichkeit» bestimmen könnte. Er bedeutet *die Nichtung aller meiner Möglichkeiten, eine Nichtung, die selbst nicht mehr Teil meiner Möglichkeiten* ist.⁷⁶ Er bedeutet zuletzt den *Triumph des Gesichtspunkts Anderer über den Gesichtspunkt mir gegenüber, der ich bin.*⁷⁷ Mein Tod, so Sartre, bedeutet den endgültigen Sieg der Anderen über mich, er beraubt mein Leben *jeden subjektiven Sinns, um es im Gegenteil jeder objektiven Bedeutung auszuliefern, die ihm zu geben dem andern gefällt*⁷⁸.

Die Bedeutung, die der Tod für Sartre hat, ist der diametral entgegengesetzt, die Heidegger ihm gibt. Für Heidegger lässt erst das Gewahrwerden meiner absoluten Endlichkeit mich dies begreifen, als ein Einzelner zu existieren. In der Angst, der Wahrheit, die sie mir entdeckt, zerbrechen die «Verstellungen, mit denen sich das Dasein gegen es selbst abriegelt»⁷⁹, versinkt die Welt der Anderen in Bedeutungslosigkeit, befreie ich mich von dieser Welt, wähle ich mich als Freiheit. Für Sartre bedarf es einer solchen Befreiung, einer solchen Wahl nicht. Für ihn besitzt der Einzelne eine unmittelbare Gewissheit seiner selbst, sind die Anderen nicht die, mit denen ich zuerst bin, eine Gemeinschaft bilde, die ich verlassen muss, um frei zu werden. Die Anderen sind eine andere, fremde Freiheit, die meiner gegenübersteht. Mein Tod bedeutet den Tod der Freiheit, die ich bin. Tot zu sein heißt, nichts mehr als ein Gegenstand der Anderen zu sein, für immer ausgeliefert ihrem Blick auf mich, mein Leben, über dessen Bedeutung und Wert sie zuletzt entscheiden. Umgekehrt aber heißt dies auch: Einzig der Tod löscht meine Beziehung zum Anderen aus; solange ich lebe, ist der Andere da, statt dass ich, wie Heidegger es beschreibt, mich als absolute Einzelnheit zu erfahren vermöchte, als ein weltloses Selbst, in der Leere einer zur metaphysischen Erfahrung stilisierten Einsamkeit.[80] Freiheit, so Sartre, *kann es nur als engagiert in eine Widerstand leistende Welt geben*[81]. Und diese Freiheit haben wir nicht gewählt, wir sind sie. Das eben, so Sartre, *ist die Faktizität der Freiheit*[82].

Zugleich ist für Sartre jedes Individuum ein Anfang, wird mit jedem Einzelnen die Möglichkeit eines neuen, anderen Verstehens von Welt geboren. In diesem Sinne begreift er seine Philosophie als Ausdruck seines Weltverstehens, das er den tradierten Deutungen der Metaphysik konfrontiert, das sich zugleich unabhängig von dieser Konfrontation gar nicht darzustellen vermöchte, erst aus ihr seine Bestimmtheit gewinnt. Aber in diesem Dialog mit den metaphysischen Interpretationen der Welt und des Menschseins begreift Sartre sich nicht als einen Philosophen, der im zeitlosen Raum des Denkens über die Wahrheit des Menschen spricht, sondern als ein Individuum in einer bestimmten geschichtlichen Welt. Darum ist ihm der traditionelle Gegensatz von Leben und Werk fremd. Sein Werk will darstellen, was es heißt, ein Mensch zu sein, engagiert in eine Widerstand leistende Welt. Und dies erfährt jeder Einzelne zuerst an sich selbst. Die Begriffe, die diese Erfahrung ausdrücken, deuten, interpretieren, zu verallgemeinern suchen, bleiben an sie als an ihren Grund gebunden. Anders als Heidegger, der seinen Begriff des Daseins als in seiner Geltung zeitlos, geschichtslos behauptet, bindet sich Sartre in seinem Denken an die Wirklichkeit des Erlebens des eigenen

Selbst, statt dass er einzig einem anderen Begriff des Daseins in der Konfrontation mit der philosophischen Tradition Gestalt zu geben versuchte.

Die Auseinandersetzung mit dem Werk Sartres ist darum nicht abzulösen von seiner Person. In diesem Werk zeigt Sartre auch sich selbst. Dies bedeutet nicht, dass seine Texte sich nicht gegenüber ihrem Autor verselbständigen, in eine von ihm unabhängige Kommunikation mit anderen Texten treten könnten, dass ihr Sinn sich nicht zu wandeln vermöchte in der Geschichte ihrer Rezeption. Es bedeutet aber, dass das Verstehen dieses Werks sich immer wieder auf seinen Autor zurückverwiesen sieht, auf sein Erleben, auf die Bedingtheiten dieses Erlebens. In seinem monumentalen, unvollendet gebliebenen Werk über Flaubert hat Sartre, wie zuvor in seinen Studien über Baudelaire, Genet und Mallarmé, diese Einheit von Leben und Werk darzustellen versucht. Eine Einheit, die mit dem Gedanken einer linearen Kausalität nicht fassbar ist. Sie verweist auf das vielleicht unentwirrbare Geflecht, das den Einzelnen, über die zufälligen Konstellationen seines individuellen Schicksals hinaus, mit den Dimensionen des Allgemeinen, mit den gesellschaftlichen Strukturen seiner Zeit, mit den geschichtlichen Ereignissen verbindet. Eine Einheit, die die Weise meint, in der dieses Geflecht von Individuellem und Allgemeinem, das jeder Mensch i s t, die Gestalt des Werks bestimmt.

Für Sartre ist das Allgemeine wirklich in den Individuen, als das Andere ihrer selbst, statt ihnen gegenüber eine souveräne Wirklichkeit zu bedeuten. Zugleich glaubt er an kein «Wir», das ursprünglicher wäre als die Differenz der Individuen. Der Begriff der Gemeinschaft, einer unmittelbaren Vertrautheit der Individuen, die sich aus ihrem gemeinsamen Verstehen von Welt begründet, ist für ihn ohne jede Evidenz. Für Sartre ist die ursprüngliche und bleibende Situation die einer Konfrontation, einer Widerständigkeit, einer Fremdheit. Zwischen mir und den Anderen gibt es keinen Raum, keine gemeinsame Welt, in der die Fremdheit ihrer Freiheit sich mit der meinen zu versöhnen vermöchte. Die Anderen sind die, die die fremde Außenseite meines Selbst repräsentieren, die meine ist, gegen die zugleich meine Freiheit sich zu behaupten sucht. Die Anderen werden in dieser Perspektive, über den individuellen Anderen hinaus, zu Repräsentanten einer gegenüber meiner Freiheit indifferenten Welt verdinglichter Bedeutungen, verweisen auf nichts als ein *gegebenes, zu An-sich erstarrtes Verhalten in der Welt*[83]. Vergeblich, so Sartre, *wünschte man sich ein menschliches Wir, in dem die intersubjektive Totalität sich ihrer selbst als einer vereinigten Subjektivität bewußt würde. Ein solches Ideal kann nur eine Träumerei sein.*[84]

Das Sein und das Nichts ist eine radikale Absage an den Anspruch, die Freiheit des Individuums auf die Wirklichkeit einer Gemeinschaft zu verpflichten. Die Erfahrung der Gemeinschaft hat für Sartre keine das Dasein des Menschen begründende Bedeutung. Im Gegenteil, diese Erfahrung wird ihm aufgezwungen, sie erregt seinen E k e l, den Ekel vor der Aufdringlichkeit einer fremden, gleichgültigen Anwesenheit. Die Gegenwart des Wir gleicht der der wuchernden Materialität der Dinge, die *Der Ekel* beschreibt. Dieses Wir bedeutet mir nichts als meine Kontingenz, bestätigt mir nur die Zufälligkeit meines Daseins. Es besteht, egal, ob ich ihm angehöre oder nicht. Es vernichtet meine Individualität und also mich als Freiheit. *Wer erfährt, daß er mit den anderen Menschen ein Wir konstituiert, fühlt sich zwischen unendlich vielen fremden Existenzen verklebt, ist radikal und rückhaltlos entfremdet.*[85] *Verklebt*: Das Phänomen des Klebrigen, dem Sartre in *Das Sein und das Nichts* lange Ausführungen widmet, bezeichnet den Verlust der Kontur, der Gestalt des eigenen Daseins. Das Wir erdrückt mich, statt meiner Existenz einen Ort, ein Recht verleihen zu können. In *Der Ekel* heißt es über die Erfahrung des Wir: *Wir waren ein Häufchen Existierender, die sich selber im Wege standen, sich behinderten, wir hatten nicht den geringsten Grund, dazusein, weder die einen noch die anderen, jeder Existierende, verwirrt, irgendwie unruhig, fühlte sich in bezug auf die anderen zuviel.*[86] Und wie als einen ergänzenden Kommentar dazu schreibt Sartre in *Das Sein und das Nichts*: *Was auch unsere Handlungen sein mögen, wir führen sie in einer Welt aus, wo es schon den andern gibt und wo ich in bezug auf den andern zuviel bin.*[87]

Erinnert man sich an die Beschreibungen des Glücks, das das Erleben von Gemeinschaft für Sartre bedeutet hat, als Schüler, als Student, sogar als Kriegsgefangener, scheint sich hier ein seltsamer Widerspruch zu offenbaren. Aber dieses Glück, das Glück, dazuzugehören, unentbehrlich zu sein, bleibt in Sartres Leben ein außerordentliches Ereignis, das keine Spuren hinterlässt. Er selbst beschreibt dieses wiederkehrende Ereignis in seiner Flüchtigkeit: *Ich war unentbehrlich: <u>the right man in the right place</u>. [...] Wie fade und todtraurig erschienen meine Ruhmesträume im Vergleich zu diesen blitzartigen Intuitionen, die mir meine Notwendigkeit enthüllten. Unglücklicherweise erloschen solche Intuitionen schneller, als sie aufgeflammt waren.*[88] Die immer wieder geäußerte Vermutung, Sartres Hinwendung zur Geschichte nach *Das Sein und das Nichts* habe seinen Grund in seinem Erleben von Gemeinschaft, das seine theoretische Haltung revolutionierte, unterstellt diesem Erleben eine Bedeutung für den Menschen Sartre und sein Werk, die es tatsächlich nicht besaß.

Die Welt der Anderen ist meine Welt, denn ich vermag nicht außerhalb ihrer zu existieren – und sie repräsentiert zugleich nichts als den Raum der Gleichgültigkeit gegenüber der Wirklichkeit meines individuellen Daseins. In ihr kommt es auf mich nicht an, ihr Bestehen bedarf meiner nicht. Angesichts dieser Welt fremden Sinns behauptet Sartre die Potenz der Freiheit, selbst unmittelbarer Schöpfer von Sinn zu sein. Denn zwar gehöre ich dieser Welt unausweichlich an, aber ihre Ordnung ist mir äußerlich, i c h entscheide über ihre Bedeutung für mich, über ihren Wert. Ihre Geltung, die der Gesetze und Regeln, die sie ausmachen, ist abhängig davon, o b i c h s i e a n e r k e n n e. Was hindert mich, so Sartre in provozierend abstrakter Radikalität, als Jude ein Lokal zu betreten, an dessen Tür geschrieben steht: «Eintritt für Juden verboten»?[89] Ich bin es, der über den Sinn, das Recht von Geboten und Verboten entscheidet, der darüber entscheidet, ob er das «Jude-Sein» als Bestimmung seiner Person anerkennt. Sartre schreibt dies in der Situation der Besetzung Frankreichs durch die Deutschen, angesichts der Willkürgebote einer Terrorherrschaft. Sein Begriff der Freiheit zeigt sich hier in der fragwürdigen Gestalt eines leeren Absolutums. Ja, er erscheint als zynisch inmitten der Gegenwart einer Gewalttätigkeit, deren antisemitischer Furor offenbar ist. Das «Ein-Jude-Sein» angesichts dieser Gewalt als Zuschreibung der Anderen zu beschreiben, der meine Freiheit souverän zu begegnen vermag, ist nichts als absurd – eine Absurdität des Denkens, nicht des Seins. Sartre, der die Wirklichkeit des Menschseins beschreiben will, behauptet hier nur einen Begriff der Freiheit gegen eine Wirklichkeit, die nicht nur die Zerstörung der Freiheit bedeutete, sondern für Millionen von Menschen den Tod. Dieser Begriff der Freiheit wendet sich gegen die Menschen, das Verzweifelte ihres Ausgeliefertseins, wird zur Ideologie.

Die Scham, die Sartre empfindet, als ihm dies offenbar zu werden beginnt, öffnet sein Denken endgültig dem Raum der Geschichte, der Realität der Gewalt, die sie bestimmt. *Das Sein und das Nichts* weicht dem aus, zugunsten der Konsequenz des Begriffs der Freiheit, den dieses Werk behauptet. Dass der Mensch frei ist heißt für Sartre hier: Nichts, keine Gewalt vermag dies zu zerstören, dass ich es bin, der über die Macht entscheidet, die die Anderen über mich haben. Meine Freiheit bedeutet mehr als mein Leben: Sie bedeutet einen absoluten Wert, die W ü r d e meiner Existenz. Es ist zuletzt die Freiheit des Gefolterten, seinen Peiniger anzublicken.

Der Abstraktheit dieses Begriffs der Freiheit angesichts einer Situation von Terror und Gewalt widerspricht ein Text Sartres, der erst 1994 wiedergefunden wurde: ein Filmmanuskript mit dem Titel *Résistance*. Sartre hatte 1943 – nicht zuletzt, um seinem Lehrerdasein zu entgehen – einen Vertrag mit der Filmgesellschaft Pathé abgeschlossen. Kurz nach dem Erscheinen von *Das Sein und das Nichts* schreibt er diesen Text: Die Geschichte der Jüdin Esther, die mit ihrem Kind im Arm aus dem Fenster springt, als die Deutschen vor ihrer Tür stehen, um sie zu deportieren. Zu Recht heißt es: «Eine Szene von solcher Radikalität ist einem aus der gesamten französischen Widerstandsliteratur nicht in Erinnerung. Es gibt keinen großen zeitgenössischen Text, der die Verfolgung der Juden in Frankreich so deutlich beim Namen nennt.»[90]

Und da ist ein anderer Text, geschrieben einige Jahre vor *Das Sein und das Nichts*: *Die Kindheit eines Chefs*, erschienen 1938 in dem Band, dem die Erzählung *Die Mauer* den Titel gab. Die Geschichte des Jungen Lucien, der zum Mann wird, eine Identität gewinnt, indem er, aus Zufall und Willkür, die Haltung eines Antisemiten einnimmt und die Erfahrung macht, dass die anderen ihn darin bewundern, entschieden eine Haltung zu repräsentieren – gleichgültig gegenüber dem Inhalt, der Bedeutung dieser Haltung. Unsicher, ohne Überzeugungen, unfähig zur Reflexion wird Lucien zum Inbegriff eines Chefs, einer Autorität gerade aufgrund dieser Unfähigkeit. Und er nimmt sich fortan in dieser Position wahr: den anderen überlegen, fähig, sie zu führen in seiner Entschiedenheit. – In dieser Erzählung reflektiert Sartre nicht nur die Substanzlosigkeit einer Gesellschaft, die an Haltungen und Gesten ihre Orientierung gewinnt, sich den Unwägbarkeiten, der Komplexität der Wirklichkeit nicht aussetzen will, bereit ist, sich dem leeren Führungsanspruch eines Einzelnen zu unterwerfen. Zugleich beschreibt er den Antisemitismus als eine willkürliche Haltung, der abgründigen Schwäche derjenigen dienend, die einer Prothese bedürfen, um sich eine scheinhafte Identität zu schaffen. In seinem Essay *Betrachtungen zur Judenfrage*, der zuerst im Dezember 1945 in «Les Temps Modernes» erschien, präzisiert er sein Porträt des Antisemiten: Er ist der, der um jeden Preis eine feste Identität besitzen will, der nicht ahnt und nicht wissen will, dass es das nicht gibt, dass Menschen sich nicht zu besitzen vermögen. *Manche Menschen werden von der ewigen Starre der Steine angezogen. Sie wollen wie Felsblöcke unerschütterlich und undurchdringlich sein.* Angst, *Urangst vor dem Ich*[91], gebiert sinnlosen Hass und Gewalt.

Sartres Blick auf die Wirklichkeit ist nicht naiv, sondern klar, analysierend und kompromisslos. Trotzdem behauptet er in *Das Sein und das Nichts* das Absolutum der Freiheit des Individuums, das in jeder Situation sich als diese Freiheit zu behaupten vermag. Darum richtet sich seine Argumentation hier nicht gegen eine konkrete Situation der Gewalt, gegen die unmittelbare Herrschaft des Menschen über den Menschen, sondern a b s t r a k t gegen die Welt der Anderen, im Sinne einer Welt fremder Bedeutung, einer Welt des Allgemeinen, der Strukturen und Gesetze, wie sie sich gegenüber ihren ursprünglichen Schöpfern, den Individuen, herausgebildet, verselbständigt hat. Als ein Paradigma einer solchen, dem Individuum gegenüber scheinbar unabhängigen Struktur nennt Sartre die Sprache und erklärt ihr den Kampf im Namen der Freiheit: *Indem ich spreche*, behauptet er entschieden, *mache ich die Grammatik; die Freiheit ist die einzige mögliche Grundlage der Gesetze der Sprache.*[92] Sprechend wähle ich Bedeutungen, erfasse ich die Ordnung der Wörter, indem ich sie mache.[93] Ich bin es, der die Sprache erschafft, statt dass sie mir gegenüber eine eigengesetzliche Wirklichkeit besäße, als *eine Sprache, die sich ganz allein spricht*[94].

Sartre stellt diese radikale Behauptung auf, ohne auch nur den Versuch zu unternehmen, ihr eine sprachphilosophische Begründung zu geben. So als wäre nicht das Verhältnis der lebendigen Rede, des Sprechens zur Sprache, zu ihrer Gesetzlichkeit und Struktur, ein tradierter und gegenwärtiger Gegenstand der philosophischen Diskussion. Darin mag man Willkür sehen, Naivität, einen Absolutismus der Freiheit, der das eigene Sein der Sprache ignoriert zugunsten der Fiktion ihrer souveränen Schöpfung durch den Einzelnen. Hinter dieser scheinbaren Naivität aber steht eben dies, dass Sartre das Phänomen der Sprache, im Sinne eines autonomen Seins, einer autonomen Struktur, von seinem Begriff des A n d e r e n her begreift. Die Sprache, die sich selbst spricht, die autonom ist gegenüber den sprechenden Individuen, ist für ihn die Inkarnation des Anderen, einer fremden, gegebenen Bedeutung. Darum ist sie etwas, das meine Freiheit zu transzendieren hat. Denn die E n t f r e m d u n g des Individuums ist dies, in einer Welt zu existieren, deren Sinn Andere begründet haben. Dem Individuum ist *der Sinn der Welt entfremdet. Das bedeutet genau, daß es sich in Anwesenheit von vielerlei Sinn befindet, der nicht durch es zur Welt kommt.*[95] Die Anderen haben eine Sprache geschaffen, die mir als bloße Gegebenheit gegenübersteht, die ich darum, will ich mich als Freiheit behaupten, n e u erschaffen muss. Für seinen Antipoden Hegel artikuliert sich in der

Sprache der Geist der Vernunft selbst, dem das Individuum zu entsprechen hat. Für Sartre bedeutet sie nur die Gestalt einer fremden Subjektivität.

Diese anarchische Radikalität Sartres, diese Stilisierung des Individuums zum einsamen Schöpfer von Sinn bricht sich jedoch am Hegel'schen Gedanken der Vermittlung des Individuellen und des Allgemeinen. Das Neue wird nicht aus dem Nichts geboren. Es gewinnt seine Gestalt einzig als bestimmte Negation des Gegebenen. Das abstrakte Nein meiner Freiheit ist um seiner Wirklichkeit willen gezwungen, sich auf die Konkretion der Welt einzulassen. Es muss sich als das Nein gegenüber einem bestimmten, besonderen Gegebenen darstellen und ist darin von dem geprägt, das es verneint, steht immer schon in einem Verhältnis der Vermitteltheit zu dem scheinbar absolut Fremden. *Das Sein und das Nichts* verteidigt eine anarchische Freiheit gegen eine Welt gegebenen Sinns, gegebener Bedeutungen, Strukturen. Aber diese Freiheit ist gebunden an die Welt, die sie verneint. Ein absolutes Nein wäre nur eine Geste.

Der Begriff der S i t u a t i o n sucht dem Rechnung zu tragen, dass Freiheit nicht die eines Souveräns ist, sondern der Name für die kontingente Existenz des Individuums in einer Welt. Sartre beschreibt dies als *die unentwirrbare Verbindung von Freiheit und Faktizität in der Situation*[96]. Ich kann nicht wählen, an einem bestimmten Ort geboren zu werden. Ich kann meine Eltern nicht wählen. Ich kann meinen Körper nicht wählen. Dinge stoßen mir zu, unvorhersehbare Ereignisse bestimmen mein Dasein. Ich bin immer schon und unaufhebbar in einer Situation, statt dass ich in absoluter Freiheit über die Gestalt meines Lebens entscheiden könnte. Meiner Wahl, meinen Entscheidungen stehen die Widerstände einer unverfügbaren Faktizität gegenüber. Freiheit gewinnt ihre Gestalt einzig in der Welt, statt dass sie als die Einsamkeit des Selbst wirklich zu werden vermöchte.

Der Begriff der Welt aber, den *Das Sein und das Nichts* gebraucht, steht für das Phänomen der Welt überhaupt in ihrem Bezug zur Freiheit des Menschen, hat seinen Ort in der Darstellung der Struktur dieses Bezugs. Sartres aporetischer Anspruch ist der, eine Ontologie der Freiheit zu begründen, eine Antwort zu geben auf die Frage: «Was ist der Mensch?», die Geltung beanspruchen kann jenseits der Geschichte. Der Antimetaphysiker behauptet, *daß es eine Wahrheit des Menschen gibt und nicht bloß unvergleichbare Individualitäten*[97]. In keiner Weise, heißt es zwar sofort, sei damit ein Wesen des Menschen gemeint, denn eben: *[...] die Existenz als solche geht dem Wesen voraus [...]. Aber die betreffende Struktur kann die <u>Wahrheit</u> der Freiheit genannt werden, das heißt, sie ist die menschliche Bedeutung der Freiheit.*[98]

Der Gegenstand dieser Wahrheit ist der einzelne Mensch in der Kontingenz der Situation seiner Existenz, nicht, wie für Hegel, der Geist, dessen Wirklichkeit, als die der Einheit von Selbst und Welt, dem Handeln der Einzelnen zugrunde liegt. Sartres Wahrheit will das Dasein des Menschen beschreiben, nicht ein diesem Dasein jenseitiges Absolutum. Aber diese Beschreibung löst sich von der Basis der Phänomene, wird zur Behauptung einer allgemeinen Bestimmtheit des Menschseins überhaupt. Gehört es aber notwendig zum Menschsein, den Anderen als ein fremdes Außen, eine fremde, mich als Freiheit begrenzende Freiheit anzusehen? Zeichnet nicht *Das Sein und das Nichts* tatsächlich das Bild des Menschen in einer bestimmten g e s c h i c h t l i c h e n Situation? Ist nicht die behauptete Evidenz der Freiheit tatsächlich eine, die erst in einem bestimmten Augenblick der Geschichte auftaucht, Wirklichkeit gewinnt? Ist nicht der Begriff des Individuums selbst ein g e w o r d e n e r, statt der Name für die Existenz des Menschen zu sein?

Für Sartre wird die Erfahrung der Geschichte zuletzt zum Grund, mit seinem Begriff einer Wahrheit der Freiheit zu brechen.

Das Gewicht der Welt.
Handeln als ein Einzelner
in der Geschichte

Im April 1941 kehrt Sartre aus der Gefangenschaft nach Paris zurück. Er hat die Demütigung erfahren, ein Gefangener der Deutschen zu sein, er erfährt die Demütigung, Paris als von ihrer Gewalt beherrscht zu erleben. Er, der seinen Platz in der Welt als an ihrer Seite bestimmt hat – er will nun h a n d e l n. Kaum angekommen, versammelt er Freunde um sich, um eine Widerstandsgruppe zu gründen. «Sozialismus und Freiheit» ist der Name, den die Gruppe sich gibt. Der Name bezeichnet den Ort, den sie für sich wählt: Zwischen den Blöcken der bürgerlichen, gaullistischen und der kommunistischen Widerstandsbewegung will sie über die Situation des Krieges hinaus für das Bild eines Frankreich stehen, in dem der Sozialismus zugleich mit der Freiheit der Individuen besteht. Sartre schreibt Flugblätter: *Hitler deportiert unsere Leute, das ist ein Zustand, mit dem wir uns nicht abfinden können. Nähmen wir das Vichy-Regime hin, wären wir keine Menschen: Mit den Kollaborateuren ist kein Kompromiß möglich. Denn es handelt sich schon heute um den Aufbau einer Gesellschaft, in der der Ruf nach Freiheit nicht vergebens sein wird.*[99] N i c h t Widerstand zu leisten bedeutete, auf die Würde des eigenen Menschseins zu verzichten, darauf, als Freiheit zu existieren.

Ich entscheide, ob ich die gewalttätigen Gebote einer fremden Macht anerkenne, ob sie für mich Bedeutung haben, heißt es in *Das Sein und das Nichts*. Ich entscheide, ob ich dem willkürlichen Verbot gehorche und als Jude ein Lokal nicht betrete, an dessen Tür steht «Für Juden verboten». Erfüllt von der Absolutheit seines Bildes der Freiheit stürzt sich Sartre in das Handeln, in den Widerstand – und erlebt ein deprimierendes Scheitern. Sein Versuch, prominente Schriftsteller, allen voran Gide und Malraux, für seine Gruppe zu gewinnen, misslingt. Die Akti-

Juni 1940: Einmarsch der deutschen Truppen in Paris

vitäten der Gruppe zeigen sich als naiv, hilflos, bedeutungslos. Umso absurder erscheint die tödliche Gefahr, der ihre Mitglieder sich aussetzen. In ihren Erinnerungen beschreibt Simone de Beauvoir die wachsenden Skrupel, von denen sie und Sartre heimgesucht wurden. Ein Freund Sartres war deportiert worden, ebenso eine ihrer ehemaligen Schülerinnen. «Würden sie wiederkommen? Wenn sie stürben, welche Absurdität! Sie hatten ihrer Sache auch noch nicht den geringsten Dienst erwiesen.» Und sie merkt an: «Sie kamen nicht wieder.»¹⁰⁰

Zwanzig Jahre später erklärt Sartre: *Lauter Naive. Unsere kleine Einheit, aus dem Enthusiasmus geboren, bekam das Fieber und starb ein Jahr später, weil sie nicht wußte, was tun.*¹⁰¹ Aber diese nüchterne Selbstkritik bricht sich in ihrem Pragmatismus an dem Motiv, das er am Ende seines Lebens als das beschreibt, das ihn zum Handeln zwang, in der Situation des Widerstands und danach: *Bis dahin hatte ich mich für souverän gehalten, und ich hatte die Verneinung meiner eigenen Freiheit durch die Mobilmachung erleben müssen, um mir des Gewichts der Welt und der Bande zwischen mir und den anderen bewußt zu werden. Der Krieg hat mein Leben regelrecht in zwei Teile geteilt. [...] Zum Beispiel lernte ich damals die tiefe Entfremdung der Gefangenschaft kennen und auch die Beziehung zu Menschen, den Feind, den wirklichen Feind, nicht den Gegner, der in derselben Gesellschaft lebt wie man selbst und einen mit Worten angreift, sondern den Feind, der einen verhaften und einsperren lassen kann, indem er einfach bewaffneten Männern ein Zeichen gibt.*¹⁰²

Zunächst aber reagiert Sartre auf sein Scheitern, indem er sich zurückzieht in den ihm eigenen Raum, den des Schreibens. Inmitten der Situation des Krieges schreibt, vollendet er *Das Sein und das Nichts*. Schreibt angesichts der täglich erlebten Gewalt und Unterdrückung über die Freiheit des Menschen, Nein zu sagen. Das *Gewicht der Welt*, das Roquentin in der unbestimmten Melancholie des *Ekels* verachtete, von sich schob – es lastet in unentrinnbarer Schwere auf dieser Freiheit, die sich ihm gegenüber in ihrer verletzlichen Absolutheit behauptet. *Niemals waren wir freier als unter der deutschen Besatzung*, schreibt Sartre nach dem Krieg: *Wir hatten all unsere Rechte verloren und in erster Linie das Recht zu sprechen; jeden Tag warf man uns Schmähungen ins Gesicht, und wir mußten schweigen. [...] überall an den Mauern, in den Zeitungen, auf der Leinwand begegneten wir dem abscheulichen und faden Gesicht, das unsere Unterdrücker uns von uns geben wollten: aufgrund all dessen waren wir frei. Da das Nazigift bis in unser Denken eindrang, war jeder richtige Ge-*

danke eine Eroberung; da eine allmächtige Polizei versuchte, uns zum Schweigen zu bringen, wurde jedes Wort kostbar wie eine Grundsatzerklärung; da wir verfolgt wurden, hatte jede unserer Gesten das Gewicht eines Engagements.[103] Die Wirklichkeit der Freiheit zeigt sich in ihrer reinsten Gestalt als Widerstand, als ein Nein, als noch so geringer Akt der Revolte – inmitten einer Welt der Fremdheit und Gewalt.

Die anarchische Radikalität von *Das Sein und das Nichts* offenbart sich in dieser geschichtlichen Perspektive als Antwort auf eine Wirklichkeit, die mich, meine Freiheit zu zerstören trachtet. Der ich fremd gegenüberstehe, der gegenüber zu handeln nur heißen kann, g e g e n sie zu handeln. Das «In-der-Welt-Sein», von dem Heidegger ausgeht, das Sich-selbst-aus-ihr-her-Verstehen erscheint als Farce angesichts einer Welt, die das Individuum der Willkür ihrer Herrschaft unterwirft.

Sartre handelt, indem er schreibt. Er schreibt sein erstes Theaterstück, *Die Fliegen*, das 1943 in Paris uraufgeführt wird. Ein Satz, geschrieben nach dem Ende des Krieges, konzentriert die ‹Botschaft› dieses Stücks: *Nach dem Tode Gottes verkündet man jetzt den Tod des Menschen. Von jetzt an ist meine Freiheit reiner: Weder Gott noch Mensch werden ewige Zeugen der Tat sein, die ich heute begehe. An eben diesem Tage und in der Ewigkeit muß ich mein eigener Zeuge sein. Ihr moralischer Zeuge, weil ich es sein will auf dieser unterhöhlten Erde.*[104] Im Schrecken des Kriegs und einer nie gekannten systematischen Vernichtung von Menschenleben ist die Absolutheit der Abgründigkeit des Menschen offenbar geworden. Dies spottet jedem Humanismus, sodass der Einzelne die vollkommene Verantwortung für sein Tun, für sich als eine grundlose Freiheit übernehmen muss. Kein Gott existiert mehr und kein Bild eines Wesens des Menschen, an dem sein Handeln ein Maß fände. Ich allein bin der *Zeuge* meiner Taten, ich allein urteile über den Wert meines Handelns, im Bewusstsein meiner metaphysischen Verlassenheit. Diese Moral des Handelns, die unmittelbar den Einzelnen meint, gewinnt ihre Überzeugungskraft aus der Situation des Schreckens, der Gewalt. Nach dem Krieg versucht Sartre, sie als den *Humanismus der Existenzphilosophie* zu begründen – und scheitert darin, aus einer Situation des Menschseins seine allgemeine Bestimmung herleiten zu wollen. Dass ein Mensch spontan dagegen aufbegehrt, in seiner Würde gedemütigt und vergewaltigt zu werden, dieses Phänomen begründet keinen Humanismus, keine allgemeine Moral. Sartres Zerwürfnis mit Camus, von dem noch zu sprechen sein wird, hat hier seine Wurzeln: in seinem Versuch, das kontingente Ereignis der Revolte zu transzendieren auf einen allgemeinen, absoluten Sinn hin.

Nach dem Zerbrechen der Gruppe «Sozialismus und Freiheit» schließen sich ihre Mitglieder sämtlich dem kommunistischen Widerstand an – außer Sartre, der zu seinem Ort *an der Seite* zurückgefunden zu haben scheint. Aber er hat nicht vollends mit seinem Willen gebrochen, konkret, in der gemeinsamen Aktion mit Anderen zu handeln. Er ist, in aller Distanz zu den Kommunisten, misstrauisch ihnen gegenüber auch angesichts der Verleumdungen und Beleidigungen, die er durch sie erfährt, die ihn als «dekadent» beschimpfen, bereit, an den Aktionen des von ihnen dominierten «Nationalen Schriftstellerkomitees» teilzunehmen und für die illegale Zeitschrift «Lettres françaises» zu schreiben. Wieder Flugblätter, Flugschriften, Artikel – Schreiben gegen die Gewalt.

Und der hilflose Versuch, die Wirkungslosigkeit solchen Widerstands zu überwinden, der Gewalt mit Gewalt zu begegnen. Sartre bietet seine Mitarbeit einer Aktionsgruppe an, deren Ziel ist, durch Sabotageakte dem Widerstand eine massive, endlich wirkungsmächtige Gestalt zu geben. Die Gruppe wird enttarnt: Verhaftungen, Folterungen, Erschießungen. Einundvierzig Studenten, die der Gruppe angehören, werden erschossen.

Ein wiederholtes, ein brutales Scheitern. Mörderischer Terror ist die Antwort auf das Nein der Freiheit. Der Schock dieser Erfahrung trennt Sartre für immer von dem Bild eines Heroismus der Freiheit, von der Vorstellung der Absolutheit ihrer Wirklichkeit. Er bedeutet das Ende seines Pathos der Freiheit und darin zugleich den Anfang eines sein ganzes weiteres Leben bestimmenden Versuchs, die Freiheit des Individuums in ihrem aporetischen, zerrissenen Zusammen mit der Wirklichkeit der Welt, der Geschichte zu begreifen und darzustellen.

Fünfundzwanzig Jahre später beschreibt er in einem Gespräch diesen Bruch in seiner Wahrnehmung und seinem Denken: *Auf eine einfache Formel gebracht, könnte man sagen, das Leben hat mich ‹die Macht der Dinge› gelehrt. Eigentlich hätte schon mit Das Sein und das Nichts die Entdeckung dieser Macht der Dinge beginnen müssen, denn ich war schon damals gegen meinen Willen Soldat geworden. Ich war also schon auf etwas gestoßen, was mich von außen steuerte, etwas, das nichts mit meiner Freiheit zu tun hatte. Ich war sogar in Gefangenschaft geraten – ein Schicksal, dem ich immerhin zu entgehen versuchte. […] Während der Résistance schien es noch eine Möglichkeit freier Entscheidung zu geben. […] Man mußte die Risiken des eigenen Tuns auf sich nehmen, das heißt damit rechnen, eingesperrt oder deportiert zu werden. Das war alles. […] So kam ich zu dem Schluß, daß jede Situation eine freie Entscheidung zuläßt. Und das war falsch. […] Das alles habe ich aber erst viel später begriffen. Die Erfahrung des Krieges war für mich, wie für alle, die daran teilgenommen haben, die Erfahrung des Heldentums. Natürlich nicht meines eigenen Heldentums – ich habe nur einige Koffer getragen. Aber der Widerstandskämpfer, der gefangengenommen und gefoltert wurde, war für uns zum Mythos geworden. Solche Kämpfer gab es ja tatsächlich, aber für uns waren sie darüber hinaus ein persönlicher Mythos. Würden auch wir Folterungen aushalten und schweigen? […] Nach dem Krieg kam dann die echte Erfahrung: die Erfahrung der Gesellschaft. Ich glaube allerdings, daß für mich der Mythos des Helden eine notwendige Etappe war. Das heißt, der egoistische Vorkriegsindividualist […] mußte gegen seinen Willen in die geschichtliche Wirklichkeit gestoßen werden, gleichzeitig aber gerade noch ja oder nein sagen können.*[105]

Gerade noch ja oder nein sagen können: Sartre begreift und anerkennt *das Gewicht der Welt*, der Geschichte – und hält doch fest an der Bedeutung der Möglichkeit des Nein diesem *Gewicht* gegenüber. Was er jedoch von jetzt an in entschiedener, konkreter Weise sucht, ist ein anderes Nein, eines, das sich, wie Hegel seinen Begriff bestimmt, als «Negation der bestimmten Sache» begreift.[106] Dies meint, dass es an das gebunden ist, was es verneint, «als das Nichts dessen, woraus es herkommt»[107]. Mein Nein antwortet auf eine geschichtliche Wirklichkeit, der ich angehöre, und wenn diese Antwort nicht nur ein Wort sein soll, muss sie sich auf deren Gestalt einlassen. Angesichts der Absolutheit von Gewalt, Terror, Unterdrückung geht es einzig um den Akt des Neinsagens – ob als spektakuläre Tat oder als stumme Geste der Verweigerung. Angesichts des Wiedererstehens einer Welt aus den Trümmern der Gewalt muss dieses Nein sich zu dem bestimmten Bild einer neuen Wirklichkeit wandeln.

Inmitten der Gewalt der Besetzung seines Landes durch die Nazis hofft Sartre auf dies Wiedererstehen einer Welt und darauf, in ihr zu handeln, an ihrer Gestalt mitzuwirken. Simone de Beauvoir beschreibt in ihren Erinnerungen diese Hoffnung, das pathetische Empfinden, berufen zu sein, eine neue Zeit mitzubegründen. «Die Stunde ihrer Niederlage würde kommen. Dann würde die Zukunft wieder offenstehen, und es wäre an uns, sie vielleicht politisch, bestimmt aber geistig zu formen. Wir sollten der Nachkriegszeit eine Ideologie liefern. Wir hatten klare Vorstellungen. […] Camus, Merleau-Ponty, Sartre und ich wollten ein Gruppenmanifest verfassen. Sartre war entschlossen, eine Zeitschrift zu gründen, die wir alle zusammen leiten würden. Wir waren an das Ende der Nacht gelangt, der Tag dämmerte herauf. Seite an Seite wollten wir einen neuen Anlauf nehmen.»[108]

Camus und Merleau-Ponty – warum nennt Simone de Beauvoir angesichts des Geflechts der Freunde einzig und gerade ihre Namen? Camus begegneten sie und Sartre zuerst im Juni 1943, bei der Uraufführung von Sartres Theaterstück *Die Fliegen*. Der Begegnung gingen Gesten gegenseitiger Hochachtung voraus. Camus hatte *Der Ekel* und *Die Mauer* emphatisch rezensiert, Sartre seinerseits «Der Fremde» als ein klassisches Werk gewürdigt, das durch «Der Mythos des Sisyphos» seine philosophische Erläuterung erfahre. Sie sind sich nah darin, die Wirklichkeit des Menschseins als ein grundloses Absolutum anzuerkennen, dem kein transzendenter Sinn eignet. Nah darin, den Menschen in seiner Einzelnheit, Einsamkeit als die

März 1944: Lesung des Picasso-Stücks «Le désir attrapé par la queue». Oben von links nach rechts: Jacques Lacan, Cécile Eluard, Pierre Reverdy, Louise Leiris, Zanie de Campan, Picasso, Valentine Hugo, Simone de Beauvoir. Unten von links nach rechts: Sartre, Camus, Michel Leiris, Jean Aubier

kontingente Wahrheit anzusehen, von der alle Wahrheiten ihren Ausgang nehmen. Sie sind eins in der Bejahung einer Freiheit, die einzig als die verletzliche Existenz des Menschen wirklich ist. Und die zugleich für beide die Freiheit ist, nein zu sagen, zu revoltieren gegen eine Welt ihrer Unterdrückung.

All dies verbirgt zuerst eine tiefe Differenz der Motive, die Fremdheit der Charaktere. Beides deutet sich allerdings schon an in Sartres Rezension von «Der Fremde», in der er sich blind zeigt gegenüber der elementaren Bedeutung der Erfahrung der Natur für Camus und zugleich diesem in der unverhohlenen Arroganz des ‹Gebildeten› der französischen Elite unterstellt, die Philosophen, die er zitiert, nicht immer ganz verstanden zu haben. Und umgekehrt benennt Camus in seinen Tagebü-

Albert Camus

chern seine Distanz zu Sartre, wenn er von diesem behauptet, den Deutschen Idealismus, Hegel, zu radikalisieren, die Natur endgültig durch die Geschichte zu ersetzen, «den Menschen auf die Geschichte zu beschränken»[109]. Für Camus widerspricht die Freiheit des Menschen nicht seiner Kreatürlichkeit, die Natur ist der Raum dieser Freiheit statt ihr Gegenüber, das sie sich zu unterwerfen hätte. Und zugleich hofft er nicht darauf, dass die Geschichte die Freiheit des Menschen verwirklichen, Gewalt, Unterdrückung beseitigen, überwinden wird, dass ihrem Geschehen ein Ziel, dieses Ziel immanent ist. Sartre aber beginnt angesichts der Erfahrung des Krieges seinen Begriff der Freiheit an den der Geschichte zu binden. Und für ihn ist die Natur ein bedeutungsloser Raum, bedrohlich in seiner sinnlos wuchernden Ausdehnung. *Man muß in den Städten bleiben*, hatte er in *Der Ekel* geschrieben, *man darf sie nicht verlassen. Wenn man sich zu weit hinauswagt, trifft man auf den Vegetationsring. Die Vegetation ist kilometerweise auf die Städte zugekrochen. Sie wartet.*[110] Für die moderne Geschichtsphilosophie bietet, so umgekehrt Camus, nur die Stadt «dem Geist den Boden, auf dem er sich selbst bewußt werden kann. Bedeutsam. Dies ist die Zeit der Großstädte. Die Welt ist eines Teils ihrer Wahrheit beraubt worden, dessen, was ihre Dauer und ihr Gleichgewicht ausmacht: die Natur, das Meer, usw. Bewußtsein gibt es nur auf der Straße!» Und er fügt an: «Vgl. Sartre. Alle modernen Geschichtsphilosophien.»[111]

Zunächst jedoch rückt für Sartre und Camus ihre Fremdheit, die sie von Anfang an empfunden haben mögen, in den Hintergrund angesichts des Bewusstseins, das eigentliche Motiv ihres Denkens – die Freiheit des Menschen in ihrer Grundlosigkeit – zu teilen und gemeinsam handeln zu wollen. Camus ist Autor der Résistancezeitschrift «Combat», die nach der Befreiung weiter erscheinen wird. Sartre wird Mitarbeiter der Zeitschrift, erprobt sich hier zuerst im Genre des Journalismus, das Camus, der schon in Algier einige Jahre als Journalist gearbeitet hatte, bereits souverän beherrscht. Sie werden Freunde, versichern einander in der Schreckenssituation der Besatzung der Zukunft, einer anderen Wirklichkeit, die sie zusammen gestalten wollen.

Und dann wird diese Zukunft Gegenwart. Nach der Befreiung gründet Sartre im Herbst 1944 die Zeitschrift «Les Temps Modernes» – der Name ist eine Hommage an Chaplin, an «Modern Times» – zusammen mit Maurice Merleau-Ponty. *Seit 1943*, schreibt Sartre nach dem Tod Merleau-Pontys im Jahr 1961 in seinem Nachruf auf den Freund, *träumten wir von der Zeitschrift. Wenn es nur eine Wahrheit gibt, so dachte ich, muß man sie […] nirgendwo anders suchen als überall. Jedes gesellschaftliche Produkt und jede Haltung – die intimste und die öffentlichste – sind anspielungsreiche Verkörperungen dieser Wahrheit. Eine Anekdote spiegelt ebenso die ganze Epoche wieder wie eine politische Verfassung. Wir würden dem Sinn nachjagen, wir würden das Wahre über die Welt und über*

> # Les Temps Modernes
>
> 16ᵉ année REVUE MENSUELLE nᵒˢ 173-174
>
> *Directeur* : *JEAN-PAUL SARTRE*
>
> Août-Septembre 1960
>
> **NUMÉRO SPÉCIAL APRÈS SAISIE**
>
> Déclaration sur…
>
> •
>
> JERZY ANDRZEJEWSKI. — Les portes du paradis.
>
> •
>
> JUAN GOYTISOLO. — Terres de Nijar (fin).
>
> *TÉMOIGNAGES*
>
> •
>
> *EXPOSÉS*
>
> *DISCUSSIONS*
> ADAM SCHAFF. — Sur le marxisme et l'existentialisme.
>
> *CHRONIQUES*
> ADEL MONTASSER. — La répression anti-démocratique en Égypte.
> SAID BEN CHEKROUN. — Que se passe-t-il au Maroc ?
> MARIA BRANDON-ALBINI. — La nouvelle Résistance italienne.
>
> •
>
> ARLETTE EL KAIM. — A propos des « Bonnes femmes ».
> RENÉ LEIBOWITZ. — Le respect du texte.
>
> *NOTES*
>
> — *Les livres.* MANUEL TUNON DE LARA : « L'autre face », de José Corrales Egea. — MAURICE MASCHINO : « Le traité de paix », de Frédéric Grendel; « Le lieu du supplice », de Vladimir Pozner.
> — *Le cours des choses.* M. P. : Le lieutenant Servan-Schreiber plaidera-t-il coupable ? — J. P. : Police et information. — T. M. : Une exclusivité d'« Elle »

unser Leben sagen. Merleau fand mich optimistisch: War ich so sicher, daß es überall Sinn gebe? Darauf hätte ich antworten können, daß es selbst einen Sinn des Unsinns gebe und daß es unsere Sache sei, ihn zu finden. Und ich weiß, was er seinerseits gesagt hätte: Erhelle die Barbarei, solange du willst, du wirst ihre Dunkelheit nicht zerstreuen. Die Diskussion hat niemals stattgefunden: Ich war mehr dogmatisch, er mehr nuanciert, aber das war eine Sache des Temperaments oder, wie man sagt, des Charakters. Wir hatten den gleichen Wunsch: Aus dem Tunnel herauskommen, klar sehen.[112]

Sartre und Merleau-Ponty waren Studienkollegen an der «École normale supérieure», ohne jedoch mehr als flüchtige Beziehungen zueinander zu unterhalten. Erst in der Widerstandsgruppe «Sozialismus und Freiheit» werden sie zu Freunden, entdecken sie die Verwandtschaft ihres Fragens, die gemeinsame Faszination durch die Phänomenologie, durch ein Philosophieren, das sich auf die Welt, die Wirklichkeit der Dinge richtet, statt seine Wahrheit in einem ortlosen Subjekt der Erkenntnis verbürgt zu sehen. Anders als Sartre jedoch hat Merleau-Ponty sein Denken seit langem der Geschichte geöffnet. Er sucht in ihr nach dem Bild, das offenbart, wie der Einzelne, sein Handeln, Teil eines Geschehens ist, dessen Notwendigkeit ihn übergreift – und wie doch diese Notwendigkeit erst durch dies Handeln Wirklichkeit gewinnt. Merleau-Ponty sucht nach der Wahrheit der Geschichte, des aporetischen Zusammen von Freiheit und Notwendigkeit, Einzelnem und Allgemeinem – und Sartre anerkennt in der Rückschau diese Suche als seinem anarchischen Standpunkt überlegen: *Merleau bekehrte mich: Im Grunde meines Herzens war ich ein verspäteter Anarchist, für mich bestand ein Abgrund zwischen den unbestimmten Phantasmen der Kollektivitäten und der präzisen Ethik meines Privatlebens. [...] er zeigte mir, daß ich die Geschichte machte. [...] der Lauf der Dinge ließ die letzten Dämme meines Individualismus zusammenbrechen, und ich befand mich an der Stelle, wo ich mir selbst zu entgehen begann: Ich erkannte mich: Im vollen Licht dunkler, als ich geglaubt hatte, und zwei Milliarden Mal reicher.*[113]

Aber auch hier verbirgt sich eine tiefe Differenz hinter dem Bild der Freundschaft, das Sartre malt. Denn in den Augen Merleau-Pontys scheint seine ‹Bekehrung› gescheitert zu sein. «Sartre», schreibt er Anfang der fünfziger Jahre am Ende ihres kurzen gemeinsamen Wegs, «ist nur deshalb kein Anarchist, weil er jäh von der Subjektpoesie zur Weltprosa übergeht.»[114] Sartres Sich-Öffnen für die Dimension der Geschichte erscheint ihm willkürlich, ja er verurteilt «Sartres Bemühen, seiner Philosophie der Freiheit und des Anderen die Geschichte anzugliedern»[115] als in seiner Konsequenz potenziell gewalttätig. Denn die Absolutheit der Freiheit, so wie Sartre sie behaupte, bedeute den Anspruch, Welt, Geschichte durch das Handeln, die ‹reine Aktion› einiger Einzelner neu zu begründen, die «identisch ist mit dem Gehorsam der anderen»[116].

Maurice Merleau-Ponty

Die Perspektive, aus der heraus Merleau-Ponty dieses harte, kompromisslose Urteil fällt, ist die des Marxismus, die der marxistischen Geschichtsphilosophie. Für ihn ist die Geschichte, ihr tatsächlicher Verlauf die Probe auf den Wahrheitsgehalt des Telos, das Marx beschreibt: Eine Welt, in der die Freiheit aller an die Stelle von Herrschaft und Unterdrückung getreten ist. Wenn es sich zeigt, dass Geschichte nicht der Prozess der Verwirklichung der Freiheit ist, gibt es keine Geschichte. «Sind die Knechte, indem sie ihre Herren enteignen, auf dem Wege, die Alternative von Herrschaft und Knechtschaft zu überwinden? […] Wenn diese Entwicklung ausbliebe, bedeutete das nicht, daß die marxistische Geschichtsphilosophie durch eine andere ersetzt werden müßte; es bedeutete, daß es keine Geschichte gibt, wenn die Geschichte die Heraufkunft einer Menschheit ist und die Menschheit die gegenseitige Anerkennung der Menschen als Menschen; daß es folglich auch keine Geschichtsphilosophie gibt. [...] daß die Welt und unser Dasein ein wahnwitziges Getümmel ist.»¹¹⁷

Die Geschichte entscheidet über die Wirklichkeit der Idee der Freiheit. Der Einzelne handelt in ihr, als Teil eines Geschehens, dessen Eigenlogik ihm entgeht. Und die Geschichte wird das Urteil über sein Handeln fällen: Ob es Teil der Verwirklichung der Freiheit war oder nur ein winziges Atom innerhalb eines «wahnwitzigen Getümmels». Von diesem Begriff der Geschichte her polemisiert Merleau-Ponty gegen Sartre, gegen dessen Begriff der uneingeschränkten Verantwortlichkeit des Individuums und sieht in ihm nichts als einen verschleierten Idealismus, ein verkapptes kantisches moralisches Subjekt, das diesseits der Welt über das Recht ihrer Gestalten zu urteilen beansprucht. Die Wirklichkeit der Welt ist in seinen Augen zuerst eine der Gewalt, und dies nicht zu sehen heißt nur, sich als reines Subjekt zu begreifen, als ‹schöne Seele› zu gerieren. «Wir haben nicht die Wahl zwischen Unschuld und Gewalt, sondern zwischen verschiedenen Formen der Gewalt. Die Gewalt ist unser Los dadurch, daß wir inkarniert sind. [...] Was zählt oder worüber man diskutieren muß, ist nicht die Gewalt, sondern ihr Sinn oder ihre Zukunft.»¹¹⁸ Von dieser behaupteten Evidenz der Gewalt her, von der Behauptung des möglichen Sinns der Ge-

> Maurice Merleau-Ponty (1908–1961) und Sartre verbindet zuerst ihre gemeinsame Faszination durch die Phänomenologie Husserls. Anders als für Sartre jedoch ist für Merleau-Ponty das Ich kein Zentrum seines Denkens. Er fragt nach den Gestalten objektiven Sinns: Kulturen, Sprachen, Institutionen, in denen Individuen immer schon sind, ihren Ort haben, statt dass der Mensch den Dingen der Welt in einsamer Freiheit gegenüberstünde. Das Cogito Descartes', das seiner selbst bewusste Ich ist nur eine späte Gestalt der metaphysischen Selbstdeutung des Menschen. Merleau-Pontys «Phänomenologie der Wahrnehmung» beschreibt ein ursprünglicheres Bewusstsein, das nicht erst denkend, sondern in jedem Akt seines Wahrnehmens Sinn produziert, den Eindruck der Dinge umformt zum Ausdruck seiner selbst. Für Sartre, so Merleau-Ponty, gibt es nur Menschen und Dinge. Er selbst will den Ort beschreiben, an dem beide sich berühren, statt sich als Subjekt und Objekt gegenüberzustehen.

walt her verteidigt Merleau-Ponty einen Humanismus, der bereit ist, um seines Ziels willen den Einzelnen zu opfern: «Man darf diejenigen opfern, die gemäß der Logik ihrer Befindlichkeit eine Drohung bedeuten, und denen den Vorzug geben, die ein Versprechen der Menschlichkeit sind.»[119]

Wie vermag Sartre seinen ‹anarchischen› Begriff der Freiheit gegen diese absolute Strenge der Geschichtsphilosophie, gegen diesen gewaltbereiten Humanismus zu behaupten? Merleau-Ponty unterstellt ihm einen «Kurzschluss, der direkt von der Freiheit zur Partei führt»[120]. Denn für Sartre bleibe das absolute Gegenüber von Ich und Anderem bestimmend, «Welt und Geschichte sind nicht mehr ein System mit mehreren Zugängen, sondern ein Bündel unverträglicher Perspektiven, die niemals koexistieren, und das allein der jeder Hoffnung beraubte Heroismus des Ich zusammenhält»[121]. Der Anarchist wird unmittelbar zum Heros, sein «Marxismus der Innerlichkeit»[122] lässt ihn sich mit der Partei als ‹Avantgarde› des geschichtlichen Prozesses identifizieren.

Merleau-Pontys Angriff verzeichnet das Bild Sartres zu dem eines autoritären Anarchisten, der in seinem absolutistischen Wahn glaubt, über die Geschichte entscheiden zu können. In diesem Angriff reflektiert sich die Zerrissenheit dessen, der ihn führt: Merleau-Ponty zweifelt, verzweifelt an der ‹Wahrheit der Geschichte›, für die er mit seinem Denken eingetreten ist. Das Drama, das er beschreibt, ist das der Alternative von absolutem Sinn oder «wahnwitzigem Getümmel». Die Geschichte wird über diese Alternative entscheiden – kein Moralismus verstiegener Intellektueller oder «Ultra-Bolschewisten» wie Sartre. Für Merleau-Ponty ist Sartre zuletzt nur ein abstrakter Moralist, der anmaßend von «Verantwortlichkeit» spricht.

Entgegen diesem Urteil Merleau-Pontys, seiner Eindeutigkeit, die sich seinem Beharren auf einem möglichen absoluten Sinn der Geschichte verdankt, ist erst zu fragen, was Sartres immer entschiedenere Hinwendung zum Marxismus und darüber hinaus zum Kommunismus für sein Denken bedeutet? Was bedeutet sie zuerst für sein Handeln? Welche Haltung nimmt er ein, wenn es darum geht, angesichts der gewalttätigen Wirklichkeit des Kommunismus *das Wahre über unsere Welt und unser Leben zu sagen*? Es geht in den Debatten innerhalb der Redaktion von «Les Temps Modernes» konkret um den Terror des Stalinismus. Die Nachrichten von der Existenz der Lager in der Sowjetunion fordern eine Stellungnahme. Soll man sie relativieren, gar unterdrücken, um das Land nicht zu diskreditieren, in dem der Kommunismus, das Versprechen einer Welt der Gerechtigkeit, wirklich geworden ist? Bedeutet dies aber nicht, um des Zwecks willen Mittel gutzuheißen, die diesem Zweck Hohn sprechen? Und – man befindet sich bereits in der Situation des Kalten Kriegs – heißt nicht den Kommunismus zu kritisieren sich auf die Seite der Antikommunisten zu stellen, auf die Seite der USA, des Imperialismus, des Kolonialismus? «Les Temps Modernes» veröffentlicht im Januar 1950 einen Bericht über die Lager.

Sartre und Merleau-Ponty versuchen, ihrer widerstreitenden Positionen bewusst, eine gemeinsame Haltung zu finden: Die des Intellektuellen, der auf der Seite des Kommunismus steht, ohne den Kommunisten, ihrer Partei anzugehören, der sich dem Antikommunismus verweigert, ohne deshalb darauf zu verzichten, die Wirklichkeit des Kommunismus zu kritisieren. Eine fragile Balance, die Sartre in ganz anderer Weise als Merleau-Ponty in eine unauflösliche Aporie treibt. Denn ihm bleibt der Gedanke eines notwendigen Telos der Geschichte fremd, sein Ausgangspunkt bleibt das Handeln des Einzelnen. Die Gegenwart der Gewalt hinzunehmen angesichts der Erwartung einer zukünftigen «befreiten Menschheit» bedeutete für ihn, auf seinen Begriff der Freiheit zu verzichten. Umgekehrt ist es ihm Ernst mit seinem Bekenntnis zur Geschichte, zu einem den Einzelnen umgreifenden Geschehen, in dem er als Freiheit zu bestehen hat.

Zugleich ist Sartres und Merleau-Pontys politische Entwicklung von einer seltsamen Gegenläufigkeit. Der «Stalinist» Merleau-Ponty, als den ihn Camus im Blick auf sein Buch «Humanismus und Terror» beschimpft hat, rückt in immer größere Distanz zum Kommunismus – Sartre, der Anarchist, glaubt immer deutlicher, einzig durch die Solidarität mit den Kommunisten eine handlungsfähige Linke bewahren zu können. *Wir waren beide durch äußere Ereignisse beeinflußt worden, aber in entgegengesetztem Sinn. Langsam angewachsener Ekel hatte plötzlich im einen den Abscheu vor dem Stalinismus, im anderen den vor seiner eigenen Klasse gezeigt. Im Namen der Prinzipien, die sie mir eingeimpft hatten, im Namen ihres Humanismus und ihrer humanistischen Bildung, im Namen der Freiheit, der Gleichheit, der Brüderlichkeit schwor ich der Bourgeoisie einen Haß, der erst mit meinem Leben enden wird.*[123] Es ist, als ob Sartre nach zwanzig Jahren das Erbe seines Freundes Nizan anträte.

Dieser Entscheidung Sartres, Partei für die Kommunisten zu nehmen, die er erst 1956 angesichts der Niederschlagung des Aufstands in Ungarn durch die Sowjetunion revidieren wird, ging ein politisches Scheitern voraus. 1948 hatte Sartre sich an der Gründung der «Revolutionären Demokratischen Sammlung» führend beteiligt: einer Gruppe, die unabhängig von den etablierten Parteien einen «dritten Weg» jenseits der Alternative von Kapitalismus und Kommunismus propagierte, einen Weg, der Sozialismus und Freiheit eint. Die anfänglich erfolgreiche, von prominenten Intellektuellen getragene Bewegung zerbrach bald an einer Mischung aus Inkompetenz im Blick auf die Notwendigkeiten strategischen Handelns im Raum des Politischen und ideologischen Verdächtigungen und Streitereien.

> Im Februar 1948 wurden wir nach Berlin eingeladen. […] Mir war nicht wohl zumute, als ich in den Zug nach Berlin einstieg. Der Gedanke, Deutsche zu sehen und mit ihnen zu sprechen, war mir zuwider. […] Kaum hatte ich den Fuß auf Berliner Boden gesetzt, da war mein Groll verflogen: Überall Ruinen. So viele Krüppel – und was für ein Elend! Alexanderplatz, Unter den Linden, alles lag in Trümmern. […] Die Aufführung von *Die Fliegen* fanden wir verwirrend. Man hatte das Stück im expressionistischen Stil inszeniert. Die Bühnenbilder schienen aus der Hölle zu stammen: Der Tempel des Apoll ähnelte dem Innern eines Bunkers. Ich fand die Aufführung nicht gut. Aber das Publikum applaudierte begeistert, weil es aufgefordert wurde, sich von seinen Gewissensbissen zu befreien. In seinen Vorträgen – die ich nicht besuchte, weil ich lieber zwischen den Trümmern umherwanderte – wiederholte Sartre, daß es besser sei, die Zukunft aufzubauen, als die Vergangenheit zu beklagen.
>
> Simone de Beauvoir: Der Lauf der Dinge

Für Sartre war dies die Erfahrung, deren es noch bedurfte, um überzeugt zu sein, dass ein Handeln außerhalb der etablierten politischen Gewalten zur Bedeutungslosigkeit verurteilt ist. In dieser Perspektive bleibt dann nur noch die Alternative, «für» oder «gegen» ein System zu sein: eine Sackgasse der politischen Urteilskraft.

Verrät Sartre sein Denken? Verrät er, indem er zum Marxisten wird, das bestimmende Motiv seines Denkens: die Kontingenz, die Zufälligkeit des Daseins des Einzelnen, der doch als dieser Einzelne die Wirklichkeit der Freiheit ist? Denn, so Sartre in der Rückschau, *ich war dazu geschaffen, die Kontingenz zu entdecken*, und wenn man *die marxistischen Gedanken zu Ende denkt, dann gibt es eine notwendige Welt, es gibt keine Kontingenz, nur Determinismen, Dialektik; es gibt keine kontingenten Tatsachen.*[124] Verrät er sein Denken an einen Begriff der Geschichte, der das Glück der Menschheit als ihr Telos bestimmt, dem sich das Handeln der Einzelnen unterzuordnen hat? Sartre bleibt dieses metaphysische Versprechen eines allgemeinen Glücks fremd. Die Marxisten, schreibt er im selben Augenblick, in dem er sich ihnen annähert, *beanspruchen, das Glück der Art zu verwirklichen. Was aber ist ein Glück, das nicht <u>empfunden, erfahren</u> wird? Glück ist wesensmäßig Subjektivität. Wie könnte es unter der Herrschaft des Objektiven bestehen?*[125] Er glaubt nicht an diesen Heroismus: den eines Handelns, das sich einer Idee, der der Geschichte, unterwirft. Der Revolutionär, so wie er ihn versteht, weiß, *daß ein nicht anzugleichender Rückstand bleibt, der die Andersheit, die Irrationalität, die Undurchsichtigkeit des Wirklichen ist, und daß es dieser Rückstand ist, der zuletzt erstickt, zermalmt. [...] Der Krieg von 1914 ist nicht [...] «Descartes gegen Kant», er ist der unsühnbare Tod von zwölf Millionen junger Menschen.*[126] Sartre anerkennt die Situiertheit des Menschen in der Geschichte, er nimmt Partei für die Klasse der Arbeiter gegen die der Bourgeoisie, gegen ein System der Ausgrenzung und Ausbeutung. Aber er verweigert sich einer Philosophie, die den Widerstand des Einzelnen zum Medium der Verwirklichung ihrer Idee der Geschichte erniedrigt. *Will der Revolutionär handeln, so darf er die geschichtlichen Begebenheiten nicht als* *das Ergebnis von gesetzlosen Zufälligkeiten betrachten; aber er verlangt keineswegs, daß sein Weg schon bereitet sei: Er will ihn im Gegenteil selbst bahnen. Unveränderliche Größen, gewisse Teilfolgen, Baugesetze im Innern von fest bestimmten sozialen Formen, das ist es, was er benötigt, um vorauszusehen. Gibt man ihm mehr, so verflüchtigt sich alles in die Idee; die Geschichte braucht nicht mehr gemacht, sondern nur von Tag zu Tag gelesen zu werden; das Wirkliche wird ein Traum.*[127]

Trotz dieser Distanz bedeutet allein schon die Anerkennung der Klasse als eines historischen Subjekts für Sartre einen Selbstwiderspruch. Denn das Subjekt, von dem sein Denken ausgeht, ist der Einzelne, für den die Anderen – als solche, gleichgültig welcher Klasse sie angehören – die sind, die einzig die Außenseite seines Selbst repräsentieren, eine fremde Freiheit. Das Phänomen, der Begriff der Klasse jedoch nivelliert die Absolutheit des Einzelnen, behauptet ihn, seine Identität, als bestimmt durch die Zugehörigkeit zu einem allgemeinen Subjekt. Sartre windet sich. Der *revolutionäre Akt* ist nun für ihn *keineswegs der einer anarchistischen und individualistischen Freiheit*[128]. *Die Freiheit des Revolutionärs liegt vielmehr in der Tat, mit solcher er die Befreiung seiner ganzen Klasse und, allgemeiner, der ganzen Menschheit verlangt. Seine Freiheit ist wurzelhaft die Anerkennung der anderen Freiheiten, und sie fordert, von ihnen anerkannt zu werden. So stellt sie sich von Anfang an auf den Standpunkt der Solidarität.*[129] Aber dieser *Standpunkt der Solidarität* muss für Sartre ein leerer Imperativ sein und bleiben, statt dass er ihm eine metaphysische, geschichtsphilosophische Begründung zu geben vermöchte. Wenn es in seinen Augen dem Revolutionär darum geht, *dem Menschen die Möglichkeit zu geben, sein ihm eigenes Gesetz zu erfinden*[130], so plädiert er damit für einen Marxismus, dessen Gesicht eher dem seinen gleicht als dem von Marx. Der Sozialismus, sein Sieg, so Sartre, ist *durchaus nicht gesichert. Derselbe liegt nicht am Ende des Weges wie etwa ein Grenzstein; sondern er ist der menschliche Entwurf.*[131] Statt einer bloß behaupteten Logik der Geschichte entscheidet das Handeln der Einzelnen in seiner Kontingenz über das Wirklichwerden dieses Entwurfs.

Sartre versucht einen Spagat, der nicht gelingen kann. Aus seiner Philosophie der Freiheit, wie sie *Das Sein und das Nichts* begründet, lässt sich kein Humanismus, keine Solidarität der Individuen, die auf der Gemeinsamkeit ihres Menschseins beruht, begründen. In *Der Ekel* hatte er den Humanismus als ein Monstrum beschrieben, das alles Widerständige in sich aufsaugt und verdaut, eine widerwärtige *Harmonie des Ganzen*, der man sich entziehen muss, statt sie anzugreifen, will man nicht ihr Opfer werden: *Ich werde nicht die Dummheit begehen, mich als ‹Anti-Humanisten› zu bezeichnen. Ich bin kein Humanist, das ist alles.*[132] Jetzt gibt er einem berühmt gewordenen Vortrag den Titel *Der Existentialismus ist ein Humanismus*. Gerade dieser

Willy Ronis, «Der Existentialismus», 1946

Vortrag aber offenbart, wider seinen Willen, das Aporetische seiner philosophischen Position. Pathetisch heißt es: *Indem wir sagen, daß der Mensch sich wählt, verstehen wir darunter, daß jeder unter uns sich wählt; aber damit wollen wir ebenfalls sagen, daß, indem er sich wählt, er alle Menschen wählt. Tatsächlich gibt es nicht eine unserer Handlungen, die, indem sie den Menschen schafft, der wir sein wollen, nicht gleichzeitig ein Bild des Menschen schafft, so wie wir meinen, daß er sein soll [...] indem ich mich wähle, wähle ich den Menschen.*[133] Er identifiziert den konkreten Einzelnen, sein Handeln mit dem moralischen Subjekt Kants, das in sich die Menschheit repräsentiert weiß – ohne dass Sartres Philosophie dies zu begründen vermag. *Ich kann gewiß nicht eine Freiheit beschreiben, die dem andern und mir selbst gemeinsam ist*: Dieser Satz bildet das Zentrum von *Das Sein und das Nichts*.[134] In ihm liegt die Absage an den Humanismus, an ein den Menschen gemeinsames Wesen beschlossen. Dass ich mich in meinem Handeln auf ‹das Bild des Menschen› verpflichte, ist dann eine kontingente moralische Entscheidung. Wenn Sartre hier die Verweigerung dieser Entscheidung für den Menschen als Böswilligkeit behauptet, spricht er in der Tradition des Idealismus – aber widerspricht seiner eigenen Philosophie.

Gibt es einen Sinn des Menschseins unabhängig von der kontingenten Existenz der einzelnen Menschen, der Kontingenz ihres Handelns? Das ist die entscheidende Frage, die Frage, die Sartre mit einem eindeutigen Nein beantwortet hatte. Dieses Nein artikulierte seinen Anspruch, mit der Tradition des Idealismus zu brechen. Jetzt, wo er die Geschichte und die Dimension des politischen Handelns für sich entdeckt hat, will er die Frage nicht mehr unabhängig von strategischen Überlegungen beantworten. Er will nicht mehr aus der reinen Konsequenz der philosophischen Reflexion sprechen, sondern ‹als ein Handelnder in der Geschichte›.

In seinem spektakulären Zerwürfnis mit Camus offenbart sich die Zerrissenheit seiner Haltung. Dieses Zerwürfnis erscheint wie die Explosion eines lange schwelenden Konflikts, in der die fragile Balance der Standpunkte einem unversöhnlichen Gegenüber weicht. Es beginnt mit einem bereits angedeuteten Affront: Nach dem Erscheinen von «Humanismus und Terror» im Jahr 1947 beschimpft Camus bei einem abendlichen Essen unter Freunden Merleau-Ponty als Stalinisten, bezichtigt ihn, den kommunistischen Terror zu rechtfertigen. Merleau-Ponty verteidigt sich, Sartre versucht zu vermitteln – vergebens. Die Situation führt zum Eklat, Camus verlässt demonstrativ den Ort, den hilflos ihm nacheilenden Sartre abschüttelnd. Er verdächtigt ihn, Merleau-Ponty näher zu stehen als ihm. Und tatsächlich sieht sich Sartre, der zunächst seinen Versuch, nach beiden Seiten hin zu vermitteln, nicht aufgibt, im Lauf der Zeit immer deutlicher auf der Seite Merleau-Pontys. Immer klarer scheint ihm, dass eine absolut gesetzte Freiheit des Individuums eine hoffnungslose Naivität bedeutet angesichts der Wirklichkeit einer Welt der Gewalt. Und dass, wenn diese Welt in der gegenwärtigen geschichtlichen Situation eine geteilte ist, der Kapitalismus nichts als die Logik des Geldes repräsentiert, der Kommunismus jedoch, trotz seiner Verbrechen, für eine Idee steht, für die einer Welt der Gerechtigkeit.

Camus und Sartre versöhnen sich scheinbar. Dann aber erscheint 1952 Camus' Essay «Der Mensch in der Revolte»: eine leidenschaftliche Absage an die Idee der Geschichte, an einen ihr eigenen absoluten Sinn. Diese Idee, dass die Geschichte ein notwendiges Ziel habe, leugnet die Gegenwart, die Wirklichkeit unseres Lebens um einer abstrakten Zukunft willen. Sie bedeutet eine absolute Verneinung, wer ihr anhängt, «verurteilt sich zu jeder Knechtschaft, um ein Ja hervorzubringen, das an die Grenze der Zeiten hinausgeschoben ist»[135]. Der Glaube an eine absolute Zukunft rechtfertigt den Terror in der Gegenwart. Tatsächlich aber, so Camus, gibt es kein Handeln, das sich eines seine Kontingenz übersteigenden Sinns zu versichern vermöchte. «Wir können nur in dem Augenblick handeln, der uns gehört, unter den Menschen, die uns umgeben.»[136] Und wir wissen nicht, was aus unserem Handeln folgen wird – und sind doch für es verantwortlich.

Camus beschreibt den revoltierenden Menschen als Ge-

genbild zum Revolutionär, dessen Wahrheit absolut und darin nihilistisch ist. In der Revolte erfährt der Mensch einen Wert. Der Sklave, der sich auflehnt, entdeckt die Würde seines Menschseins, entdeckt sich als Freiheit. Der Verzweifelte, der gegen die Sinnlosigkeit seines Daseins protestiert, glaubt doch an seinen Protest. Der Mensch, so Camus, ist das Wesen, das einen Sinn hat, weil es einen Sinn fordert. Es geht um die Bejahung, die im Akt der Revolte liegt und über das Empfinden des Absurden der menschlichen Existenz hinausführt. Es geht, so hatte Sartre es selbst behauptet, um die Freiheit, die die bloße Kontingenz verneint. Und zugleich beschreibt Camus die Wirklichkeit der Solidarität der Menschen – diesseits des Humanismus, der Metaphysik der Geschichte. Es geschieht, dass ein Mensch sich angesichts der Gewalt, die einem Anderen angetan wird, empört. Darin, in diesem Phänomen sieht Camus die einzige fragile Gewähr der Gemeinschaft der Menschen: «Ich empöre mich, also sind wir.»[137] Mehr zu verlangen hieße, sich dem Nihilismus auszuliefern: die Spuren der Menschlichkeit zu verleugnen, die Spuren von Sinn sind – zugunsten einer Idee des Menschen, eines absoluten Sinns an der Grenze der Zeiten.

«Der Mensch in der Revolte» leugnet nicht die Geschichte. Wir müssen handeln, statt narzisstisch im Empfinden des Absurden zu verharren. Was Camus anklagt, ist einen Messianismus der Geschichte, einen maßlosen Größenwahn des Menschen, den Wahn, eine vollkommene Welt zu schaffen. Die Wirklichkeit, die Gegenwart ist dann nur noch ein Teil des Weges zu diesem Ziel hin, alles besitzt seinen Wert nur von ihm her. Das aber heißt, dass alles in seinem eigenen Recht, zu sein, verneint ist. Es heißt, dass zuletzt der eine unhintergehbare Wert – das Leben des Menschen – als Wert verneint, der Geschichte unterworfen wird.

Sein Buch erscheint – und Camus wartet auf eine Antwort Sartres in «Les Temps Modernes». Sartre will nicht antworten. Er schickt einen anderen, zweitklassigen Autor vor, der die an ihn delegierte Aufgabe eines Verrisses schon im Titel seiner Rezension erfüllt: «Albert Camus oder die revoltierende Seele».

Eine Anspielung auf Hegels Begriff der «schönen Seele» in der «Phänomenologie des Geistes», die die Berührung mit der Wirklichkeit scheut, um die Reinheit ihrer Einsicht nicht zu beflecken. Der Artikel mündet in einen einzigen Vorwurf: Camus wolle in einer haltlosen gedanklichen Demonstration beweisen, dass die marxistische Doktrin notwendig auf den Stalinismus hinauslaufe.

Camus antwortet, er antwortet nicht dem Rezensenten, sondern Sartre, dem Herausgeber der «Temps Modernes». Seine Antwort dokumentiert seine Gekränktheit, Verletztheit. Aber sie beharrt auf der Grundthese seines Essays: dass der Messianismus der Geschichtsphilosophie Gewalt hervorbringt und Gewalt legitimiert. «Es scheint mir jedenfalls schwierig, wenn man glaubt, daß der autoritäre Sozialismus die wichtigste revolutionäre Erfahrung unserer Zeit ist, sich nicht mit dem Terror abzufinden, den er voraussetzt, gerade heute, und zum Beispiel […] mit der Tatsache der Konzentrationslager. Keine Kritik an meinem Buch, ob sie nun dafür oder dagegen ist, kann dieses Problem übergehen.»[138] Und zugleich benennt er konsequent die Aporie Sartres: Der Existentialismus «wäre ja in seinen Grundlagen selbst bedroht, wenn er die Vorstellung von einem vorhersehbaren Endzweck der Geschichte annähme. Um sich mit dem Marxismus zu versöhnen, müßte er letztlich folgende schwierige Aussage beweisen: Die Geschichte hat keinen Endzweck, aber sie hat einen Sinn, der ihr jedoch nicht transzendent ist. Diese gewagte Versöhnung ist vielleicht möglich, und mir wäre nichts lieber, als sie zu lesen. Aber solange sie nicht hergestellt worden ist und solange Sie den Widerspruch hinnehmen, den Ihr Artikel bezeugt, werden Sie bestimmten Konsequenzen, die mir zugleich frivol und grausam erscheinen, nicht entgehen können. Den Menschen von jeder Fessel befreien, um ihn dann praktisch in einer historischen Notwendigkeit einzusperren, heißt ja ihm zunächst seine Gründe zum Kämpfen nehmen, um ihn dann in irgendeine beliebige Partei zu werfen, sofern diese nur keine andere Regel als die Wirksamkeit hat. Das heißt dann, nach dem Gesetz des Nihilismus, von der äußersten Freiheit zur äußersten Notwendigkeit gehen.»¹³⁹ Wirksamkeit um jeden Preis – das ist es, was Camus Sartre unterstellt, darum wähle dieser die marxistische Lehre, ohne wirklich an sie zu glauben, denke er im Sinne der Freiheit und votiere in dem der Notwendigkeit: «Aber man verliert alles, wenn man alles gewinnen will.»¹⁴⁰ Welche Haltung offenbart sich darin, «das Individuum theoretisch zu befreien» und zugleich praktisch zuzulassen, «daß der Mensch unter bestimmten Bedingungen unterjocht werden kann?»¹⁴¹

Sartres Antwort ist brutal in ihrer Selbstgerechtigkeit und Häme, beleidigend in ihrem direkten persönlichen Angriff. Er bezichtigt Camus, sich als ein Gott, eine unangreifbare moralische Instanz zu gebärden. *Aber sagen Sie doch, Camus, wie soll das zugehen, daß man nicht über Ihre Bücher diskutieren kann, ohne daß man der Menschheit ihre Gründe zu leben nimmt?*¹⁴² Er bezichtigt ihn, der anders als er selbst in der Résistance kämpfte, den Mythos seines Heldentums zu benutzen, um seinem Werk Autorität zu verleihen: *«Der Mensch in der Revolte» wäre weder besser noch schlechter, wenn Sie der Résistance ferngeblieben oder wenn Sie deportiert worden wären.*¹⁴³

Sartre weicht Camus' Argumenten aus, indem er seine Haltung als die eines weltlosen, seine Bedeutung maßlos überschätzenden Moralisten diffamiert: *Hat vielleicht die Republik der Schönen Seelen Sie zu ihrem öffentlichen Ankläger bestellt?*¹⁴⁴ Camus' Aufforderung an ihn, sich zu der Existenz der Lager in der Sowjetunion zu bekennen und sie, wenn er denn konsequent sein will, zu rechtfertigen, behauptet Sartre als der Methode eines Polizeispitzels gemäß, als die Erpressung durch einen Inquisitor: *Wir sind auf dem Quai des Orfèvres, neben uns marschiert ein Bulle, seine Stiefel knarren wie im Kino: «Hör zu, wir wissen alles. Wenn du schweigst, machst du dich nur noch verdächtiger. Also los, gib zu, daß du davon weißt. Du kennst sie doch, diese Lager? Ja? Raus mit der Sprache! Dann hast du es hinter dir. Und das Gericht rechnet es dir als mildernden Umstand an.»*¹⁴⁵ Das ist infam, verkehrt alles. Und es wird nicht besser, wenn Sartre in scheinbarem Einvernehmen schreibt: *Ja, Camus, ich finde diese Lager wie Sie unerträglich: Aber ebenso unerträglich die Art, wie die «sogenannte bürgerliche Presse» sie jeden Tag ausschlachtet.*¹⁴⁶ Die

Existenz der Lager wird zu einem bloßen Faktor im Machtspiel der «Blöcke»: für die «bürgerliche Presse» wie für Sartre. Aber bedeutet die Tatsache, dass die Antikommunisten die Lager systematisch funktionalisieren, um alle Kritik an den Missständen des kapitalistischen Systems zum Schweigen zu bringen, das Recht, dasselbe zu tun, den Schrecken dieser Lager zu relativieren? Sartre lässt sich darauf gar nicht ein. Er weicht Camus aus, indem er ihn diffamiert. Er leugnet die Lager nicht, aber er weigert sich, sie absolut, unabhängig von strategischen Überlegungen zu verurteilen.

Auch darum muss es ihm gehen, Camus als naiven, anmaßenden Moralisten hinzustellen, der unfähig ist, in den Dimensionen der Geschichte zu denken, ja der die Bedeutung der Geschichte gar nicht zu begreifen vermag. Geschichte ist für Camus, so Sartre, nur eine flüchtige Unterbrechung seines ewigen Kampfs mit den Mächten des Schicksals, sie stört seine naive Freude an der Natur, an dem *Gesang der Vögel. Nachdem Sie Ihre fünf Jahre Geschichte hinter sich hatten, glaubten Sie, zur Verzweiflung zurückkehren zu können, aus der der Mensch sein Glück schöpfen soll.*[147]

Es ist Hass, der hier spricht: Hass Sartres auf sein Alter Ego, das ihm spiegelt, was er in sich selbst zurückzudrängen sucht. Die Hinrichtung Camus' soll ihn von sich selbst befreien, von dem M o r a l i s t e n, der er selbst ist, in der Bedeutung, die dieser Begriff in der französischen Tradition hat: kein weltloser Verteidiger der Moral, keine «schöne Seele», sondern ein Philosoph, ein Schriftsteller, der die Wirklichkeit des Menschen beschreiben will gegen den Anspruch der Systeme der Philosophie, seine Wahrheit zu bestimmen. Acht Jahre später hat Sartre in seinem Nachruf auf Camus diesen eindeutig in die Tradition der französischen Moralisten gestellt – nicht ohne auch jetzt noch das Moralische gegen die Praxis auszuspielen. Camus habe sich geweigert, sich auf *die ungewissen Pfade der Praxis* zu begeben.[148] In Wahrheit hatte er diese ungewissen Pfade gegen die Selbstgewissheit der Geschichtsphilosophie verteidigt, das Handeln der Menschen gegen die Behauptung einer «Logik der Geschichte».

Sartre lässt Camus hinter sich. Er ist ‹wirksam›: Er veröffentlicht 1952 *Die Kommunisten und der Frieden*, eine eindeutige Stellungnahme für die Sowjetunion, die, ökonomisch Amerika unterlegen, gar kein Interesse habe, Krieg zu führen und in ihrem pragmatischen Friedenswillen zu unterstützen sei. Er nimmt im selben Jahr in führender Rolle teil am von den Kommunisten organisierten «Weltfriedenskongress» in Wien. Er reist 1954 in die Sowjetunion und kehrt zurück, beeindruckt über diese Neue Welt berichtend – Jahre später gibt er zu, Dinge gesagt zu haben, die er nicht wirklich dachte. Er veröffentlicht zwei Theaterstücke, *Kean* und *Nekrassov*, die die Wahrheit des Kommunismus feiern und die Angst der Bürger vor den aufbegehrenden Massen glossieren. Während seines Aufenthalts in Wien hatte er die dortige Aufführung von *Die schmutzigen Hände* untersagt: Das Stück, 1948 uraufgeführt, erzählt die Geschichte eines jungen Kommunisten, der seiner bürgerlichen Herkunft durch einen Mord zu entkommen sucht, den er ‹im Namen der Sache› begehen will. Sein individuelles moralisches Drama wird aufgesogen in eine Logik des Geschehens, die über ihn hinweggeht, exekutiert von solchen, die nichts anderes als das Interesse dieser Sache zu kennen bereit sind. Das Stück war als «antikommunistisch» aufgefasst worden – zu Unrecht, wie Sartre nun sagt: Er habe nur die Kollision von Moral und Praxis darstellen wollen.

Der Dramatiker Sartre ist hier kaum gegenwärtig. Der Grund ist, dass die Theaterstücke Sartres keine Texte sind, die man wie andere lesen und interpretieren kann: Sie sind geschrieben im Blick auf ihre Übersetzung in den Raum des Theaters, erweisen das Ganze ihres Gehalts erst in ihrer Darstellung auf der Bühne. Wäre dies anders, bliebe die Inszenierung eines Stückes ihm äusserlich. Sartres Wirkung als Dramatiker hatte ihren Höhepunkt in den fünfziger und sechziger Jahren. Aber er ist als solcher nach wie vor gegenwärtig. Herausgetreten aus den atmosphärischen Räumen eines pathetischen Existentialismus werden seine Theaterstücke in anderer Weise sichtbar in ihrer Darstellung von Grundsituationen menschlicher Existenz.

Diese Kollision findet ihre entschiedenste Darstellung in dem 1951 uraufgeführten Stück *Der Teufel und der liebe Gott*. Sein Held Götz, von dem Sartre sagt, er werde ihn das tun lassen, was er selbst niemals

Sartre mit Pierre Brasseur, dem Darsteller des Götz
in «Der Teufel und der liebe Gott»; Pariser Aufführung 1951

zu tun vermöchte, nämlich konsequent zu handeln über die Grenze des Verbrechens hinaus, formuliert das Resümee seines Lebens: *Ich wollte das Gute. Torheit! Auf dieser Welt und zu dieser Zeit sind Gut und Böse verquickt; ich muß mich abfinden, böse zu sein, um gut werden zu können.*¹⁴⁹ Sartre behauptet die Leere der Moral angesichts einer Wirklichkeit, die meine moralischen Absichten und Zwecke in ihr Gegenteil verkehrt. Macht und Gewalt bestimmen das Gesicht dieser Wirklichkeit: Diese Einsicht wird für ihn identisch mit der, ‹den Idealismus der Freiheit› überwinden zu müssen. Diese ‹Überwindung› kostet ihn für einige Jahre die Aufrichtigkeit seines Denkens und Sprechens.

Er selbst behauptet ein Jahrzehnt später, dass seine Entschlossenheit, zu handeln, ihm erst eine Distanz zu sich selbst, zu seinem Denken, zu seinem illusionären Selbstbild des ‹Schriftstellers› ermöglicht habe. 1954 hat er eine erste Fassung von *Les Mots* geschrieben, zehn Jahre später erst den Text überarbeitet und veröffentlicht. *Zu jener Zeit haben mich, infolge von politischen Ereignissen, meine Beziehungen zur kommunistischen Partei lebhaft beschäftigt. In die Atmosphäre der Aktion geworfen, habe ich plötzlich klar die Neurose durchschaut, die mein ganzes früheres Werk beherrschte. Vorher hatte ich sie nicht erkennen können: Ich steckte darin. […] Das Spezifische jeder Neurose ist, daß sie sich ganz natürlich gibt. Ich betrachtete es mit Gelassenheit, zum Schreiben geschaffen zu sein. Im Bedürfnis, meine Existenz zu rechtfertigen, hatte ich aus der Literatur etwas Absolutes gemacht. Dreißig Jahre habe ich gebraucht, um mich von dieser Geistesverfassung zu befreien. Als meine Beziehungen zur kommunistischen Partei mir den nötigen Abstand gegeben hatten, beschloß ich, meine Autobiographie zu schreiben. Ich wollte zeigen, wie ein Mann von der als geheiligt angesehenen Literatur zur Aktion übergehen kann, die gleichwohl die eines Intellektuellen bleibt.*[150]

Aber es geht nicht darum, ob seine Aktion die eines Intellektuellen blieb. Es geht darum, dass er sich zum Parteigänger einer Doktrin gemacht hat, die verachtet und mit Füßen tritt, was den innersten Gehalt seines Denkens ausmacht: die Würde der Existenz des einzelnen Menschen in seiner Kontingenz, in der Kontingenz seiner Freiheit. *Ich war ein Neubekehrter in einer anderen Welt,* so Sartre, lakonisch hinzufügend: *Im übrigen war mir inzwischen klar geworden, daß auch die Aktion ihre Schwierigkeiten hat und daß man auch zu ihr durch eine Neurose geführt werden kann. Man wird ebensowenig durch die Politik gerettet wie durch die Literatur.*[151]

1956, angesichts des Aufstands in Ungarn und seiner gewalttätigen Niederschlagung durch die Sowjetunion, findet Sartres Identifikation mit dem Kommunismus ihr plötzliches Ende. Waren diese vier Jahre von 1952 bis 1956 nur eine Verblendung, ein Furor des Handelnwollens, des Wirksamseinwollens um jeden Preis, vor dem Hintergrund eines manichäischen Weltbildes, in dem Gut und Böse sich absolut gegenüberstehen? Bedurfte Sartre eines solchen Weltbildes, um vom Moralisten zum Handelnden zu werden? Bedurfte er der Identifikation mit der realen Macht, die die Kommunisten bedeuteten, um zu handeln?

«Haben Sie nie Ihr Vertrauen auf eine Minderheit gesetzt?», fragt ihn 1975 Michel Contat im Blick auf seine kompromisslose Parteinahme für die Kommunisten in diesen Jahren. Und Sartre antwortet: *Seither schon…*[152]

Nach der Zäsur von 1956 versucht Sartre, der Aufforderung, die Camus an ihn gerichtet hatte, zu entsprechen: einen Begriff der Geschichte zu beschreiben, der mit der Kontingenz der Existenz des Menschen zusammen zu bestehen vermag. Es geht nicht darum, zurückzukehren zu dem geschichtslosen Ort von *Das Sein und das Nichts*. Sartre hat seine Identifikation mit dem Kommunismus hinter sich gelassen. Das heißt nicht, dass er seine Erfahrung, was der Marxismus für das Begreifen der Wirklichkeit des Menschen bedeutet, nun als einen Irrtum verstünde. Die Philosophie Marx' bleibt für ihn bestimmend. Aber anders als vorher sieht und beschreibt er das, was ihre Grenze ausmacht, was sie nicht zu fassen vermag: den Menschen als ein Individuum. Es geht darum, ein Denken zu entwickeln, das den Menschen in seiner objektiven Bedingtheit und geschichtlichen Situiertheit bestimmt – und das zugleich zu beschreiben vermag, wie er aus dieser Bedingtheit und Situiertheit heraus seinem Leben die eine, einzige Gestalt gibt, die es zu s e i n e m macht, die die Gestalt seiner Individualität ist.

Was heißt es, einen Menschen zu verstehen?

Für die Geschichte, als die eine große Geschichte der Menschheit, ist es gleichgültig, wer die Individuen sind, die ihr angehören, es sei denn, es handelt sich um die ‹großen›, die ‹weltgeschichtlichen› Individuen, in denen sich der Geist ihrer Zeit inkarniert, deren Handeln diesem Geist Gestalt gibt. Die Geschichte ist das Subjekt, das sich seinem Ziel, der Wirklichkeit der Freiheit aller, in einem beständigen Fortschreiten annähert.

Dies ist die These Hegels, die seine Philosophie der Geschichte bestimmt, es ist ebenso die von Marx. Dass Marx polemisch gegen die Philosophen behauptet, es komme darauf an, die Welt zu verändern, statt sie nur zu interpretieren, dass er «Klassen» und nicht «weltgeschichtliche Individuen» als die entscheidenden Akteure der Geschichte ansieht, ändert doch nichts daran, dass auch für ihn nicht das Handeln der Menschen, dass nicht ihr Wünschen und Wollen den Lauf der Geschichte bestimmt, sondern dass dieser einer Notwendigkeit folgt, angesichts derer der Einzelne bedeutungslos ist. Vor dem reinen Licht der Idee dieser Notwendigkeit verschwindet, so Hegel, «der Schein, als ob die Welt ein verrücktes, törichtes Geschehen sei»[153]. Diesem Geschehen der Welt eignet ein absoluter Sinn – ein Sinn, dessen Wahrheit unabhängig ist von den Einsichten und Absichten endlicher Menschen. Die Hegel'sche «List der Vernunft», die den Menschen suggeriert, sie verfolgten i h r e Zwecke, während sich tatsächlich durch sie hindurch eine unabhängige Logik des Geschehens verwirklicht – diese List der Vernunft ist auch für Marx der eigentliche Autor der Geschichte. Menschen glauben zu handeln – während sie nur ausführen, was die Notwendigkeit des geschichtlichen Prozesses gebietet.

Gegen diese Behauptung der Geschichte als eines souveränen Subjekts setzt Sartre nunmehr in aller Entschiedenheit die

Am Fenster seiner Wohnung, 42, rue Bonaparte

Wirklichkeit des geschichtlichen Menschen, die unaufhebbare Bedeutung seiner Existenz, seines individuellen Handelns. Er tut dies nicht im Sinne einer abstrakten Anklage, die gegen die Geschichte die Absolutheit des Individuums beschwört. Was er demonstrieren will ist, dass zwar ‹die Geschichte den Menschen macht› – dass aber jeder Mensch dies, was sie aus ihm macht, umformt zur einmaligen Gestalt seines Lebens. Dass umgekehrt Geschichte nicht zu begreifen ist jenseits des konkreten Handelns der Menschen, dass Geschichte die der Menschen ist. Es gibt Notwendigkeit in geschichtlichen Prozessen, aber diese ist niemals absolut. Kontingente Ereignisse vermögen den Lauf des Geschehens zu beeinflussen, unvermittelte Entscheidungen ihm eine plötzliche Wende zu geben. Waren die, die in der Résistance kämpften, nur Mittel, Medien der Verwirklichung eines absoluten Zwecks? Ließen sie sich durch die Einflüsterungen einer listigen Vernunft zum Handeln bewegen?

Sartres Versuch, die Wirklichkeit des geschichtlichen Menschen zu bestimmen jenseits des Absolutismus der Freiheit von *Das Sein und das Nichts* gibt sich zuerst Gestalt als Kritik des Marxismus, Kritik seiner Nivellierung der Bedeutung des Einzelnen, seines Handelns. Diese Kritik ist grundsätzlich. Sie will nicht ein bestimmtes Ungenügen der Marx'schen Philosophie beschreiben, sondern deren elementare Vergessenheit, was es heißt, ein Mensch zu sein. 1957 schreibt er für eine polnische Zeitschrift den Text *Marxismus und Existentialismus*, den er, unter dem Titel *Fragen der Methode*, ausarbeitet zu einer Studie über die Bedingungen der Formulierung einer Historischen Anthropologie jenseits der Geschichtsphilosophie. Sartres selbstgewisse Behauptung des Menschen als Freiheit hat sich zu der Frage gewandelt: Was heißt es, einen Menschen zu verstehen, in seiner Geschichtlichkeit und zugleich in seiner Individualität?

Am Anfang steht ein allgemeines Bekenntnis zum Marxismus als der Philosophie der Gegenwart, als des entscheidenden Paradigmas, dem sich jedes Denken anzuschließen hat, das es als seinen Horizont anzuerkennen hat, will es sich nicht zur Bedeutungslosigkeit verurteilen. Allerdings hat, so Sartre, diese Philosophie in ihrer gegenwärtigen Gestalt ihre Überzeugungskraft eingebüßt. Ihr ursprünglich dialektischer Anspruch, *das Ganze vermittels der Teile zu suchen*, degenerierte zu einer *Scholastik der Totalität*, wurde zur *terroristischen Praxis, die Besonderheit zu liquidieren*. Er merkt an: *Diesem intellektuellen Terror entsprach zeitweise die ‹physische Liquidierung› der besonderen Individuen.*[154] Sartres ganze Argumentation wird sich gegen diesen degenerierten Marxismus als eine Gestalt des Totalitarismus richten – seine Feier des Originals bleibt demgegenüber abstrakt. Zuletzt reduziert sich die Bedeutung des ‹eigentlichen Marx› für ihn in ihrem Kern zu der, die *Situiertheit des Menschen*, die Sartre in *Das Sein und das Nichts* nur abstrakt beschrieben hatte, konkret als die in der Geschichte dargestellt zu haben. Die frühen Texte Marx', allen voran die «Ökonomisch-philosophischen Manuskripte», dienen ihm darüber hinaus, seine Bestimmung des Menschen als M a n g e l, wie sie die *Kritik der dialektischen Vernunft* darstellt, zu begründen. Marx ist es, der die reale Bedürftigkeit des Menschen beschrieben hat, den Kampf, den er um seine Existenz zu führen hat, entgegen der idealistischen Illusion einer Versöhnung des Menschen mit der widerständigen Materialität der Dinge, denen er sein Bild aufprägt. Marx hat entgegen diesem Idealismus die Entfremdung des Menschen dargestellt, für den, unter den andauernden Bedingungen von Herrschaft und Unterdrückung, seine Arbeit nicht schöpferische Selbstverwirklichung ist, sondern nur eine Fron

Karl Marx, vor 1875

bedeutet, ohne ein Resultat, in dem er sich anzuschauen vermag.

Dieser ‹frühe Marx›, der vom Menschen spricht, ist der, mit dem Sartre sich verbrüdert – gegen die *Scholastiker der Totalität*. Ob diese tatsächlich nur eine Degeneration des Marx'schen Denkens repräsentieren oder ob sie nicht eine Konsequenz verabsolutieren, die diesem Denken selbst eigen ist – dies diskutiert er nicht.

Gegen den scholastischen Marxismus gibt Sartre seiner Philosophie des Menschen ihr Profil. Sein entscheidendes Argument ist, dass dieser Marxismus i d e a l i s t i s c h ist, ja den Idealismus steigert darin, die *Trennung von Theorie und Praxis* zu verabsolutieren, statt sie zu überwinden. Die Konsequenzen sind absurd: *Man unterwarf a priori Menschen und Dinge den Ideen; widersprach die Erfahrung den Voraussagen, mußte sie im Unrecht sein.*[155] Das Phänomen ist das einer *idealistischen Gewalt gegenüber den Tatsachen: Jahre hindurch glaubte der marxistische Intellektuelle seiner Partei damit zu dienen, daß er der Erfahrung Gewalt antat.*[156]

Dieser marxistische Intellektuelle war er selbst. Sicher in wenig perfekter Gestalt, denn die Vergewaltigung seiner Erfahrung ist ihm nie wirklich gelungen. Trotzdem artikuliert sich hier auch eine Selbstanklage: Er war es, der *Menschen und Dinge* einer Idee unterworfen hatte. Jetzt bekennt er sich als Erbe Kierkegaards: Der Marxismus *umfaßt alle menschliche Aktivität, aber er ist kein W i s s e n mehr: Seine Begriffe sind Diktate; sein Ziel ist nicht mehr, Erkenntnis zu erlangen, sondern sich a priori als absolutes Wissen zu konstituieren. Angesichts dieser doppelten Unwissenheit hat der Existentialismus wiedererstehen und sich behaupten können, weil er die Wirklichkeit des Menschen wieder zur Geltung brachte, wie Kierkegaard gegen Hegel seine eigene Wirklichkeit zur Geltung brachte.*[157] Der Marxismus *hat den Menschen in der Idee aufgehen lassen, der Existentialismus hingegen sucht ihn überall, wo er geht und steht, bei seiner Arbeit, zu Hause und auf der Straße.*[158] Diesen wirklichen Menschen gilt es zu verstehen – wider den *Idealismus der Rechten oder der Linken*[159].

Sartre entdeckt sich wieder als Phänomenologen. Sein

Dogmatismus scheint von ihm abzufallen wie ein Kleid, das er nur für eine Zeit lang getragen hat. Aber er hat sich eine Aufgabe gestellt, hinter deren Anspruch er nicht zurückgehen kann: Er will nicht nur die Wirklichkeit des Menschen beschreiben, *wo er geht und steht*, sondern ihn in seiner Geschichtlichkeit. Wenn er dem Marxismus vorwirft, *alle konkreten Bestimmungen des menschlichen Lebens dem Zufall zuzuschreiben und von der historischen Totalisierung nichts als das Gerippe abstrakter Allgemeinheit übrigzubehalten*[160], dann beschreibt er in diesem Vorwurf seinen Anspruch, diese historische Totalisierung entgegen solcher Abstraktheit darzustellen. Und das heißt darzustellen, wie ein bestimmter einzelner Mensch nicht nur die geschichtliche Situation spiegelt, der er angehört, sondern wie er sie zu seiner macht, wie sie in der Gestalt seines Lebens ihre einmalige Prägung und Bedeutsamkeit erfährt.

Es geht darum, *innerhalb des Marxismus den Menschen zurückzuerobern*, die *Leerstelle einer konkreten Anthropologie* zu füllen, die sich *im Herzen dieser Philosophie* offenbart.[161] Dies kann nicht ohne strukturelle Analysen geschehen, ohne die Bestimmung der Prinzipien des historischen Prozesses. Denn *ohne diese Prinzipien – keine historische Rationalität. Aber ohne lebende Menschen keine Geschichte*[162]. Sartre bestimmt seine Methode als progressiv – regressiv: *Sie hat nur ein Mittel, das ‹Hin-und-Her›: Sie bestimmt die Biographie progressiv durch das vertiefende Studium der Epoche und die Epoche durch das vertiefende Studium der Biographie.*[163] Wer ein bestimmter Mensch ist, ist aus der geschichtlichen Zeit verstehbar zu machen, der er angehört. Diese geschichtliche Zeit aber offenbart umgekehrt die ganze Konkretion ihrer Bestimmtheit erst in der Gestalt des Lebens dieses Menschen.

Der Marxismus beschreibt die Bedingtheit menschlicher Existenz – Sartre will beschreiben, wie der Mensch diese Bedingtheit zugleich ist und sie überschreitet, auf seinen Entwurf, sein Bild seines Lebens hin. «Das Sein bestimmt das Bewusstsein», gewiss, aber das Bewusstsein ist zugleich diese Freiheit, seiner Bestimmtheit zu entrinnen, sich zu einem Anderen zu machen. Dieser Entwurf bleibt jedoch gebunden an das, was er überschreitet: Meine Freiheit ist nicht ortlose Willkür, sondern die bestimmte Verneinung dessen, zu dem man mich gemacht hat.

Wenn man die ursprüngliche dialektische Bewegung nicht im Individuum und dessen Unternehmen, sein Leben zu produzieren und sich zu objektivieren, sehen will, muß man auf die Dialektik verzichten oder aus ihr das immanente Gesetz der Geschichte machen.[164] Sartres Aussage ist eindeutig: Entweder man begreift Dialektik, die Bewegung der Widersprüche, als die von Individuum und Geschichte, oder ihr Begriff steht nur noch für eine tote Ideologie der Geschichte, ihre idealistische Behauptung als ein souveränes Subjekt.

Sartres Denken wird sich in den folgenden Jahrzehnten, bis zum Ende seines Lebens, darauf konzentrieren, dieser programmatischen Skizze einer strukturellen Historischen Anthropologie Gestalt zu geben. Dahinter tritt der Literat Sartre zurück. Die *Kritik der dialektischen Vernunft* und das Flaubert-Buch, *Der Idiot der Familie*, sind die Werke, in denen Sartre die Erfahrung seines Denkens darzustellen sucht.

Diese ununterbrochene Arbeit an der Gestalt seines Werks aber hindert Sartre nicht, weiter zu handeln. Sein Ort, sein Standpunkt ist ein anderer geworden. Er hat die Identifikation mit der Geschichte hinter sich gelassen. Der Dogmatismus seiner Haltung ist erschüttert: Der Kommunismus hat sich in seiner profanen Realität, seinem Zynismus der Macht in einer Weise offenbart, die das einfache Gegenüber eines imperialistischen Amerika und einer friedliebenden Sowjetunion als ideologische Farce entlarvt, auch für Sartre. Sein Engagement, seine Parteilichkeit erfährt dadurch eine radikale Veränderung, gewinnt eine Unmittelbarkeit und Radikalität zurück, die ihn seinem ursprünglichen Anarchismus wieder annähert. Sich zu empören heißt, sich gegen das Phänomen der Gewalt zu empören – egal, in wessen Namen diese Gewalt geschieht.

Offenbar wird dies an Sartres Haltung im Algerienkrieg, in der Kompromisslosigkeit seines Handelns. Dies ist kein Krieg der Ideologien, hier stehen sich keine ‹Systeme› gegenüber, sondern hier behauptet die Kolonialmacht Frankreich sich in

An seinem Arbeitstisch

einem Bürgerkrieg, der Gewalt und Terror gebiert, in dem Folter und Liquidierungen zur alltäglichen Realität werden. Sartre identifiziert sich entschieden mit den Aufständischen, nimmt offen Partei für die FLN, die algerische nationale Befreiungsfront. In einer seltsamen Ironie des Schicksals, der Verkehrung der Rollen ist darin wieder Camus sein Kontrahent. Sartre spricht für die Revolte – Camus verteidigt verzweifelt den «Bürgerfrieden», die Versöhnung zwischen den Algeriern und den in ihrem Land angesiedelten Franzosen. Camus ist einer dieser Siedler, er ist in Algerien geboren, seine Mutter, sein Bruder mit seiner Familie leben dort. Er hat Angst um sie. Im Dezember 1957, er hat den Nobelpreis erhalten, spricht er in Stockholm mit Studenten. Ein aufgeregter junger Algerier fordert ihn auf, Stellung zu beziehen. Camus, der seit dem Ausbruch der Unruhen unermüdlich agiert hat, zuerst öffentlich, dann, resigniert angesichts der Unversöhnlichkeit der Fronten, im Stillen, sich einsetzend für Verfolgte und Verurteilte, antwortet: «Seit einem Jahr und acht Monaten schweige ich, was nicht bedeutet, daß ich zu handeln aufgehört hätte. Ich war und bin für ein gerechtes Algerien, in dem beide Bevölkerungsgruppen in Frieden und Gleichheit zusammenleben. Ich habe wiederholt gesagt, daß man dem algerischen Volk Gerechtigkeit widerfahren lassen und ihm ein uneingeschränkt demokratisches Regime zugestehen muß; aber dann steigerte sich der Haß auf beiden Seiten so sehr, daß ein Intellektueller nicht mehr intervenieren durfte, weil seine Erklärungen den Terror noch hätten schüren können. Mir schien es sinnvoller, den geeigneten Moment zum Einigen, nicht zum weiteren Trennen, abzuwarten. Ich darf Ihnen indessen versichern, daß einige Ihrer Kameraden ihr Leben Maßnahmen verdanken, von denen Sie nichts wissen. Diese Begründung gebe ich nur mit einem gewissen Widerwillen öffentlich ab. Ich habe den Terror immer verurteilt. Ich muß auch einen Terrorismus verurteilen, der, beispielsweise in den Straßen Algiers, blind wütet und eines Tages auch meine Mutter oder meine Familie treffen kann. Ich glaube an die Gerechtigkeit, aber bevor ich die Gerechtigkeit verteidige, werde ich meine Mutter verteidigen.» [165]

Dieses Credo, dieses Bekenntnis provoziert Unverständnis, Abwehr und Polemik. Simone de Beauvoir schreibt in ihren Memoiren: «Am meisten empörte mich das Verhalten von Camus [...] Vor einem vielköpfigen Publikum erklärte er: ‹Ich liebe die Gerechtigkeit, aber ich würde meine Mutter gegen die Gerechtigkeit verteidigen.› Das hieß, sich auf die Seite der ‹pieds noirs› stellen [der französischen Siedler]. Die Hinterlist bestand darin, daß er gleichzeitig so tat, als wolle er dem Konflikt fernbleiben und über den Gegensätzen schweben. Auf diese Weise wurde er zum Helfer aller jener Leute, die diesen Krieg und seine Methoden mit dem bürgerlichen Humanismus zu vereinbaren suchten.»[166] Camus' Versuch einer Versöhnung hatte keine Chance in einer Situation, die objektiv die eines Kampfes zwischen Herrschern und Beherrschten ist. Sein immer wieder beschwörend vorgebrachter Hinweis darauf, dass die Mehrzahl der französischen Siedler keine Imperialisten sind, sondern kleine Leute, die sich einen Platz zum Leben gesucht haben, scheint nur naiv angesichts der Tatsachen, der kolonialistischen Ausbeutung eines Landes, der staatlich legitimierten Ausübung von Folter und Gewalt.

Familiäre Gefühle und moralische Appelle sind unangebracht, wenn es um das Faktum der Gewalt geht. Zugleich und dieser Kälte des Urteils entgegen hat Simone de Beauvoir eindringlich die Demütigung und Verzweiflung beschrieben, die es für sie, für Sartre, für ihre Freunde bedeutet hat, dass Terror und Gewalt «im Namen Frankreichs» geschehen. Jetzt ist es nicht mehr, wie zurzeit der Besetzung durch die Deutschen, eine fremde Macht, deren Gewalt man erfährt, sondern man selbst ist, als Franzose, Teil dieser Macht. Widerstand wird zum Widerstand gegen das eigene Land.

Der Algerienkrieg ist «Sartres Krieg» (Raymond Aron). Über allem steht sein Credo: Es gibt keine guten Kolonialherren und keine bösen. Es gibt Kolonialherren, das ist alles.[167] Der Kolonialismus bedarf keiner differenzierenden Debatten, er repräsentiert die Herrschaft der Einen über die Freiheit, das Recht und den Besitz der Anderen. Und es geht einzig darum, sich entschieden auf die Seite der Beherrschten zu stellen. Sartre schreibt das Vorwort zu Frantz Fanons «Die Verdammten dieser Erde»: eine kompromisslose Identifikation mit dieser leidenschaftlichen Anklageschrift der ‹Dritten Welt› an Europa, ein entschlossenes Bekenntnis zu dem algerischen Revolutionär, der zu Recht in Sartre seinen Verbündeten sieht. «An ihn denke ich», schreibt er an seinen französischen Verleger, «wenn ich mich an den Arbeitstisch setze». 1960 wird Sartres Unterzeichnung einer Erklärung zum Recht auf Ungehorsam im Algerienkrieg zum Politikum. Er wartet auf eine Anklage. Aber er ist längst zu einer unantastbaren intellektuellen Instanz geworden. Schon jetzt, nicht erst im Mai '68, gilt das Diktum de Gaulles: «Voltaire verhaftet man nicht.» Dafür droht man, ihn umzubringen. Terrorgruppen der extremen Rechten verüben

Die Situation in Algerien war eine besondere gegenüber den anderen afrikanischen Kolonien Frankreichs: Hier lebten, bei acht Millionen autochthonen Einwohnern, achthunderttausend französische Siedler. Während Frankreich anderswo die Unabhängigkeit zu gewähren begann, stieß eine solche Politik in Algerien auf den entschlossenen Widerstand der hier lebenden Franzosen und der mit ihnen verbündeten politischen und militärischen Kräfte.
1954 geht die FLN, die «Front de libération nationale», mit einer Serie von Attentaten zum bewaffneten Kampf über. Frankreich antwortet dem Terror mit Gegenterror und brutaler staatlicher Gewalt. 1955 stehen 100 000 französische Soldaten im Land, 1956 sind es 400 000. Die Algerienfranzosen setzen die Regierung in Paris unter Druck. Diese toleriert die alltägliche Anwendung der Folter durch die Militärs.
Dieser Krieg und seine Erschütterungen bringen 1958 de Gaulle zurück an die Macht. In pragmatischer Einsicht beginnt er offizielle Gespräche mit der FLN im Blick auf die Unabhängigkeit. Die Reaktion darauf ist die Bildung der OAS, der «Organisation de l'Armée Secrète» auf der Seite der Algerienfranzosen. Sie verübt mehrere Anschläge auf de Gaulle und prominente Befürworter der algerischen Unabhängigkeit. Eines ihrer Opfer ist Sartre.
Im März 1962 wird den Algeriern die Bildung eines unabhängigen und souveränen Staates zugestanden.

1961 und im Jahr darauf Sprengstoffanschläge auf Sartres Wohnung, die ihn, wäre er zu Hause gewesen, getötet hätten.

Durch seine entschiedene Haltung im Algerienkrieg, die sich deutlich abhebt von dem zögerlichen Verhalten der französischen Linken, von den strategischen Winkelzügen der

Sartre in Kuba mit Fidel Castro im Jahr 1960

KPF, wird Sartre zu einem Anwalt der Dritten Welt. Als dieser, quasi als Botschafter der Revolte, reist er durch diese Welt: nach Kuba, nach Brasilien, nach Ägypten. Berühmt, als Philosoph, als Schriftsteller, war er schon vorher. Nun aber ist er zu einer Ikone geworden, wird sein Name zum Symbol für das moralische Recht, seine Unterdrücker zu bekämpfen, seine Freiheit zu behaupten.

Mitten in all dem erscheint 1960 der erste Band der *Kritik der dialektischen Vernunft*: die *Theorie der gesellschaftlichen Praxis*.

Die durch die Plastikbombe der OAS zerstörte Wohnung Sartres, 7. Januar 1962

Ein voluminöser Text, weit über achthundert Seiten lang, offenbar geschrieben unter äußerstem Druck, in manchen Passagen fast manisch erscheinend: als wolle Sartre um jeden Preis die Sache, um die es ihm geht, darstellen und habe Angst, dass ihm dies nicht, nicht mehr gelingen werde. Welche Sache ist das, welche Frage steht hinter diesem Text? *Letztlich*, so Sartre, *ist es nur eine Frage, die ich stelle, eine einzige: Haben wir heute die Mittel, eine strukturelle und historische Anthropologie zu konzipieren?* Eine Wissenschaft vom Menschen also, die diesen sowohl in den strukturellen Bedingtheiten seiner Existenz wie in den bestimmten seiner geschichtlichen Situation zu beschreiben vermag. Es geht darum, *endlich an das Grundproblem heranzugehen: Gibt es eine Wahrheit vom Menschen?*[168] Oder bedeutet das Dasein der Menschen, ihre Geschichte, nur eine absolute Kontingenz, angesichts derer jede Frage nach ‹Wahrheit› sinnlos ist?

In *Das Sein und das Nichts* hatte Sartre den Menschen, das Individuum als eine ursprüngliche Freiheit beschrieben, die ihre Grenze einzig an der Freiheit der Anderen erfährt. Jetzt, hindurchgegangen durch die Erfahrung der Geschichte, die Erfahrung der Marx'schen Philosophie, will er die Wirklichkeit des Menschen beschreiben, der g e m a c h t w i r d durch die geschichtliche Zeit, der er angehört, durch den sozialen Ort, der seiner ist – und der zugleich s i c h m a c h t aus dieser Bedingtheit heraus, sie ‹überschreitet› und seiner Existenz ihre Gestalt gibt. Der Mensch ist seine Zeit, ist identisch mit der Rolle, die ihm im hierarchischen Raum der Gesellschaft zugewiesen ist – und ist darin der Widerspruch zu ihr, ein mögliches Nein. Die Individuen in *Das Sein und das Nichts* ‹spielen› nur, Kellner oder Lehrer, Beamter oder Künstler zu sein. Die Wahrheit ihrer Existenz ist die Freiheit, die sie sind, sich in jedem Augenblick für ein anderes Spiel entscheiden zu können. Jetzt anerkennt Sartre, dass der Mensch nicht wählt, was er ist. Aber er kann dem, zu dem man ihn gemacht hat, widersprechen, kann versuchen, ein anderer zu werden.

Widerspruch ist für die *Kritik der dialektischen Vernunft* der Name für ein Handeln des Menschen – statt, wie für die Dialektik Hegels, eine Kategorie, die eine Struktur beschreibt, wie sie aller geschichtlichen Entwicklung voraus- und zugrunde liegt. Der Antimetaphysiker Sartre verteidigt den Menschen gegen eine Dialektik, für die Widersprüche «Momente» innerhalb eines Prozesses sind, um dessen absoluten Sinn sie zu wissen behauptet. Diese Dialektik ist *der Versuch, die Welt sich von selbst und für niemanden enthüllen zu lassen*[169]. Ihr Standpunkt ist jenseits der Welt, sie betrachtet sie von außen, aus der Perspektive eines Niemand, eines göttlichen, allwissenden Subjekts.

Aber *wenn wir nicht wollen, daß die Dialektik wieder zu einem göttlichen Gesetz, zu einem metaphysischen Faktum werde, muß sie von den Individuen und nicht von irgendwelchen überindividuellen Komplexen herrühren.*[170]

Eine konkrete Dialektik geht vom einzelnen Menschen aus. Indem sie ihn, sein Leben beschreibt, offenbart sie die Strukturen, die dieses Leben bestimmen – und die es zugleich überschreitet. Was Sartre darstellen will, ist *das Facetten-Spiel der Einheit von Freiheit und Notwendigkeit*: die *grundlegende Identität eines einzelnen Lebens mit der menschlichen Geschichte*[171], eine Identität aber, die zugleich Gebrochenheit ist, Widerspruch, Zerrissenheit. Sie bedeutet einen Prozess, der kein gewusstes Ziel hat, den keine «List der Vernunft» steuert, dessen Ausgang ungewiss ist.

Sartre bindet die Wirklichkeit der Dialektik an das Handeln der endlichen Menschen. Darum widerspricht er dem metaphysischen Begriff der Geschichte, auch in seiner marxistischen Gestalt. Darum bedeutet für ihn zugleich die Behauptung einer Dialektik der Natur nur einen Dogmatismus. Wahrheit, Erkenntnis gibt es nur, wenn es Menschen gibt. *Die Dialektik der Natur ist die Natur ohne den Menschen. Man braucht daher keine Sicherheiten, keine Kriterien mehr, und es wird sogar müßig, die Erkenntnis kritisieren und begründen zu wollen. Denn die Erkenntnis, in welcher Form auch immer, ist eine bestimmte Beziehung des Menschen zu der Welt, die ihn umgibt. Wenn der Mensch nicht mehr existiert, verschwindet diese Beziehung.*[172]

Hier wird offenbar, warum Sartre im Titel seines Buches Kant zitiert, die «Kritik der reinen Vernunft». Wie Kant kritisiert Sartre eine Vernunft, die sich verabsolutiert gegenüber der Perspektive des Menschen. Wie Kant fordert er die Vernunft auf, sich einer radikalen Selbstkritik zu unterziehen und ihre eigenen Grenzen zu reflektieren. Was die Natur an sich ist, entzieht sich unserer Erkenntnis. Erkenntnis beschreibt und bestimmt die Dinge, wie sie uns erscheinen. Die Behauptung, dass die Natur den Gesetzen der Dialektik folgt, lässt Dialektik zu einem metaphysischen Prinzip erstarren, zu einem Dogma werden.

Anders als Kant jedoch behauptet Sartre keine zeitlosen Kategorien des Erkennens, sondern Erkenntnis ist für ihn selbst geschichtlich bestimmt. Darin liegt, dass für ihn ‹Vernunft› nicht nur überhaupt an den Menschen gebunden ist, sondern an ihn als ein endliches, zeitliches Wesen. Es existiert keine Vernunft, die in allen Menschen zu allen Zeiten dieselbe wäre. Vernunft ist wirklich nur in den verschiedenen Gestalten ihrer geschichtlichen Existenz. Und als dialektische Vernunft ist sie in ihrem Innersten durch Widerspruch bestimmt – entgegen dem Diktum Kants, dass das Auftreten eines Widerspruchs nur ein Anzeichen dafür sei, dass die Vernunft ihre Grenzen überschritten hat, Fragen stellt, die ihre Reichweite übersteigen. Mit Hegel behauptet Sartre den Widerspruch als bestimmend für die Wirklichkeit der Welt des Menschen. Was Sartre aber von Hegel und von Marx trennt, ist seine Überzeugung, dass dieser Widerspruch keine Versöhnung zu erfahren vermag. Ein ‹Ende der Geschichte›, von dem her ihre Kämpfe einen absoluten Sinn offenbaren, gibt es für ihn nicht. Die Perspektive von diesem Ende her ist eben die eines Niemands, von nirgendwo her.

Geschichte ist die der endlichen Menschen. Als diese ist sie durch eine elementare Wirklichkeit bestimmt: den Mangel. Mangel in unmittelbar materiellem Sinn, als der Mangel an Nahrung, Gütern des Lebens. Dieser Mangel ist es, der die potenzielle Feindschaft der Individuen begründet. *Jeder ist zu viel* – dies Credo von *Der Ekel* meint jetzt nicht mehr die melancholische Einsicht in die Kontingenz der Existenz des Menschen, sondern die reale Konkurrenz, die Menschen füreinander bedeuten. Durch den Mangel wird *die bloße Existenz eines jeden als ständige Gefahr der Nicht-Existenz für einen anderen und für alle bestimmt. Ich selbst entdecke diese ständige Gefahr der Vernichtung meiner selbst und aller anderen nicht nur bei den Anderen, sondern ich bin selbst diese Gefahr als Anderer, das heißt, insofern ich [...] mit den Anderen als möglicher Überzähliger bezeichnet bin.*[173]

Aus der Perspektive eines Europäers mag diese Beschreibung des Mangels als das, was die Beziehungen der Menschen begründet, übertrieben und abstrakt erscheinen. Sartres Blick aber richtet sich nicht auf die besondere, privilegierte Lebenssituation des Europäers, sondern auf die allgemeine des Menschen in der gegenwärtigen Welt. Mangel, Hunger ist kein Anachronismus, wenn für uns auch das Wort seinen unmittelbar materiellen Sinn verloren hat. Mangel ist dann Mangel an Liebe, an Zuwendung und Anerkennung. Für die Mehrheit der Menschen bedeutet er tatsächlich Mangel an dem, was zum Leben, zum Überleben notwendig ist. Die *Kritik der dialektischen Vernunft* ist, unangesehen ihres Reichtums an konkreten Beschreibungen bestimmter geschichtlicher Ereignisse, eine strukturelle Darstellung der Situation des Menschen in der Welt, die diese in ihren elementarsten Bedingungen zu begreifen versucht.

In *Das Sein und das Nichts* war es der B l i c k des Anderen, der mich zum Objekt macht, konkurrierte meine Freiheit mit der des Anderen. Jetzt ist es die Materialität meines Seins in einer Welt des Mangels, die mich den Feind der Anderen sein lässt. Gemeinschaft, die mehr bedeutet als das gemeinsame Schicksal, überzählig zu sein, entsteht einzig durch eine Bedrohung von außen. Gleichgültig miteinander verbundene Menschen werden zu einer G r u p p e angesichts einer ihnen gemeinsam drohenden Gefahr. Schwindet diese Gefahr, muss die Gruppe *mangels eines materiellen Drucks sich selbst als Druck auf ihre Mitglieder hervorbringen*[174]. Der Eid, den der Einzelne auf die Gemeinschaft schwört, dient einzig, diese zu sichern, weil ihr Zerfall ihn und alle Anderen wieder der diffusen Gefahr des Fremden absolut auslieferte. *Brüderlichkeit ist nicht, wie man es manchmal unsinnigerweise darstellt, auf die physische Ähnlichkeit gegründet, insofern sie die eigentliche Identität der Naturen ausdrückt. Warum soll denn eine Erbse in einer Konservenbüchse der Bruder einer anderen Erbse derselben Büchse sein? Wir sind Brüder, insofern nach dem schöpferischen Akt des Eides wir unsere eigenen Söhne sind, unsere gemeinsame Erfindung.*[175] Brüderlichkeit ist das Resultat der pragmatischen Entscheidung, sich zu schützen, indem man sich der Stärke einer Gruppe anvertraut und unterordnet. Nüchtern stellt Sartre sich hier als ein Erbe Rousseaus in die moderne Tradition des «Gesellschaftsvertrag»: Wenn der Mensch des Menschen Feind ist, muss er Mittel finden, sein Überleben durch die institutionelle Sicherung von Gemeinschaft zu schützen. Auch jetzt noch ist Sartre von allem Pathos der Gemeinschaft weit entfernt.

Als die *Kritik der dialektischen Vernunft* erscheint, ist es merkwürdig still um dieses Buch eines «Berühmten». Natürlich wird es wahrgenommen, aber in einer Verhaltenheit, die anzeigt, dass Sartre, der seit dem Ende des Krieges fraglos die Avantgarde der philosophischen Diskussion repräsentierte, diese Position zu verlieren beginnt. Und dann kommt es zum offenen Affront. Den Anfang macht der Ethnologe und Philosoph Claude Lévi-Strauss. Sein Angriffspunkt ist ein doppelter: In seinem Festhalten am Begriff des Menschen als Ausgang und Zentrum aller Bedeutung des Wirklichen folge Sartre der verhängnisvollen Tradition der Metaphysik des Subjekts, verenge er wie diese die Dimension der Wahrheit auf den Raum des Menschen. Und dieser Verengung entsprechend mystifiziere er Geschichte zum einzigen Ort der Wahrheit.

Claude Lévi-Strauss

Die Kritik trägt den Namen Strukturalismus. Der behaupteten Metaphysik des Subjekts und der Mystifizierung der Geschichte hält Lévi-Strauss die objektive Wirklichkeit von Strukturen entgegen, deren ‹Vernunft› souverän ist gegenüber den Menschen und die der Wissenschaftler zu beschreiben, darzustellen hat. Kulturellen Systemen, Sprachen, ja der Natur selbst, ist eine Ordnung immanent, die wir zu entziffern versuchen müssen, statt uns für den Autor von Wahrheit zu halten. Lévi-Strauss, der sich selbst als Dialektiker bezeichnet, resümiert seine Differenz zu Sartre: «Wenn Sie wollen, besteht der Unterschied zwischen Sartre und mir darin, daß Sartre das Dialektische in das Menschliche einschließt; er spricht dem Dialektischen in der natürlichen Ordnung jedes Sein ab. Ich dagegen glaube, daß es beim Menschen nur deshalb existiert, weil es schon außerhalb von ihm vorhanden ist.»[176]

Für Sartre bedeutet, wie schon beschrieben, die Behauptung einer Dialektik der Natur nur einen Dogmatismus. Was er jedoch anerkennt, ist die Wirklichkeit von Strukturen. Er will ja gerade zeigen, wie das, was Menschen selbst geschaffen haben, sich ihnen gegenüber verselbständigt, zu einer Struktur erstarrt, an der das Handeln seine Grenze findet, die es aber, als freies Handeln, überschreitet. Nur unwillig, wie auf eine lästige Unterstellung, lässt er sich auf die Kritik ein. *«Ich fechte weder die Existenz der Strukturen an noch die Notwendigkeit, ihren Mechanismus zu analysieren. Aber die Struktur ist für mich nur ein Moment des Praktisch-Trägen. Sie ist das Ergebnis einer Praxis, die deren Akteure übersteigt. Jede menschliche Schöpfung hat ihre passiven Bereiche: Das bedeutet nicht, daß sie völlig determiniert ist.»*[177]

Sartre anerkennt die Existenz von Strukturen und ihre Bedeutung als Raum unseres Handelns. Aber er widerspricht seinem Kritiker im entscheidenden Punkt: Für ihn sind Strukturen keine souveränen Wesenheiten, sondern eine ursprünglich vom Menschen geschaffene Wirklichkeit, die sich ihm entfremdet hat. Menschen leben in einer Kultur, deren Gestalt, deren innere Ordnung sie selbst hervorgebracht haben. Zugleich wird diese Ordnung zur Grenze ihrer Freiheit, die sie überschreiten, indem sie sie, in einem dauernden Prozess der Auseinandersetzung, verändern.

Diese Dialektik eines Ineinander von Ordnung und Freiheit ist nun verdächtig, nur das neue Gewand einer überlebten Gestalt des Denkens zu bedeuten. Sartres ‹Humanismus› wird zum Namen für sein, so heißt es nun, sich auf den Menschen als Subjekt, als Autor der Bedeutungen des Wirklichen bornierendes Denken. Der «eigentliche» Marxismus ist nicht humanistisch. «Das Kapital lesen» ist der offensive Titel eines Buches des strukturalistischen Marxisten Louis Althusser: Hier, in diesem Hauptwerk von Marx, nicht in seinen Frühschriften, auf die vor allem Sartre sich bezieht, ist, so Althusser, die Wahrheit des Marxismus enthalten. Es geht um die Strukturen, um die Gesetzlichkeit des Kapitalismus, angesichts derer das Handeln der Menschen bedeutungslos ist. Menschen folgen in ihrem Handeln nur dem, was diese Gesetzlichkeit gebietet.

Diese absolute Strenge des Strukturalisten lässt selbst Hegel beinahe als Existenzphilosophen erscheinen: Hatte er doch zugestanden, dass der Mensch eine Zweideutigkeit ist, eine Frage ist, die die Philosophie nicht zu beantworten vermag: als der «lebendige Widerspruch», endlich-unendlich ineins zu sein, zugleich der Welt des «Geistes», seiner Gesetzlichkeit und der endlichen Welt des Zufalls und der Willkür anzugehören.

Diesem Hegel überbietenden Strukturalismus stellt sich, in gemeinsamer Front gegen Sartre, ein anderer an die Seite, der seine Motive von Nietzsche gewinnt. Nietzsche wird nun gegen Sartre als Instanz eines anderen Denkens geltend gemacht. Eines Denkens, das den Größenwahn entlarvt, der sich im Begriff des Menschen als Subjekt, als Grund der Bedeutung von Welt verbirgt. Welt ist für Nietzsche nicht die Verwirklichung des Menschen, seiner Freiheit, seiner Vernunft. Welt ist der Schauplatz eines Kampfes der «Willen zur Macht». Der Mensch ist nur ein Beispiel dieses Kampfes, der das eigentliche Wesen aller Wirklichkeit bedeutet. Für den an Nietzsche orientierten Strukturalismus geht es nicht mehr nur um die allgemeine Behauptung der Souveränität der Strukturen gegenüber dem Menschen, es geht um Strukturen der Macht, die es in ihrer untergründigen Wirksamkeit zu entziffern gilt.

Michel Foucault wird zu seinem Repräsentanten. Für Foucault ist Sartres Denken Teil eines vergangenen Selbstbewusstseins des Menschen. «In dem Augenblick, in dem man sich darüber klar geworden ist, daß alle menschliche Erkenntnis, alle menschliche Existenz, alles menschliche Leben und vielleicht das ganze biologische Erbe des Menschen in Strukturen eingebettet ist, d. h. in eine formale Gesamtheit von Elemen-

Michel Foucault, 1965

ten, die beschreibbaren Relationen unterworfen sind, hört der Mensch sozusagen auf, das Subjekt seiner selbst zu sein, zugleich Subjekt und Objekt zu sein. Man entdeckt, daß das, was den Menschen möglich macht, ein Ensemble von Strukturen ist, die er zwar denken und beschreiben kann, deren Subjekt, deren souveränes Bewußtsein er jedoch nicht ist. Diese Reduktion des Menschen auf die ihn umgebenden Strukturen scheint mir charakteristisch für das gegenwärtige Denken und somit ist die Zweideutigkeit des Menschen als Subjekt und Objekt jetzt keine fruchtbare Hypothese, kein fruchtbares Forschungsthema mehr.»[178]

Ist Sartre dann ein Mann der Vergangenheit? – fragt ihn sein Gegenüber und verweist darauf, dass Sartres Anthropologie die Dimension der Strukturen ja in ihrem Zentrum habe, dass sie nicht von einem einsamen Cogito ausgehe, sondern den Menschen in seiner Bedingtheit und Materialität beschreibe. Foucaults Antwort ist entschieden: Ein Cogito bleibt ein Cogito, von ihm auszugehen verfälscht alles. Zugleich und in einem Atemzug behauptet Foucault Sartre als einen Philosophen «im modernsten Sinn des Wortes, da sich für ihn die Philosophie wesentlich auf eine Form der politischen Aktivität reduziert. Für Sartre ist Philosophie heute ein politischer Akt. Ich glaube daher nicht, daß Sartre noch denkt, der philosophische Diskurs sei ein Diskurs über die Totalität.»[179]

Das ist eine mehr als zweifelhafte Anerkennung der Modernität Sartres, bedeutet sie doch, ihn als Philosophen zu beerdigen und als politischen Akteur zu rehabilitieren. Die Philosophie ist dann durch Foucault repräsentiert, Sartre darf politisch handeln. Die abwehrende Reaktion Sartres auf Foucault – für ihn ist er nur ein *verzweifelter Positivist* – ist, so darf man vermuten, auch in diesem schmählichen Versuch begründet, ihn als Philosophen für tot zu erklären. Hat doch Foucault zudem seine Würdigung des politischen Akteurs Sartre unmittelbar widerrufen. Für ihn hat der Philosoph aufgehört, ein ‹repräsentatives Bewusstsein› zu sein: Diejenigen, die kämpfen und handeln, wollen nicht mehr repräsentiert werden, sondern selber sprechen. Es ist entwürdigend, für die Anderen zu sprechen, sich zu ihrem Anwalt und so zu einer anmaßenden Instanz der Gerechtigkeit zu machen.[180]

Trotzdem ist Sartres Antwort auf Foucault zu grob und verfehlt darin den Gegner. Wenn er in ihm ‹die letzte Bastion der bürgerlichen Philosophie gegenüber dem Marxismus› angreift, schwächt er damit nur seine eigene Position, verbarrikadiert sich selbst. Denn der Autor, auf den sich, neben Nietzsche, Foucault beruft, ist ihm vertraut, ist ein unterschwelliger Kontrahent seit Jahrzehnten: Georges Bataille. Sartre selbst hatte Bataille durch die Rezension von dessen Buch «Das innere Erlebnis» 1943 einem größeren Publikum bekannt gemacht. In Batailles nietzscheanisch inspiriertem Text sieht er, in aller Bewunderung seines Stils, einen *schwarzen Pantheismus*: Überall ist Gott, aber ein Gott der Sinnlosigkeit, auf den man nur mit einem Lachen zu antworten vermag.[181] Für Sartre ist unannehmbar, dass Bataille von der Unwahrscheinlichkeit des eigenen Selbst und dem unsinnigen Anspruch der Erfahrung des Ich spricht, dass er das Selbst ineins von außen und innen beschreibt: als eine zufällige Kombination äußerer Elemente und zugleich als das Wesen, ohne das für es nichts wäre. Der Mensch flieht, so Bataille, vor dieser Zerrissenheit in Entwürfe seines Lebens – statt diese Anstrengung seiner Selbstbehauptung endlich aufzugeben, zu vergessen im Augenblick eines Lachens, eines bacchantischen Rauschs, ekstatischer Selbstaufgabe. Doch erst in diesem Aufgeben seines Selbst erfährt er seine Wahrheit in einer ‹mystischen› Kommunikation, Verschmelzung mit allem.

Sartre wehrt sich gegen ein Denken, das in seinen Augen sich dem Nichts überantwortet, dieses Nichts bejaht. Dabei hat er selbst das Nichts im Innern des Seins des Menschen beschrieben, das es unmöglich macht, dass er mit sich identisch sein kann. Beide, Bataille wie Sartre, beschreiben eine Bewegung, die der Mensch ist: die Bewegung, seiner Zerrissenheit zu entkommen, eins mit sich zu werden. Beide beschreiben die Unmöglichkeit, als diese Einheit mit sich zu existieren. Und in seinem Buch über Flaubert wird Sartre den Augenblick, den Sturz in das Nichts als das Zentrum eines Lebens beschreiben.

Indem er diese Nähe zu Bataille und darin zu Nietzsche verbirgt, erleichtert es Sartre seinen Kritikern, sein Bild zu dem eines Metaphysikers des Subjekts, eines Apologeten der Identität zu verzeichnen. An den Menschen, dessen Tod Foucault erklärt, hat Sartre nie geglaubt.

Georges Bataille

Ruhm und einsame Jahre mit Flaubert

Im Oktober 1964 wird Sartre der Nobelpreis verliehen. Etwas noch nie Dagewesenes geschieht: Er lehnt den Preis ab.

Ein publizistischer Aufruhr ist die Folge, eine Flut von Spekulationen über seine Motive, Interpretationen seiner möglichen Gründe. Sartres eigene Begründung ist knapp, apodiktisch: *Meine Ablehnung ist keine Stegreifentscheidung, offizielle*

Sartres Brief an den Sekretär der Schwedischen Akademie, in dem er den ihm verliehenen Nobelpreis ablehnt

Ehrungen habe ich immer abgelehnt. Der Schriftsteller sollte sich *weigern, sich in eine Institution verwandeln zu lassen, selbst wenn es, wie hier, unter den ehrenvollsten Bedingungen geschieht.*[182] Und er fügt dieser ‹subjektiven› Begründung eine ‹objektive› hinzu: *Der Nobelpreis in der heutigen Situation* ist *eine Auszeichnung, die den Schriftstellern des Westens und den Rebellen des Ostens vorbehalten ist.*[183]

Der Sozialist Sartre verweigert sich einem Adelstitel, der ihm einen Platz verliehe in der Reihe der großen Repräsentanten des bürgerlichen Geistes. *Ich will nicht sagen, daß der Nobelpreis ein bürgerlicher Preis ist.*[184] Genau das will er natürlich sagen. Die ‹subjektive› und die ‹objektive› Begründung durchdringen sich: Er will sich nicht zu *einer objektiven Vereinnahmung*[185] hergeben. Er will nicht ‹Voltaire sein›, aufgenommen in den Pantheon des Geistes. Er will nicht erstarren im Ruhm seines Namens. Er will handeln können, statt nur noch als Repräsentant dieses Namens zu leben. *Meine jetzige Berühmtheit geht mir auf die Nerven,* schreibt er an anderer Stelle, *sie ist nicht der richtige Ruhm, denn ich lebe ja.*[186] Aber trotz dieser ironischen Gleichung *richtigen Ruhms* damit, ein Toter zu sein: Wie könnte er dem Ruhm seines Namen noch entgehen? Und hat er ihn durch diese Verweigerung nicht noch größer gemacht? Auch anderen wird der Nobelpreis verliehen, aber niemand außer Sartre hat ihn je zurückgewiesen.

Dieses spektakuläre Ereignis rückt Sartre, der in Frankreich ein Stück weit in den Schatten der Strukturalisten zu treten beginnt, mit einem Schlag wieder in den Mittelpunkt des öffentlichen Interesses. Aber ein paar Monate vorher schon hatte ein anderes Ereignis das intellektuelle Publikum überrascht und fasziniert: Im Frühjahr 1964 waren *Die Wörter* erschienen. Sartre, der seit Jahren eher als der Autor politischer Manifeste denn als Literat wahrgenommen worden war, zeigte sich hier in einer schriftstellerischen Brillanz, in einer Souveränität der selbstironischen Beschreibung der eigenen Person in ihren Obsessionen, die Erstaunen und maßlose Bewunderung hervorrief. Die Stimmen gingen so weit, dieses Buch als eines der bedeutendsten des Jahrhunderts zu erklären, ver-

Sartre korrigiert die Fahnen von «Les Mots».
Foto von Gisèle Freund, 1964

Sartre und Simone de Beauvoir, flanierend in Saint-Germain-des-Prés

gleichbar in seinem Rang vielleicht einzig mit den «Bekenntnissen» Rousseaus.

Die Wörter sind nicht nur eine Autobiographie, in der Sartre seine Kindheit beschreibt. Was er beschreibt, ist die Geschichte eines Wahns, seines Wahns, durch Schreiben der Kontingenz seines Daseins zu entrinnen. Und am Ende spricht er von dem Mann, der sich nach langen Jahrzehnten von diesem Wahn befreit hat. Ihn verstanden hat als einen Glauben, als seine Religion. *Das Gebäude sinkt in Trümmer, ich habe den Heiligen Geist im Keller geschnappt und ausgetrieben; der Atheismus ist ein grausames und langes Unterfangen; ich glaube ihn bis zum Ende betrieben zu haben. Ich sehe klar, bin ernüchtert, kenne meine wirklichen Aufgaben, verdiene sicherlich einen Preis für Bürgertugend; seit ungefähr zehn Jahren bin ich ein Mann, der geheilt aus einem langen, bitteren und süßen Wahn erwacht und der sich nicht darüber beruhigen kann und der auch nicht ohne Heiterkeit an seine einstigen Irrtümer zu denken vermag und der nichts mehr mit seinem Leben anzufangen weiß.*[187]

[...] *der nichts mehr mit seinem Leben anzufangen weiß*: Dies Bekenntnis eines großen Schriftstellers und Philosophen erschütterte, rief das Bild eines verzweifelten Menschen hervor, dem sein ganzes Lebenswerk als sinnlos erscheint. Aber Sartre ist nicht

Sartre allein – in der Bar Pont-Royal

verzweifelt. Er ist *ernüchtert* und *nicht ohne Heiterkeit. Ich habe das geistliche Gewand abgelegt, aber ich bin nicht abtrünnig geworden: Ich schreibe nach wie vor. Was sollte ich sonst tun?*[188]

Diesem Leben ist sein *Auftrag* verloren gegangen, den ihm der *Heilige Geist* erteilt hatte. Es hat sich zu retten versucht in den Raum der Wörter und verstanden, dass es keine Rettung gibt. Darüber zu verzweifeln bedeutete, immer noch gerettet werden zu wollen, das Heilige dafür anzuklagen, dass es nicht existiert. *Lange hielt ich meine Feder für ein Schwert: Nunmehr kenne ich unsere Ohnmacht. Trotzdem schreibe ich Bücher und werde ich Bücher schreiben; das ist nötig; das ist trotz allem nützlich. Die Kultur vermag nichts und niemanden zu erretten, sie rechtfertigt auch nicht. Aber sie ist ein Erzeugnis des Menschen, worin er sich projiziert und wiedererkennt; allein dieser kritische Spiegel gibt ihm sein eigenes Bild.*[189] Wenn die absolute Bedeutung der Wörter nur eine Illusion ist, verlieren sie doch darum nicht ihren Sinn, ihren Nutzen für den Menschen. In den Werken der Literatur reflektiert sich seine Wirklichkeit, wer er ist.

Sartre schreibt. Er schreibt, 1964, seit nunmehr zehn Jahren an seinem Buch über Gustave Flaubert, seit vier Jahren in täglicher, gewohnt obsessiver Konzentration.

Was geschieht in diesem Buch, das, als 1971 seine ersten beiden Bände erscheinen, schon über zweitausend Seiten umfasst und doch erst einen Anfang bedeutet: den Anfang des Unternehmens, einen Menschen zu verstehen, diesen Menschen Gustave Flaubert? Das Flaubert-Buch ist der großartige, einzigartige und unvollendet gebliebene Versuch, ein Beispiel zu geben für das, was Sartre in der *Kritik der dialektischen Vernunft* als die Programmatik einer historisch-strukturellen Anthropologie dargestellt hat. Es gilt, einen Menschen zu beschreiben in dem, was man aus ihm gemacht hat – und wozu er sich macht, seine Bedingtheit verwandelnd in die einmalige Gestalt seines Lebens.

Warum gerade Gustave Flaubert? Sartres Antwort ist zuerst ausweichend, er nennt äußere Gründe. Flaubert eigne sich als Studienobjekt angesichts der Fülle der existierenden Dokumente, seines umfangreichen erhaltenen Briefwechsels. Dann aber heißt es plötzlich: *Er begann mich zu fesseln, gerade weil ich in ihm in jeder Hinsicht das genaue Gegenteil von mir selbst erkannte.*[190] Eben dies bezweifelt man jedoch immer mehr, wenn man sich in die Hunderte und Hunderte von Seiten vertieft. Irgendwann erscheint es einem plötzlich, als habe Sartre in Flaubert nicht sein *genaues Gegenteil*, sondern sein Alter Ego gefunden, als beschreibe er in ihm auch sich selbst. Aber, so Sartre, letztlich ist nicht entscheidend, w e n er als Gegenstand seiner Studie gewählt hat: *Ich stelle die Konstitution der Person keineswegs als nur für Flaubert spezifisch hin, es geht in Wahrheit um uns alle. […] die Untersuchung, die ich an Flaubert vorgenommen habe, müßte man an jedem vornehmen.*[191] In dieser Behauptung liegt natürlich eine tiefe Ambivalenz und Problematik. Nicht jeder schreibt «Madame Bovary». Zwar ist Sartre weit entfernt, Leben und Werk Flauberts einfach aufeinander abzubilden. Aber das Leben Flauberts, in seinem Ineinander von Bedingtheit

Gustave Flaubert (1821 – 1880) gilt der Literaturgeschichte als Meister des Realismus in der Reaktion gegen die Romantik. Realismus aber, und dies demonstriert Sartre, ist das Resultat der Imagination: einer Irrealisierung und darin Verdichtung des Wirklichen.
In der Interpretation von Flauberts Hauptwerk «Madame Bovary» wollte Sartre seinen *Versuch, diesen Menschen zu verstehen*, beglaubigen. Er ist nicht bis dahin gelangt und hat behauptet, andere könnten vollenden, was er begonnen hat. Tatsächlich scheiterte er daran, ein Leben und ein Werk in seiner Einheit vollständig zu beschreiben. Ein Scheitern, das man vielleicht als Sieg Flauberts über seinen Interpreten beschreiben kann.

und Freiheit, findet doch einen objektiven Ausdruck in diesem Werk. Wie will man dieses Ineinander fassen, wenn ein Leben sich einen solchen Ausdruck gar nicht zu geben vermag, wenn es ‹nur› das Leben eines Angestellten, eines Arztes, eines Verkäufers ist? Auch dieses Leben gibt sich seine Gestalt, aber diese kann man nicht lesen wie einen Text, der vor einem liegt. Vielleicht wäre die Untersuchung, an irgendjemand vorgenommen, noch unendlich viel schwieriger, weil sie den Text eines Lebens als solchen erst zu entziffern hätte.

Sartre beginnt mit der Beschreibung der *Konstitution* Flauberts: wie er durch seine Familie zu dem gemacht wird, der er ist. ‹Familie› ist hier in ihrer zweifachen Wirklichkeit gefasst: als eine individuelle, ein individuelles Familienschicksal und als Repräsentantin der gesellschaftlichen Klasse, des Wertesystems, dem sie angehört. Durch die Familie wird jedes Individuum zuerst mit der Ordnung der Dinge konfrontiert, in diese eingewiesen oder eben: gezwungen. Die Familie bedeutet *die reale Substanz der gemeinsamen Subjektivität*[192], durch sie begründet und erhält sich Gesellschaft.

Flaubert ist der zweite Sohn eines Chirurgen, Chefarztes in Rouen. Eines «Mannes der Wissenschaft», aufgeklärter Positivist in seinem Berufsleben, feudalistischer Patriarch im Raum der Familie. Er ist nicht der Erbe seines Vaters, dieser Status kommt dem ältesten Sohn zu. Er ist ein von seiner Mutter ohne Zärtlichkeit umsorgtes, behütetes Kind. Ein Kind, das p a s s i v ist, kein Verhältnis zu den Dingen seiner Welt zu entwickeln vermag, sie als vorhanden hinnimmt wie sich selbst. Das seinen eigenen Augen nicht traut und stattdessen den Worten der Anderen Glauben schenkt: vor allem denen des Vaters. Dem Kind bleiben diese Worte doch fremd, sie kommen von außen, erscheinen ihm als die Anwesenheit eines fremden Willens in ihm. Die Sprache erfährt es als eine Macht, die es sich nicht als s e i n e anzueignen vermag. Das Kind Gustave hat Mühe, lesen und schreiben zu lernen und erfährt dafür die Verachtung des Vaters, die es als Fluch erlebt, der über es verhängt wird. Dieses Kind empfindet Hass auf die Anderen, auf sich selbst, auf seine Unfähigkeit, aus sich selbst heraus zu sein, zu sprechen, zu handeln. *Den konkretesten Widerwillen flößt ihm die Notwendigkeit ein, daß der Mensch immer der Sohn eines Menschen sein, mit einer bereits konstituierten Vergangenheit, einer belasteten Zukunft geboren und auf die Welt kommen muß.*[193]

Sartre beschreibt Flaubert als einen Menschen des Ressentiments. Ein Mensch, der zugleich eine geheime Hoffnung hegt, eine *Hoffnung am Boden der Verzweiflung*[194]: daß sein ratloses Nein angesichts der Worte, des ihn überwältigenden Wissens der Anderen eine Wahrheit bedeuten könnte. *Das W i s s e n, so wie er es sieht – so wie es für viele Leute ist – stellt die Bosheit dar, insofern es die Humanität zerstört, jene willentlich von allen auf-*

Gustave Flaubert.
Porträtaufnahme
um 1870

rechterhaltene Illusion.[195] Dieses Wissen ist Machtwille statt Liebe zur Wahrheit, zum Menschen. Flaubert spürt dies, ist dessen gewiss – und kann dieser Gewissheit keinen Ausdruck, keine Sprache geben. Er ist der einzige verzweifelte Zeuge *seiner müßigen Überlegenheit über jene Usurpatoren, die in den Schafställen des Seins immer über ihn triumphieren werden und die er nur auf seinem Gebiet besiegen könnte, dem Nichts.*[196] Dieses Gebiet des Nichts ist der Raum der Imagination. Flaubert, der Mühe hatte, sich die Sprache anzueignen, entdeckt sie als Medium der Irrealisierung, der Verwandlung des Wirklichen in Schein. Er entdeckt, ‹wählt› sich als Schriftsteller, unsicher zuerst noch, verzweifelnd an seiner Unbeholfenheit, aber doch entschieden. *Die Literatur beginnt mit der Entscheidung, die Sprache zu stehlen, sie ihren Zwecken zu entfremden und die direkten Bedeu-*

tungen, ohne sie aufzugeben, zu Mitteln zu machen, das <u>Unartikulierbare zu vergegenwärtigen</u>.[197]

Dies aber setzt voraus, seinen Platz an der Seite der Welt zu haben statt in ihr, in den *Schafställen des Seins*. Der *Idiot der Familie*, dessen Versagen angesichts der Lichtgestalt seines älteren Bruders Achille, des designierten Erben des Vaters, umso gnadenloser für alle offenbar ist, deutet seine Stellung eines Außenseiters um zu einer, die dem Schriftsteller notwendig ist. Imagination verlangt Freiheit, ist Freiheit. Wer das absurde Ritual darstellen will, das das Leben der Menschen ist, darf an ihm nicht teilnehmen.

Sartre beschreibt die Obsession Flauberts, einem Toten gleich zu werden. Seinen Neid auf die liegenden Steinfiguren auf Särgen: *Man hat ihnen die menschliche Gestalt <u>ohne das Leben</u> verliehen.*[198] Flaubert will eine dieser Steinfiguren sein, um aus der Perspektive des Nichts Wirklichkeit, die scheinhafte Dichte des Seins zu zersetzen, um eine fremde Wahrheit sichtbar werden zu lassen.

Flaubert ist in den Augen Sartres ein Metaphysiker. Sein Ekel angesichts der Kontingenz des Seins ersehnt eine absolute Notwendigkeit – aber *die Notwendigkeit kann nur der müßige und <u>pathetische</u> Aufstand der Kontingenz gegen sie selbst sein*[199]. Man entgeht der Welt nicht: *Gustave wird immer der <u>Betrachtete</u> sein: Seine Wahrheit bleibt auf der Ebene dessen, der seziert, analysiert wird.*[200] Auch der Schriftsteller bleibt Teil der Welt, in der es d i e A n d e r e n gibt, die ihn, sein Werk zum Gegenstand ihres Urteils machen. Und wie um zu beteuern, dass er keiner dieser Anderen ist, hebt Sartre hervor, *daß wir ihn niemals von außen behandelt haben als reines Objekt eines definitorischen Wissens: Alles, was wir von ihm erfahren haben, hat er erlebt und gesagt.*[201]

Flauberts verzweifelte Anstrengung: *<u>Dingwerden</u> des wahrnehmenden Subjekts: kein <u>ego</u> mehr, die Befreiung*[202] – sie scheitert, weil niemandem dies gelingen kann: die *Rückkehr zur totalen Leere in Gestalt des Nichts*[203]. Was ihm aber gelingt, ist, sich seinen Ort an der Seite der Welt zu sichern. Sartres Darstellung hat ihren Höhepunkt in der Beschreibung des S t u r z e s, einer dramatischen Ohnmacht Flauberts, durch die er sich für immer den Anforderungen der Welt der Anderen entzieht. Dieses Ereignis, das Sartre eindringlich als eine kathartische Inszenierung Flauberts schildert, definiert ihn als Kranken. *Wer verliert, gewinnt.* Nun hat er endgültig den Anspruch verloren, ein würdiger Sohn seines Vaters zu sein. Und hat alles gewonnen: Er ist Rentier, die ärmlichen Kämpfe der Welt sind seine nicht mehr.

Der Preis dieser Befreiung ist der Tod im Leben. Die Ohnmacht ist *kein Bild des Todes, sie ist der Tod selbst: Zunächst verliert man dabei das Bewußtsein, aber vor allem ist sie eine Schlußfolgerung; ein ganzes, von einem besonderen Unglück zermürbtes Leben versinkt darin. Man überlebt zwar, aber man ersteht nicht wieder auf: man altert. Nach einigen dieser kurzen Existenzen ist man hundert Jahre alt.*[204]

Diesen Tod im Leben, dieses Nein zum «Willen zum Leben» behauptet Sartre, über Flaubert hinaus, als die Bedingung der Möglichkeit, Schriftsteller, Künstler zu sein. Er, der sich nie zuvor auf Schopenhauer bezogen hat, nimmt ihn hier als seinen Zeugen in Anspruch. Schopenhauer hatte in «Die Welt als Wille und Vorstellung» die ästhetische Anschauung als den einzigen Ort der Freiheit behauptet. Hier, in ihr allein sind wir, wenn auch nur für Augenblicke, befreit vom Leben, von einer Welt, deren Wesen blinder Wille ist. Hier allein, in dieser Leere der Welt, vermögen wir sie frei anzuschauen. *Der Künstler ist leer, seine Inspiration ist draußen, sie durchstöbert unablässig das Reale, um es in Mögliches zu verwandeln, das heißt in Schein; deshalb ist sie permanent und unendlich: Ihr Material ist nichts anderes als die Welt, ein unerschöpfliches Reservoir an potentiellen Bildern, die sich irrealisieren werden, ohne ihren Platz zu verlassen und ohne das leere Bewußtsein dessen zu durchdringen, der beschlossen hat, nichts zu sein, um sich das Ganze zum Schauspiel zu machen.*[205]

Sartre beschreibt in seinem Flaubert-Buch jedoch nicht irgendjemand. Er beschreibt, wie ein Mensch, dieser Mensch, der Welt zu entgehen versucht, um sie zum Gegenstand seiner Imagination zu machen. Wenn er auf Hunderten von Seiten seinem programmatischen Anspruch vollständig gerecht zu werden versucht und detailliert die ökonomischen und gesellschaftlichen Verhältnisse darstellt und analysiert, wie sie, als eine Gestalt des ‹objektiven Geistes›, das Leben Flauberts bestimmten, ist dies von großer Erklärungskraft und Evidenz. Faszinierend für ihn an der Gestalt Flauberts aber ist zuletzt das N e i n , das dieser Mensch seiner Welt entgegensetzt, das er zur Wahrheit seines Lebens macht. Darum hat er ihn gewählt.

Das Flaubert-Buch bleibt Fragment, ein riesiges, voluminöses Fragment. Der geplante vierte Band, die Interpretation von «Madame Bovary», bleibt ungeschrieben. Sartre wollte das Buch vollenden. *Höhere Gewalt*, wie er es 1975 im Gespräch mit Michel Contat nennt, hinderte ihn: Krankheit und Erblindung. Hätte er es ohne dieses Schicksal vollenden können? Kann man einen Menschen vollkommen verstehen, sodass zuletzt alles über ihn gesagt ist? Hätte Sartre, diesem Wahn folgend, wäre er nicht erblindet, immer weiter und endlos an diesem Buch geschrieben? Eine absurde Vorstellung. War sein Unternehmen also von Anfang an zum Scheitern verurteilt? Vielleicht nur, wenn man es in der Perspektive seiner möglichen Vollendung betrachtet. Denn Sartre hat es ja vermocht, diesen Menschen Flaubert sichtbar, verstehbar zu machen – aber nur ein Stück weit. Darum entspricht es diesem Buch, ein Fragment geblieben zu sein. Er selbst hat es einen *Roman* genannt. Der Roman eines Lebens ist nicht dieses Leben, das er erzählend verdichtet, dessen ganze Wahrheit ihm zugleich notwendig entgeht.

Allgemein formuliert bedeutet dies: Sartres historisch-strukturelle Anthropologie hat ein I n d i v i d u u m zu ihrem Gegenstand, ein zuletzt in der Einmaligkeit seines Wesens Unsagbares. Diese Anthropologie hat die metaphysische Behauptung eines allgemeinen Wesens des Menschen hinter sich gelassen. Und so wie sie leugnet, dass die Begriffe der Metaphysik die Wirklichkeit der Existenz des Menschen zu beschreiben vermögen, so leugnet sie, dass diese Wirklichkeit in der von Strukturen aufgeht. Ein Individuum ist immer mehr als das Sein, durch das es bestimmt wird. Dieses Mehr aber ist niemals vollständig darstellbar. Darum muss die Antwort auf die Frage, wer dieser eine Mensch ist, Flaubert oder ein anderer, notwendig fragmentarisch bleiben.

In diesen sechziger Jahren ist Sartre vollkommen in das Flaubert-Buch vertieft. Man wundert sich über sein offensichtliches Desinteresse an den philosophischen Debatten dieser Zeit, über seine Zurückgezogenheit. Wer dahinter eine Müdigkeit Sartres vermutete, ist überrascht und fasziniert von der Unmittelbarkeit und Stärke seiner Präsenz in den selten gewordenen Situationen seines Auftretens. So beschreibt die in Paris lebende amerikanische Journalistin Janet Flanner in ihrem «Pariser Tagebuch» einen der denkwürdigsten Auftritte aus diesen Jahren: ein Vortrag Sartres, dessen Anlass ein Kolloquium zu Ehren Kierkegaards war, veranstaltet im Mai 1964 von der UNESCO. Botschaften von Heidegger und Jaspers werden vorgetragen. Studenten der Sorbonne bestürmen die geschlossenen Türen und werden, «obwohl sie nicht eingeladen waren, auf den Ruf ‹Wir sind auch Philosophen!› eingelassen. [...] Die Honoratioren quetschten sich auf ihren Bänken zusammen, um der Jugend Platz zu machen, die sich im übrigen in die Gänge und auf den Fußboden setzte und so Jean-Paul Sartre während seines langen Vortrags gut sehen konnte. Er war der Star, dem sie in stiller Verehrung zusahen und zuhörten.»[206] «Stille Verehrung» ist nicht das, was Sartre sich wünscht. Aber das Bild beschreibt die Ausstrahlung, die sein Name besitzt – souverän gegenüber den schwankenden Konjunkturen der philosophischen Debatten.

«Im Grunde bin ich
immer Anarchist geblieben»

Sartre ist beinahe sechzig Jahre alt. Er führt sein Leben des Schreibens, der Reisen, in diesen Jahren nach Japan, Ägypten und Israel. Er lebt mit den Menschen, die seine ‹Familie› bilden: Simone de Beauvoir, seine Mutter, mit der er lange Jahre zusammenwohnte, die 1969 stirbt, Arlette Elkaïm, die er adoptierte, andere Frauen, mit denen ihn eine zum Teil jahrzehntelange Freundschaft verbindet. In einem öffentlichen Gespräch über «Machismus und Ebenbürtigkeit», das er mit Simone de Beauvoir führt, spricht er noch einmal darüber, dass er sein Leben lang die Gesellschaft der Frauen der der Männer vorgezogen hat. *Ich hatte den Eindruck, daß die Frau einen bestimmten Typus der Gefühle und eine gewisse Art, zu sein, hat, die ich in mir selbst wiederfand. Ich konnte mich daher sehr viel besser mit Frauen als mit Männern unterhalten. Unterhaltungen unter Männern arten immer in berufliche Gespräche aus. Man kommt immer auf die augenblickliche Wirtschaftslage oder auf den griechischen Aorist zu sprechen, je nachdem, ob man Lehrer oder Kaufmann ist. Aber es kommt selten vor, daß man sich beispielsweise auf einer Caféterrasse zusammensetzt und über das Wetter, die Passanten und das Treiben auf der Straße plaudert, wie ich es mit Frauen immer wieder getan habe.*[207] Der Verächter des Bürgertums, der bürgerlichen Familie hat sich einen anderen Ort geschaffen, in der Welt der Frauen, als ihr wirklicher oder eingebildeter Souverän. Denn natürlich, so Sartre, war es immer so, dass *ich es war, der das Gespräch führte. Ich führte es, weil ich es so beschlossen hatte.*[208] Das Gespräch mündet in das seltsame Bekenntnis Sartres, dass gerade die Erfahrung der Ebenbürtigkeit in seiner Beziehung zu Simone de Beauvoir es ihm erlaubt habe, anderen Frauen machistisch zu begegnen. Als habe seine Anerkennung ‹der Einen› als ihm gleichrangig ihm das Recht gegeben, all die anderen in ihrem Anspruch auf Gleichheit missachten zu dürfen.

Sartre und die Sphinx. Reise nach Ägypten 1967

Sartres politisches Auftreten in diesen Jahren hat sein Zentrum in seiner Rolle als Vorsitzender des Russell-Tribunals, als Ankläger des amerikanischen Verbrechens des Vietnamkriegs. Es geht, wie im Algerienkrieg, nicht mehr um das Gegenüber der Weltmächte. Es geht um die ‹Dritte Welt›, um ihre brutale und gnadenlose Unterwerfung unter die Interessen dieser herrschenden Mächte. Die Revolte des Mai '68 hat für Sartre in der Rückschau im Vietnamkrieg ihren entscheidenden Grund. *Ich bin immer der Meinung gewesen, daß die Mai-Bewegung vom Vietnamkrieg verursacht worden ist. Für die französischen Studenten, die den Mai-Aufstand auslösten, bedeutete der Vietnamkrieg nicht nur eine Parteinahme für die Nationale Befreiungsfront und das vietnamesische Volk gegen den amerikanischen Imperialismus. Die ungeheure Wirkung, die dieser Krieg auf europäische und amerikanische Linke ausgeübt hat, beruhte darauf, daß er den Bereich des Möglichen vergrößert hat. Bis dahin hatte man es nicht für möglich gehalten, daß die Vietnamesen der riesigen amerikanischen Kriegsmaschinerie standhalten, ja sie sogar besiegen könnten. Aber gerade das haben sie*

Pariser Mai-Aufstand 1968

*getan und damit [...] eine ganz neue Perspektive eröffnet: [...] daß es Möglichkeiten gab, die bisher unbekannt waren. Nicht das alles möglich war, aber das man nur das als unmöglich erklären kann, was man versucht hat und womit man gescheitert ist.*²⁰⁹ «Das Imaginäre wird zum Realen», hieß eine der Parolen des Mai '68, und eine andere: «Seid realistisch: Verlangt das Unmögliche».

Diese Revolte war auch für Sartre ein plötzliches, unerwartetes Ereignis. Aber natürlich ist er begeistert. Zusammen mit anderen veröffentlicht er am 10. Mai 1968 in «Le Monde» eine Art Manifest, in dem er sich mit der Bewegung identisch erklärt und die politischen Institutionen und die Medien anklagt, ihren Sinn bewusst zu verfälschen. Er trifft sich mit Daniel Cohn-Bendit und führt mit ihm ein Gespräch, das im «Nouvel Observateur» erscheint. Wir alle haben, bemerkt Cohn-Bendit kurz darauf im Blick auf die Bedeutung Sartres für die revoltierenden Studenten, natürlich Sartre gelesen. Aber er wehrt sich dagegen, den Philosophen als den ‹geistigen Vater› der Bewegung anzusehen.²¹⁰ Im Juni veröffentlicht Sartre im «Nouvel Observateur» zwei Artikel über *Die Ideen des Mai '68*, in denen er den Staat einer Politik der Feigheit bezichtigt und de Gaulle, angesichts dessen Appells, Bürgerwehren zu bilden, der Mordhetze anklagt. Die Bewegung ist längst keine nur der Studenten mehr: Generalstreik, über eine Million Menschen sind am 13. Mai 1968, dem zehnten Jahrestag der Rückkehr de Gaulles an die Macht, auf der Straße. Die Studenten aber waren der Anfang der Bewegung. In seinen Artikeln wendet Sartre sich vor allem an sie. Er beschreibt das System der Universität, wie er es selbst erlebt hat, als ein System der Macht, das seither unverändert besteht. Kurz darauf spricht er in der Sorbonne, die von den Studenten besetzt wurde. Tausende stürmen den Saal, bedrängen ihn mit Fragen, Mikrophone übertragen die Veranstaltung nach draußen. Ist Sartre doch ein ‹geistiger Vater› der Revolte, zu der es gehört, ihre Väter zu verleugnen?

Jedenfalls nimmt die Bewegung ihn in die Pflicht. 1970 wird der Herausgeber von «La Cause du Peuple», dem Organ

26. Juni 1970: Sartre verteilt die illegale Zeitschrift «La Cause du Peuple»

Sartre spricht vor den Arbeitern des Renault-Werkes. Neben ihm ein Freund, der Dramatiker Georges Michel

der «Gauche Prolétarienne», der anarchistischen Linken, verhaftet, die Zeitschrift beschlagnahmt. Sartre erklärt sich bereit, als ihr neuer Herausgeber die Zeitschrift quasi seinem Schutz zu unterstellen. Er beteiligt sich an ihrem illegalen Verkauf: Das Bild Sartres als Straßenverkäufer von «La Cause du Peuple» erlangt Berühmtheit. Gemeinsam mit anderen gründet er eine «revolutionäre Presseagentur», «Libération», und einige Zeit später eine Tageszeitung gleichen Namens. Er spricht vor den Arbeitern des Renault-Werkes. Er beteiligt sich an einer von Michel Foucault und anderen initiierten Kampagne gegen die Haftbedingungen in den französischen Gefängnissen. Er nimmt teil an einer Protestveranstaltung gegen den Rassismus gegenüber den ausländischen Arbeitern.

Scheinbar bedingungslos scheint Sartre sich in den ‹Dienst der Bewegung› zu stellen. Aber dann fordern sie von ihm, sein Flaubert-Buch aufzugeben und stattdessen einen «Volksroman» zu schreiben, der «der Sache der Revolution dient». Seine Antwort ist ironisch und zugleich entschieden. Erstens wisse er gar nicht, wie ein solcher Roman aussehen könnte, und im Übrigen: *Ich sehe keine Notwendigkeit und spüre auch innerlich nicht das Bedürfnis dazu: Ich habe noch so viel anderes zu tun.*²¹¹ Da ist die Bewegung, die Politik, das Handeln – aber da ist auch sein Werk, das er noch nicht vollendet hat, das er um jeden Preis vollenden will.

1974 kommt es zu einem spektakulären Ereignis: Sartre besucht Andreas Baader im Gefängnis in Stuttgart-Stammheim. Ein Jahr zuvor hatte er in einem Gespräch mit dem «Spiegel» über Baader und Ulrike Meinhof gesprochen, über ihre Gruppe als ein Phänomen, das ihn sehr interessiere. Klaus Croissant, der Anwalt Baaders, wendet sich an Sartre, bittet ihn um Unterstützung im Kampf gegen die Haftbedingungen der

Stuttgart-Stammheim: Sartre zeigt seinen Pass einem Beamten. In der Mitte Klaus Croissant

Gefangenen. Dieser erhält schließlich eine Besuchserlaubnis: Am 4. Dezember 1974 trifft Sartre Andreas Baader in dessen Zelle, eine knappe halbe Stunde lang. Anschließend gibt er eine Pressekonferenz, sekundiert von Daniel Cohn-Bendit, der ihm als Dolmetscher dient. Er beschreibt die Lebensbedingungen Baaders im Gefängnis als unerträglich und unmenschlich und formuliert einen Appell für die Schaffung einer «Internationalen Kommission zum Schutz der politischen Gefangenen», den neben ihm selbst Heinrich Böll unterzeichnet. Zugleich macht er deutlich, dass es ihm nicht darum geht, den Terror symbolisch zu unterstützen.

Maßlose Empörung ist das Echo dieses Auftritts in der politischen Öffentlichkeit Deutschlands. Sartre wird als Terroristenfreund beschimpft, im besten Fall wird ihm Naivität unterstellt. War er naiv? Er selbst beschreibt seinen Besuch in Stuttgart-Stammheim ein Jahr später als *Mißerfolg. Es hat keine Wirkung gegeben als eben diesen heiligen Zorn der Presse und der Leute, die mir geschrieben haben. Mit anderen Worten, ich glaube, mein Besuch bei Baader war ein Mißerfolg. Durch ihn ist die öffent-*

Sartre und Daniel Cohn-Bendit bei der Pressekonferenz nach Sartres Treffen mit Andreas Baader

liche Meinung in Deutschland nicht geändert worden. Er hat sogar der Sache, die ich fördern wollte, eher geschadet. Ich konnte bei meiner Pressekonferenz noch so viel sagen, es ginge mir nicht um die Straftaten, die Baader zur Last gelegt werden, sondern nur um seine Haftbedingungen – die Journalisten glaubten dennoch, daß ich die politischen Handlungen Baaders gutheiße. Es war also meiner Meinung nach ein Mißerfolg, aber ich würde es trotzdem wieder tun.[212] Sein Gegenüber erinnert ihn an eine Sentenz ein paar Jahre zuvor: *daß ich mich im Grunde nicht geändert habe und immer ein Anarchist geblieben bin. – Das ist richtig*, lautet die lakonische Antwort.[213]

Sartre, sein Handeln, irritiert – auch in Frankreich: Der nunmehr Siebzigjährige, der sich mit anarchistischen Fünfundzwanzigjährigen verbündet, sich ihnen, so sieht man es, dienstbar macht, ihre Gesellschaft offenbar als anregender empfindet als die seiner alten intellektuellen Freunde von «Les Temps Modernes». Besonderes Aufsehen erregt seine enge Beziehung zu einer der Leitfiguren der «Gauche Prolétarienne», Absolvent der École normale supérieure, Benny Lévy alias Pierre Victor. Lévy ist Sartres ‹Sekretär›, tatsächlich sein täglicher Gesprächspartner, den er, dem Stil der Szene folgend, duzt: eine Ungeheuerlichkeit angesichts dessen, dass er niemanden in seinem bisherigen Leben geduzt

> Doch wollte ich noch einmal auf Sartre in Deutschland kommen. Es wäre unfair, wenn wir die Stammheimer Episode unterdrückten. Ich habe das damals mit Trauer verfolgt und habe mit Trauer am Bildschirm auch Sartre gesehen, wie er, flankiert von sehr gerissenen, geschickten Bürschlein, aufgetreten ist, um in einer Sache Stellung zu nehmen, die er überhaupt nicht kannte und überhaupt nicht durchschaute. Die Pressekonferenz, in der er dann sprach, war im Grunde kläglich. Und zwar nicht etwa, wie manche Leute gesagt haben: Na ja, der Sartre ist eben alt geworden, das ist nicht mehr der alte Sartre. Sondern weil er sich in einen Hinterhalt hatte locken lassen, weil er nicht wußte, wofür er eintrat und was er eigentlich meinte. Man kann nicht – obwohl die Frage sehr mit Recht gestellt wurde – über die Zustände in Stammheim sprechen, indem man gleichzeitig alles eliminiert, was zu Stammheim geführt hat. Indem Sartre das versuchte, hat er eine im Grunde völlig undialektische Position bezogen; daran mußte er notwendigerweise scheitern.
>
> Hans Mayer in einem Gespräch mit Rolf Vollmann zwei Tage nach dem Tod Sartres im Südwestfunk

hat, auch nicht Simone de Beauvoir. Demontiert Sartre sich selbst, macht er sich in peinlicher Weise zum Gefährten junger Radikaler?

Das Phänomen hat zwei Gesichter. Das eine ist das – wunderbare oder eben nur lächerliche – Bemühen Sartres, ‹jung zu sein›: in jedem Augenblick fähig zu sein, das infrage zu stellen, was er bis gestern für seine Wahrheit gehalten hatte. Ein Philosoph, der seit langem das Recht hätte, angesichts seines Werks als eine unnahbare Instanz aufzutreten, will mit den Menschen sprechen, die seine Leser sind, vor allem eben mit den Jungen. Studenten, Doktoranden, die über sein Werk arbeiten, besuchen ihn und er diskutiert mit ihnen, als jemand, der nicht «ex cathedra» spricht, sondern für den selbst alles immer wieder neu zu einer Frage wird.

Das andere Gesicht ist Krankheit und das plötzliche Angewiesensein auf Andere. Seit 1973 erblindet Sartre allmählich. Er kann nicht mehr schreiben, nicht mehr lesen. Und will doch weiterarbeiten. Dazu bedarf er der Hilfe der anderen, bedarf er dieses Sekretärs, der ihm ein tägliches Gegenüber wird, notwendiges Medium seiner Gedanken durch ihr Gespräch. Nüchtern stellt Sartre selbst seine Situation dar: *Ich sehe nicht, was ich schreibe. Und das Lesen ist mir völlig unmöglich: Ich sehe Zeilen, Abstände zwischen den Wörtern, aber die Wörter selbst kann ich nicht mehr entziffern. Da mir die Fähigkeit zu lesen und zu schreiben genommen ist, habe ich keine Möglichkeit mehr, mich als Schriftsteller zu betätigen: Mit meinem Beruf als Schriftsteller ist es vorbei.*[214] In gewissem Sinne, so Sartre, *nimmt mir das jede Daseinsberechtigung: Ich war, aber ich bin nicht mehr.*[215] Dieser nüchtern-pathetischen Erklärung folgt ein einfacher Satz: *Aber ich kann noch sprechen.*[216]

Sartre, für dessen Werk, vielleicht auch für dessen Person, E i n s a m k e i t das Wort ist, das sein Zentrum beschreibt – er sucht dieses Werk sprechend, durch das Gespräch weiterzuführen. Er plant, zusammen mit Benny Lévy, ein Buch mit dem Titel «Macht und Freiheit», das die Resultate ihres gemeinsamen Nachdenkens darstellen soll. Entschlossen, nicht aufzugeben, behauptet er gegenüber Lévy die Situation, in der ihm

Sartre bei den Aufnahmen zu dem Film «Sartre par lui-même» von Alexandre Astruc und Michel Contat, der 1976 uraufgeführt wurde

fast alles genommen ist, was sein Leben ausmachte, als die einer neuen, ihn bereichernden Erfahrung: *Ich war zum Dialog gezwungen, weil ich nicht mehr schreiben konnte. […] Und das, das hat meine Arbeitsweise vollständig verändert, denn bis dahin hatte ich immer nur allein gearbeitet, allein am Schreibtisch mit einem Stift und einem Blatt Papier vor mir. Jetzt dagegen bilden wir gemeinsam Gedanken. Manchmal bleiben wir verschiedener Meinung. Aber es ist ein Austausch da, an den ich gewiß erst im Augenblick des Alters denken konnte. […] Das ist es, was unsere Zusammenarbeit mir einbringt: plurale Gedanken, die wir gemeinsam ausgebildet haben und die mir ständig Neues liefern.*[217]

Sartre und Lévy beschließen im Herbst 1979, die konzentrierte Fassung eines Teils ihrer Gespräche unter dem Titel «Hoffnung jetzt» zu veröffentlichen. Darüber kommt es am Ende von Sartres Leben beinahe zum Zerwürfnis mit Simone de Beauvoir. Sie liest den Text, wie sie ein Leben lang alle Texte Sartres las und kommentierte, bevor er sie veröffentlichte. Und sie ist entsetzt. Entsetzt von dem Ton, dem Gestus des Gesprächs, in dem der weltberühmte Sartre ‹von gleich zu gleich› mit einem jungen Namenlosen spricht, der ihn glaubt zur Rede stellen zu dürfen. Entsetzt von seinem Inhalt, den Äußerungen Sartres, in denen er sich in ihren Augen selbst widerspricht, den Gehalt seines Denkens willkürlich preisgibt. Hat sie Recht mit ihrem Urteil? Dass der Gestus dieses Gesprächs sie entsetzen muss, ist unmittelbar verständlich. Ist aber sein Inhalt so desaströs, wie er ihr erscheint? Liest man es, will man ihr zustimmen. Sartre hat die Schärfe und Bestimmtheit seiner Sprache verloren. Seine Äußerungen sind von einer beklemmenden Vagheit, tatsächlich denunziert er sich selbst, behauptet zum Beispiel die Bedeutung Kierkegaards für sein Denken als bloßen Ausdruck einer «Mode», der er folgte. Dieses Gespräch ist nicht die Summa des Denkens Sartre, es ist ein Dokument seines verzweifelten Versuchs, gegenwärtig zu bleiben, ‹in der Welt zu sein› bis zum letzten Augenblick seines Lebens.

Als der Text, wider das Veto Simone de Beauvoirs, im März 1980 im «Nouvel Observateur» erscheint, liegt Sartre im Sterben. Er hat seinen Tod erwartet, aber noch nicht jetzt. *Wenn ich noch zehn Jahre zu leben habe*, sagt er 1975 im Gespräch mit Michel Contat, *dann ist das sehr gut, gar nicht schlecht.* Und er beschreibt seine Projekte, unter anderem ein Buch, das er zusammen mit Simone de Beauvoir angefangen hat, auf der Basis von Gesprächen, und das eine Fortsetzung von *Die Wörter* sein soll, aber *nicht im Stil der Wörter, da ich ja keinen Stil mehr haben kann.* Und in einem traurigen Zusammen von Abschied und einem letzten Rest von Hoffnung, von Zukunft heißt es: *Wichtig für mich ist, daß ich getan habe, was zu tun war. Gut oder schlecht, darauf kommt es nicht so sehr an, Hauptsache, ich habe es versucht. Und dann, es bleiben ja noch zehn Jahre.*[218]

Am 15. April 1980 stirbt Sartre. Vier Tage später folgen mehr als fünfzigtausend Menschen seinem Sarg auf dem Weg zum Friedhof Montparnasse.

Die Aura eines Namens. Dieser Begräbniszug ist wie ein Bekenntnis zu diesem Menschen Jean-Paul Sartre. Diesem großen Schriftsteller und Philosophen, diesem Moralisten ohne Moral, der die Menschen daran erinnert hat, dass jeder von uns mitentscheidet über das Gesicht der Welt. Der handeln wollte und gehandelt hat, fehlbar, irrend. Und doch als Zeuge, dass auch wenn Gott tot ist ein Wert existiert, gefährdet und verletzbar, den wir zu verteidigen haben: das Leben des endlichen Menschen, in seinem Recht auf Freiheit, auf Würde seiner Gestalt.

Dieser Mensch Jean-Paul Sartre hat zugleich am Ende seines Lebens darin eingestimmt, dass nichts den Menschen zu retten vermag vor der Grundlosigkeit seines Daseins, seiner Zufälligkeit, dass nichts ihn zu ‹rechtfertigen› vermag als ein notwendiges Wesen. Und dass zuletzt sein Tod die Absolutheit seiner Einsamkeit bedeutet. *Wieder bin ich, wie damals mit sieben Jahren, der Reisende ohne Fahrkarte: Der Schaffner ist in mein Abteil gekommen und schaut mich an, weniger streng als einst. Er möchte am liebsten wieder hinausgehen, damit ich meine Reise in Frieden beenden kann; ich soll ihm nur eine annehmbare Entschuldigung sagen, ganz gleich welche, dann ist er zufrieden. Unglücklicherweise finde ich keine und habe übrigens auch keine Lust, eine zu suchen. So bleiben wir miteinander im Abteil, bis zur Station Dijon, wo mich, wie ich genau weiß, niemand erwartet.*[219]

Anmerkungen

1 Jean-Paul Sartre: Das Sein und das Nichts. Reinbek 1993, S. 761
2 Jean-Paul Sartre: Tagebücher. Les carnets de la drôle de guerre. November 1939–März 1940. Reinbek 1984, S. 360
3 Ebenda, S. 363
4 Jean-Paul Sartre: Die Wörter. Reinbek 1968, S. 51
5 Ebenda
6 Ebenda, S. 12
7 Ebenda, S. 20
8 Ebenda, S. 30
9 Ebenda, S. 35
10 Jean-Paul Sartre: Herostrat. In: Ders.: Die Mauer. Reinbek 1973, S. 50
11 Ebenda
12 René Descartes: Meditationen über die Grundlagen der Philosophie. Hamburg 1972, S. 25
13 Jean-Paul Sartre: Die Wörter, S. 35
14 Ebenda, S. 65
15 Ebenda, S. 138
16 Ebenda, S. 112
17 Ebenda, S. 60
18 Ebenda, S. 126
19 Ebenda, S. 130
20 Paul Nizan: Aden. Reinbek 1969, S. 9 (veröffentlicht zuerst 1931)
21 Jean-Paul Sartre: Über Paul Nizan. Was brauchen wir eine Kassandra? In: Sartre über Sartre. Aufsätze und Interviews 1940–1976. Hg. von Traugott König. Reinbek 1977, 1988, S. 18 f.
22 Jean-Paul Sartre: Die Wörter, S. 112 f.
23 Jean-Paul Sartre: Über Paul Nizan. Was brauchen wir eine Kassandra? S. 23
24 Ebenda
25 Jean-Paul Sartre: Der Ekel. Reinbek 1982, S. 145 f.
26 Ebenda, S. 147
27 Ebenda, S. 149
28 Jean-Paul Sartre: Die Wörter, S. 143
29 Jean-Paul Sartre: Selbstporträt mit siebzig Jahren. In: Sartre über Sartre, S. 238
30 Jean-Paul Sartre: Skizze einer Theorie der Emotionen. In: Ders.: Die Transzendenz des Ego. Philosophische Essays 1931–1939. Reinbek 1982, S. 255–322
31 Jean-Paul Sartre: Selbstporträt mit siebzig Jahren, S. 236
32 Jean-Paul Sartre: Briefe an Simone de Beauvoir. Band 2. 1940–1963. Reinbek 1985, S. 249
33 Martin Heidegger: Sein und Zeit. Tübingen [12]1972, S. 384
34 Jean-Paul Sartre: Das Sein und das Nichts, S. 842
35 Ebenda, S. 435
36 Jean-Paul Sartre: Eine fundamentale Idee der Phänomenologie Husserls: die Intentionalität. In: Ders.: Die Transzendenz des Ego, S. 33
37 Ebenda, S. 37
38 Jean-Paul Sartre: Das Sein und das Nichts, S. 761 f.
39 Vgl. ebenda, S. 597
40 Ebenda, S. 1052
41 Ebenda, S. 1012
42 Ebenda, S. 435
43 Ebenda, S. 638
44 Ebenda, S. 712 f.
45 Vgl. ebenda, S. 519
46 Ebenda, S. 636, S. 657
47 Jean-Paul Sartre: Baudelaire. Reinbek 1978, S. 21
48 Ebenda
49 Sartre: Das Sein und das Nichts, S. 137
50 Vgl. ebenda, S. 688
51 Ebenda, S. 658
52 Ebenda, S. 650
53 Jean-Paul Sartre: Tagebücher, S. 389
54 Vgl. Simone de Beauvoir: Die Zeremonie des Abschieds, Reinbek 1983, S. 373 f.
55 Jean-Paul Sartre: Tagebücher, S. 116
56 Ebenda, S. 396
57 Ebenda, S. 397 f.
58 Ebenda, S. 392 f.

59 Ebenda, S. 397
60 Vgl. Jean-Paul Sartre: Briefe an Simone de Beauvoir. Band 1. Reinbek 1984, S. 195
61 Ebenda, S. 195 f.
62 Jean-Paul Sartre: Briefe an Simone de Beauvoir. Band 2. Reinbek 1984, S. 112
63 Ebenda
64 Ebenda, S. 117 und S. 196
65 Simone de Beauvoir: In den besten Jahren. Reinbek 1961, S. 110
66 Jean-Paul Sartre: Tagebücher, S. 379 f.
67 Jean-Paul Sartre: Die Mauer, S. 20
68 Simone de Beauvoir: In den besten Jahren, S. 124
69 Jean-Paul Sartre: Tagebücher, S. 380
70 Vgl. Martin Heidegger: Sein und Zeit, vor allem § 18: «Bewandtnis und Bedeutsamkeit; die Weltlichkeit der Welt» sowie § 31: «Das Dasein als Verstehen»
71 Ebenda
72 Jean-Paul Sartre: Briefe an Simone de Beauvoir. Band 2, S. 41
73 Martin Heidegger: Sein und Zeit, S. 16
74 Ebenda, S. 128
75 Jean-Paul Sartre: Das Sein und das Nichts, S. 918
76 Ebenda, S. 923
77 Ebenda, S. 929
78 Ebenda, S. 936
79 Martin Heidegger: Sein und Zeit, S. 129
80 In einer Vorlesung im Wintersemester 1929/30 bestimmt Heidegger ‹Einsamkeit› als metaphysischen Grundbegriff; vgl. Martin Heidegger: Die Grundbegriffe der Metaphysik. Welt – Endlichkeit – Einsamkeit. GA Band 29/30. Frankfurt a. M. 1983
81 Jean-Paul Sartre: Das Sein und das Nichts, S. 836
82 Ebenda, S. 838
83 Ebenda, S. 881, S. 897
84 Ebenda, S. 745
85 Ebenda, S. 730
86 Jean-Paul Sartre: Der Ekel, S. 146
87 Jean-Paul Sartre: Das Sein und das Nichts, S. 714 f.
88 Jean-Paul Sartre: Die Wörter, S. 126
89 Jean-Paul Sartre: Das Sein und das Nichts, S. 903
90 Jürg Altwegg in der «Frankfurter Allgemeinen Zeitung» vom 9. 10. 2000
91 Vgl. Jean-Paul Sartre: Betrachtungen zur Judenfrage. In: Ders.: Drei Essays. Frankfurt a. M. 1975, S. 114
92 Jean-Paul Sartre: Das Sein und das Nichts, S. 891
93 Vgl. ebenda
94 Ebenda, S. 890
95 Ebenda, S. 896
96 Ebenda, S. 856
97 Ebenda, S. 973
98 Ebenda, S. 974
99 Zitiert nach Annie Cohen-Solal: Sartre. 1905–1980. Reinbek 1988, S. 274
100 Simone de Beauvoir: In den besten Jahren, S. 428
101 Jean-Paul Sartre: Über Merleau-Ponty. Freundschaft und Widersprüche. In: Sartre über Sartre, S. 71
102 Jean-Paul Sartre: Selbstporträt mit siebzig Jahren, S. 239 f.
103 Jean-Paul Sartre: Die Republik des Schweigens. In: Paris unter der Besatzung. Reinbek 1980, S. 37
104 Jean-Paul Sartre: Das Ende des Krieges. In: Ders.: Paris unter der Besatzung, S. 75
105 Jean-Paul Sartre: Interview mit new left review. In: Sartre über Sartre, S. 163 f.
106 G. W. F. Hegel: Wissenschaft der Logik. Theorie-Werkausgabe. Frankfurt a. M. 1970 f. Band 5, S. 49
107 Hegel: Phänomenologie des Geistes, Band 3, S. 74
108 Simone de Beauvoir. In den besten Jahren, S. 481
109 Vgl. Albert Camus: Tagebücher 1935–1951. Reinbek 1972, S. 220, S. 223
110 Jean-Paul Sartre: Der Ekel, S. 175

111 Albert Camus: Tagebücher 1935–1951, S. 212
112 Jean-Paul Sartre: Über Merleau-Ponty. Freundschaft und Widersprüche, S. 81f.
113 Ebenda, S. 90f.
114 Maurice Merleau-Ponty: Die Abenteuer der Dialektik. Frankfurt a. M. 1974, S. 187
115 Ebenda, S. 194
116 Ebenda, S. 197
117 Maurice Merleau-Ponty: Humanismus und Terror. Band 2. Frankfurt a. M. 1966, S. 62f.
118 Ebenda, S. 15
119 Ebenda, S. 16
120 Maurice Merleau-Ponty: Die Abenteuer der Dialektik, S. 197
121 Ebenda, S. 247
122 Ebenda, S. 280
123 Jean-Paul Sartre: Über Merleau-Ponty. Freundschaft und Widersprüche, S. 115
124 Simone de Beauvoir: Die Zeremonie des Abschieds, S. 187f.
125 Jean-Paul Sartre: Materialismus und Revolution. In: Ders.: Drei Essays, S. 97
126 Ebenda, S. 98
127 Ebenda, S. 101
128 Ebenda, S. 102
129 Ebenda
130 Ebenda, S. 105
131 Ebenda
132 Jean-Paul Sartre: Der Ekel, S. 135
133 Jean-Paul Sartre: Ist der Existentialismus ein Humanismus? In: Ders.: Drei Essays, S. 12f.
134 Er wurde gleich zu Anfang dieses Buches zitiert. Bei Sartre findet er sich auf Seite 761 von *Das Sein und das Nichts* in der hier zitierten Ausgabe.
135 Albert Camus: Der Mensch in der Revolte. Reinbek 1953, S. 270
136 Ebenda, S. 8
137 Ebenda, S. 27
138 Albert Camus: Brief an den Herausgeber der «Temps Modernes». In: Jean-Paul Sartre: Krieg im Frieden. Band 2. Hg. von Traugott König und Dietrich Hoß. Reinbek 1982, S. 7ff., hier S. 22
139 Ebenda
140 Ebenda, S. 24
141 Vgl. ebenda, S. 25
142 Ebenda, S. 28
143 Ebenda
144 Ebenda, S. 32
145 Ebenda, S. 34
146 Ebenda, S. 37
147 Ebenda, S. 45
148 Vgl. Jean-Paul Sartre: Albert Camus. In: Ders.: Porträts und Perspektiven. Reinbek 1971, S. 102ff.
149 Jean-Paul Sartre: Der Teufel und der liebe Gott. In: Gesammelte Dramen. Reinbek 1969, S. 363
150 Interview mit Jean-Paul Sartre. Le Monde, 18. April 1964. Deutsch veröffentlicht in: Kursbuch 1. Frankfurt a. M. 1965, S. 120ff., hier S. 120
151 Ebenda, S. 121
152 Vgl. Jean-Paul Sartre: Selbstporträt mit siebzig Jahren, S. 241f.
153 G. W. F. Hegel: Vorlesungen über die Philosophie der Geschichte. Stuttgart 1961, S. 83
154 Jean-Paul Sartre: Fragen der Methode (Marxismus und Existentialismus. Versuch einer Methodik). Reinbek 1964, S. 34
155 Ebenda, S. 29
156 Ebenda
157 Ebenda, S. 35
158 Ebenda
159 Vgl. ebenda
160 Ebenda, S. 92
161 Vgl. ebenda, S. 93
162 Ebenda, S. 144
163 Ebenda, S. 146
164 Ebenda, S. 173
165 Zitiert nach einem Artikel von Dominique Birmann in «Le Monde» vom 14. Dezember 1957. Dieser ist abgedruckt in Olivier Todd: Albert Camus. Ein Leben. Reinbek 1999
166 Simone de Beauvoir: Der Lauf der Dinge, Reinbek 1966, S. 368
167 Vgl. Jean-Paul Sartre: Kolonia-

lismus und Neokolonialismus. Reinbek 1968, und ders.: Wir sind alle Mörder. Der Kolonialismus ist ein System. Reinbek 1988
168 Jean-Paul Sartre: Kritik der dialektischen Vernunft. Reinbek 1967, S. 868f.
169 Ebenda, S. 27
170 Ebenda, S. 37
171 Ebenda, S. 72f.
172 Ebenda, S. 27
173 Ebenda, S. 138
174 Ebenda, S. 458
175 Ebenda, S. 465
176 Claude Lévi-Strauss: Das wilde Denken, Bd. 2: Mythos und Bedeutung, Frankfurt a. M. 1968, S. 160f.
177 Jean-Paul Sartre antwortet. Interview mit Bernard Pingaud. In: alternative 54, Juni 1967, S. 130f.
178 Paolo Caruso: Gespräch mit Michel Foucault. In: Michel Foucault: Von der Subversion des Wissens. Hg. von Walter Seitter. München 1974, S. 16
179 Ebenda, S. 21
180 Vgl. das Gespräch zwischen Michel Foucault und Gilles Deleuze: Die Intellektuellen und die Macht. In: Michel Foucault: Von der Subversion des Wissens, S. 128ff.
181 Vgl. Jean-Paul Sartre: Situationen. Reinbek 1965, S. 59ff.
182 Jean-Paul Sartre: Meine Gründe für die Ablehnung des Nobelpreises. In: Ders.: Was kann Literatur? Reinbek 1979, S. 69
183 Ebenda, S. 70
184 Ebenda, S. 71
185 Ebenda
186 Jean-Paul Sartre: Die Wörter, S. 144
187 Ebenda, S. 143f.
188 Ebenda, S. 144
189 Ebenda
190 Interview mit new left review, S. 175
191 Jean-Paul Sartre: Über ‹Der Idiot der Familie›. In: Was kann Literatur?, S. 157
192 Jean-Paul Sartre: Der Idiot der Familie. Gustave Flaubert 1821–1857. Band 1–5. Reinbek 1977–1980, hier Band 1, S. 334
193 Ebenda, S. 287
194 Ebenda, S. 414
195 Ebenda, S. 448
196 Ebenda, S. 573
197 Ebenda, Band 4, S. 226
198 Ebenda, Band 1, S. 487
199 Ebenda, S. 586
200 Ebenda, S. 506
201 Ebenda, Band 4, S. 27
202 Ebenda, Band 3, S. 1125
203 Ebenda
204 Ebenda, Band 1, S. 332f.
205 Ebenda, Band 4, S. 206
206 Janet Flanner: Pariser Tagebuch. 1945–1965. Hamburg, Düsseldorf 1967, S. 500
207 Machismus und Ebenbürtigkeit. In: Sartre über Sartre, S. 189
208 Ebenda
209 Interview mit new left review, S. 182f.
210 Vgl. Daniel Cohn-Bendit u. a.: Aufstand in Paris. Reinbek 1968, S. 59
211 Jean-Paul Sartre: Über ‹Der Idiot der Familie›, S. 169
212 Jean-Paul Sartre: Selbstporträt mit siebzig Jahren, S. 222
213 Ebenda, S. 220
214 Ebenda, S. 202
215 Ebenda, S. 203
216 Ebenda, S. 202
217 Jean-Paul Sartre: Die Linke neu denken. Über Hoffnung und Moral. Ein Gespräch mit Benny Lévy. In: «Freibeuter». Nr. 4. 1979, S. 49
218 Jean-Paul Sartre: Selbstporträt mit siebzig Jahren, S. 217f.
219 Jean-Paul Sartre: Die Wörter, S. 144

Zeittafel

1905 Jean-Paul Sartre wird am 21. Juni in Paris geboren, als Sohn des Marineoffiziers Jean-Baptiste Sartre und seiner Frau Anne-Marie.

1906 Der Vater stirbt. Sartres Mutter zieht mit ihrem Sohn zu ihren Eltern, Charles und Louise Schweitzer. Sartres Großvater, ein Onkel Albert Schweitzers, ist Deutschlehrer und entstammt einer elsässischen Familie liberaler Protestanten, in der der Lehrerberuf Tradition besitzt.

1915 Sartre, der bis zu seinem zehnten Lebensjahr von seinem Großvater unterrichtet wurde, besucht das Lycée Henri IV in Paris.

1917–1920 Nach der Wiederverheiratung seiner Mutter zieht Sartre mit ihr und seinem Stiefvater, dem Ingenieur Joseph Mancy, nach La Rochelle.

1920–1924 Fortsetzung der Schulbildung in Paris und Freundschaft mit Paul Nizan.

1924–1929 École normale supérieure. Kurz vor dem Staatsexamen verlieben sich Sartre und seine Kommilitonin Simone de Beauvoir.

1929–1931 Militärdienst als Meteorologe in Tours.

1931–1936 Gymnasiallehrer für Philosophie in Le Havre.

1933 Studienaufenthalt in Berlin als Stipendiat des Institut Français; Studium der Schriften von Husserl und Heidegger.

1936–1937 Veröffentlichung von *L'imagination (Die Imagination)*. Gymnasiallehrer für Philosophie in Laon.

1937–1939 Philosophielehrer in Paris am Lycée Pasteur.

1937 Veröffentlichung von *La transcendance de l'ego (Die Transzendenz des Ego)*.

1938 Veröffentlichung von *La nausée (Der Ekel)*.

1939 Veröffentlichung von *Esquisse d'une théorie des émotions (Skizze einer Theorie der Emotionen)* und der Sammlung von Erzählungen *Le mur (Die Mauer)*; im September wird Sartre zum Kriegsdienst einberufen.

1940 Veröffentlichung von *L'imaginaire (Das Imaginäre)*; Sartre gerät in deutsche Kriegsgefangenschaft und wird nach Trier gebracht.

1941 Sartre entkommt dem Lager mit Hilfe gefälschter Entlassungspapiere. Zurückgekehrt nach Paris scheitern seine Versuche, eine Widerstandsgruppe gegen die deutschen Besatzer aufzubauen. Er arbeitet wieder als Philosophielehrer.

1943 Uraufführung von *Les mouches (Die Fliegen)*; Veröffentlichung von *L'Être et le Néant (Das Sein und das Nichts)*. Sartre schreibt für die illegale Presse, er lernt Camus kennen.

1944 Uraufführung von *Huis clos (Geschlossene Gesellschaft)*.

1945 Erscheinen der ersten Nummer von «Les Temps Modernes». Im Auftrag der Zeitungen «Combat» und «Figaro» reist Sartre in die USA. Veröffentlichung von *L'âge de raison (Zeit der Reife)* und *Le sursis (Der Aufschub)*. Sartre hält im Oktober den Vortrag *Der Existentialismus ist ein Humanismus*, der ihn endgültig zu einer «intellektuellen Institution» werden lässt.

1946 Veröffentlichung von *Réflexions sur la question juive (Überlegungen zur Judenfrage)*. Uraufführung von *Morts sans sépulture (Tote ohne Begräbnis)* und *La putain respectueuse (Die respektvolle Dirne)*.

1947 Veröffentlichung von *Situations I, Baudelaire, Théâtre*,

Qu'est-ce que la littérature? (Was ist Literatur?) und *Les jeux sont faits (Das Spiel ist aus)*.

1948 Der Vatikan setzt Sartres Werke auf den «Index der verbotenen Bücher». Veröffentlichung von *Situations II*, *L'engrenage (Im Räderwerk)* und *Orphée noir (Schwarzer Orpheus)*. Sartre ist Mitbegründer des «Rassemblement démocratique révolutionnaire RDR» («Revolutionäre demokratische Sammlung»). Uraufführung von *Les mains sales (Die schmutzigen Hände)*

1949 Austritt aus dem RDR. Veröffentlichung von *La mort dans l'âme (Der Pfahl im Fleische)*, *Situations III* und *Entretiens sur la politique*.

1951 Uraufführung von *Le diable et le bon Dieu (Der Teufel und der liebe Gott)*.

1952 Veröffentlichung von *Saint Genet, comédien et martyr (Saint Genet, Komödiant und Märtyrer)* und *Les communistes et la paix (Die Kommunisten und der Frieden)*. Bruch mit Camus.

1953 Uraufführung von *Kean*.

1954 Erste Reise in die UdSSR.

1955 Uraufführung von *Nekrassov*. Reise nach China.

1956 Öffentliche Manifestationen gegen den Algerienkrieg und gegen die sowjetische Intervention in Ungarn.

1957 Veröffentlichung von *Le fantôme de Staline (Das Gespenst Stalins)*.

1959 Veröffentlichung von *Les séquestrés d'Altona (Die Eingeschlossenen von Altona)*.

1960 Veröffentlichung des ersten Bandes der *Critique de la raison dialectique (Kritik der dialektischen Vernunft)*, der zweite erscheint 1985 postum als Materialsammlung. Reise nach Kuba.

1961 Vorwort zu Frantz Fanon: «Les damnés de la terre» («Die Verdammten dieser Erde»). Bombenanschlag der OAS auf Sartres Wohnung.

1964 Veröffentlichung von *Les mots (Die Wörter)*. Sartre erhält den Nobelpreis für Literatur und lehnt ihn ab. Veröffentlichung von *Situations IV, V* und *VI*.

1965 Veröffentlichung von *Situations VII*. Uraufführung von *Les Troyennes (Die Troerinnen)*

1966/67 Reisen nach Japan, Ägypten und Israel. Vorsitzender des Russell-Tribunals.

1968 Solidarität mit der Protestbewegung vom Mai '68. Verurteilung der Intervention der Staaten des Warschauer Pakts gegen den «Prager Frühling».

1969 Demonstrationen und Interviews gegen die Repression der Bewegung des Mai '68 und gegen den Vietnamkrieg.

1970–72 Veröffentlichung der ersten drei Bände von *L'idiot de la famille (Der Idiot der Familie)*.

1973 Gründung und Herausgabe der Zeitschrift «Libération».

1974 Veröffentlichung von *On a raison de se révolter (Der Intellektuelle als Revolutionär)*. Besuch bei Andreas Baader im Gefängnis Stammheim.

1976 Uraufführung des Films *Sartre par lui-même (Sartre. Ein Film)*

1980 Unter dem Titel *L'espoir maintenant (Hoffnung jetzt)* veröffentlicht die Zeitschrift «Le Nouvel Observateur» Gespräche zwischen Sartre und Benny Lévy. Am 15. April stirbt Sartre in einem Pariser Krankenhaus.

ZEUGNISSE

Martin Heidegger

Sartre spricht dagegen den Grundsatz des Existentialismus so aus: die Existenz geht der Essenz voran. Er nimmt dabei existentia und essentia im Sinne der Metaphysik, die seit Plato sagt: Die essentia geht der existentia voraus. Sartre kehrt diesen Satz um. Aber die Umkehrung eines metaphysischen Satzes bleibt ein metaphysischer Satz. […] So kommt es denn bei der Bestimmung der Menschlichkeit des Menschen als der Ek-sistenz darauf an, daß nicht der Mensch das Wesentliche ist, sondern das Sein. […] Ob dieses Denken, gesetzt daß an einem Titel überhaupt etwas liegt, sich noch als Humanismus bezeichnen läßt? Gewiß nicht, insofern der Humanismus metaphysisch denkt. Gewiß nicht, wenn er Existentialismus ist und den Satz vertritt, den Sartre ausspricht: précisément nous sommes sur un plan où il y a seulement des hommes. […] Statt dessen wäre, von «Sein und Zeit» her gedacht, zu sagen: précisément nous sommes sur un plan où il y a principalement l'Être.
Brief über den Humanismus, 1946

Hannah Arendt

Camus hat gerade angeläutet […] Sartre et al. will ich nicht sehen; das ist sinnlos. Die haben sich ganz in ihre Theorien verkrochen und leben auf einem hegelisch eingerichteten Mond.
Brief aus Paris an ihren Mann Heinrich Blücher, 1952

Wilhelm Hausenstein, erster deutscher Botschafter in Paris nach 1945

Der philosophische Sartre nun: mir scheint, er sei für Paris und Frankreich von Übel (und übrigens für alle Welt). Der Mensch, der «die Freiheit» ist und sich in dem Grade vollendet, in dem er diese existentielle Freiheit praktiziert, nämlich ohne Bindung an ein objektives Gebot, ohne Bindung an das Wort Gottes […]: er begreift die Freiheit in einem Sinne, der einen materiellen Grundgeschmack hat, den des Mechanischen – weitab von dem Bereich der spirituellen, metaphysischen Freiheit, die dem Christen teuer ist. Die «Existenz» sodann, der «Existentialismus»: kann etwas als Programm, als Forderung verlauten, das gegeben ist?
Pariser Erinnerungen, 1957

Walter Biemel

Wenn Sartre in den verschiedenen Werken die zwischenmenschlichen Beziehungen als durch das Machtmoment bestimmt ansieht und sie deswegen zum Scheitern verurteilt, so mag das unseren Widerspruch hervorrufen. Er weist aber auf ein Geschehen hin, in dem wir mitten darin stehen, nicht nur die Einzelnen, sondern auch die Völker, und das vielleicht die fatale Bedrohung für die Menschheit darstellt – bloß wollen wir uns das nicht eingestehen. Sartre ist einer der faszinierendsten Schriftsteller unserer Zeit, keineswegs der größte, weder als Philosoph noch als Künstler – aber einer der faszinierendsten, weil in ihm etwas von der verborgenen Strömung unserer Zeit aufbricht.
Sartre, 1964

Herbert Marcuse

In einer Anmerkung zu *L'Être et le Néant* hieß es, daß eine Moral der Befreiung und Rettung möglich sei, daß sie aber eine «radikale Konversion» fordere. Sartres Schriften und Stellungnahmen in den letzten zwei Jahrzehnten sind eine solche Konversion. Reine Ontologie und Phänomenologie rezedieren vor dem Einbruch

der wirklichen Geschichte in Sartres Begriffe, der Auseinandersetzung mit dem Marxismus, der Aufnahme der Dialektik. [...] In der politisch gewordenen Philosophie wird die existentialistische Grundkonzeption gerettet durch das Bewußtsein, das dieser Realität den Kampf ansagt – in dem Wissen, daß die Realität Sieger bleibt. Wie lange? Die Frage, auf die es keine Antwort gibt, ändert nichts an der Gültigkeit der Position, die für den Denkenden heute die einzig mögliche ist. In dem großen Vorwort zu Fanons «Les Damnés de la Terre», in den Erklärungen gegen die Kolonialkriege [...] hat Sartre das Versprechen einer «Moral der Befreiung» eingelöst. Wenn er, wie er fürchtet, eine «Institution» geworden ist, so wäre es eine Institution, in der das Gewissen und die Wahrheit Zuflucht gefunden haben.
Existentialismus, Nachwort von 1965

Theodor W. Adorno

Sartre und seine Freunde, Kritiker der Gesellschaft und nicht willens, bei theoretischer Kritik sich zu bescheiden, übersahen nicht, daß der Kommunismus, überall wo er zur Macht gelangt war, als Verwaltungssystem sich eingrub. [...] Darum hat Sartre alles auf das Moment abgestellt, das von der herrschenden Praxis nicht mehr geduldet wird, nach der Sprache der Philosophie die Spontaneität. Je weniger objektive Chancen ihr die gesellschaftliche Machtverteilung bot, desto ausschließlicher hat er die Kierkegaardsche Kategorie der Entscheidung urgiert.
Negative Dialektik, 1966

Hans Mayer

Eine seiner wichtigsten Leistungen ist die Begründung seiner Zeitschrift «Les Temps Modernes», die das Modell für alle großen Zeitschriften mit Dokumentcharakter geworden ist. Ein Blatt wie das von Enzensberger begründete «Kursbuch» wäre undenkbar ohne das Modell, das Sartre und die Franzosen gegeben haben. Und wenn wir solche Werke wie das «Kursbuch» oder den «Freibeuter» nehmen [...], so ist das auf einem von Sartre begründeten Denken aufgebaut worden. Er hat sich eingemischt, aber in Form von Dokumentarberichten. Und sehen wir einmal von Stammheim und anderen wenigen Fällen ab: Ob Sartre zu Vietnam oder Algerien oder zur Judenfrage, zum Antisemitismus [...] gesprochen hat: In der Sache hat er meistens recht gehabt.
Nach dem Tode von Jean-Paul Sartre. Ein Gespräch, 1980

Hans-Georg Gadamer

Ich darf zunächst daran erinnern, daß Sartre doch wohl seit Bergson der erste große französische Denker ist, der auch in Deutschland einen echten Widerhall gehabt hat. Sein Name hat sich sehr bald mit dem Namen von Merleau-Ponty verknüpft [...], aber es war doch kein Zweifel, daß der erste Anstoß unseres Aufmerkens von Sartre her kam. Für mich war es eine besondere Herausforderung und stellte ein hermeneutisches Problem dar, daß die französischen Philosophen, auch so geniale Männer wie dieser große Schriftsteller Jean-Paul Sartre, drei deutsche Philosophen gleichzeitig und wie eigene Zeitgenossen in sich aufgenommen haben. Diese drei deutschen Denker heißen Hegel, Husserl und Heidegger. Sie sind die drei großen H, wie ich manchmal zu sagen pflege, und es ist für uns eine fast unlösbare Aufgabe, diese für uns so verschiedenartigen Denker und die Motive, die von dort aus in das Denken Sartres eingeflossen sind, zu unterscheiden und ihre gemeinsame Aussage zu erfassen.
Das Sein und das Nichts, 1987

Traugott König
Abschließend ist also zu fragen, ob sich die Paradigma- oder Referenzsysteme des Existentialismus und des Strukturalismus zueinander nicht eher komplementär verhalten als einander widersprechend und ausschließend und ob die Attacken gegen das Sartresche Denken sich nicht eher gegen einen Popanz als gegen Sartre selber richten.
Sartre und Bataille, 1987

Herbert Schnädelbach
Sartre vertritt in Wahrheit die Einheit von Marxismus und Cartesianismus, weil er sicher ist, daß die transzendentale Ontologie der Subjektivität mit ihren eigenen Mitteln und in ihrem konsequenten Vollzug die durch ihre Materialität bestimmte konkrete Person als das Prinzip der umfassenden Anthropologie zutage fördern wird. Ich behaupte, daß die Kritische Theorie Grund genug hat, Sartre an dieser Stelle aufzunehmen; ihr erkenntnistheoretisches Defizit war immer auch ein subjektivitätstheoretisches Defizit, und als solches besteht es auch nach der kommunikationstheoretischen Wende fort.
Sartre und die Frankfurter Schule, 1987

Manfred Frank
Sartre hat glänzend gezeigt, daß Hegels Theorie wechselseitiger Anerkennung nicht nur in den Zirkel sich verstrickt, sondern ihr selbstgesetztes Ziel mit den eigenen Mitteln nicht einmal erreicht. Indem sie die sinnliche Einzelheit der konkurrierenden Subjekte unter die phänomenologisch ungeeignete Kategorie des «Lebens» stellt und damit «Objektivität» und «Leben» gleichsetzt, glaubt sie, die Selbständigkeit der Freiheit dadurch sich manifestieren lassen zu können, daß diese den Tod nicht scheue.
Subjektivität und Intersubjektivität, 1991

Bibliographie

1. Bibliographien

BELKIND, ALLEN J.: Jean-Paul Sartre. Sartre and existentialism in English. A bibliographical guide. Kent, O. 1970. (The Serif Series: Bibliographies and checklists. 10)

CONTAT, MICHEL und MICHEL RYBALKA: Les écrits de Sartre. Chronologie, bibliographie commentée. Paris 1970

CONTAT, MICHEL und MICHEL RYBALKA: Sartre. Bibliographie 1980–1992. Paris 1993

GABER, GERNOT VON: A comprehensive bibliography of international theses and dissertations 1950–1985. Hürth-Efferen 1992

LAPOINTE, FRANÇOIS H.: Jean-Paul Sartre and his critics. An international bibliography (1938–1980). With the collaboration of CLAIRE LAPOINTE. Annotated and rev. 2nd ed. Ohio 1981

WILCOCKS, ROBERT: Jean-Paul Sartre. A bibliography of international criticism. Edmonton, Canada 1975

2. Werke

I. Sammelausgaben

Théâtre, Paris (Gallimard) 1962

Œuvres romanesques. Édition établie par MICHEL CONTAT et MICHEL RYBALKA avec la collaboration de GENEVIÈVE IDT et de GEORGE BAUER. Paris (Gallimard) 1982 (Bibliothèque de la Pléiade, 295)

Gesammelte Werke in Einzelausgaben. In Zusammenarbeit mit dem Autor und ARLETTE ELKAÏM-SARTRE hg. von TRAUGOTT KÖNIG. Reinbek (Rowohlt) 1978 ff.
I. Romane und Erzählungen
II. Theaterstücke
III. Drehbücher
IV. Schriften zur Literatur
V. Schriften zu Theater und Film
VI: Schriften zur bildenden Kunst und Musik
VII. Politische Schriften
VIII. Autobiographische Schriften

Gesammelte Werke. In Zusammenarbeit mit dem Autor und ARLETTE ELKAÏM-SARTRE hg. von TRAUGOTT KÖNIG. Reinbek (Rowohlt) 1986 ff.
Schriften zur Literatur. 8 Bde.
Romane und Erzählungen. 4 Bde.
Theaterstücke, Schriften zu Theater und Film. 9 Bde.
Drehbücher
Autobiographische Schriften, Briefe, Tagebücher. 6 Bde.
Philosophische Schriften I. 4 Bde.
Schriften zur bildenden Kunst und Musik. Reisen

II. Erstausgaben

a) Philosophische und politische Schriften, Schriften zur Literatur und Kunst

A. Einzelschriften

L'Imagination. Étude critique. Paris (Alcan) 1936
Die Imagination. Übers. von BERND SCHUPPENER. In: Die Transzendenz des Ego. Philosophische Essays 1931–1939. Hg. von BERND SCHUPPENER. Reinbek (Rowohlt) 1982
Esquisse d'une théorie des émotions. Paris (Hermann) 1939
Skizze einer Theorie der Emotionen. Übers. von TRAUGOTT KÖNIG. In: Die Transzendenz des Ego. Philosophische Essays 1931–1939. Hg. von BERND SCHUPPENER. Reinbek (Rowohlt) 1982
L'Imaginaire. Psychologie phénoménologue de l'imagination. Paris (Gallimard) 1940
Das Imaginäre. Phänomenologische Psychologie der Einbildungskraft. Übers. von HANS SCHÖNEBERG. Mit einem Beitrag «Sartre über Sartre». Übers. von LEONHARD ALFES. Reinbek (Rowohlt) 1971
L'Être et le Néant. Essai d'ontologie phénoménologique. Paris (Gallimard) 1943
Das Sein und das Nichts. Hg. von TRAUGOTT KÖNIG. Übers. von HANS SCHÖNEBERG und TRAUGOTT KÖNIG. Reinbek (Rowohlt) 1991
L'Existentialisme est un humanisme. Présentation et notes par ARLETTE ELKAÏM-SARTRE. Paris 1996

Der Existentialismus ist ein Humanismus. Übers. von WERNER BÖKENKAMP u. a. Reinbek (Rowohlt) 2000

Réflexions sur la question juive. Paris (Morihien) 1946

Überlegungen zur Judenfrage. Übers. von VINCENT V. WROBLEWSKY. Reinbek (Rowohlt) 1994

Explication de «L'Étranger». Scéaux (Palimugre) 1946 – Wiederabdruck in: Situations I. 1947

«Der Fremde» von Camus. In: Situationen. 1956–1965 – In: Der Mensch und die Dinge. 1978. [Vgl. Abschnitt B.]

Baudelaire. Paris (Gallimard) 1947

Baudelaire. Ein Essay. Neu hg. und mit einem Nachwort von DOLF OEHLER. Reinbek (Rowohlt) 1978

L'Homme et les choses. Paris (Seghers) 1947 – Wiederabdruck in: Situations I. 1947

Der Mensch und die Dinge. In: Der Mensch und die Dinge. 1978 [Vgl. Abschnitt B.]

Conscience de soi et connaissance de soi. In: Bulletin de la Société Française de Philosophie, XLII, 1948

Bewußtsein und Selbsterkenntnis. Die Seinsdimension des Subjekts. Übers. von MARGOT FLEISCHER und HANS SCHÖNEBERG. Reinbek (Rowohlt) 1973

Visages, précédé de Portraits officiels. Paris (Seghers) 1948

Gesichter. Offizielle Porträts. Übers. von ULI AUMÜLLER. In: Die Transzendenz des Ego. Philosophische Essays 1931–1939. Hg. von BERND SCHUPPENER. Reinbek (Rowohlt) 1982

Entretiens sur la politique. [Mit David Rousset und Gérard Rosenthal.] Paris (Gallimard) 1949

Saint Genet, comédien et martyr. Paris (Gallimard) 1952

Saint Genet, Komödiant und Märtyrer. Übers. VON URSULA DÖRRENBÄCHER. Reinbek (Rowohlt) 1982

L'Affaire Henri Martin. Paris (Gallimard) 1953

Wider das Unrecht. Die Affäre Henri Martin. Übers. von EVA MOLDENHAUER. Reinbek (Rowohlt) 1983

Critique de la raison dialectique, précédé de Question de méthode. T. 1. Théorie des ensembles pratiques. Paris (Gallimard) 1960

Kritik der dialektischen Vernunft. Bd. 1. Theorie der gesellschaftlichen Praxis. Übers. von TRAUGOTT KÖNIG. Reinbek (Rowohlt) 1967

Marxisme et existentialisme. Controverse sur la dialectique. Paris (Plon) 1962

Existentialismus und Marxismus. Eine Kontroverse zwischen Sartre, Garaudy, Hyppolite, Vigier und Orcel. Übers. von ELISABETH SCHNEIDER Frankfurt a. M. (Suhrkamp) 1965

Qu'est-ce que la littérature? [Separatdruck aus: Situations II. 1948] Paris (Gallimard) 1964

Was ist Literatur? Hg., übers. und mit einem Nachwort von TRAUGOTT KÖNIG. Reinbek (Rowohlt) 1981

La Transcendance de l'ego. Esquisse d'une description phénoménologique. [1936.] Introduction, notes et appendices par SYLVIE LE BON. Paris (Vrin) 1965

Die Transzendenz des Ego. Skizze einer phänomenologischen Beschreibung. Übers. von BERND SCHUPPENER. In: Die Transzendenz des Ego. Philosophische Essays 1931–1939. Hg. von BERND SCHUPPENER. Reinbek (Rowohlt) 1982

Questions de méthode. [Separatdruck aus: Critique de la raison dialectique. T. 1. 1960.] Paris (Gallimard) 1967 – Éd. revue et annotée par ARLETTE ELKAÏM-SARTRE. 1986

Fragen der Methode. Übers. von VINCENT VON WROBLEWSKY. Reinbek (Rowohlt) 1999

Les Communistes ont peur de la révolution. Paris (Didier) 1969 – Wiederabdruck in: Situations VIII. 1972

Die Kommunisten haben Angst vor der Revolution. In: Mai '68 und die Folgen. Bd. 1. 1974 [Vgl. Abschnitt B.]

L'Idiot de la famille. Gustave Flaubert de 1821 à 1857. 3 Bde. Paris (Gallimard) 1971–1972 – Nouv. éd. revue et corrigée. 1988

Der Idiot der Familie. Gustave Flaubert 1821–1857. Übers. von TRAUGOTT KÖNIG. 5 Bde. Reinbek (Rowohlt) 1977–1979

On a raison de se révolter. Discussions. [Mit Philippe Gavi und Pierre Victor.] Paris (Gallimard) 1974

Der Intellektuelle als Revolutionär. Streitgespräche. Übers. von ANNETTE LALLEMAND. Reinbek (Rowohlt) 1976
Cahiers pour une morale. Paris (Gallimard) 1983
Critique de la raison dialectique. T. 1. Théorie des ensembles pratiques. Questions de méthode. T. 2. L'Intelligibilité de l'histoire (inachevé). Texte établi par ARLETTE ELKAÏM-SARTRE. Nouv. éd. revue et corrigée. Paris (Gallimard) 1985
Mallarmé. La lucidité et sa face d'ombre. Texte établi et annoté par ARLETTE ELKAÏM-SARTRE. Paris (Gallimard) 1986
La Reine Albermarle ou le dernier touriste. Fragments. Paris (Gallimard) 1991
Königin Albemarle oder Der letzte Tourist. Übers. von ULI AUMÜLLER. Reinbek (Rowohlt) 1997
Vérité et Existence. Texte établi et annoté par ARLETTE ELKAÏM-SARTRE. Paris (Gallimard) 1989
Wahrheit und Existenz. Übers. von HANS SCHÖNEBERG und VINCENT VON WROBLEWSKY. Reinbek (Rowohlt) 1996

B. Sammlungen von Essays, Reden, Interviews

Situations I. Paris (Gallimard) 1947
Situations II. Paris (Gallimard) 1948
Situations III. Paris (Gallimard) 1949
Situations IV. Portraits. Paris (Gallimard) 1964
Situations V. Colonialisme et néo-colonialisme. Paris (Gallimard) 1964
Situations VI. Problèmes du marxisme, 1. Paris (Gallimard) 1964
Situations VII. Problèmes du marxisme, 2. Paris (Gallimard) 1965
Situations VIII. Autour de 68. Paris (Gallimard) 1972
Situations IX. Mélanges. Paris (Gallimard) 1972
Un théâtre de situations. Textes rassemblés, établis, présentés et annotés par MICHEL CONTAT et MICHEL RYBALKA. Paris (Gallimard) 1973
Situations X. Politique et autobiographie. Paris (Gallimard) 1976
Écrits de jeunesse. Textes rassemblés, établis, présentés et annotés par MICHEL CONTAT. Paris 1990
Brüderlichkeit und Gewalt. Ein Gespräch mit BENNY LÉVY. Berlin 1993
Drei Essays. Mit einem Nachwort von WALTER SCHMIELE. Frankfurt a. M. (Ullstein) 1960
Freundschaft und Ereignis. Begegnung mit Merleau-Ponty. Übers. von HANS-HEINZ HOLZ. Frankfurt a. M. (Insel Verlag) 1962
Situationen. Essays. Erw. Neuausg. Übers. von WERNER BÖKENKAMP, HANS GEORG BRENNER, ABELLE CHRISTALLER, GÜNTER SCHEEL und CHRISTOPH SCHWERIN. Reinbek (Rowohlt) 1965 [Vermehrt um: Über John Dos Passos und «Neunzehnhundertneunzehn». François Mauriac und die Freiheit. Jean Giraudoux und die aristotelische Philosophie. Ein neuer Mystiker. Eine grundlegende Idee der Phänomenologie Husserls: Die Intentionalität. Der Mensch und die Dinge. «Aminadab» oder Das Phantastische als Ausdrucksweise betrachtet. Individualismus und Konformismus in den Vereinigten Staaten. Amerikanische Städte. New York eine Kolonialstadt]
Porträts und Perspektiven. Übers. von ELMAR TOPHOVEN, ABELLE CHRISTALLER, GILBERT STRASMANN und HANS-HEINZ HOLZ. Reinbek (Rowohlt) 1968 [Bildnis eines Unbekannten. Der Künstler und sein Gewissen. Von Ratten und Menschen. Lebendiger Gide. Antwort an Albert Camus. Albert Camus. Paul Nizan. Merleau-Ponty. Der Eingeschlossene von Venedig. Die Gemälde Giacomettis. Der Maler ohne Vorrechte. Masson. Finger und Nicht-Finger. Ein Kapuzinerbeet. Venedig von meinem Fenster aus]
Kolonialismus und Neokolonialismus. Sieben Essays. Übers. von MONIKA KIND und TRAUGOTT KÖNIG. Reinbek (Rowohlt) 1968 [Der Kolonialismus ist ein System. «Porträt des Kolonisierten mit einer Einleitung Porträt des Kolonisators» von Albert Memmi. «Ihr seid fabelhaft». Ein Sieg. Die Analyse des Referendums. «Die Verdammten dieser Erde». Das politische Denken Patrice Lumumbas]
Der Intellektuelle und die Revolution. Übers. von IRMA REBLITZ. Neuwied

(Luchterhand) 1971 [Der Intellektuelle und die Revolution. Ein Theoretiker in Bolivien. Bürgerkrieg in Frankreich? Ein Betriebstribunal. Der Schriftsteller und die Sprache. Mythos und Wirklichkeit des Theaters. Rede vor Renault-Arbeitern] Bewußtsein und Selbsterkenntnis. Die Seinsdimension des Subjekts. Übers. von MARGOT FLEISCHER und HANS SCHÖNEBERG. Reinbek (Rowohlt) 1973 Mai '68 und die Folgen. Reden, Interviews, Aufsätze. Bd. 1. Übers. von DIETRICH LEUBE und HEINER STÜCK. Reinbek (Rowohlt) 1974 [Das Alibi. «Lassen wir uns nicht erpressen». Der Linken den Garaus machen oder sie kurieren? Heilsamer Schock. Das Bollwerk des Raymond Aron. Der neue Gedanke vom Mai 1968. Die Kommunisten haben Angst vor der Revolution. Es gibt keinen guten Gaullismus. Der Erzählungsband «Die Mauer» am Gymnasium. Die geprellte Jugend. Massen, Spontaneität, Partei. Das brasilianische Volk im Kreuzfeuer seiner Bourgeoisie. Der Fall Geismar. «Die Dritte Welt beginnt am Stadtrand». Die ganze Wahrheit. Erklärung auf der Pressekonferenz des «Komitees zur Befreiung der inhaftierten Soldaten» am 27. Januar 1970. Erstes Volkstribunal in Lens] Mai '68 und die Folgen. Reden, Interviews, Aufsätze. Bd. 2. Übers. von DIETRICH LEUBE, TRAUGOTT KÖNIG, LEONHARD ALFES und HILDA VON BORN-PILSACH. Reinbek (Rowohlt) 1975 [Plädoyer für die Intellektuellen. L' Ami du peuple. Die Anthropologie. «Sartre über Sartre». Palmiro Togliatti. Das singulare Universale. Der Sozialismus, der aus der Kälte kam] Sartre über Sartre. Hg. von TRAUGOTT KÖNIG. Übers. von GILBERT STRASMANN, EDMOND LUTRAND, HANS-HEINZ HOLZ, ANNETTE LALLEMAND, LEONHARD ALFES und PETER ASCHNER. Reinbek (Rowohlt) 1977 [«Was brauchen wir eine Kassandra?»: Über Paul Nizan. Den Tod im Herzen: Tagebuchfragment aus dem Jahre 1940. Freundschaft und Widersprüche: Über Maurice Merleau-Ponty. «Wir müssen unsere eigenen Werte schaffen»: Ein «Playboy»-Interview über philosophische und literarische Fragen. Sartre über Sartre: Interview. Machismus und Ebenbürtigkeit: Simone de Beauvoir befragt Jean-Paul Sartre zur Frauenbewegung. Selbstporträt mit siebzig Jahren] Der Mensch und die Dinge. Aufsätze zur Literatur 1938–1946. Hg. und mit einem Nachwort von LOTHAR BAIER. Übers. von LOTHAR BAIER, WERNER BÖKENKAMP, HANS GEORG BRENNER, ABELLE CHRISTALLER, GÜNTHER SCHEEL und CHRISTOPH SCHWERIN. Reinbek (Rowohlt) 1978 [«Sartoris» von William Faulkner. Über John Dos Passos und «Neunzehnhundertneunzehn». «Die Verschwörung» von Paul Nizan. François Mauriac und die Freiheit. Vladimir Nabokov, «Verzweiflung». Denis de Rougemont, «Die Liebe im Abendland». «Der leuchtende Strom» von Charles Morgan. Die Zeitlichkeit bei William Faulkner. Jean Giraudoux und die aristotelische Philosophie. «Moby Dick» von Herman Melville. «Der Fremde» von Camus. Drieu La Rochelle oder Der Selbsthaß. «Aminadab» oder Das Phantastische als Sprache. Der Mensch und die Dinge. Der gefesselte Mensch. Vorstellung von «Les Temps Modernes». Die Nationalisierung der Literatur. Für seine Epoche schreiben] Was kann Literatur? Interviews, Reden, Texte 1960–1976. Hg. und mit einem Nachwort von TRAUGOTT KÖNIG. Übers. von STEPHAN HERMLIN, TRAUGOTT KÖNIG, JOACHIM OZDOBA und HELMUT SCHEFFEL. Reinbek (Rowohlt) 1979 [Literatur als Engagement für das Ganze. Die Abrüstung der Kultur. Bilanz und Vorspiel für einen Dialog zwischen den Schriftstellern in Ost und West. Alle Künste sind realistisch. Was bedeutet Literatur in einer Welt, die hungert? Meine Gründe für die Ablehnung des

Nobelpreises. Was kann die Literatur? Taschenbuchkultur und Massenkultur. Avantgarde? Wovon und von wem? Der Schriftsteller und seine Sprache. Ich – Du – Er: Ein exemplarischer Roman über das notwendige Scheitern der «realistischen» Erzähltechniken. Über «Der Idiot der Familie». Ein exemplarischer Roman über den Kolonialkrieg. Über die geplante Fortsetzung von «Der Idiot der Familie»]

Mythos und Realität des Theaters. Schriften zu Theater und Film 1931–1970. Übers. von KLAUS VÖLKER. Reinbek (Rowohlt) 1979 [Zum Dramenstil. Mythen schaffen. Für ein Situationstheater. Volkstheater und bürgerliches Theater. Brecht und die Klassiker. Wenn die Polizei dreimal klopft ... Autor, Werk und Publikum. Episches Theater und dramatisches Theater. «Soledad» von Colette Audry. Gespräch mit Kenneth Tynan. Georges Michel, «La promenade du dimanche». Mythos und Realität des Theaters. Die kinematographische Kunst. Ein Film für die Zeit nach dem Krieg. Hollywood 1945. Wenn Hollywood Problemfilme macht: «Citizen Kane» von Orson Welles. Diskussion für die Kritik an «Iwans Kindheit» von Andrej Tarkowskij. Der Film schenkt uns seine erste Tragödie: «Die Abgründe» von Nico Papatakis]

Paris unter der Besatzung. Artikel, Reportagen, Aufsätze 1944–1945. Hg., übers. und mit einem Nachwort von HANNS GRÖSSEL. Reinbek (Rowohlt) 1980 [Ein Sparziergänger im aufständischen Paris. Die Republik des Schweigens. Paris unter der Besatzung. Die Befreiung von Paris: Eine Woche der Apokalypse. Was ist ein Kollaborateur? Das Ende des Krieges]

Die Transzendenz des Ego. Philosophische Essays 1931–1939. Hg. und mit einem Nachwort von BERND SCHUPPENER. Übers. von ULI AUMÜLLER, TRAUGOTT KÖNIG und BERND SCHUPPENER. Reinbek (Rowohlt) 1982 [Legende der Wahrheit. Eine fundamentale Idee der Phänomenologie Husserls: die Intentionalität. Die Transzendenz des Ego. Die Imagination. Skizze einer Theorie der Emotionen. Offizielle Porträts. Gesichter]

Krieg im Frieden 1. Artikel. Aufrufe, Pamphlete 1948–1954. Hg. von TRAUGOTT KÖNIG. Übers. VON EVA MOLDENHAUER. Reinbek (Rowohlt) 1982 [Der Krieg und die Angst: Aufruf des Komitees für das Rassemblement Démocratique Révolutionnaire. Hunger im Bauch – Freiheit im Herzen. Wir brauchen den Frieden, um die Welt zu erneuern. Geburt Israels. Die Tage unseres Lebens. «La fin de l'espoir». Falsche Wissenschaftler oder falsche Hasen. Sind wir in der Demokratie? Die Kommunisten und der Frieden]

Krieg im Frieden 2. Reden, Polemiken, Stellungnahmen 1952 bis 1956. Hg. von TRAUGOTT KÖNIG und DIETRICH HOSS. Übers. von ABELLE CHRISTALLER, DIETRICH HOSS, TRAUGOTT KÖNIG und EVA MOLDENHAUER. Reinbek (Rowohlt) 1982 [Albert Camus, Brief an den Herausgeber der «Temps Modernes». Antwort an Albert Camus. Rede bei der Eröffnung des Weltfriedenskongresses in Wien. Was ich in Wien gesehen habe, ist der Frieden. Der Wiener Kongreß. Claude Lefort, Der Marxismus und Sartre. Antwort an Claude Lefort. Die tollwütigen Tiere. Operation «Kanapa». Julius Fučik. Der Reformismus und die Fetische. Pierre Naville, Die Mißgeschicke Nekrassows. Antworten an Pierre Naville. Das Gespenst Stalins]

Mallarmés Engagement. Hg. und übers. von TRAUGOTT KÖNIG. Reinbek (Rowohlt) 1983 [Mallarmés Engagement. Mallarmé (1842–1898)]

Schwarze und weiße Literatur. Aufsätze zur Literatur 1946–1960. Hg. und mit einen Nachwort von TRAUGOTT KÖNIG. Übers. von TRAUGOTT KÖNIG, GILBERT STRASMANN und ELMAR TOPHOVEN. Reinbek (Rowohlt) 1984 [Neue Literatur in Frankreich. Die Verantwortlichkeit des Schriftstellers. Schwarzer Orpheus. Nathalie Sarraute, «Portrait eines Unbekannten». Verteidigung der französischen Kultur durch die europäische Kultur. Von der Berufung zum Schriftsteller. Lebendiger Gide. Von Ratten und Menschen. Albert Camus]

Sartre. Hg. von THOMAS H. MACHO. München (dtv) 1998

Sartre Lesebuch. Den Menschen erfinden. Hg. von TRAUGOTT KÖNIG. Reinbek (Rowohlt) 1986

Wir sind alle Mörder. Der Kolonialismus ist ein System. Artikel, Reden, Interviews 1947–1967. Hg. von TRAUGOTT KÖNIG. Übers. von MONIKA KIND, TRAUGOTT KÖNIG und EVA MOLDENHAUER. Reinbek (Rowohlt) 1988 [Schwarze Präsenz. Der Kolonialismus ist ein System. «Der Kolonisator und der Kolonisierte» von Albert Memmi. «Ihr seid fabelhaft». Wir sind alle Mörder. Ein Sieg: Über «Die Folter» von Henri Alleg. «Der Prätendent». Die Verfassung der Verachtung. Die Frösche, die einen König haben wollen. Über den Nationalismus der algerischen Befreiungsfront und der französischen Linken. Erklärung über das Recht zum Ungehorsam im Algerienkrieg (Manifest der 121). Brief an das Militärgericht. Die Analyse des Referendums. Die Schlafwandler. «Die Verdammten dieser Erde» von Frantz Fanon. Das politische Denken Patrice Lumumbas. «Eine Diskussion ist nicht mehr möglich». Ein Amerikaner widerspricht Sartre. Sartre antwortet. Das Verbrechen. Brief an den Präsidenten der Republik. Antwort des Präsidenten der Republik. Sartre an de Gaulle. Russell-Tribunal: Eröffnungsrede. Antwort an Dean Rusk. Zwölf Menschen ohne Zorn. Von Nürnberg nach Stockholm. Der Völkermord]

b) Romane

La Nausée. Paris (Gallimard) 1938

Der Ekel. Erste vollst. Ausg. Übers. von ULI AUMÜLLER. Reinbek (Rowohlt) 1981

L'Âge de raison. (Les Chemins de la liberté. T. 1.) Paris (Gallimard) 1945

Zeit der Reife. (Die Wege der Freiheit. Bd. 1) Übers. von ULI AUMÜLLER. Reinbek (Rowohlt) 1986

Le Sursis. (Les Chemins de la liberté. T. 2.) Paris (Gallimard) 1945

Der Aufschub. (Die Wege der Freiheit. Bd. 2.) Übers. von ULI AUMÜLLER. Reinbek (Rowohlt) 1987

La Mort dans l'âme. (Les Chemins de la liberté. T. 3.) Paris (Gallimard) 1949

Der Pfahl im Fleische. (Die Wege der Freiheit. Bd. 3.) Übers. von ULI AUMÜLLER. Reinbek (Rowohlt) 1988

La Dernière chance. (Les Chemins de la liberté. T. 4.) Paris (Gallimard) 1981

Die letzte Chance. (Die Wege der Freiheit. Bd. 4.) Übers. von ULI AUMÜLLER. Mit einem Nachwort von MICHEL CONTAT zum gesamten Romanzyklus «Die Wege der Freiheit». Reinbek (Rowohlt) 1986

Journal de Mathieu. In: Les Temps Modernes 434 (1982), S. 449–475

Mathieus Tagebuch. Übers. von ANDREA SPINGLER. In: MARIUS PERRIN: Mit Sartre im deutschen Kriegsgefangenenlager. Reinbek (Rowohlt) 1983

c) Erzählungen

Le Mur. Paris (Gallimard) 1939

Die Kindheit eines Chefs. Gesammelte Erzählungen. Übers. von ULI AUMÜLLER. Reinbek (Rowohlt) 1983 [Die Wand. Das Zimmer. Herostrat. Intimität. Die Kindheit eines Chefs]

d) Theaterstücke

Les Mouches. Paris (Gallimard) 1943

Die Fliegen. Übers. von TRAUGOTT KÖNIG. In: Bariona oder Der Sohn des Donners. Die Fliegen. Reinbek (Rowohlt) 1991

Huis clos. Paris (Gallimard) 1945

Geschlossene Gesellschaft. Übers. von TRAUGOTT KÖNIG. Reinbek (Rowohlt) 1986

Morts sans sépulture. Lausanne (Marguerat) 1946

Tote ohne Begräbnis. Übers. von TRAUGOTT KÖNIG. Reinbek (Rowohlt) 1988

La Putain respectueuse. Paris (Nagel) 1946

Die respektvolle Dirne. Übers. von ANDREA

SPINGLER. Reinbek (Rowohlt) 1987
Les Mains sales. Paris (Gallimard) 1948
Die schmutzigen Hände. Übers. von EVA GROEPLER. Reinbek (Rowohlt) 1989
Le Diable et le bon Dieu. Paris (Gallimard) 1951
Der Teufel und der liebe Gott. Übers. von ULI AUMÜLLER. Reinbek (Rowohlt) 1991
Kean. (Adaptation de la comédie d'Alexandre Dumas.) Paris (Gallimard) 1954
Kean oder Unordnung und Genie. Ein Stück nach Alexandre Dumas. Übers. von ULI AUMÜLLER. Reinbek (Rowohlt) 1993
Nekrassov. Paris (Gallimard) 1956
Nekrassow. Übers. von SUSANNE LEPSIUS und WILLI WOLFRADT. Hamburg (Rowohlt) 1956
Les Séquestrés d'Altona. Paris (Gallimard) 1960
Die Eingeschlossenen von Altona. Stück in fünf Akten. Übers. von TRAUGOTT KÖNIG. Reinbek (Rowohlt) 1987
Euripide: Les Troyennes. Adaptation. Paris (Gallimard) 1965
Die Troerinnen des Euripides. Übers. von HANS MAYER. In: Gesammelte Dramen. Reinbek (Rowohlt) 1969
Bariona, ou le Fils du tonnerre. In: MICHEL CONTAT und MICHEL RYBALKA, Les écrits de Sartre. Paris (Gallimard), 1970, S. 565–633
Bariona oder Der Sohn des Donners. Übers. von ANDREA SPINGLER. In: MARIUS PERRIN: Mit Sartre im deutschen Kriegsgefangenenlager. Reinbek (Rowohlt) 1983, S. 155–216 – Neuausg. In: Bariona oder Der Sohn des Donners. Die Fliegen. Reinbek (Rowohlt) 1991

e) Drehbücher

Les Jeux sont faits. Paris (Nagel) 1947
Das Spiel ist aus. Übers. von ALFRED DÜRR. Hamburg (Rowohlt) 1952
L'Engrenage. Paris (Nagel) 1948
Im Räderwerk. Übers. von EVA GROEPLER. Reinbek (Rowohlt) 1989
Le Scénario Freud. Paris (Gallimard) 1984
Freud. Das Drehbuch. Übers. von TRAUGOTT KÖNIG unter Mitarbeit von JUDITH KLEIN. Reinbek (Rowohlt) 1993

f) Autobiographische Schriften, Tagebücher, Briefe

Les Mots. Paris (Gallimard) 1964
Die Wörter. Übers. und mit einer Nachbemerkung von HANS MAYER. Reinbek (Rowohlt) 1965
Les Carnets de la drôle de guerre. Septembre 1939 – Mars 1940. Hg. von ARLETTE ELKAÏM-SARTRE. (Nouvelle édition augmentée d'un carnet inédit.) Paris (Gallimard) 1995
Tagebücher. November 1939 bis März 1940. Übers. von EVA MOLDENHAUER. Reinbek (Rowohlt) 1984
Lettres au Castor et à quelques autres. Éd., établie, prés. et annotée par SIMONE DE BEAUVOIR. T. 1: 1926–1939. T. 2: 1940–1963. Paris (Gallimard) 1983
Briefe an Simone de Beauvoir und andere. Hg. von SIMONE DE BEAUVOIR. Übers. von ANDREA SPINGLER. Bd. 1: 1926–1939, Bd. 2: 1940–1963. Reinbek (Rowohlt) 1984–1985

g) Von Sartre herausgegebene Zeitschriften

Les Temps Modernes. Revue mensuelle. Année 1–35. Paris 1945–1980

3. Lebenszeugnisse

ALTWEGG, JÜRG (Hg.): Tod eines Philosophen. Jean-Paul Sartre, Symbol einer unvollendeten Epoche. Bern 1981
BEAUVOIR, SIMONE DE: Mémoires d'une jeune fille rangée. Paris 1958
–: Memoiren einer Tochter aus gutem Hause. Reinbek (Rowohlt) 1960
–: La Force de l'âge. Paris 1960
–: In den besten Jahren. Reinbek (Rowohlt) 1961
–: La Force des choses. Paris 1963
–: Der Lauf der Dinge. Reinbek (Rowohlt) 1966
–: Tout compte fait. Paris 1972
–: Alles in allem. Reinbek (Rowohlt) 1974
–: La Cérémonie des adieux, suivi de Entretiens avec Sartre, août – septembre 1974. Paris 1981
–: Die Zeremonie des Abschieds und Gespräche mit Jean-Paul Sartre. August – September 1974. Reinbek (Rowohlt) 1983
BEN GALI, ELY: Mardi

chez Sartre, un Hébreu à Paris (1967–79). Paris 1992
BOSCHETTI, ANNA: Sartre et les «Temps Modernes». Paris 1985
CELEUX, ANNE-MARIE: Jean-Paul Sartre, Simone de Beauvoir. Une expérience commune. Paris 1986.
FRANCIS, CLAUDE, und FERNANDE GONTIER: Simone de Beauvoir. Paris 1985
–: Simone de Beauvoir. Die Biographie. Weinheim (Beltz) 1986 – Neuausg.: Reinbek (Rowohlt) 1989
GARCIA, CLAUDINE: Un écrivain à la une. Étude des articles de presse parus à la mort de Sartre. In: Pratiques 27 (1980), S. 41–60
GERASSI, JOHN: Hated conscience of his century. The University of Chicago Press 1989
MADSEN, AXEL: Hearts and minds. The common journey of Simone de Beauvoir and Jean-Paul Sartre. New York 1977
–: Jean-Paul Sartre und Simone de Beauvoir. Die Geschichte einer ungewöhnlichen Liebe. Düsseldorf 1980. – Neuausg.: Reinbek (Rowohlt) 1982
MICHEL, GEORGES: Mes années Sartre. Histoire d'une amitié. Paris 1981
PACALY, JOSETTE: Sartre au miroir. Paris 1980
PERRIN, MARIUS: Avec Sartre au Stalag 12D. Paris 1980
–: Mit Sartre im deutschen Kriegsgefangenenlager. Übers. von ANDREA SPINGLER. Reinbek (Rowohlt) 1983
Sartre par lui-même. Un film réalisé par ALEXANDRE ASTRUC et MICHEL CONTAT. Paris 1977
Sartre. Ein Film von ALEXANDRE ASTRUC und MICHEL CONTAT. Übers. von LINDE BIRK. Reinbek (Rowohlt) 1977
Sartre. Images d'une vie. Photos réunies par LILIANE SENDYK-SIEGEL. Commentaires de SIMONE DE BEAUVOIR. Paris 1978
SICARD, MICHEL: Essais sur Sartre. Entretiens avec Sartre (1975–79) Paris 1989.
SIEGEL, LILIANE: La clandestine. Paris 1988.
–: Mein Leben mit Sartre. Düsseldorf 1989

4. Gesamtdarstellungen

COHEN-SOLAL, ANNIE: Sartre. Paris 1985
–: Sartre. 1905–1980. Reinbek (Rowohlt) 1988
DANTO, ARTHUR C.: Sartre. Göttingen (Steidl) 1986
HAYMAN, RONALD: Writing against. A Biography of Sartre. London 1986. Dt. Sartre. Leben und Werk. München (Heyne) 1988
HENGELBROCK, JÜRGEN: Jean-Paul Sartre. Freiheit als Notwendigkeit. Einführung in das philosophische Werk. Freiburg i. B. 1989
MÖBUSS, SUSANNE: Sartre. Freiburg (Herder) 2000
SUHR, MARTIN: Sartre zur Einführung. Mit einem Beitrag von RUPERT NEUDECK. Hamburg 1987

5. Aufsatzsammlungen, Sonderhefte von Zeitschriften

Autour de Jean-Paul Sartre. Littérature et psychologie. Introduction de PIERRE VERSTRAETEN. Paris 1981. (Idées 438)
Das Sartre Jahrbuch. Hg. von RAINER E. ZIMMERMANN, Münster 1990 – Münster 1991
HARTH, HELENE und VOLKER ROLOFF (Hg.): Literarische Diskurse des Existentialismus. Tübingen 1986 (Romanica et Comparatistica. 5) [Sartre: S. 9–128; 191–209]
KÖNIG, TRAUGOTT (Hg.): Sartre. Ein Kongreß. Reinbek (Rowohlt) 1988
MAYER, HANS: Anmerkungen zu Sartre. Pfullingen 1972 (Opuscula 29)
Obliques. No. 18/19: Sartre. Dirigé par MICHEL SICARD, Paris 1979
Obliques. No. 24/25: Sartre et les arts. Dirigé par MICHEL SICARD. Paris 1981
Revue d'esthétique. NS., no. 2: Sartre – Barthes. Prés. par MIKEL DUFRENNE. Toulouse 1981
Revue internationale de philosophie. Vol. 39, no. 152/153: Jean-Paul Sartre. Bruxelles 1985
SICARD, MICHEL: Essais sur Sartre. Paris 1989
Sur les écrits posthumes de Sartre. Prés. de PIERRE VERSTRAETEN. Bruxelles 1987
The French Review. Vol. 55, no. 7: Sartre and biography. Ed. by STIRLING HAIG […] Champaign 1982
The philosophy of Jean-

Paul Sartre. Ed. by PAUL A. SCHILPP. La Salle 1981 (The library of living philosophers. 16)

Yale French Studies, No. 68: Sartre after Sartre. Ed. by FREDRIC JAMESON. New Haven 1985

ZIMMERMANN, RAINER E. (Hg.): Jean-Paul Sartre. Kongreß. Frankfurt a. M. 1988, Cuxhaven 1989 (Denker des 20. Jahrhunderts. 1)

6. Untersuchungen

a) Zu Philosophie und Politik

AMÉRY, JEAN: Sartres Engagement. In: AMÉRY, Macht und Ohnmacht der Intellektuellen. Hamburg 1968, S. 70–90

AMÉRY, JEAN: Sartre. Größe und Scheitern. In: Merkur 28 (1974), S. 1123–1137

ARON, RAYMOND: Histoire et dialectique de la violence. Paris 1973

AUDREY, COLETTE: Jean-Paul Sartre et la réalité humaine. Paris 1966 (Philosophes de tous les temps. 23)

BUBNER, RÜDIGER: Phänomenologie, Reflexion und Cartesianische Existenz. Zu Jean-Paul Sartres Begriff des Bewußtseins. Diss. Heidelberg 1964

DORNBERG, MARTIN: Gewalt und Subjekt. Eine kritische Untersuchung zum Subjektbegriff in der Philosophie Jean-Paul Sartres. Würzburg 1989

FOWNET-BETANCOURT, RAÚL: Philosophie der Befreiung. Die phänomenologische Ontologie bei Jean-Paul Sartre. Frankfurt a. M. 1983

GÖRLAND, INGTRAUD: Die konkrete Freiheit des Individuums bei Hegel und Sartre. Frankfurt a. M. 1978

HARTMANN, KLAUS: Grundzüge der Ontologie Sartres in ihrem Verhältnis zu Hegels Logik. Eine Untersuchung zu «L' Être et le Néant». Berlin 1963 – Wiederabdruck in: HARTMANN, Die Philosophie Sartres. Berlin 1983

HARTMANN, KLAUS: Sartres Sozialphilosophie. Eine Untersuchung zur «Critique de la raison dialectique». Berlin 1966 – Wiederabdruck in: HARTMANN, Die Philosophie Sartres. Berlin 1983

HAUG, WOLFGANG FRITZ: Jean-Paul Sartre und die Konstruktion des Absurden. Frankfurt a. M. 1966. 2. überarb. Aufl. u. d. T.: Kritik des Absurdismus. Köln 1976 (Kleine Bibliothek. 77)

HOLZ, HANS HEINZ: Jean-Paul Sartre. Darstellung und Kritik seiner Philosophie. LT Meisenheim/Glan 1951

HOMBACH, DIETER: Die Grundlegung der Dialektik. Jean-Paul Sartre als Initiator einer freien Praxis. Frankfurt a. M. 1980 (Europäische Hochschulschriften. 20, 52)

JEANSON, FRANCIS: Le problème moral et la pensée de Sartre. Paris 1947

KAUFMANN, EMIL: Macht und Arbeit. Jean-Paul Sartre und die europäische Neuzeit. Würzburg 1988 (Traditionserkenntnis und Zeitkritik. 1)

KEMPSKI, JÜRGEN V.: Sartres «Wahrheit» vom Menschen. In: KEMPSKI, Brechungen. Kritische Versuche zur Philosophie der Gegenwart. Reinbek (Rowohlt) 1964

KOECHLIN, HEINER: Freiheit und Geschichte in der Kontroverse zwischen Albert Camus und Jean-Paul Sartre. Ein Vortrag. Basel 1985

KÖNIG, TRAUGOTT: Sartres Begriff des Engagements. In: Neue Rundschau (1980), S. 39–62

KROSIGK, FRIEDRICH VON: Philosophie und politische Aktion bei Jean-Paul Sartre. München 1969 (Münchner Studien zur Politik. 11)

LAING, RONALD D., und DAVID D. COOPER: Reason and violence. A decade of Sartre's philosophy, 1950–1960. London 1964. – Rev. Neuausg.: 1971

–: Vernunft und Gewalt. Drei Kommentare zu Sartres Philosophie, 1950–1960. Frankfurt a. M. (Suhrkamp) 1973

LÉVY, BENNY: Le nom de l'homme. Dialogue avec Sartre. Lagrasse 1984

LUKÁCS, GEORGES: Sartre contre Marx. In: LUKÁCS, Existentialisme ou marxisme? Paris 1948. S. 141–160. Dt. in: LUKÁCS: Existentialismus oder Marxismus? Berlin 1951

MALER, EDUARD: Sartres Individualitätshermeneutik. München 1986

MARCUSE, HERBERT: Existentialismus. Bemer-

kungen zu Jean-Paul Sartres «L'Être et le Néant». In: Sinn und Form 1 (1950), S. 50–82 – Wiederabdruck in: MARCUSE, Kultur und Gesellschaft. Bd. 2. Frankfurt a. M. 1965, S. 44–84
MERLEAU-PONTY, MAURICE: Les aventures de la dialectique. Paris 1955 [Darin: Jean-Paul Sartre, S. 131–237] –: Die Abenteuer der Dialektik. Frankfurt a. M. 1968 [Darin: Sartre und der Ultra-Bolschewismus, S. 115–244]
NEUDECK, RUPERT: Die politische Ethik bei Sartre und Albert Camus. Bonn 1975 (Studien zur französischen Philosophie des 20. Jahrhunderts. 4)
SCHAFF, ADAM: Marx oder Sartre. Versuch einer Philosophie des Menschen. Wien 1964
SCHUPPENER, BERND MARTIN: Phänomenologie und Dialektik in Sartres «L'Être et le Néant». Seins- und werttheoretische Untersuchungen zum Problem der Reflexionsimitation. Diss. Mainz 1980
SEEL, GERHARD: Sartres Dialektik. Zur Methode und Begründung seiner Philosophie unter besonderer Berücksichtigung der Subjekt-, Zeit- und Werttheorie. Bonn 1971 (Abhandlungen z. Philosophie, Psychologie und Pädagogik. 68)
SPOERRI, THEOPHIL: Aufruf zum Widerstand. Die Herausforderung Jean-Paul Sartres. Konstanz 1965 (Reflexion. 4)
THEUNISSEN, MICHAEL: Der Andere. Studien zur Sozialontologie der Gegenwart. Berlin 1965
THEUNISSEN, MICHAEL: Sartres negationstheoretische Ontologie der Zeit und Phänomenologie der Zeitdimensionen. In: Negative Theologie der Zeit. Frankfurt a. M. 1991
THYSSEN, JOHANNES: Sartre und das alte Problem der Willensfreiheit. In: Erkenntnis und Verantwortung. Festschrift für Theodor Litt. Hg. von JOSEPH DERBOLAV und FRIEDHELM NICOLIN. Düsseldorf 1960
TURKI, MOHAMED: Freiheit und Befreiung. Zur Dialektik philosophischer Praxis bei Sartre. Bochum 1986
WAELHENS, ALPHONSE DE: Sartre et la raison dialectique. In: Revue philosophique de Louvain 50 (1962), S. 79–99
WALDENFELS, BERNHARD: Phänomenologie in Frankreich. Frankfurt a. M. (Suhrkamp) 1983
WERNER, ERIC: De la violence au totalitarisme. Essai sur la pensée de Camus et de Sartre, Paris 1972
WITTMAN, HEINER: Von Wols zu Tintoretto. Sartre zwischen Kunst und Philosophie. Frankfurt a. M. 1987 (Bonner romanistische Arbeiten. 24)
WROBLEWSKY, VINCENT VON: Sartre. Theorie und Praxis eines Engagements. Berlin 1977
ZEHM, GÜNTER ALBRECHT: Historische Vernunft und direkte Aktion. Zur Politik und Philosophie Jean-Paul Sartres. Stuttgart 1964 (Frankfurter Studien zur Wissenschaft der Politik. 1)

b) Zur Ästhetik und Literaturkritik

BATAILLE, GEORGES: La littérature et le mal. Paris 1957 [Darin: Baudelaire «mis à nu». L' Analyse de Sartre et l'essence de la poésie, S. 35–68 – Genet et Sartre, S. 197–244] – Dt.: Die Literatur und das Böse. München 1987
CLERC, JEANNE-MARIE: La place du cinéma dans les études littéraires de Sartre. In: Recherches sur l'histoire de la poétique. Études publ. par MARC-MATHIEU MÜNCH. Bern 1984
DAHLHAUS, REINHARD: Subjektivität und Literatur. Sartres Literaturästhetik. Köln 1986 (Janus-Wissenschaft. 7)
KÖNIG, TRAUGOTT: Sartre über Mallarmé. In: Neue Rundschau 94 (1983)
LAUX, THOMAS: Kritik der bürgerlichen Vernunft. Zu Sartres «Critique littéraire» und der Funktion der Intellektuellen. Frankfurt a. M. 1988 (Literaturwissenschaft – Theorie und Geschichte. 7)
LESCH, WALTER: Imagination und Moral. Interferenzen von Ästhetik, Ethik und Religionskritik in Sartres Literaturverständnis. Würzburg 1989 (Epistemata. Reihe Philosophie. 63)
MERKS-LEINEN, GABRIELE: Literaturbegriff und Bewußtseinstheorie. Zur Bestimmung der Literatur bei Sartre. Bonn 1976 (Studien zur französischen Philoso-

phie des 20. Jahrhunderts. 2)
MÜLLER-LISSNER, ADELHEID: Sartre als Biograph Flauberts. Zu Zielen und Methoden von «L'Idiot de la famille». Bonn 1977 (Studien zur französischen Philosophie des 20. Jahrhunderts. 7)
ROLOFF, VOLKER: Rôle, jeu, projet littéraire. Der Rollenbegriff Sartres im Schnittpunkt von Literaturpsychologie und Literatursoziologie. In: Psychoanalytische Literaturwissenschaft und Literatursoziologie. Hg. von HENNING KRAUSS und REINHARD WOLFF. Frankfurt a. M. 1981 (Literatur und Psychologie. 7)
SÄNDIG, BRIGITTE: Was vermag der Romancier? Sartres Polemik gegen Mauriac aus dem Jahre 1939. In: Beiträge zur romanischen Philologie 18 (1979)
Sartres Flaubert lesen. Essays zu «Der Idiot der Familie». Hg. von TRAUGOTT KÖNIG. Reinbek (Rowohlt) 1980
SCHMIDT-SCHWEDA, DIETLINDE: Werden und Wirken des Kunstwerks. Untersuchungen zur Kunsttheorie Jean-Paul Sartres. Meisenheim a. Gl. 1975 (Zeitschrift für philosophische Forschung. Beiheft 32)
SCHMITT, CHRISTIAN: Mensch und Sprache. Zur Darstellung des Sprachproblems bei Sartre. In: Romanistisches Jahrbuch 30 (1979), S. 17–42
SEVENICH, GABRIELE: «Wechselseitigkeit durch das Wort». Zur Sprachtheorie in Sartres «Flaubert». In: Deutsche Vierteljahrsschrift für Literaturwissenschaft und Geistesgeschichte 56 (1982)
WANNICKE, RAINER: Beschwörungstänze. Jean-Paul Sartres Hagiographie Genets. In: Das Heilige. Seine Spur in der Moderne. Hg. von DIETMAR KAMPER und CHRISTOPH WULF. Frankfurt a. M. 1987

c) Zu den literarischen Werken

BENSIMON, MARC: «Nekrassov» ou l'antithéâtre. In: French Review 31 (1957)
BERLINGER, RUDOLPH: Sartres Existenzerfahrung. Ein Anlaß zu philosophischer Nachdenklichkeit. Würzburg 1982
CONTAT, MICHEL: Explication des «Séquestrés d'Altona» de Sartre. Paris 1968 (Archives des lettres modernes. 89)
FRANK, MANFRED: Archäologie des Individuums. Zur Hermeneutik von Sartres «Flaubert». In: FRANK, Das Sagbare und das Unsagbare. Studien zur neuesten französischen Hermeneutik und Texttheorie. Frankfurt a. M. (Suhrkamp) 1980
GALSTER, INGRID: Le théâtre de Jean-Paul Sartre devant ses premiers critiques. T. 1. Les pièces créées sous l'occupation allemande: «Les Mouches» et «Huis clos». Tübingen 1985
HIERSE, WOLFGANG: Jean-Paul Sartre. Das dramatische Werk. Bd. 1–2. Hollfeld/Obf.
1986–1988. (Analysen und Reflexionen. S. 58; 63)
IDT, GENEVIÈVE: «La Nausée» de Sartre. Analyse critique. Paris 1971 (Profil d'une œuvre. 18)
IDT, GENEVIÈVE: «Le Mur» de Jean-Paul Sartre. Techniques et contexte d'une provocation. Paris 1972
KRAUSS, HENNING: «Bariona». Sartres Theaterauffassung im Spiegel seines ersten Dramas. In: Germanisch-romanische Monatsschrift 19 (1969)
KRAUSS, HENNING: Die Praxis der «littérature engagée» im Werk Jean-Paul Sartres, 1938 bis 1948. Heidelberg 1970 (Studia Romanica. 20)
KRAUSS, HENNING: Sartres Adaptation der euripideischen «Troerinnen». In Germanisch-romanische Monatsschrift 19 (1969)
LAUSBERG, HEINRICH: Einführung in Sartres «Les Jeux sont faits». In: Archiv für das Studium der neueren Sprachen 196 (1959)
MAANEN, W. VAN: Kean. From Dumas to Sartre. In: Neophilologus 56 (1972)
MAYER, HANS: Sartre und Camus. Anmerkungen. Pfullingen 1965 (Opuscula. 29)
RAETHER, MARTIN: Der «Acte gratuit». Revolte und Literatur. Heidelberg 1980 (Studia Romanica. 37)
SABIN, VOLKER: Sartre, «Die schmutzigen Hände». Frankfurt a. M. 1976
STEINER, PAMELA: Von der Résistance zum Vier-

mächtestatus. Sartres «Fliegen» in der Diskussion. Diss. Berlin 1987

VERSTRAETEN, PIERRE: Violence et éthique. Esquisse d'une critique de la morale dialectique à partir du théâtre politique de Sartre. Paris 1972

WEYLAND, PETER: Sartre. Aktualität und literarische Form. Zwei Studien zu «Huis clos» und «L'Engrenage». Mit einer Einl. von HENNING KRAUSS. München 1979

WISSER, RICHARD: Jean-Paul Sartre und der «liebe Gott». In: Zeitschrift für Religions- und Geistesgeschichte 19 (1967)

d) Zur Autobiographie

ARNOLD, A. JAMES und JEAN-PIERRE PIRIOU: Génèse et critique d'une autobiographie. «Les Mots» de Jean-Paul Sartre. Paris 1973 (Archives des lettres modernes. 144)

GAUGER, HANS-MARTIN: Der Mann im Kind. Notizen zu Sartres «Les Mots». In: Festgabe für Julius Wilhelm zum 80. Geburtstag. Hg. von HUGO LAITENBERGER. Wiesbaden 1977 (Zeitschrift für französische Sprache und Literatur. Beiheft 5), S. 17–39

MEHLMAN, JEFFREY: A structural study of autobiography. Proust, Leiris. Sartre, Lévi-Strauss. Ithaca 1974

MIETHING, CHRISTOPH: Saint-Sartre oder der autobiographische Gott. Heidelberg 1983

e) Zur Herausgebertätigkeit

BOSCHETTI, ANNA: Sartre et «Les Temps modernes». Une entreprise intellectuelle. Paris 1985

DAVIES, HOWARD: Sartre and «Les Temps modernes». Cambridge 1987

RANWEZ, ALAIN D.: Jean-Paul Sartre's «Les Temps modernes». A literary history, 1945–1952. Troy, N.Y. 1981

Namenregister

Die kursiv gesetzten Namen bezeichnen die Abbildungen.

Althusser, Louis 109
Aron, Raymond 99
Astruc, Alexandre 135
Aubier, Jean *67*

Baader, Andreas 131 ff.
Bach, Johann Sebastian 14
Bataille, Georges 111 f., *112*
Baudelaire, Charles 40, 52
Beauvoir, Simone de 13, 28–31, 33, 42–47, 49, 61 f., 66, 76, 99, 126, 134 ff., 31, 43, 67, 116
Böll, Heinrich 132
Brasseur, Pierre *87*

Campan, Zanie de *67*
Camus, Albert 64, 66–69, 75, 80–86, 89, 98 f., *67, 68*
Camus, Catherine 98 f.
Camus, Lucien 98
Castro Ruiz, Fidel *101*
Céline, Louis-Ferdinand, eigtl. L.-F. Destouches 25
Chaplin, Charlie 69
Cohen-Solal, Annie 18
Cohn-Bendit, Daniel 128, 132, *132*
Contat, Michel 89, 124, 135 f.
Croissant, Klaus 131, *131*

Descartes, René 9, 18, 34, 73, 77
Diderot, Denis 10

Elkaïm, Arlette 126
Eluard, Cécile *67*

Fanon, Frantz 100
Flanner, Janet 125
Flaubert, Achille 120, 122
Flaubert, Achille-Cléophas 120, 122
Flaubert, Caroline 120
Flaubert, Gustave 9, 31, 40, 52, 96, 112, 118–125, 131, *121*
Foucault, Michel 109–112, 130, *110*
Francis, Kay 47

Gaulle, Charles de 100, 129
Genet, Jean 40, 52
Gide, André 60

Habermas, Jürgen 9
Hegel, Georg Wilhelm Friedrich 9, 36 ff., 41, 57 ff., 65 f., 68, 83, 90, 94, 103, 105, 109, *37*
Heidegger, Martin 9, 29, 33, 36, 48–51, 63, 125, *49*
Hitler, Adolf 25, 60
Hugo, Valentine *67*
Husserl, Edmund 28, 31, 35, 42, 73, *35*

Jaspers, Karl 125

Kant, Immanuel 9, 77, 80, 104 f.
Kierkegaard, Søren 94, 125, 136

Lacan, Jacques *67*
Leiris, Louise *67*
Leiris, Michel *67*
Lévi-Strauss, Claude Gustave 107 f., *107*
Lévy, Benny, alias Pierre Victor 133–136

Mallarmé, Stéphane 52
Malraux, André 60
Mancy, Anne-Marie s. u. Anne-Marie Sartre
Mancy, Joseph (Stiefvater) 22
Marx, Karl 72, 89 f., 92 ff., 103, 105, 109, *93*
Mayer, Hans 133
Meinhof, Ulrike 131
Merleau-Ponty, Maurice 66, 69–75, 81, *72*
Michel, Georges *130*
Minder, Robert 14
Montaigne, Michel Eyquem, Seigneur de 9

Nietzsche, Friedrich Wilhelm 109, 111 f.
Nizan, Paul 23 ff., 76, *23*

Picasso, Pablo *67*

Reverdy, Pierre *67*
Rolland, Romain 14
Ronis, Willy *79*
Rousseau, Jean-Jacques 106, 116

Sartre, Anne-Marie geb. Schweitzer (Mutter) 13 f., 16 ff., 21 f., 126, *15, 16*
Sartre, Jean-Baptiste (Vater) 13, 15 f., 22, *14*
Schopenhauer, Arthur 123
Schweitzer, Adèle (Tante) 18
Schweitzer, Albert 14
Schweitzer, Charles (Großvater) 13 f., 17, 21
Stalin, Josef W. 25

Vollmann, Rolf 133
Voltaire, eigtl. François-Marie Arouet 10, 100, 114

ÜBER DIE AUTORIN

Christa Hackenesch, geboren 1953, studierte Philosophie, Geschichte und Soziologie in Münster, Freiburg und Frankfurt. Sie promovierte 1983 in Tübingen und war seit 1985 wissenschaftliche Mitarbeiterin und Hochschulassistentin an der TU Berlin. Dort habilitierte sie sich 1998. Sie ist Privatdozentin am Institut für Philosophie der TU Berlin. Wichtigste Veröffentlichungen: Die Logik der Andersheit. Eine Untersuchung zu Hegels Begriff der Reflexion. Frankfurt a. M. 1987; Selbst und Welt. Zur Metaphysik des Selbst bei Heidegger und Cassirer. Hamburg 2001. Aufsätze zu ihrem Themenschwerpunkt «Philosophie der Subjektivität».

QUELLENNACHWEIS DER ABBILDUNGEN

Gisèle Freund/Agence Nina Beskow, Paris: Umschlagvorderseite, 27, 91, 115
Rapho, Paris: 3 (© D. Berretty), 79 (© Willy Ronis), Umschlagrückseite unten (© Robert Doisneau)
Aus: Annie Cohen-Solal: Sartre 1905–1980. Paris (Éditions Gallimard) 1985: 6 (X-D.R.), 31 (Éditions Gallimard), 129 (© Jacques Robert)
Estate Brassaï, Paris: 11, 67
Aus: Liliane Sandyk-Siegel: Sartre, Images d'une vie. Commentaires de Simone de Beauvoir. Paris (Éditions Gallimard) 1978: 13, 14, 15, 16, 19, 23, 101, 127 (Privatsammlungen); 116 (© René Saint-Paul), 130, 135
© G. Peters/Magnum/Agentur Focus, Hamburg: Umschlagrückseite oben
Éditions du Seuil, Paris: 22
Ullstein Bilderdienst, Berlin: 29, 35, 61
Foto: Stadtarchiv Stuttgart: 37 (der Rechteinhaber konnte nicht ermittelt werden, er wird gebeten, ggf. seine Ansprüche beim Verlag geltend zu machen)
Aus: Walter Biemel: Sartre. Reinbek bei Hamburg 1964: 39 (alle Rechte vorbehalten), 70 (Éditions Gallimard)
Hulton Getty/München: 43
Digne Meller Marcovicz: 49
© Bildarchiv Preußischer Kulturbesitz, Berlin: 68
Aus: Paris-Paris 1937–1957. Katalog. Centre National d'Art et de Culture Georges Pompidou, Paris 1981: 72, 107
Scoop/Paris Match, Levallois-Perret: 87 (© Carone/Paris), 97 (© Gérard Gery), 117 (© Jacques de Potiers)
Aus: Werner Blumenberg: Marx. Reinbek bei Hamburg 1962: 93
Süddeutscher Verlag, Bilderdienst, München: 102
Foto Marc Garanger, Paris: 110
Matthes & Seitz Verlag, München: 112
© The Nobel Foundation, Stockholm: 113
Foto: Archiv für Kunst und Geschichte, Berlin: 121
Foto: Spiegel Verlag: 128 (© Associated Press, Frankfurt a. M.)
Foto Associated Press, Frankfurt a. M.: 131 (Kurt Strumpf)
Sipa Press, Paris: 132